Краткие очерки по древнерусскому языку

古俄语简编

原《俄语古文读本》增订本

左少兴　编著

图书在版编目(CIP)数据

古俄语简编 / 左少兴编著 . —北京：北京大学出版社，2018.1
（新丝路·语言）
ISBN 978-7-301-28892-4

Ⅰ.①古… Ⅱ.①左… Ⅲ.①俄语—古代 Ⅳ.① H35

中国版本图书馆 CIP 数据核字 (2017) 第 256442 号

书　　　名	古俄语简编
	GU EYU JIANBIAN
著作责任者	左少兴　编著
责 任 编 辑	李　哲
标 准 书 号	ISBN 978-7-301-28892-4
出 版 发 行	北京大学出版社
地　　　址	北京市海淀区成府路 205 号　100871
网　　　址	http://www.pup.cn　新浪微博：@北京大学出版社
电 子 信 箱	pup_russian@163.com
电　　　话	邮购部 62752015　发行部 62750672　编辑部 62759634
印 刷 者	北京虎彩文化传播有限公司
经 销 者	新华书店
	650 毫米 ×980 毫米　16 开本　24 印张　360 千字
	2018 年 1 月第 1 版　2019 年 9 月第 2 次印刷
定　　　价	68.00 元

未经许可，不得以任何方式复制或抄袭本书之部分或全部内容。
版权所有，侵权必究
举报电话：010-62752024　电子信箱：fd@pup.pku.edu.cn
图书如有印装质量问题，请与出版部联系，电话：010-62756370

引 言

　　"История русского языка до сих пор еще нигде не была читана; не было, можно сказать, до сих пор и мысли об ней,^① <как об особенной отрасли филологических исследований, достойной университетского преподавания>. Наш курс есть первый опыт истории русского языка. Я не имею смелости надеяться достичь в нем полноты и непогрешимости; начиная читать историю русского языка, я хочу только бросить первые зерна и не при мне вырастет дерево."

　　译文："迄今为止，任何地方都还没有讲授俄语史这门课程，也可以说，迄今为止甚至还没有人想到（要开设）俄语史这门课程。（俄语史是一种特殊门类的语文学研究，它值得在大学里讲授。）我们现在开讲的这门课程，只是讲授俄语史的第一次尝试。我没有勇气奢望这门课十全十美，毫无瑕疵；但是，我现在开始讲授这门课程，只是想撒下第一批树种，待到它们长成大树时我已不在人世。"

＊＊＊

　　上面的原文取自《И.И. Срезневский—<Мысли об истории русского языка>(читано на акте Императорского С.-Петербургского университета, 8 феврапя 1849 года)》，第 93 页—"История русского языка. Курс 1849—1850 года. Составлял г. Чернышевский."——Государственное учебно-педагогическое издательство Министерства просвещения РСФСР, Москва, 1959.

---

　　① "Конец предложения вписан рукою И.И. Срезневского." "句子末尾是 И.И. 斯列兹涅夫斯基亲手加进去的。"

实际上，上面的一段话是车尔尼雪夫斯基（Николай Гаврилович Чернышевский）当年（1849—1850学年度）听课笔记的开始部分。他曾被К.马克思誉为"俄国伟大的学者、文学批评家、作家、政论家、十九世纪俄国著名的革命民主主义者"，于1846年与一批青年学子（其中包括Д. И. Писарев，Н. А. Добролюбов等）考入圣彼得堡大学，并于1849—1850学年度专修И. И. Срезневский的俄语史这门课程。

Измаил Иванович Срезневский（1812—1880）是著名的语文学家、人类学家，俄国皇家科学院院士，多所大学教授，曾任圣彼得堡大学历史—语文系系主任、圣彼得堡大学校长等职。

我们在本书中借用上面师生二人当年课堂讲授和课堂笔记中的第一段话作为我们的《古俄语简编》这本书的"引言"，一方面以此纪念开创"俄语史"（或称"古俄语"）这门课程和教学研究的奠基人И.И. Срезневский院士，另一方面表明我们中国俄罗斯学界的学人编著这本书以及未来开设这门课程的一点心愿和做出的初步努力。

本书编著者

目 录

导言 ··· 1

上编　语言文字

古俄语概说 ··· 10
　一、俄语历史简述 ··· 11
　二、古俄语的文字符号 ··· 16
　三、古俄语语音简况 ·· 43
　四、古俄语的词形变化（据十一世纪起的文献） ················· 60
　　（一）古俄语的变格法 ·· 61
　　　1. 名词 ··· 62
　　　2. 形容词 ·· 69
　　　3. 代词 ··· 73
　　　4."数词" ·· 80
　　（二）古俄语动词的全部形式 ·· 85
　　　1. 陈述式 ·· 86
　　　2. 命令式 ·· 96
　　　3. 假定式（或"条件式"） ··· 97
　　　4. 古俄语的形动词 ·· 99
　　　5. 古俄语动词的不变化形式——"目的式" ················· 104
　五、古俄语句法要点略述 ·· 113
　　（一）古俄语句子结构中的某些语法现象 ····················· 113
　　（二）复合句 ··· 122

六、古俄语文献中的古斯拉夫语成分 ·· 131

下编　古俄语文选

第一类文选——语言（词汇语法）注释篇 ·· 144

第一篇　Из «Остромирова евангелия» (Послесловие) (1056—1057 гг.) ·· 146

第二篇　Грамота великого князя Мстислава Володимировича и его сына Всеволода (около 1130 г.) ·· 153

第三篇　Из «Русской правды» по Новгородской Кормчей (1282 г.) ·· 159

第四篇　«Месть Ольги» (Из «Повести временных лет» по Лаврентьевскому списку 1377 г.) ·· 168

第五篇　Из «Поучения Владимира Мономаха» (Из «Повести временных лет»по Лаврентьевскому списку 1377 г.) ··· 181

第六篇　Слово о полку Игореве (Конец XII века) ·· 189

第七篇　Из «Слова Даниила Заточника» (XII-XIII вв.) ·· 240

第八篇　Из «Повести о разорении Рязани Батыем в 1237 г.» ·· 257

第九篇　Из «Хождения за три моря Афанасия Никитина» (1466—1472 гг.) ·· 275

第十篇　Из «Жития протопопа Аввакума» (Житие протопопа Аввакума, им самим написанное 1672—1673 гг.) ·· 289

第二类文选——双语（古俄语—汉语）对照篇 ·· 303

第一篇　Повесть о походе Игоря Святославича на половцев (по Киевской летописи, вошедшей в Ипатьевский список) ·· 304

第二篇　Повесть о разорении Рязани Батыем в 1237 г.
(часть первая) ·················· 315
第三篇　Проповеди преподобнаго отца нашего Серапиона ······ 324
第四篇　Ледовое побоище в 1242 г. (Из «Жития Александра
Невского») ·················· 332
第五篇　Слово о Куликовской битве Софония рязанца (Задонщина)
[отрывки] ·················· 337
第六篇　Въ Индейской земли (Из «Хождения за три моря Афанасия
Никитина») [отрывки] ·················· 343
第七篇　Краткое отвещение князя Андрея Курбского на епистолию
великого князя Ивана Васильевича ·················· 348
第八篇　Ссылка в Сибирь [Из «Жития протопопа Аввакума, им
самим написанного» (1672—1673 гг.)] ·················· 352

补充篇——翻译作品 ·················· 362
一、译自《圣经》 ·················· 362
二、译自十七世纪俄语译本《伊索寓言》 ·················· 363

附录 ·················· 366
一、简写词及其形式（按字母顺序） ·················· 366
二、语法术语略语 ·················· 369
三、主要参考书目 ·················· 370

后记 ·················· 373

增订本（即《古俄语简编》）后记 ·················· 376

光荣属于全体俄罗斯人民!

光荣属于俄罗斯人民的忠实公仆!

光荣属于俄罗斯人民的贵客嘉宾!

让真理之光在俄罗斯大地上比明亮的阳光更光明!

导　言

一

　　1995年春中国俄语教学研究会第四届理事会常务理事会在举行的会议上确定了自己的工作方针，其中一项是："随着我国社会主义现代化建设事业的快速发展，进一步提高俄语教学与科研水平，培养跨世纪的俄语界接班人和学术带头人。"这项方针可以作为我们这个"读本"编著的宗旨和任务，同时也加深了我们对编著这样一本教材的必要性的认识。

　　要培养跨世纪的俄语教学和研究的接班人和学术带头人，要使我们的年轻人尽快成才，就必须让他们在俄罗斯语文、俄国文化和文化史等方面，使他们在"三个面向"方面有比较广阔的学术视野，有更加扎实的学术功底。

　　我国俄语界的跨世纪青年学人面临着新形势下的新任务。在俄罗斯语文的教学和研究方面，在俄罗斯—斯拉夫学等方面，存在着有待我国俄罗斯学界学者和俄语工作者，尤其是青年学者进一步深入进行学术研究并施展才华的广阔领域。同时我们也看到，在这广阔的领域中有不少是我们未曾涉及或未来得及探索的方面和问题。或者严格点说，仍然有一些"空白点"有待填补。

我国学术界前辈周谷城、吴于廑等人曾著文大声疾呼："古典文明研究在我国的空白必须填补。"（见《世界历史》1985年第11期）虽然他们指的是属于世界古典文明之列的古埃及学、亚述-巴比伦学、赫梯学等，但他们的"呼吁"具有普遍意义，因而受到国内学术各界的普遍重视。同样，中国的敦煌学、吐鲁番学等也受到国内外学者的重视和广泛研究，例如国内有以季羡林先生、饶宗颐先生等为代表的众多学者，国外有以С-ПО ИВАН（俄罗斯科学院东方研究所彼得堡分所）为代表的研究机构。

综观世界，国外许多学者对于世界上古往今来的文化精粹的研究可说是硕果累累。这不仅体现在研究古希腊-罗马文明方面，也体现在其他方面。他们不仅研究不同时间和地域的古代文化、中世纪文化和现代文化，而且研究人种学、人类学、民族学等。仅以"古文字学"为例，我只列举几位代表人物及其著作就可见一斑。如德国P. Gommel的《埃及文化的巴比伦起源说》，U. Cardthausen的《希腊古文字学》；英国F. Stefens的《拉丁古文字学》，S. A. Birnbaum的《希伯来文字》，D. Diringer的《字母，人类历史的钥匙》，A. Evans的《米诺斯的宫殿》和《克里特线形文字》；法国M. Renard的《伊特拉斯坎学入门》，M. Cohen的《文字的伟大发明及其发展》等等。俄国和其他斯拉夫国家的学者在这些研究领域也做出了自己的贡献。如С. Я. 卢里耶的《迈锡尼希腊的语言和文化》、Г. М. 利夫希茨的《库姆兰手稿及其历史意义》、Б. М. 格朗德的《伊夫里特语语法概论》和《伊夫里特语-俄语词典》等等。我们可以列出许许多多杰出的学者及其著作。他们不仅研究世界各地的古代文化，而且致力于古代的语言文字的研究，如埃及圣书字（旧称象形文字）、巴比伦楔形文字、复活节岛的文字等。值得一提的是俄国著名学者Ю. В. 克诺罗佐夫利用现代化技术手段对美洲玛雅文字的解读（他的论著有《玛雅印第安人的文字》《中美洲的古代文献——研究玛雅文字的几个问题》等）。

世界各国学者研究中国的古代文明和现代文化是极富有成果的。

我们仅以俄国学者为例。早在十八世纪初期,郎格(Ланг)根据彼得大帝的谕旨来北京采购中国的实用艺术品等,中期俄国科学院委派科学家叶拉金(Елагин)到中国,接着又有许多学科的科学家相继来到中国。十九至二十世纪来的就更多了,如施伦克(Шренк)、维列夏金(Верешагин)、拉德任斯基(Ладыженский)等。他们不仅研究中国的物质文明,而且研究中国的精神文明,对中国的文化表现了极大的热情和兴趣。例如他们不仅研究现代汉语,也研究古代汉语和文字,包括甲骨文、金文等;他们不仅研究汉民族的文化,而且研究中国其他民族的语言文字——如唐古特学(Тангутоведение,即西夏学)、藏学、满学等。俄国著名佛学专家瓦西里·瓦西里耶维奇(1818—1900)在北京十年,研究了汉语、藏语、满语,收集了大量中国手稿;1887年著名汉学家伊万·米纳耶夫(1840—1890)写出了有重大学术价值的巨著《佛学·研究和资料》(Будизм. Исследования и материалы)。我们还可以指出二十世纪有代表性和有影响的俄国汉学家,如康德拉、鄂山阴、龙果夫等,以及俄罗斯科学院东方研究所和远东研究所的一大批专家学者。值得一提的是,2012年商务印书馆出版了俄罗斯科学院东方研究所研究员、著名汉学家、西夏学家 А. П. 捷连杰耶夫—卡坦斯基的力作《从东方到西方》(«С Востока на Запад»,商务印书馆,2012年出版,左少兴译),书中介绍了中国古代一些少数民族(如西夏、契丹、女真、蒙古、吐蕃、回鹘等)的文化和文字,同时着重谈到这些东方文化如何"通向西方"。

与之相对照,尽管俄罗斯和其他斯拉夫国家不像世界一些国家如所谓"四大文明古国"那样古老,但它们的历史和文化,它们的语言和文字,它们的社会和民族等,仍有许多值得深入研究的课题。许多国家——主要是欧美一些国家——的学者早就开始了俄罗斯学、斯拉夫学的研究并取得了明显的成果。我们仅列举其中几位及其代表性专著:法国的 L. Niederle 的《Manuel de l'antiquité slave》(第一卷《历史》,第二卷《文明》,巴黎,1926),德国的 F. Miklosich 编有《Etymologisches Wörteibuch de slavischen Sprachen》(《斯拉夫语词源词典》，维也纳，1886）等。二十世纪五十年代俄国学者还把一些著作译成俄语，如：A. Meillet的《共同斯拉夫语》、A. Vaian的《古斯拉夫语指南》（均译自法语）、N. Van-Veyk的《古斯拉夫语史》（译自德语）等等。特别令人感兴趣的是，二十世纪上半期，著名法国斯拉夫学家A. Mazon教授对俄国十二世纪的英雄史诗《伊戈尔出征记》的时代性和原创性提出质疑，引起了整个斯拉夫学界的热烈讨论，同时也重重冲击了苏俄学者们的固有看法。但是，这位法国学者的学术勇气和学术视野，值得我们学习。

二

学习和研究现代俄语、俄国文学和俄国历史离不开对俄罗斯古代文化的学习和研究[这里首先指的是对古代俄语和古代罗斯文学（广义地说，古代罗斯各种体裁的文献）的学习和研究]。我国俄语界跨世纪的学术带头人和广大青年学者有必要在已有的一些"古代语文知识"和掌握一般人文社科知识的基础上再进一步开拓自己的学术视野，拓宽自己的知识结构，使自己能够成为真正的"宽口径、厚基础"的复合型人才。

恩格斯在谈到语文学和语言教育时，强调通晓古代语言的知识和现代语言的知识的同等重要性，他把两者比作"使人超越狭隘的民族观点的两种杠杆"。他在批判杜林的《哲学教程》中关于语文学和语言教育方面的错误观点时写道："在杜林先生看来，现代人的民族狭隘性还是过于世界化了。他还想消灭在目前的世界上至少有可能使人超越狭隘的民族观点的两种杠杆，一个是至少为各民族中受过古典教育的人展现一个共同的广阔视野的古代语言知识，一个是可以使各国人民相互了解并熟悉本国以外所发生的事情的现代语言知识。相反，他认为应该把本族语言的语法读得烂熟。但是，要了解'本族语言的质料和形式'，就必须追溯本族语言的形成和它的逐步发展，如果一不考察它自身的已经消亡的形式，二不考察同源的各种活的和死的语言，那这种追溯是不可能的。而如果进行这种考察，我们就再次进入了明确的禁区。杜林先生既然把整个现代的历史语法从他的教育计划上勾掉，那么在他的语言教学上就只剩下一种老式的、完全按照旧的古典语文学仿造的技术语法了，这种语法由于缺乏历史的基础而带有自己的全部诡辩性和任意性。"（《马克思恩格斯选集》第三卷，第671—672页，人民出版社，1995年第2版）。

现代民族的语言都有自己的历史过去，都是由自己古代语言的状态变化和发展而来的。在这一发展过程中它同其他民族——此前为部族、部落，或者同族的，或者异族的——语言（或方言）相互影响和作用，但它的语言结构基本上仍保留古代语言的质态。要了解某种语言的质料和形式，就必须追溯这种语言的形成和逐步发展。具体拿俄语来说，既要了解它本身的已经死亡（或过时）的形式，同时又要（在可能条件下）大致了解与其"同源"——即有共同来源的、所谓"同族"的——活的和死的语言（如古斯拉夫语对现代诸斯拉夫语而言）。缺乏历史的基础，就难以深入研究俄语语法和俄国文学以及其他人文科学中的某些问题。举例说，如果不知道古俄语曾有过双数这个语法范畴和名词五种变格法体系，那么对现代俄语中某些名词的变格形式就难以解释。以名词час的单数二格为例：два часá, с пéрвого чáса, час óт часу, с чáсу（或чáса）на час等。

了解古代语言的质态当然要以学习和掌握它的现代语言为基础。除学习和掌握现代语言的语音、词汇、语法及各种语体外，还必须学习表现古代语言的书面文献。

俄国和某些斯拉夫国家的高校（甚至某些欧美国家高校的斯拉夫语专业），除语文系学生必须学习"古代俄语"及某种斯拉夫语以外，像历史、法律、哲学等系某些专业的教学计划中也用一定时间来讲授古代俄语和它的古文献，甚至连档案学专业、历史地理学专业也如此。这里举两个我们亲自接触的事实为例：俄国最著名的历史学家克留切夫斯基的五卷本《俄国史教程》（《Курс русской истории》译本，五卷集，于2013年由商务印书馆全部出版）和著名地理学家В. С. 热库林的《历史地理学——对象和方法》（《Историческая география——предметы и методы》，韩光辉译，北京大学出版社，1988），用了大量古俄语文献的史料。至于许多尚未触及的诸多领域的历史档案材料（如反映中俄关系、俄蒙关系等的资料）就更加如此。这不仅需要现代语言的知识，而且要借助古代语言的知识来阅读和了解。

目前我国俄语界的中青年学者（我这里主要指有学位的和在校的俄语研究生）虽然有比较扎实的语言功底，但主要是在现代语言方面，虽然他们受过一些古代语文知识的教育，多少了解一些语言国情和俄国历史及文学史，但这些毕竟不能代替对古代语言的学习和研究。恩格斯的"两种杠杆"论应成为我们驰骋在俄罗斯语文学习和研究的跑道上的两个车轮。

三

古代俄语是现代俄语的"前身"。所谓现代俄语，据俄罗斯学界一种普遍的观点（也是一种广义理解），是指"从普希金到现在"（С Пушкина до наших дней）的语言。但是学习古代俄语，了解俄罗斯的古代文化，所依据的一种主要手段就是学习古俄语的文献。古代罗斯的书面文献仅从十一世纪开始，但从十二世纪起各类文献逐渐增多，仅十二至十六世纪就有数以千计的各种文献的不同抄本。

在古代罗斯，曾经流传着两种书面文学语言：古俄语的——用罗斯人民活的语言写成的文献（及抄本），和古斯拉夫语的——主要用于宗教书籍和教会祈祷等仪式中的文献（抄本或译本），关于这方面的情况参阅下面"古俄语概说"有关部分。前者可概称为世俗性书面文献（包括民间文学、故事、军事小说、史记、人物传记，游记等）；后者可归为宗教性的书面文献。但即使世俗性的作品也程度不同地渗透着某种近于宗教性的"说教"。

从以上所述出发，我们的读本就必须在选材上作如下考虑。

选材的语言性质。即以表现古代罗斯人民的活的语言的书面文献为主，力求语言材料的人民性和代表性，力求从语言材料中看到与现代俄语的渊源关系。

选材的文献性质。作为古代书面文学语言，罗斯人民的语言表现在不同的文体中，除文艺性的以外，还有非文艺性的，如"法典"、日常书札等，有时也不能将两者截然对立，如Владимир Мономах的《Поучение》。而《Русская правда》则属于古代的公文语言。

选材的时间性质。我们把古代俄语的时间不仅仅限于十一至十四世纪，而且"延伸"到十七世纪——即俄罗斯民族及其语言开始形成时期。因为十四至十七世纪期间正是大俄罗斯部族及其语言的发展时期，也是以莫斯科为中心的俄罗斯中央集权国家兴起和蓬勃发展时期。因此，从时间跨度为六百多年（十一至十七世纪）的选材中不能不精选，使每个世纪至少有一两篇（文选中不少是十六世纪的抄本）。这不仅反映在历史长河中语言发展的延续性和整体性，而且也可表现出不同时期同一语言在发展中的阶段性和差异性。

在一个篇幅不大的读本中，不能不在选材上力求"少而精"。此外，也不能不考虑当前我国高校俄语专业教学计划的学时和其他主客观的各种因素。除了注意语言的科学性和作品的代表性、时代性以外，还必须注意选材的可读性（这不仅指语言，还主要指题材）。因此，从选材的内容出发，考虑其故事性、情节的完整性，既要注意突出罗斯人民的活的语言，又要与罗斯—俄罗斯文学作品和文学史"挂钩"。例如把俄罗斯人民和俄国文学史引以为豪的史诗性文学著作《伊戈尔出征记》（Слово о полку Игореве）全文收入这个读本，另外又把编年史中关于

"Поход Игоря на половцев"的一篇作品也纳入"文选"之中，这都是出于上述考虑。

为了增加对所选作品的阅读兴趣，我们在很多选篇（不是原来的手稿或抄本）前加入一个插页并对该选篇附一个时代背景和文化背景的简单介绍。

俄国著名学者、俄语史研究的奠基人之一——И. И. Срезневский院士——他也是至今仍在被俄罗斯—斯拉夫学界广泛使用的三卷本巨著《Материалы для словаря древнерусского языка》（1893—1903）的编纂人——早在约150年前发表的《Мысли об истории русского языка》（见本书"引言"简介）——这是1849年他在圣彼得堡大学讲演会上发表的著名演讲——中从广度和深度上论述了"俄语的未来"（"Судьбы русского языка"）；不仅如此，他还把对俄语史的教学与对俄国青年学生进行所谓"爱国主义教育"联系起来。对于我们来说，至少可以通过俄语史和俄国古代文化的教学研究来加深学习和研究现代俄语以及十九至二十世纪的俄国文学，加深了解俄罗斯人民及其历史，了解他们的文化、宗教，了解罗斯—俄罗斯的语言国情，甚至还可以深入认识俄罗斯民族性格和意识形态的形成、演变、继承和发展，认识俄国社会的发展变化、俄罗斯联邦及原苏联各民族间错综复杂的关系及其由来，了解东正教文化在俄国当前形势下的"复兴"等等。所谓"观今鉴古"，在这些方面俄语古文献材料可能给我们提供一个较好的观察点和与现实比较的立足点。

上 编

语言文字

古俄语概说

在本书中列入古俄语概说这个部分是出于以下几点考虑：1. 作为阅读古俄语文献前的一种准备。正如我们阅读如普希金的著作，事先必须知道俄文字母、俄语读音及掌握一定的词汇量和一般语法知识等一样；2. 作为进一步深入学习研究俄语史、俄语历史语法、斯拉夫诸语比较，甚至学习某种斯拉夫语（如乌克兰语）的一个辅助材料；3. 主要考虑为"Как читать древнерусские памятники письмеиности?"（如何阅读古俄语文献？）做点思想和资料的准备。因此，这个部分就是我们这本具有我们自己特点的读本的必要组成部分。

古俄语（或者俄语史）涉及的面很广，有各种各样的问题亟待研究。但我们不可能面面俱到，只能从实际出发，从需要出发，本着少而精、简而明的原则，"学以致用"的原则集中在如下六个方面，即：1. 俄语历史简述；2. 古俄语的文字符号；3. 古俄语语音简况；4. 古俄语的词形变化；5. 古俄语句法要点略述；6. 古俄语文献中的古斯拉夫语成分。然而这六个方面的每一个方面都足以写成厚厚一卷书，而实际情况也正是如此。举例说，Л. В. Черепнин的《Русская палеография》（《俄语古文字学》，1956年，共616页）就是厚厚一本；再如Т. П. Ломтев的《Очерки по историческому синтаксису русского языка》（《俄语历史句法概论》，Изд.-во МГУ, 1958年，共596页），也是厚厚一本。因此，就是在所选择的六个方面也不得不一再少而精。即使如此，我们涉及的每个方面不可能也无此需要成为它们各自学科教材的简写本。

因此，这个概要与一般相关著作（或者教科书等）的格式、体例、表述等是不同的。概要就是概而要之地说明某些问题，或者先摆出语言事实然后加以说明，即所谓摆事实，讲道理。我们的这个概要就是这样做的。

一、俄语历史简述

　　语言的发展历史，文字的发展历史，都是一个民族（或一个国家的人民）及其文化的发展历史的重要组成部分。因此，我们谈俄罗斯的语言和文字的发展史时，从一定意义上说，也在谈及罗斯-俄罗斯人民的历史，但两者之间毕竟还有所不同。例如，在俄国史上占有重要地位并前后延续三百多年的基辅罗斯时代，和占有显著位置的莫斯科罗斯时代及以后的年代，对于俄语历史发展都起过相当重要的作用。

　　俄语经历了较长期而复杂的历史发展过程。古俄语又称为古代罗斯语言或古代东斯拉夫语，它是现代三个东斯拉夫语——俄语、乌克兰语和白俄罗斯语的共同前身。东斯拉夫人共同的语言——古代俄语——在其发展史上通常作如下分期：文献前时期（дописьменный период）和有文献时期（письменный период），前者指公元六世纪前后至十一世纪前，后者指十一世纪起的年代。①

　　这里说明两点：1．十一世纪前斯拉夫人，特别是东斯拉夫人是否有自己的文字和书面文献，迄今仍是一个争论的问题，有待于进一步发现。2．文献前时期在某些著作中又称为"历史前时期（доисторический период）"，有文献时期称为"有史时期"。但这仅指古俄语本身的历史分期而言，不能同人类历史发展的所谓"史前时期"混为一谈。因此，我们不采用这种说法。

　　东斯拉夫语与西部斯拉夫语（波兰语、捷克语、斯洛伐克语等）和南部斯拉夫语（保加利亚语、塞尔维亚语等）是在公元六世

---

① 但在苏联时期（以至今天），某些俄语学者提出，"俄语史"包括如下三个历史时期：一．"古俄语史"（история древнерусского языка；或称"古罗斯部族语言史"——история языка древнерусской народности）；二．"大俄罗斯部族语言史"（история языка великорусской народности）；三．"俄罗斯民族语言史"（история языка русской нации）。按苏联学者的看法：俄罗斯民族（及乌克兰、白俄罗斯两民族）及其语言于十七世纪开始形成。

纪左右由一个共同的早期斯拉夫语（праславянский язык）的解体后并在广阔的中、东欧疆域内各自独立发展和形成的。这个斯拉夫人共同的"基础语"（Язык-основа）在语言学史上称为共同斯拉夫语（общеславянский язык）。因此，所有的斯拉夫语彼此之间有着程度不同的亲缘关系，它们也被称为同族语言（родственные языки）。

在历史时期（即有文献时期），通常把十一至十四世纪东斯拉夫人的语言称为古代俄语。然而实际上，所谓"古代俄语"（即东斯拉夫部族的共同语）的存在时间，还应从"共同斯拉夫语"解体而各（东、西、南）斯拉夫语独自发展的时间算起，即从"文献前时期"的八世纪到十四世纪这几百年为古代俄语（或古代罗斯语言）存在时间。在东斯拉夫人聚居的广大地区有着众多的部落或部落联盟。到九世纪初形成了以基辅为中心的古代罗斯国家——即基辅罗斯（Киевская Русь），同时在东斯拉夫人部落联盟的基础上形成了古代罗斯部族，因此这时的古俄语又称为古代罗斯部族语言。但随着时间的推移，由于不同地区的经济文化发展程度的不同（如当时最著名的北方地区一些城市，如诺夫哥罗德等），加之封建王朝分封制的推行和"割据"〔这从我们的文选中可以读到许许多多以城市或大居民点为中心大小不等的"公国"（княжество）〕，它们曾先后脱离基辅大公国而各自独立，尤其是异族的入侵和占领（不仅有十三世纪蒙古鞑靼人的入侵和长期占领，而且还有十三至十七世纪历时数百年中多次受到波兰人和立陶宛人等的侵犯），以及其他历史条件，使得统一的古代俄语在地区方言的基础上分解成几个东斯拉夫人的部族语言——即大俄罗斯（部族）语言、乌克兰语（某些书中又称为小俄罗斯语）和白俄罗斯语（在这一时期的不同地区抄写的文献中反映出了地区方言的特点——除了语音的特点外，还有形态的和词汇的特点——见本书文选的某些注释）。

在十四至十六世纪逐渐形成大俄罗斯部族和大俄罗斯国家。它的主要地区是Владимир，Великий Ростов，Суздаль，Тверь等城市和后来的莫斯科。因此，大俄罗斯族部语言的发展与这一地区，特别是与莫斯科的兴起和发展有着密切的关系。关于莫斯科，在这里稍作介绍。在俄语史书上第一次提到莫斯科是1147年，当时是个不大的居民点，一个小公国。十三世纪以前臣属于符拉基米尔公国（Владимирское княжество）。1242年俄国历史上的一件大事是当时为诺夫哥罗德公（князь Новгородский）的Александр Ярославич（年仅20岁）在涅瓦河（Нева）一带打败瑞典军，这就是有名的涅瓦河大战（Невская битва），为此俄军统帅被人民尊称为Александр Невский（"Невский"由Нева"涅瓦河"构成，当时不是俄人的姓氏，我国音译为"涅夫斯基"，此词有"涅瓦河胜利之星"的含义）。在1263年，莫斯科公国出现在历史舞台上。Александр Невский的孙子Иван Данилович于1328年继位为莫斯科公国的大公，因其"文治武功"，疆域扩大，被尊称为Иван Калита（Калита "钱袋"，转义为"富强"之意）。这时的莫斯科已成了莫斯科罗斯的重要中心。三十年后，Иван Калита的孙子Дмитрий Иванович为莫斯科国的大公，在位三十年（1359—1389）。1380年他在库里科沃战役中率军第一次击败蒙古-鞑靼的金帐汗国马麦统领的军队。因其在顿河一带建立的武功而被世人尊称为Дмитрий Донской（"Донской"有"顿河王"的意味）。这时的莫斯科公国颇为强盛。有利的政治形势促使莫斯科公国领土扩大，经济、文化发展，逐渐形成了以莫斯科为中心的中央集权国家。从十七世纪起，俄罗斯民族开始形成。这一切对于俄罗斯语言的发展有着重要的影响。在俄罗斯民族语言发展和在19世纪臻于完善的过程中，一大批杰出的俄国文化巨匠、语言大师（如Ломоносов，Пушкин等）做出了重大的贡献。

前面提到，我们在概说中只涉及古俄语的六个方面。之所以这样，是因为：

1. 众所周知，俄语像几乎所有印欧语一样，属于"屈折语"（флективный язык），有时也称俄语为"综合—屈折语"

（синтетически-флективный язык）。它的绝大多数词具有丰富的词形变化。通过词尾（флексия）可以表现多种语法形式和表达不同的语法意义及词与词之间的句法关系。①尽管俄语经历了许多世纪的发展变化，但现代俄语的语法结构基本上保留着古代俄语的语法结构。因此，我们在"概说"中突出"古俄语的词形变化"。

2. 我们知道，俄语文字属于"字母—语音文字"（буквенно-звуковое письмо）。文字最重要的特点之一是："从渊源上看，文字是作为补充有声言语的交际手段而产生的，最初主要用来把言语传至远处和留之久远。"（见В. А. Истрин《文字的产生和发展》中译本第21页）尽管俄语文字经历了长期的变化和改造，但至今仍保留着古代俄语的字母系统的基本面貌（见本节"比较"）。因此，我们在"概说"中也突出"古代罗斯的文字符号"。

3. 除了文字符号作为补充有声言语的交际手段而起的作用之外，任何语言都由语音、词汇、语法三个要素组成（甚至即使有的语言没有自己的文字）。语音是词、词形和词缀的物质外壳。对于古俄语字母的语音（由于当时条件限制没有什么技术手段），我们不可能确切知道其发音，但通过与现代俄语的比较，与斯拉夫同族语言的比较，我们可以大致确定其语音特点（音质、音量等）；特别对于古俄语分期中的历史前时期的语音系统，更须借助比较历史法来加以确定。由于我们要阅读古文献，所以把重点放在文献中表现出来的古俄语语音现象。对某语音现象产生的历史原因、产生的时间和空间等问题（有些问题甚至至今在学术界还有争论）一般不作说明。概说中的"古俄语语音简况"不能代替"古俄语历史语音学"或"古俄语语音学简史"。

4. 俄语属于印欧语系的斯拉夫语族，作为该语族的东斯拉夫语支之一，它与同族的斯拉夫语有着历史的渊源关系，其中，与古斯拉夫语的

---

① 在本书上编"古俄语概说""五 古俄语句法要点略述"中谈到一些词语的句法关系，可以参阅。

关系极为密切。因此在概说中必须对古斯拉夫语作些介绍。

　　九至十一世纪的斯拉夫人广泛使用着一种共同的书面文学语言（或者标准语）——这就是古斯拉夫语，它对于古俄语有着重要的影响。俄语中渗透了不少古斯拉夫语的词语和某些文体修辞手段。有人估计俄语中的古斯拉夫词语（包括通过古斯拉夫语书面文献来自希腊—拜占庭语的词语）占很大的比例。尽管如此，却不能过分夸大古斯拉夫语对于古代罗斯文化和文学语言的发展所起的作用。因此，我们在概说中对于古俄语文献中的古斯拉夫语成分只作某些分析和归纳。

二、古俄语的文字符号

1. 古俄语字母（基里尔字母）样例

А	І	у	ь
Б	К	ф	ѣ
В	Л	х	ю
Г	М	ѡ	ѥ
Д	Н	ц	ѧ
Е	О	ч	ѯ
Ж	П	ш	ѱ
Ѕ	Р	щ	ѳ
З	С	ъ	ѵ
И	Т	ы	

说明：

1）本字母表列有40个字母符号，而基里尔字母共44个，其中4个（表示鼻元音的）字母ѫ, ѧ, ѭ, ѩ未列入本表。（见下表）。

2）这四个鼻元音字母主要见于古斯拉夫语文献，古俄语文献（抄本）有时也使用，但不表示鼻音性质。（见"古俄语语音简况"一节）。

3）本表的字母形状乃后期的印刷正字体。其中某些字母的音值相同（如ѕ和з），某些字母也少见于古俄语文献（见下表）。

2. 古斯拉夫语字母（及音值）、教会斯拉夫语字母与古俄语字母的比较

（一）				（二）			
1	2	3	4	1	2	3	4
а	a	а	а	т	t	т	т
ѧ	ja	ѧ	я	оу	u	оу ȣ	у
в	b	в	б	ю	ju	ю	ю
в	v	в	в	ф	f	ф	ф
г	g	г	г	х	ch	х	х
д	d	д	д	ц	ts'	ц	ц
с	c	с	с	ч	č	ч	ч
ѥ	je	ѥ	е	ш	š	ш	ш

(三)				(四)			
1	2	3	4	1	2	3	4
ж	ž	ж	ж	ψ	št'	ψ	щ
ѕ	dz'	ѕ	ѕ	ъ	ŭ	ъ	ъ
з	z	з	з	ы	y	ы	ы
ı	i j	і	і	ь	ĭ	ь	ь
и	i	и	и	ѣ	ě	ѣ	ѣ
	ï		ï	ѧ	ę		
к	k	к	к	ѩ	ję		
л	l	л	л	ѫ	ǫ		
м	m	м	м	ѭ	jǫ		
н	n	н	н	ѯ	ks	ѯ	
о	o	о	о	ѱ	ps	ѱ	
ѡ	o:	ѡ	ѿ	ѳ	th	ѳ	
				ѵ	i v	ѵ	
п	p	п	п				
р	r	р	р				
с	s	с	с				

说明一：

"1"——是古斯拉夫语字母；"2"——是教会斯拉夫语字母；"3"——是用拉丁字母标音的字母音值；"4"——是古俄语字母。

说明二：

在古俄语文献中抄写人有时用基里尔字母ѫ表示元音y，ѭ表示ю，ѧ或ѩ表示я。这四个基里尔字母曾用来表示斯拉夫人语言中有过的鼻元音（见概说之三"古俄语语音简况"的有关部分）。

1) 最后四个字母（古斯拉夫语和教会斯拉夫语中）有时也见于古俄语文献，它们主要用来表示外来词（特别是希腊语词）的相应语音，如ѯ（表示音组ks），алеѯандръ即Александр。

2) 两栏的音值（звуковое значение）都用拉丁字母表示，而有的字母还带有"标音符号"（траскриптические знаки）[见本节"11. 文选中的某些符号"有关说明]。

3. 十一至十七世纪古俄语文献中基里尔字母书写形式样例

(一)

古希腊大小写字母	XI			XII	XIII	XIV			XV		XVI		XVII				
	1057	1073	1092	1143	1220	1317	1339	1400		1500	1594	1606	1623	1653	1691	1697
α α	а	а	а	а	а	а	а	а		а	а	а	а	аа	А а	а
	Б	Б	Б	Б	Б	Б	Б	Б		б	об	Б	т	Ъб	8	Ъ
в ι	К	К	К	К	К	К	К	К		R6	(вд	кю	дА	(вт	6т	6
Γ γ	Г	Г	Г	Г	Г	Г	Г	Г		Г	Г	г	гг	Г	ГГ	Г
Δ δ	Δ	Δ	Δ	Δ	Δ	Δ	Δ	Δ		Δ	Δ	Δ	Ея	Δ	Δ	Δ
ε ε	Є	Є	Є	Є	Є	Є	Є	Є		іЄ	ее	іе	є	ое	Є	є
	Э	Э	Э	Э	К	К	К	КЄ								
	Є					Є										
	Ж	Ж	Ж	Ж	Ж	Ж	Ж	Ж		Ж	ож	оу	Б	же	д	ш
Ϛ δ	8	8	5	2	2	2	2	5		5			5	5	35	
Z, ʒʒ	3	3	3	4	3	5	5	3		3	3	3	ξ3	3	3	3
Η η	Н	Н	Н	Н	НН	Н	Н	П		Н	N	И	и	И	И	N
Ι ι	і	і	і	і	і	і	і	і		і	і	і	і	і	і	Ŧ
К κ	К	К	К	К	К	К	К	К		К	К	К	ҳ	К	Қ	п
Λ λ	Λ	Λ	Λ	Λ	Λ	Λ	Λ	Λ		Λ	Λ	Λ	Λ	Λ	Λ	П
м	М	М	М	М	М	М	М	М		м	м	м	м	м	м	м
N	N	N	N	N	N	N	N	N		N	N	N	N	N	N	N
о	О	О	О	ООО	ОО	ОО	ОО	Ö		О	О	О	О	О	О	О
	П	П	П	П	П	П	П	П		П	П	П	П	П	Пт	П
ρ	р	р	р	р	р	р	р	р		р	р	р	р	р	р	р
ϛ	С	С	С	С	С	С	С	С		С	С	С	С	С	С	С
Ψ ψ	Т	Т	Т	Т	Т	Т	Т	Т		Т	Т	Т	пт	пт	пт	ш

古俄语概说 19

(二)

古希腊大小写字母		XI			XII	XIII	XIV		XV	XVI		XVII				
		1056	1073	1092	1143	1220	1317	1339	1400	1500	1594	1606	1623	1653	1691	1697
ΟΥ	ου	ΟΥ	оγ	ογ	ογ	ογ	γ	γ	ογ	ογ	ογ	8	γγ	γ	γ	γ
Φ	φ		ΦΦ	Φ	Φ	ΦΦ	Φ	Φ	Φ	φ		ΦΦ	Ф	Ф	Ф	Ф
Χ	χ	Χ	Χ	Χ	Χ	ΧΧ	Χ	Χ	Χ	Χ	Χ	Χ	Χ	Χ	Χ	Χ
ω	∞		ω	ω	ω	ω	ω	ω	ω	ω	ω	ω	ω	ω		
		Ч	Ч	Ч	Ч	ЧЧ	Ч	Ч	Ч	Ч	Ч	Ч		Ч		Ц
		Ү	Ү	Ү	Ү	ҮҮ	Ү	Ү	ч	ч	ч	ч	ч	ч		ч
		Ш	Ш	Ш	Ш	ШШ	Ш	Ш	Ш	Ш	Ш	Ш	Ш	Ш	Ш	Ш
		Ψ	Ψ	Ψ	Ψ	ΨΨ	Ψ	Ψ	Ψ			ψ	ψ	ψ		ψ
		Ƶ	Ƶ	Ƶ	Ƶ	ƵƵ	Ƶ	Ƶ	Ƶ		ƵƵ	ƵƵ	ƵƵ	ƵƵ		Ƶ
		Ƶ	Ƶ	Ƶ	Ƶ	ƵƵ	Ƶ	Ƶ	Ƶ		Ƶ	Ƶ	Ƶ	Ƶ		Ƶ
		Ь	Ь	Ь	Ь	Ь	Ь	Ь	Ь	Ь	Ь	Ь	Ь	Ь		
		Ѣ	Ѣ	Ѣ	Ѣ	Ѣ	Ѣ	Ѣ	Ѣ	Ѣ	Ѣ	Ѣ	Ѣ	Ѣ		
		Ю	Ю	Ю	Ю	Ю	Ю	Ю	Ю	Ю	Ю	Ю	Ю	Ю		
		Ѧ	Ѧ	Ѧ	Ѧ	Ѧ	Ѧ	Ѧ	Ѧ	Ѧ	Ѧ	Ѧ	Ѧ	Ѧ		
		Ѫ	Ѫ	Ѫ	Ѫ	Ѫ	Ѫ	Ѫ	Ѫ		Ѫ	Ѫ	Ѫ	Ѫ		
		Ѩ	Ѩ	Ѩ												
ξ	ξ	ξ	ξ	ξ	ξ		ξ		ξ		ξ	ξ	ξ			ξ
Ψ	ψ	ψ	ψ			ψ							ψ	ψ		
Θ	θ	θ	θ	θ	θ						θ			θ		
V	υ	V	V	V				V								

说明：

1）前面两（竖）行是希腊-拜占庭字母的两种字体：大写字体，又称安色尔字体（унциал），是公元四—八世纪希腊和拉丁的手稿中常用的一种字母形式；小写字体（минускул），是古代字母-语音文字中使用的一种字母形式。

2）横行中的（第一行）罗马数字表示世纪顺序，阿拉伯数字表示年份——指典型文献完成的时间，如1056/7指1056和1057年，即Остромирово евангелие抄写的时间（见文选第一篇）。其他阿拉伯数字表示的相同，即指某一文献完成（抄写）的时间。

3）罗马数字表示世纪顺序下的所有字母（基里尔字母）仅表明某一年份的文献的典型字样，并不能代表该世纪所有抄本（或手稿）的字母书写形式。

4）1056—1057年和1400年的字母形状并非当时的手写体，而是该文献后期的印刷体。因为印刷术的采用加强了社会对文字"规范"的需要。（见本章第五节说明）

古俄语概说 21

4. 基里尔字母系统和格拉戈尔字母系统的比较及两者同拜占庭正字体字母的比较

4.1 基里尔字母系统和格拉戈尔字母系统的比较

字母名称	基里尔字母	格拉戈尔字母	字母名称	基里尔字母	格拉戈尔字母
АЗ	А а	✢ ✢	ФЕРЬТ	Ф ф	ⴔ ⴔ
БУКИ	Б б	Ⰱ Ⰱ	ХЕР	Х х х	Ⱈ Ⱈ
ВЕДИ	В в	Ⰲ Ⰲ	ОТ	Ѡ ѡ	Ⱉ Ⱉ
ГЛАГОЛЬ	Г г	Ⰳ Ⰳ	ЦЫ	Ц ц	Ⱌ Ⱌ
ДОБРО	Д д	Ⰴ Ⰴ	ЧЕРВЬ	Ҁ ҁ ч (ҁҁ)	Ⱍ Ⱍ
ЕСТЬ	Є є ѥ	Ⰵ ⰵ	ША	Ш ш	Ⱎ ш
ЖИВЕТЕ	Ж ж	Ⰶ Ⰶ	ШТА	Щ щ	Ⱋ Ⱋ
ЗЕЛО	Ѕ ѕ ꙃ	Ⰷ Ⰷ	ЕР	Ъ ъ	Ⱏ Ⱏ
ЗЕМЛЯ	Z z з	Ⰸ Ⰸ	ЕРЫ	Ы ы (ꙑ)	Ⱏ Ⱏ
ИЖЕ	Н н и	Ⰹ Ⰹ	ЕРЬ	Ь ь	Ⱐ Ⱐ
И	І ı (і) (ћ)	Ⰺ Ⰺ	ЯТЬ	Ѣ ѣ	Ⱑ Ⱑ
		Ⰻ Ⰻ	Ю	Ю ю	Ⱓ Ⱓ
КАКО	К к	Ⰽ Ⰽ	И+А=Я	Ѩ ѩ	
ЛЮДИ	Л л	Ⰾ Ⰾ	МАЛЫЙ ЮС	Ѧ ѧ	Ⱔ Ⱔ
МЫСЛЕТЕ	М м	Ⰿ Ⰿ	БОЛЬШОЙ ЮС	Ѫ ѫ (Ѫ)	Ⱕ Ⱕ
НАШ	N n	Ⱀ Ⱀ		Ѭ ѭ	Ⱗ Ⱗ
ОН	О о	Ⱁ Ⱁ	КСИ	Ѯ ѯ	
ПОКОЙ	П п	Ⱂ Ⱂ	ПСИ	Ѱ ѱ	
РЦЫ	Р р	Ⱃ Ⱃ	ФИТА	Ѳ ѳ	ⴅ ⴅ
СЛОВО	С с	Ⱄ Ⱄ	ИЖИЦА	Ѵ ѵ	Ⱛ Ⱛ
ТВЕРДО	Т т	Ⱅ Ⱅ			
УК	Оу оу	Ⱆ Ⱆ			

4.2 基里尔字母系统和格拉戈尔字母系统与希腊字母的比较

希腊字母（拜占庭正字体）			斯拉夫字母—基里尔字母和格拉戈尔字母			
字母名称	字母的音值	字母的形式	字母的形式		字母名称	字母的音值
			基里尔字母	格拉戈尔字母		
альфа	а	а	а	ⱝ	аз	а
бета (вита)	б，以后是 в	в	в	ⰱ	буки	б
гамма	г	г	г	ⰲ	веди	в
дельта	д	д	д	ⰳ	глаголь	г
в'псилон	э（短元音）	є	е	ⰴ	добро	д
				ⰵ	есть(ххх)	е, э
(дигамма)	(w)	ⱏF	ж	ⰶ	живете	ж
дзета	дз	z	ꙃ	ⰷ	зело	з-дз-з
эта (ита)	э 长元音（以后是"и"）	н	з	ⰸ	земля(ххх)	дз-з-з
				ⰹ	иже(ххх)	и
иота	и（短元音）	I	ι	ⰺ	и(x)	и, й
каппа	к	к	к	ⰻ	дервь	г（颚化辅音）
ламбда	л	л	л	ⰼ	како	к
ми	м	м	м	ⰽ	люди	л
ни	н	н	N	ⰾ	мыслете	м
о микрон	о（短元音）	о	о	ⰿ	наш(ххх)	н
пи	п	п	п	ⱀ	он	о
ро	р	р	р	ⱁ	покой	п
сигма	с	с	с	ⱂ	рцы	р
тау	т	т	т	ⱃ	слово	с
				ⱄ	твердо	т
фи	ф	ф	Ѳ	ⱅ	ук(ххх)	у
хи	х	х	х	ⱆ	ферт	ф
омега	о（长元音）	ѡ	ш	ⱇ	ка	х
				ⱈ	омега(x)	о
-	-	-	-	ц	ⱌ	цы	ц
-	-	-	-	ч	ⱍ	червь	ч
-	-	-	-	ш	ⱎ	ша	ш
-	-	-	-	щ	ⱋ	шта	щ
-	-	-	-	ъ	ⱏ	ер	о°（短的轻元音）
-	-	-	-	ы	ⱏⰹ	еры	ы
-	-	-	-	ь	ⱐ	ерь	еⁿ（短的轻元音 глухое）
-	-	-	-	ѣ	Ⱑ	ять(хх)	（最初是 да, эа, 然后是闭元音）
-	-	-	-	ю	ⱓ	ю	ю（带i音的元音）
-	-	-	-	ꙗ		ia(ххх)	я（带i音的元音）
-	-	-	-	ѥ	ⱉ	е(x)	е（带i音的元音）
-	-	-	-	ѧ	ⱔ	小 ЮС	оⁿ（鼻元音）
-	-	-	-	ѫ	ⱘ	大 ЮС	иⁿ（鼻元音）
-	-	-	-	ѩ		带i音的小 ЮС	еⁿ（带i音的鼻元音）
-	-	-	-	ѭ		带i音的大 ЮС	юⁿ（带i音的鼻元音）
кси	кс	кс	Ѯ	ⰽⱄ	кси(x)	кс
пси	пс	пс	Ѱ	ⱋ	пси	пс
тета	th	Ѳ			фита(x)	th-ф
й псилон	ӥ（德语的元音以后是"N"）	ѵ			ижица(x)	и（俄语的元音）
(и псилон)						

说明：

基里尔字母——据多数斯拉夫学-俄罗斯学的学者的看法，主要是以希腊语的供祈祷用的多角体字母（греческое уставное богослужебное письмо）为基础而创制的。为此，我们用上面的图表来将古希腊的一种文字（字母）和最早的斯拉夫文字（字母）进行比较。

1）基里尔字母（кириллица）和格拉戈尔字母（глаголица）是古代斯拉夫文字的两种不同形式的字母系统。现代俄语字母及乌克兰语、白俄罗斯语、保加利亚语、塞尔维亚语等的字母，还有新蒙文和中亚一些国家采用的拼音字母，基本上源于基里尔字母。

2）从字母顺序对比可见，基里尔字母有大半（24个）与希腊-拜占庭字母系统在形式上基本一致。必须指出，基里尔字母在不同时期的文献中，其数目和书写形式是不完全一样的。

3）格拉戈尔字母来自глаголъ这个词，它原有"话、语"（слово, говорить）的意义。这种字母系统主要在信奉天主教的西南部斯拉夫人地区使用。后来这些地区的斯拉夫人[如波兰人、捷克人、克罗地亚人、斯洛伐克人等（这一字母系统在克罗地亚一直存在到十八世纪）]因信奉罗马天主教而采用了拉丁字母。

4）传说是拜占庭传教士康士坦丁·菲洛索弗（教名基里尔）及其兄长美福基等人受当时摩拉维亚公国的大公等人邀请来该国传教期间，创制了一种适应斯拉夫人（主要是南部斯拉夫人）的语音特点的文字——字母系统，它以希腊—拜占庭字母体系为基础，同时创制了几个新字母。这种斯拉夫字母文字开始在大摩拉维亚公国流行（但当时所译的宗教文献未流传下来）；后来，约在九世纪末—十世纪初，由于当时欧洲形势的变化，拜占庭人创制的这一斯拉夫文字又流传到保加利亚王国（关于当时地缘政治形势见所附的"九世纪中期"地图）。然而基里尔等创制的是哪一种字母——所谓基里尔字母还是格拉戈尔字母，学术界尚无定论。基里尔字母创制的时间约在公元863年。但有关格拉戈字母的起源问题至今仍未解决。

5）尽管希腊东正教在东部斯拉夫人那里广泛传播（而且很早起就成了古代罗斯的国教），古代罗斯从保加利亚引进不少用古斯拉夫语的基里尔字母书写（抄译自）拜占庭的教会宗教等方面书籍，但基里尔字母最初不完全适应东斯拉夫人的语音结构，因此从古代罗斯一开始使用这种字母起，基里尔字母系统就逐渐发生适应罗斯-俄罗斯语音的过程（见概说中有关语音和文字的部分）。

6）在"4.2 基里尔字母系统和格拉戈尔字母系统与希腊字母的比较"的斯拉

公元九世纪中期拜占庭帝国、保加利亚王国和大摩拉维亚公国等国地图

夫字母栏内，用一个×号标明的字母大概是较晚期出现的，有的表明是俄文字母表中废除不用的；用两个×号标明的字母是由于俄语语音变化发展而后被排除使用的；用三个×号标明的字母是字形变化了的。

5. 古俄语文献中用基里尔字母书写的三种字体示例

从十至十一世纪起，随着基督教被引进罗斯，由基里尔字母书写的文献（主要为宗教-教会文献）也同时（经由保加利亚王国）进入罗斯。从此时起到十七至十八世纪，在罗斯境内这种基里尔字母的字体（"графика"，或称"书写法"）也在改变，主要有如下三种字体：

正字体（устав）①

КАЗАНТЬНМОУДѢ
ЛА·ДАВЪIOУДНТЕ
САНАКОВООЦЬВЪ
СКРѢШАНТЬР
ТВЪПАНЖНВНТЬ·
ТАКОЖЕНСНЪ·IАЖЕ
ХОЩЕТЬЖНВНТЬ·
ОЦЬВОНЕЖДТЬНН
КОШОУЖЕНѢСЖДЪ
ВЬСЬДАСТЬПОВН
ДАВЬСНУЬТЖТЬ
СНА·IАКОЖЕЦЬТЖ

——古代斯拉夫-古罗斯手抄文献的一种文字书写类型，其特点是字母书写时竖横笔直、清晰精致，每个字母独自书写（即不连写），很少有"简写字"。我国有学者将其与中国汉字的"正体"（或"楷书"）相类比。

---

① 本书一直将устав（或уставное письмо），полуустав（或полууставное письмо）译为"正字体"（或正体文字）、"半正字体"（或半正体文字）。这些译名与《大俄汉词典》（2003年修订版）的不同。后者是："устав…③（古希腊、拉丁及斯拉夫的）多角字体。"（2476页）"полуустав[阳]半正半草字体、简化的多角字体（见于古希腊语、古斯拉夫语及古俄语），是从多角字体演变而成。"（1634页）本书仍用"旧译"。

半正字体（полуустав）

——古代斯拉夫-古罗斯手抄文献的一种文字书写类型，从十四世纪起开始出现并大量使用，其特点是介于"正字体"和"草字体"之间，但与"正字体"书法不同的是，竖横不十分笔直，字母不十分正规，有时使用一些简写字。我国有学者试图将这一"字体"与汉字的"行书"相比拟。

草字体（скоропись）

——中世纪欧洲一些语言文字的书写类型。它从十四世纪末起在罗斯出现并大量使用，是古代罗斯的手抄文献中常见的写法。其特点是字母与字母之间彼此相连，常用许多"简写词""缩略字形"和符号，而且笔画粗细不均，字母大小不均，抄书人（或写、译书人）的随意性很大。

说明：

1）由于基督教的传入，从十至十一世纪起在罗斯开始采用基里尔字母。但其书写形式（及字母成员）在十至十八世纪的漫长岁月中是不断变化的。这也表现在字体（графика）上的变化：正字体——从十四世纪起采用半正字体，从十四世纪末期起采用草字体（主要用于日常文书）和装饰性的花字体。但这些字体在一定时期（主要使用在铅字印刷术之前）可能因文献不同而分别同时使用。

2）某些古文字学家还把正字体分为书籍正字体和速写正字体，实为某些半正字体；这些字体（特别是半正字体和草字体）也因时间不同而自有差异；近于草字体的还有所谓速写花字体（见下节）。

3）古代罗斯文字有不同时间和不同字体字形之分，而且没有统一的"正字法"可循，从少数仅存而传留下来的古文献抄本来看，可谓"形形色色""多种多样"。这主要是由于书写人、抄书人出自不同地域，有不同口音，受教育程度和文化水平不同等"个人"特点，因而影响后人的阅读和"解释"各类"文本"。

4）从上列几种字体看，书写文字词与词、句与句连成一片，不分段和行，没有大小写之分，有些符号表示一定意义。许多抄本（即使是较晚期的抄本或其复制件）因书写人（抄书人）的书写风格不同，又没有统一的正词法规则，因而各抄本（有时一部文献有几种不同地域的抄本）的墨迹各异，尤其手写的草字体如此。这对于直接阅读文献的抄本有很大困难（见文选的某些插页和下面将谈到的"比较"）。而某些近于印刷体的抄本（如文选第一、二、三、四的插页等）情况较好，可以断词断句进行阅读。为便于阅读，本书文选各编均与原手稿或手稿抄本不同，主要用后来印刷用的铅字（正字体）刊印。

5）古代罗斯在使用真正意义上的纸之前，也像许多欧洲国家一样，用"羊皮纸"（或其他兽皮，如小牛犊皮等）或其他材料（欧洲等国还曾使用古埃及的纸莎草纸）来书写。但在古代罗斯（尤其在北方地区，如诺夫哥罗德等地）还曾使用桦树皮来抄写文献。

6）在桦树皮上"写"成的文献称为"桦树皮文书"（берестяные грамоты），这是一些表现十一至十五世纪北方居民日常生活的文字记载，是二十世纪五十年代初在诺夫哥罗德地区考古挖掘时发现的，后汇集成册复印出版。

7）俄国从十四世纪起才开始逐渐使用纸（最初来自东方，后来来自西方制作的纸）。从十六世纪起俄国才开始自己生产纸。

8）谈语言文字，必然谈及文献等书写制品以及印刷术的推行和使用。众所周知，印刷术是中国发明的，它经过中亚一些国家和地区，通过联结东西方的丝绸之路进入欧洲。我国宋代人毕昇（？——约1051）是活字版印刷术的发明者。在欧洲，最早（公元1447年）开始印刷书籍的是儒尔根·古登堡（也译成古滕贝格）；而在斯拉夫国家，最早的印刷匠是什瓦因·波利特·费奥里，他印刷第一批书籍是在1491年。

俄国第一位印刷事业的奠基人是伊万·费奥多罗夫（约1510—1583），但是他既称是"русский"，又称是"украинский"第一位印刷师（первопечатник），因为他先后在莫斯科和乌克兰利沃夫建立印刷坊和印刷书籍。1564年,伊万·费奥多罗夫同彼得·姆斯季斯拉维茨一起印制了俄罗斯第一本注明日期的宗教书籍《Апостол》(《使徒行传》),随后又印行了《Евангелие учительное》(1569)等。特别值得一提的是他于1574年为提高俄国青少年语文知识水平而印刷的名为《Букварь》(识字课本,包括"Азбука"和"Грамматика"等内容的书)。此书原创本现存美国哈佛大学图书馆。

十八世纪初,彼得大帝诏令在荷兰订制并在莫斯科(皇家印书院)铸造民用字体铅字;在所印行的第一批书籍中,《几何学》(《Геометрия》)是印刷质量较好的一本。

在俄国,随着印刷术和纸张的进一步推广使用,逐渐形成了与历来应用的字母文字手写体并行使用的印刷体,而印刷体使用的字母形式则由原来的正字体而逐渐演变为占主导地位的今日的字母形式。

6. 古俄语文献和后世招贴画中的花字体(вязь)

所谓"花字体"是指东斯拉夫人使用的"基里尔字母"的一种艺术字体;它从十四世纪末开始出现,逐渐普及开来。从近现代的文字使用来说,这类"美术字"不仅出现在书籍装帧和书页标题中,而且还用在张贴画中作为一种美化图案。

说明:

1)古俄语文献在标题、扉页、章节首行的第一个字母或前几个字母,甚至一个词至几个词(或一行词),刻意用一种近于艺术体的字母写出,这种艺术体称为"花字体"。

2)"花字体"可以是一个字母(见某些插页),也可以是两个或更多字母的组合,它们的特点是"连体"(即共一个笔道),又称为"合体字母"(лигатура)。

以上使用的"花字体"均合体,有时也采用字母大小不一,字母"内嵌"等方式造成某种艺术效果。

3)除使用"花字体"外,古俄语的某些手抄文献还用"花边""插画"等方式增加书籍的艺术效果。

4)以上各花字体的合体字母仅是古文献中一种类型的一小部分。这也因书写人的不同而各有差异。

5)附"插页"两张:"A.巴里津的《故事》(扉页)和"尼古拉二世和皇后亚历山德拉的加冕典礼"(招贴画)

奥弗拉米·巴里津的《故事》第一章扉页

上面三行(第一行为花体字)的"解读"如下:

ИСТОРИЯ В ПАМЯТЬ ПРЕДИДУЩИМ РОДОМ, ДА НЕ ЗАБВЕННА БУДУТ БЛАГОДЕЯНИА, ЕЖЕ ПОКАЗА НАМ, МАТИ СЛОВА БОЖИА…

[译文:"在世的老辈人回忆的历史,但愿人们不要忘记圣母给我们指出的善举和上主之言……"]

古俄语概说　31

"尼古拉二世和皇后亚历山德拉的加冕典礼"招贴画（十九世纪俄国制作）

上面花体字的解读：

Священное венчание на царство Государя Императора Николая II и Государни Иплператрнцы Александры Феодоровны

[译文："尼古拉二世皇帝陛下和亚历山德拉·费奥多罗夫娜皇后陛下加冕盛典"]

7. 桦树皮文书

古代斯拉夫人的文字符号不仅写在造价昂贵的羊皮纸（以及其他兽皮）上（从十四世纪起开始写在"进口"纸上），而且也刻画在砖石（如碑石、教堂墙壁等）和陶土器皿上；此外，还"刻写"在桦树皮上。白桦树是俄国的一种常见树。古代罗斯（特别是北部地区）常用此树的内皮制成"纸"（一种造价低廉的材料）来"书写"。因此这种材料"书写"的文字称为桦树皮文书（берестяные грамоты）。

桦树皮文书是1951年在诺夫哥罗德考古挖掘时发现的。领导这次考古活动的是当时苏联科学院通讯院士А. В. Арциховский。因此这些文书又称为"诺夫哥罗德桦树皮文书"（Новгородские грамоты на бересте）。这些文书是各种各样、长短不一的单据、契约、信函、记事等等，涉及十一至十五世纪罗斯的经济贸易、人民的日常生活等方面的内容。考古活动历时数年（至1956年），所发现的文书数量约570件。除诺夫哥罗德外，在俄国北方的其他古城（如Псков, Смоленск, Витебск等）也有零星发现。1955年苏联科学院将其汇集成册，影印出版[①]。

诺夫哥罗德白桦皮文书，作为古代罗斯的活的语言和文字材料，不仅对研究古代罗斯的社会文化、经贸来往和日常生活有重要的意义，而且对研究古代罗斯语言也有重要作用。

下面我们引用其中一份文书——它是一位名叫Гостята的妇女"写"给名叫Василий的属于十一世纪的短笺（关于信的作者是什么人及个别词语在当年苏联学术界有过争论）。

---

① 见苏联科学院语言学研究院1955年出版的《Палеографический и лингвистический анализ новгородских берестяных грамот》。

古俄语概说 33

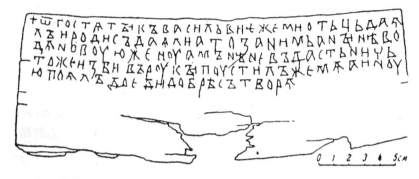

戈斯佳塔致瓦西里信（十一世纪，诺夫哥罗德）——白桦皮文书复印件

此信件用基里尔字母"写"成。现将其词句分开重写（同时用字母 я 代替 ᴀ）如下：

"От Гостяты къ Василию. Еже ми отьць даялъ и роди съдаяли, а то за нимь. А нынѣ водя новую женоу, а мънѣ не въдасть ничьто же. Избивъ роукы, поустилъ же мя, а иноую поялъ. Доели добрѣ сътворя"。

译文大意如下："戈斯佳塔致信瓦西里。父亲和亲人给我的东西（注：指嫁妆等物）都归了他（注：指她的丈夫）。现在他娶新妻，什么也不给我留下。我们的婚姻是经双方父母同意的，但他却把我休了。他娶了另一个女人。请你来好好评评理吧。"

8. 十七世纪两种字体——手写体和印刷体的比较

手写体是文字或拼音字母的一种手写形式，而印刷体则是文字或拼音字母的印刷形式。（见《现代汉语词典》，2002年增补本，商务印书馆，2004年，第1163页和第1507页）。

下面选用这两种字体——一为1649年的印刷本字体，另一为1648年的手写字体。前件为1649年《法令集》印刷本的第一页（缩小本），后件为1648年波格丹·赫梅利尼茨基写给沙皇阿列克塞·米哈伊洛维奇的亲笔信第一页（缩本）。

Оукáзъ главáмъ книги сеѧ̀.
Главá, а҃, ѿ богоху́лникахъ, и ѿ церко́вныхъ мѧтежникахъ. а въ нeй, д҃, статeй.

Кто возложитъ хулоу, на хрта̀, и на пречтую бцу, и на ихъ оугодниковъ. а҃

Кто пришедъ в црковь бжїю, и бжтвеныѧ литургїи совершити не дастъ. в҃

Кто в црквн во времѧ црковнаго пѣнїѧ оучинитъ мѧтежъ, при патрїархѣ, и при иныхъ властeхъ. г҃

Кто прише в црквь бжїю кого оубїе до смeрти. д҃

Кто пришедъ в црковь бжїю кого бнѣ ранитъ, а не до смeрти оубіетъ. е҃

Кто в црквн же бжїи кого оудари а не ранитъ. ѕ҃

Кто в црквн же бжїи кого ѿ безчеститъ словомъ, а не оударитъ. з҃

В црквн бжїи во времѧ церковнагѡ пѣнїѧ, гдрю, и патрїарху, и инымъ властeмъ, ни комъ, ни ѡ какомъ дѣлѣ, не бити челомъ. и҃

Кто в црквн бжїи, чрезъ заповѣдь учнетъ гдрю, и патрїарху, и инымъ властeмъ, ѡ какомъ дѣлѣ, бити челомъ. ѳ҃

ı҃

说明：

边上的带 ⁀ 这个符号的单个字母（а̄, в̄, г̄……）表示"数字"的顺序——即此法令的"第1条""第2条""第3条"等等。

说明：

1）上面两个材料是几乎同一时间的，但字体和书写格式完全不同。

2）1649年的《法令集》（Уложение）是莫斯科国沙皇阿列克塞·米哈伊洛维奇颁布的一部法规法令汇编。因是印刷字体，可以阅读，但其中也使用了不少"简写词"形式。这里是法令的第一章"关于渎神者和叛教者，共九条"。

3）波格丹·赫梅利尼茨基是当时乌克兰哥萨克军队中推选出的首领（гетман），他在致莫斯科沙皇阿列克塞·米哈伊洛维奇的信上通报了乌克兰人民在1648年两次战胜波兰军队的情况，同时也表达了乌克兰人民与俄罗斯合并的意愿。1651年乌克兰军被波军击败，促成了乌克兰于1654年与俄罗斯合并。

4）这封亲笔信不好阅读，因为它不仅是完全的草字体，而且信中使用了乌克兰语的一些词语（尽管乌克兰语也是用基里尔字母书写）。信的起款是"Наяснейший, вельможный и преславный царь Московской, а наш многомилостивый пань и добродей"（"最英明、威严、显赫的莫斯科沙皇，我们最仁慈的君王和赐福者"），其中Наяснейший相应于Наияснейший，пань现用пан，是乌克兰、白俄罗斯、波兰等地对达官贵人、封建领主的尊称，相当于государь。

5）赫梅利尼茨基的这封草书可以与现代俄语的草写字体相比较。下面用了一封书信的第一页，是В. В. Виноградов于1926年（当时是列宁格勒大学教授）写给住在莫斯科的妻子Надежда Матвеевна Малышева的信（现存俄罗斯科学院档案馆）。但即使是用现代俄语写的材料（如书信）也因人而异，手迹字体不同，有的有时也难于辨认。

Дорогая, дорогая!

Письмо будет мудрым. Среди занятий пишу я. И вопрос для меня сейчас больной. С Вами болезнью делюсь. Для речи о Есенине она явилась. Тема — о лирическом лице. Неправда, что художник *себя* в лирике воплощает. Но неправда и то, что поэт кажет не лицо, а маску. Художник должен создать какой-то сложный, глубокий и внеличностный образ. Этот образ делается центром, откуда рассеиваются лучи лирических эмоций. Можно, конечно, каждое лирическое стихотворение рассматривать, как чисто словесный мелодический рисунок, безотносительно к тому "я", которое в нём навеяно.

9. 彼得大帝亲笔批注的俄语民用字母的第一页

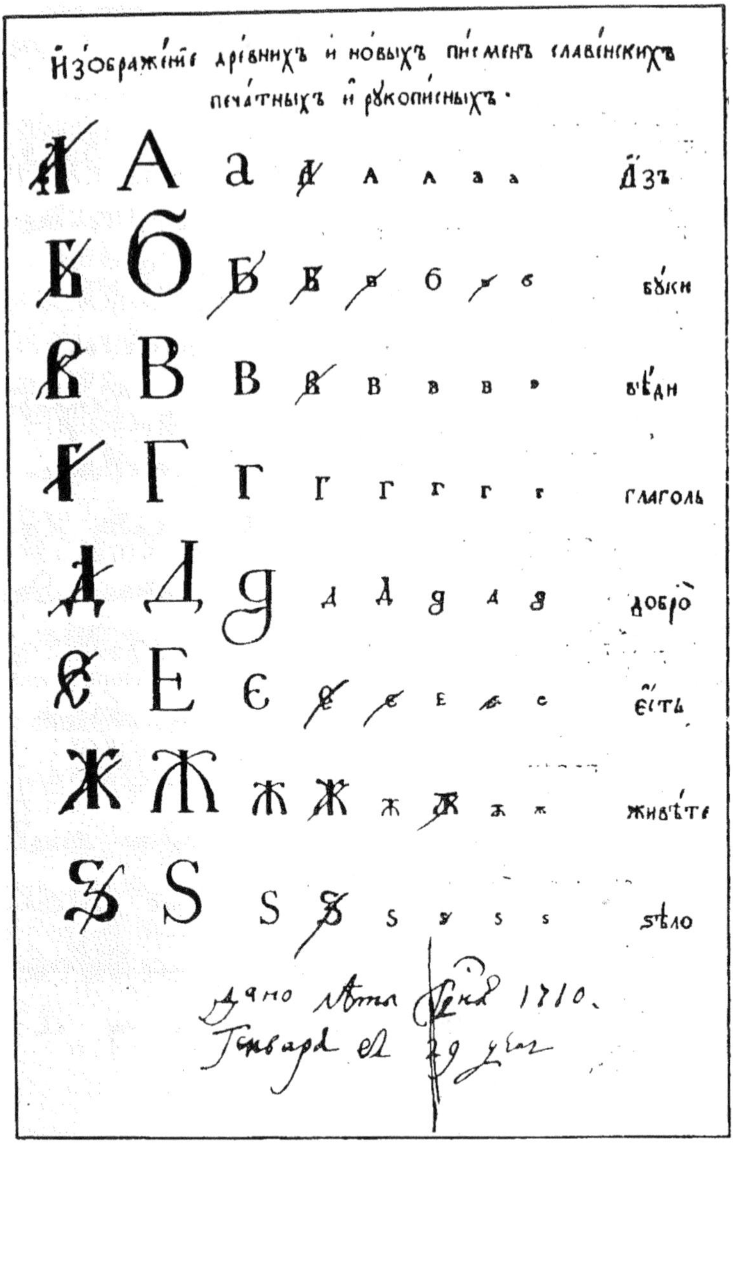

说明：

1）最上面两行的意思是："新、旧斯拉夫印刷字母和手写字母的写法"。右边竖行为字母名称。

2）俄国文字书写最重要的一次改革是1708—1710年彼得大帝进行的改革。他从字母表中废除了几个不需要的字母：ѡ ψ Υ，最终取消了Ж，Ѧ，用字母 E 代替ѥ，я代替Ѩ和Ѭ，但仍残留几个多余的字母，如Θ，ѣ，I——它们在后来，主要在1918年苏维埃文字改革时才彻底废止。

3）彼得大帝实行的改革还涉及印刷字体。字母书写形状成圆形，更简化，并取消了行上符号（包括титло及重音符号等）。这种改革了的字体称为民用字体（гражданский шрифт），或者称为民用字母（гражданская азбука）。

4）有人认真地说，现代俄语字母与其说来自基里尔字母，不如说直接来自彼得大帝实行的民用字母。但有人也认为，即使如此，后者也源于基里尔字母系统。关于彼得大帝"改革"文字的成果和功绩，在俄国和苏联时期，学者们的评价见仁见智。我们以两位苏联学者的说法为例。

苏联时期著名语言文学史学者В. А. 伊斯特林在其所著的学术专著《文字的产生和发展》（中译本第一版）中写道："1707—1708年在制作第一套根据彼得大帝的指示拟订的新的'民用'铅字时，他就废除了九个字母……但是到后来，彼得大帝又恢复了这些字母的大部分，只有几个'юс''пси''ижица'以及合体字母ѿ（即от）没有纳入1710年的字母表。结果，从1711年到1735年，民用书籍的捡字排版各不相同——一会儿是这一套字母，一会儿是另一套字母。但是，尽管彼得大帝的改革没有完成，但这一改革却具有重大的革命意义。这次文字改革表明俄文字母表必须改革。"

尽管彼得大帝的俄语"文字改革"没有完全"奏效"，但有的学者却另有评价。例如，著名学者Д. С. 利哈乔夫在其所著的《Раздумья о России》中写道"……我们的字母称为基里尔字母。不错，斯拉夫文字是基里尔和美福基兄弟所创制的。但是在我国和保加利亚所使用的字母系统，按字母的数目、字母的形状来说，都是彼得大帝创立和指令使用的。我们本来应该称它为彼得的字母。但是在这一点上，却从来没有人想起过彼得大帝。"[这段话译自《Раздумья о России》（С. –Петербург, издательство. LOGOS. 1999）第440页]。

10. 基里尔字母表示的数值

个位数	十位数	百位数	千位数
1 (α)... а̇	(ι)... ı̇	(ρ)... р̇	(͵α)... а̇
2 (β)... в̇	(κ)... к̇	(σ)... с̇	(͵β)... в̇
3 (γ)... г̇	(λ)... л̇	(τ)... т̇	(͵γ)... г̇
4 (δ)... д̇	(μ)... м̇	(υ)... ў	(͵δ)... д̇
5 (ε)... е̇	(ν)... н̇	(φ)... ф̇	(͵ε)... е̇
6 (ς)... ѕ̇	(ξ)... ѯ̇	(χ)... х̇	(͵ς)... ѕ̇
7 (ζ)... з̇	(ο)... о̇	(ψ)... ѱ̇	(͵ζ)... з̇
8 (η)... и̇	(π)... п̇	(ω)... ѡ̇	(͵η)... и̇
9 (θ)... ѳ̇	(ϟ)... ч̇	(ϡ)... ц̇	(͵θ)... ѳ̇

说明:

1) 括号内的字母是希腊语字母表示的数值,与括号外的字母作比较。

2) 古俄语文献中通常用带符号的基里尔字母来表示各种数(如数目、年份等)。此外,也用字母Оу表示400,用字母Ѧ表示900。

3) 阿拉伯数字本为阿拉伯人使用的印度数字。十世纪传入欧洲,西班牙人最初使用,十二世纪意大利人开始使用,十五世纪广泛用于西欧。十四至十五世纪在俄国出现,但从十七世纪起才广泛用于俄语各文献,从而结束用字母(加符号)表示数目的历史。

4) 上面括号内的字母是希腊语字母(因古希腊文献中也用字母来表示数),用以对比。

5) 古俄语文献中用基里尔字母表示的年份有其特点,如в лѣт·ѕ̇·у̇·нг· 是6453年。根据拜占庭采用的纪年法,认为从创世到基督诞生已过了5508年。因此,6453年减去5508年,则为(折合)公元945年。本教材一些篇中的年份均与此相同,如Въ лѣто·ѕ̇·х̇·чг· (6693年,即《伊戈尔远征记》的公元1185年)。此外,还用带行上符号的字母表示日期,如мца апреля. Въ к̇·г̇· (即"4月23日")。[字母表示某"数目"时曾在一些字母上用 ̇ 这个符号,"千"的表示则在其前面字母下方加" ͵ "这个符号,但由于我国出版时这类字母符号不好排印出,故有时未加上相应符号。特此说明。]

11. 文选中的某些符号

阅读俄语古文献（或其手抄本，甚至后来的印刷本）时常遇到一些符号（знаки）或者所见的符号与现代书写的符号的用法不完全符合。关于这些符号的情形，简单说明如下：

1）所谓"阿拉伯数字"——也是一种记数的符号，见上节。

2）标点符号——直至十六世纪，俄语古文献中（特别是许多抄本中）没有现代意义上的所谓标点符号。现代标点符号系统是十五世纪末意大利威尼斯著名书籍印刷师阿尔德曼努齐首创，实际上是他部分利用早先用过的某些符号，再经过选择和改造，并定出使用规则——这些规则保留至今。在斯拉夫文字中，最古借自拜占庭文献的某些符号，如句点，一个圆点或几个（两三个）点的联合，有时用十字符号代替句号；十五六世纪开始用逗号——表示短的停顿），分号——用于疑问意义。十六世纪中叶起，由于俄国开始采用印刷术，特别在十八世纪采用所谓民用字母（гражданская азбука），标点符号才有进一步的规范。

3）古文献中没有重音符号和移行符号；句首或章节首以及专有名词通常用"小写"字母。如果这些符号和"标点符号"有大小写之分，均因后期抄写人或采用活字排版印刷时编纂人所为（见文选的后几篇）。

4）古文献中的简写词常用行上符号（титло）：⌒代替省去的一个或几个字母或者用⌒，下面有某个字母，如，лѣ̃. （即лѣто, лѣтъ等），再如сн҃ъ（即сынъ）, б҃ъ（即богъ）等（见本书"附录：一、简写词及其形式"）。

5）基里尔字母表示的数值，书写时字母两侧（或一侧）有·（圆点），表示"千"时字母右下角用 ҂ 这个符号。

6）原抄本中有漏写字母，抄书人重抄时或编排人填上时在漏写字母两侧用〔 〕，如даи—да〔н〕и（贡品），即дани。

7）符号∣或∥表示句子结束或某词的范围，相当于连字符，如пресвя∥тыи等。

8）句首或句末有时用 ✣ 或 ∵ 等符号；章节之首常用花体字母（见某些文选的插页）

9）除了上面谈到的古俄语文选中的某些符号外，还有一些"约定符号"（условные знаки）使用在有关"俄语史""俄语历史语法"[包括其中的"历史语音学"（"Историческая фонетика"）]以及"古斯拉夫语"和"共同斯拉夫语"等的教材和论文中。这类符号中最常用的是一些"标音符号"（"транскриптические знаки"）——它们表现为某个字母与不同的"点儿（·）""撇儿"（'——或"逗号"）"钩形"（ˇ或ˆ）等合成①。这些"符号"或在与其合成的字母之上（或之下），如古俄语和古斯拉夫语的"鼻元音"（носовые гласные）的标音符号为ǫ和ę[古俄语和古斯拉夫语的文献中曾用字母Ж，Ѧ（Ѩ）等表示]，后来，在有文献时期古代俄语的鼻元音已逐渐消失，代之以元音у（оу）、я（见本书"古俄语语言简况"有关部分）。

---

① 在某些使用拉丁字母为自己的书写文字的语言中，一些字母都有上述·，'，ˇ等符号，它们表示特定的语音，不同于无此类符号的同形字母。例如波兰语的字母表，它32个字母（其中三个是只有小写字母，其他29个是大小写字母都有）；但这32个字母带有·，'，ˇ符号的是字母ą, ę, ń, 如：dzień= 俄语的день）和字母Ć, ć, Ś, ś, Ź, ź, Ż, ż（分别由C, c, S, s, Z, z构成）；最后是硬辅音Ł, ł（由L, l，——为软辅音——构成）。

三、古俄语语音简况

1. 东斯拉夫语言的语音体系

六世纪左右，东斯拉夫人就已经和西部及南部的同族人完全脱离，进入独立存在的时期。东斯拉夫人的语言，虽然在其各个地域的方言土语不是绝对相同，而且它们按照部落和氏族村社的特点发生变化，但是在发音方面，在变格和变位的形式等方面，仍然有许多为所有部落方言共有的特点。这些共同的特点早在全部斯拉夫人还过着同一语言生活的早期就已经形成了。

东斯拉夫语在语音方面，约在六世纪左右，就和现代俄语（文学语言和方言）有极明显的差别。

语音中的元音，即用以区别词的标准语音，原来很多。除了元音 a, o, y, e（э），и, ы以外，属于元音的还有：1）鼻元音 ǫ, ę, 例如 zǫбъ, pęть（即зуб, пять）。2）轻元音 ъ, ь, 例如：сънъ（сон），дьнь（день）。3）元音 ѣ，它读成一种长而窄的 e（ê）音，近于二合元音 ие 或几乎同二合元音一样，例如：лêсъ, сêяти, къмънê①。此时重音不起作用，任何一个元音无论是有重音或没有重音都不改变音质。特别是元音 o 和 e（э）可以用在非重读音节上，如：вода́, голова́, весна́等（现代俄语的标准读音是：вада́, гълава́, висна́等）。

某些非前元音（гласные непереднего ряда）（即 a, o, y, ы, ǫ, ъ）不能用于 j 和非硬辅音的后面。这首先是元音 o（лёд一词现在读如

---

① 上面"单词" zǫбъ, pęть, лêсъ 等中的 ǫ, ę, ê 仅作为一种"标音符号"，不是该单词的写法。（它们在古俄语文献中写成：зубъ, пять, лѣсъ 等；在古斯拉夫语文献中写成：зѫбъ, пѧть, лѣсъ 等。）

л'от，从前读如лєдъ①，带元音e和半软辅音л；моё一词从前读如moje，плечо读成плеч'е等）。元音ы和ъ也不用在j和非硬辅音的后面。

此外，还必须注意，在共同斯拉夫语（общеславянский язык）时期，所有的元音不仅有质的差别，而且还有"量"的差别，即元音有长短之分。

某些斯拉夫语（塞尔维亚语、斯洛文尼亚语、捷克语、斯洛伐克语）直到现在在元音系统方面，在某种程度上还保留着这些量的差别。元音a，y，旧元音ы，и（不是来自元音ъ，ь的），鼻元音ǫ，ę和元音ѣ都是长元音；非鼻元音o和e是短元音；元音ъ和ь比正常的短元音o和e还要短。至于来自ъ，ь的元音ы，и也是短元音②（如在слѣпый，синий，костий等词中）。

某些元音不能用于词首和音节开头的位置上，不仅元音ы，还有元音а和е（э），甚至元音ы在现代俄语中也不能用于词首和音节开头的位置上。问题在于，如果元音a，e本身不是单音节词（如连接词a，代词成分е〈э〉，试比较现代俄语的э-тот，方言中的э-вот，э-столько等），那么，在它们的前面很早就出现j（字母读音йот）或и（非音节元音и）。例如：代替较早期的агне（即ягненок）（比较拉丁语的agnus）读成带词首音组ja的音，如：ягне，由此而有ягня́，ягнёнок等。如果现代俄语中有许多带词首元音a的词：август，ад，алмаз等，那么所有这些词通常出现较晚，而且是由其他非斯拉夫语言（拉丁语、希腊语、东方各族语言等）借来的，部分是由古斯拉夫语借用的，例如агнец（羊羔）；在古斯拉夫语中词首的j（и）在九至十一世纪可能在某些情形中已经消失了。同样也不曾有过不带j音的词首元音e（э），例如ель，从前就像现代俄语的读法一样，读成有词首音组jэ的jэль。指

---

① лёд 这个词在古俄语中的"音标"拼写形式，其中 l 是拉丁字母 L 的小写，俄语语音学家认为它是当时的一种"半软辅音"。

② 俄语历史语音学上又把短元音ъ，ь 及 ы，и 称为弱元音（слабые гласные）或弱化元音（редуцированные гласные）。

示代词этот等词中的代词成分e（э），据推测，最初读成呵气的浊喉音hэ，像现代白俄罗斯语的读音一样。借用词（即外来词）的词首元音э：эксперт，экстра，этаж，экспедиция等，当然，这些词在俄语中的出现较晚。

辅音系统，即用来区分词的全部辅音，也和现代俄语的辅音系统不同，尤其不同于现代俄罗斯标准语。在非由其他语言借用的斯拉夫语的词汇中没有辅音ф。唏音ч，ж，ш和辅音ц只读成软辅音：жяба（=ж'аба），душя（=душ'а），отьць（即отец）等。相反，辅音к，г，х只能读成硬辅音。像在нести等词中的辅音н和т，读音不同，现代俄语的音一律读成完全软化的辅音，在这一点上它们完全和某些现代斯拉夫语（塞尔维亚语、捷克语）以及西欧一些语言的前元音前面的同类型辅音的发音一样（试比较德语的nestel〈皮鞋带〉等词）。尤其是硬辅音л和软辅音л的发音并没有显著的差别，如俄语的лапа的硬辅音л和липа的软辅音л相当于一些欧洲语言的中和辅音л（1），如：lapa，lipa。因此，这些词的读音大约和现在的某些斯拉夫语的读音一样（例如，捷克语的lapa，lipa的读音）。

有人认为，在斯拉夫语言的这一发展时期，"开音节规律"（закон открытых слогов）已经发生作用。所谓开音节规律，就是：音节一般不能以辅音结尾，而是以元音结尾，如во-да，лѣ-съ，съ-нъ，жь-нь-нь（женец庄稼人）等，或者以构成音节的流音（指辅音р，л）结尾，如：гор[о]дъ（由此在古俄语中产生го-ро-дъ这个词）。

共同斯拉夫语的重音是活动的，即重音不固定在词的某个音节上，如第一个音节、倒数第二个音节或最末一个音节，这种情形在某些现代语言，尤其是某些斯拉夫语中可以见到（但捷克语重音在第一个音节上，波兰语重音往往在倒数第二个音节上）。

但是，从历史前时期（доисторический период）起，在变格和变位的某些情形中，重音是移动的（如рука́，但ру́ку）；当名词与前置词以及与否定词не连用，和在带前缀вы-的动词中时，在某些情况下重音便移至前置词或前缀上（如за́ мope，сказа́ть—вы́сказать）。

斯拉夫语的重音具有音韵呼气的性质，或者说具有音调的性质，即每个词的重读音节不仅要以加强呼气表现出来——例如现代俄语和现代波兰语中的情形，而且还要用变换音调表现出来：一些词的音调是上升的（如во́ля, наро́дъ, си́ла），另一些词的音调是下降的（如садъ，по́ле，мо́ре，ло́дъка，ви́дъ），而且这种音调和句子的总语调（如疑问语调、命令语调等）无关。重音的这种性质在现代斯拉夫语中只有塞尔维亚语和斯洛文尼亚语还保留着。

在其他斯拉夫语（也包括俄语）中重音只具有纯呼气的性质。但在这些语言中，在某种程度上还可以看出旧时重音的"音调"。①

必须承认，这里谈及的斯拉夫诸语（包括古代俄语）的重音问题，是一个极复杂和不好捉摸的问题。我们不能也不敢奢求深入了解这类疑难问题。

2. 古俄语语音系统与现代俄语语音系统的比较

现代俄语语音系统的确立是古代俄语语音系统在许多世纪的过程中经历各种各样语音变化的结果，现将两者的语音作一比较。

	古俄语元音	现代俄语元音
元音	а о у ы и е（э） 弱化元音 ъ ь 二合元音 ѣ 鼻元音 Ѫ，Ѧ（如前所述，六世纪左右尚存在斯拉夫语中，但在以后，尤其在东斯拉夫语（古俄语）中已不复存在，文献中有这两字母，但不表示鼻元音）	а о у ы и э

---

① 以上"说法"借自宋玉昇、左佐、刘晓波、李廷栋译《俄语历史语法》（商务印书馆，1959年，第79-82页）的"俄语语言的发展（与文字发展的关系）"（译者：左佐，即左少兴）——该书译自 П. Я. Черных 教授著《Историческая грамматика русского языка》（Москва，1954, II-е издание）。

续表

	古俄语辅音		现代俄语辅音	
辅音	固有软辅音	ж ч ш щ ц	软辅音	ч щ（ш'）ж'（ж' ж'）
			硬辅音	ц ж ш
	固有硬辅音 г к х		硬软对应辅音	г-г' к-к' х-х' б-б' в-в'
	б в п м			п-п' м-м' ф-ф' з-з' с-с'
	ф			д-д' т-т' л-л' н-н' р-р'
	з с д т			
	л н р			
	j（йот）[处于辅音与元音之间]		j（йот）[半辅音，也称软辅音]	

说明：

1）有些学者认为，现代俄语的元音音位只有五个，把ы和и算作一个。

2）古俄语的元音音位有多少也无定论，如有的学者认为，除正常的元音ы，и（有其固有来源）外，还有弱化元音ы，и（来自一定位置上的元音ъ，ь）。

3）在语音学上，弱元音ъ，ь用标音符号ŏ，ě表示其音质音量，而鼻元音用标音符号ǫ，ę表示。

4）古俄语语音史中还提出所谓带йот的"元音"，称为"йотированные гласные"，而其书写符号是在元音字母前（左）用ⱶ（表示i-或j-音）表示，如ꙗ（即йа-я），ю（<йу），ѥ（即йэ-е）以及ѭ，ѩ。后两者在俄语语音史中称为"йотированные носовые гласные"（或йотированные юсы большой и малый），它们用于古斯拉夫语文献中，但在古俄语文献中，有时用来代替字母ю（如читаѭщии）；ѩ代替ю或я，但更多的是用ѧ（如земля，кънѧзь）。

5）现代俄语辅音硬软的对应是十一至十二世纪后逐渐形成的。

6）俄语中作为一个音的j（名称йот）是存在的，但没有一个固定的符号表示，现代俄语称它为非音节元音，即只出现在元音前后，不与辅音构成音节。

3. 古俄语的语音和字母的关系

著名语言学家Л. Успенский写道："必须死死记住语言学的一条硬性规则：永远不要把字母和语音这两件完全不同的东西混为一谈。"（见（《Слово о словах》，1957，стр. 134）无论是现代俄语还是古代俄语（或其他印欧语，如英语），作为书写符号的字母和读音在许多词语中，仍有矛盾。Л. Успенский曾用"один за трех"和"три за одного"（"一个顶三个"和"三个顶一个"）来说明字母和语音之间的关系。

古俄语的文字书写符号和语音之间的情形也是如此。由于当时没有严格的科学的书写规则和读音规则以及确定两者间应有的关系，由于书写人或抄书人本身的读音（方言）特点和其他历史局限，还由于抄写人受古斯拉夫语—教会斯拉夫语书面语言的影响等，表现在文献中的书写符号与所表示的语音之间的关系便是一音多符号现象。

与现代俄语相反（现代俄语是字母少——33个，包括ё，语音多——共42个，一说43个；这主要有15对硬软辅音相对应的缘故——见前），古代俄语是字母多（见概说之二）而语音少，主要是没有形成辅音硬软对应之故，因此在文献中就反映出一个语音有几个字母来表现。常见的有如下一些：

元音а由字母а，ⱙ，Ѧ，ѩ和я（中间三个用于一定条件下，字母я是后期出现的，被认为是Ѧ的书写变体）来表示；

元音у由字母оу，у，ȣ，ⱙ，ю，Ѫ表示；

元音и由字母и，i（或Ї），ѵ（少用）表示，前两者表示不同的"数值"，i（Ї）用于一定条件——主要是元音之后；

元音е由字母е（э），ѥ，ѣ，ь表示；

元音о由字母о, w，ъ表示，还由йо和iô（代ё）表示；

辅音з由字母з（з），Ѕ（s）表示；

辅音ф由字母ф，ѳ表示，个别情况下（如某些专有名词）因方言之故还用хв（如Фёдор—Хвёдор），п（如Иосиф-Иосип）等表示。

除此以外，还有其他一些，如弱化元音ъ，ь不顾其是否重读音节，时而写成ъ，ь，时而写о，е。

古俄语的书写长期没有一个符号来表示ё（йо）这个音。文献中往往用字母е（在其未读成йо之前）或复合字母ио，io等表示，甚至写成о，如лед写成ліôд, озе́ра写成озо́ра等。这也是因辅音硬软对应未最终确立所致。字母ё是卡拉姆津于1797年创制并首先使用的。有些语音学家指出，字母ё是字母e的变音读法，而字母上的两点‥称为"变音符"（диакритический знак）。

字母й是1735年文字改革时开始采用的。在以往文献中常用и或i来代替（在元音之后），如：новыи，трoi等。

认识以上所说，对于阅读俄语古文选（特别在没有相应词典的情况下）是很有必要的。

4. 文献中反映的一些语音现象

阅读文献时往往见到某些文字书写（包括印刷）的不规范的现象。从现代正词法（орфография）角度看，同一词、词形有几种不同的书写变体。产生这些现象的原因是多方面的。书写符号与语音之间存在某种"距离"，这在现代语言的文字和语音（即使是所谓字母—音位文字或拼音文字中）之间的这类"不协调"现象也屡见不鲜。例如现代俄语的"书写法"（即正词法）和"读音法"（即正音法орфоэпия）之间的"矛盾"现象就不少，如вода́（вада́）（括号内为其标音），дуб（дуп），рожь（рош），шесть（шэст'），в игре́（выгре́）等等。这里既有语音的书写原则，又有形态的书写原则；而后者还因其历史—传统的书写作用而复杂化。

历史语音学告诉我们，表示某一形式的语音外壳从最初"出现"到最终"确立"是一个较长时期的发展过程。在这个过程中，它们的表现形式不能不以各种变体出现在不同时期不同地域以及不同文献和不同抄书人的各种抄本中；其次，如前所述，还由于当时书写条件的限制——即所谓历史局限性（表现在各个方面，如书写人的语音、方言特点、文化水平、甚至书写工具等等）。

古俄语文献中（因文献的性质不同、时代各异等）还不同程度地存在古斯拉夫语的词及某些形式与古俄语的词和相应形式的互为作用，并列使用，以及对古俄语词及形式书写的影响等，使得古俄语文献的抄本书写和后期的印刷呈现出更加"杂乱"的现象。这种种情况有时影响我们对原文的阅读和理解。

我们在这里不探讨这些语音现象的"成因",也不介绍它们在不同时代不同抄本中的表现,至于语言学说史上对种种语音问题的各家之言也不进行评述。本节主要简单列举一些语言语音现象在文献中的表现,以便有助于阅读。下面列举文选中一些常见的语音现象。

1) 弱元音ъ, ь的变化

弱元音ъ, ь (标音为ŏ, ĕ) 出现在词根 (如:сънъ, дьнь, мъного, кънязь等)、后缀 (如:如от-ьць, кус-ъкъ, тьм-ьно, уз-ъкъ等)、前缀 (如:съ-боръ, съ-дѣлати, въ-любити, въ-нутри等)、词尾 (如以上例词) 中。从十一、十二世纪起,这两个元音发生变化,表现为:由于它们在词 (或词形) 中所处的位置和重音情况的不同——在重读音节 (即处于强音位置——сильная позиция) 时逐渐朗化为满元音о, е (гласные полного образования о, е),这是元音о, е的来源之一,如:сънъ>сон (ъ), кус-ъкъ>кусок (ъ), дьнь>день, от-ьць>отец (ь)等;在非重读音节 (处于词末尾或处于另一重读音节之前——即处于弱音位置——слабая позиция) 时则进一步弱化而终于"脱落",即作为元音而消失,如:съна>сна, уз-ъка>узка, от-ьца>отца, дьни>дни等。现代俄语中所谓"隐现元音о, е"的产生盖源于此 (即"元音о,е / 零元音的交替")。

但在古俄语文献中,尽管ъ, ь有这种变化,但书写上并不清楚地表现,如:гривьна写成гривна, жьньць (жнец) 既写成жьнець, 也写成жньць, жьнець等。作为元音的ъ, ь尽管"消失",但作为"符号"(所谓"硬音符号"和"软音符号"是指它们作为辅音读成硬辅音或软辅音的标志)处于词末尾的-ъ甚至保留到二十世纪,1918年苏维埃文字改革才把它废除,而作为"隔音符号"的ъ, ь (ь还作为软辅音的标志) 至今仍正常使用。

少数词中未发生上述语音变化,主要由于其他形式相类比所致,如

стькло́>сткло́，但却是стекло́，因与стькла>сте́кла类比；дъска́>дска́，但却是до́ска，因与дъску́>до́ску类比，等等。

弱元音ъ，ь的"脱落"导致如下一些语音后果：

（1）导致浊辅音的清音化和清辅音的浊音化（即所谓辅音同化现象——ассимиляция）。例如：просьба>проз'ба, съдѣлати>зделат', узько>уско, рѣдъко>ретко, лодька>лотка等以及съ женою>зженою（后变成жэною的读音"长音"）等。古文献抄本中甚至出现"书写如读音"的现象，如истобъка写成истопъка, съ батыемъ写成з батыемъ等。再如：мягъкъ写成мяккъ，等等。

（2）导致固有俄语词中辅音ф（书写为в）的出现。处于清辅音前或词末尾的辅音в读成ф，如：зъвъ>зов>зоф, дѣвъка>дѣвка>дефка, бровь>броф', вься>вся>фся等，在古文献中通常不表现在书写上。在俄语词汇中带字母ф的词几乎都借自外来语，如：фонарь, факт, фраза, лифт, штраф, миф等等。

（3）导致一些词或形式的末尾软辅音的硬化。如：семь>сем'>сем, коньмь>коньмъ>конем, плодьмь>плодом(ъ), несемь>несемъ, знають>знают(ъ), знахуть>знахут(ъ)。古文献中对这类形式时而用-ь，时而用ъ——表现不尽相同（正如现代俄语的某些方言中对动词第三人称词尾仍读如软辅音т'），这是书写上的ъ/ь混淆。这些书写现象在《Слово о полку Игореве》的抄本中常见，如：първыхъ, ржуть, бѣжать，зовуть等。

（4）导致词首元音и的变化。词首元音и（如играти, иванъ等）在以辅音+ъ结尾的前缀或前置词之后变为元音ы。如：въ избѣ>в избе(вызбе), съ иванъмь>с иваном>сываном, съиграти>сиграти>сыграть等。古文献中有时写成ы，不管原来的и是否在前置词之后，如直接写成сываномь(с Иваном)。这是书写上的ы/и混淆。

（5）导致相同两辅音（它们分别属于不同的词缀）相连而写成一个辅音，如抄本中常见的：роусьскии>роусскии>руськии或роуськии；

съ сльзами>с слезами>写成 слезами 等。

（6）导致辅音的全同化现象。这与（1）中所谈类似，但清浊辅音在一定辅音前是"全同化"，如съжати>сжать>жат'，съжьчи>сжечи>жеч'，отъдыхъ>отдых>одых 等。但这类"音变"很少在文献抄本中表现出来。

（7）导致与同根的古斯拉夫语的词在形式和意义上的"分野"。必须指出，古斯拉夫语中并没有所谓的元音 ъ，ь 的"消失"，如съвѣть(совет)，比较来自古斯拉夫语的另一词свѣтъ，前者并不变为свѣт(ъ)，后者也不来自съвѣтъ。但有些俄语词，如собор和сбор却来自同一词съборъ，前者来自古斯拉夫语，而后者为俄语固有词，而且两者（同根词）在后来发生词义"分野"，但在古文献中常写成съборъ，实际有不同词义。试再比较восход/всход，两者均来自въсходъ。

2）弱元音ъ, ь与р, л的组合

上面列举了弱元音ъ, ь的两种"命运"（朗化为 о，е 和作为元音的消失）。但当这两个元音与辅音р, л组合时情况却有所不同，在古俄语文献中见到两类不同的音组，它们都处于两辅音之间：

（1）ъ, ь在р, л之前：-ър-, -ьр-, -ъл-, -ьл-(>-ъл-)；

（2）ъ, ь在р, л之后：-ръ, -рь-, -лъ-, -ль-。

前者为古俄语词所固有，后者为古斯拉夫语词所固有。例如：гърло, съмьрть, мьртвъ, пълкъ, вълкъ（>вълкъ）等；比较：грьло, съмрьть, мрьтвъ, плъкъ, влькъ等。两者词义基本相同，但来源不同，然而都见之于古文献（如在《Слово о полку Игореве》，时而写成пълкъ Игоревъ，时而写成плъкъ Игоревъ等；再如пръвое，пръсты, чръныи等，比较：пьрвое, пьрсты, чьрный等）。带这两类音组的词在现代俄语中都有，例如：гордый(<гърдъ), корм(<кърмъ), холм(<хълмъ), первый(<пьрвъ), перст(<пьрстъ), молния(<мълния), держать(<дьржати)等；бросать(<бръсати), крест(<крьстъ), глотати(<глътати), тревога(<трьвога), слеза(<сльза)等。有许多曾在

文献抄本中平行使用的词，在现代俄语中只保留其中之一，例如：долг(<дългъ，但длъгъ)，горб(<гърбъ，但гръбъ)，держать(<държати，但държати)，полный(<пълнъ<пьлнъ，但古斯拉夫语плънъ)，молчати(<мълчати<мьлчати，但古斯拉夫语млъчати)等。

阅读文献时除需知道带有上述音组的词以外，还需知道古文献中的另一种现象——所谓"第二全元音音组"，但常见的是-ере-(<-ьрь-与-ьр-和-рь-相应)，如：верехъ<вьрьхъ<вьрхъ（古斯拉夫语为врьхъ），现用верх；перьвыи<пьрьвыи<пьрвъ，现用первый，等；有的词已固化了，如：верёвка<веревька<вьрьвька<вьрвька等。

与此相关的是一些词中的-р-，-л-前后并没有来自ъ，ь的元音，却出现了隐现元音-е-（很少-о-），如ветер<вѣтръ，уголь<угль，某些词的复二格весел<веслъ，ведер<вьдръ，сестер<сестръ，земель<земль等。因此在古文献中常见到（有无元音е）两类形式，如：вѣтръ-вѣтеръ，земль-земель，рубль-рубель等，像现代俄语的полон（полный的短尾阳性）在古文献抄本中曾以多种形式出现，如：пълнъ，пълънъ，полонъ，плънъ，пльнъ（后两者是古斯拉夫语的形式）见它们相应的长尾形式：пълныи，плъныи，пълъныи，полныи等，再如долог<долгий。

在阅读出自北方地区的文献抄本中常有这类所谓"第二全元音音组"的词，而这类词至今还保留在北俄地区方言中，如：верех（二格为верха），доложно(<лъжно)，жередь(<жьрдь<жьрдь，二格为жерди)，кором(<кърмъ<кърмъ，二格为корма)，молонья，比较文学语言的молния，等等。

3）弱元音ъ, ь位于j-元音之前的变化

从俄语来说，元音ы，и有两种来源：来自固有的（满）元音ы，и和位于元音之前的弱元音ъ，ь。对于后者，也称为弱元音ы，и。这种语音现象常见于形容词长尾阳性单数第一格和名词某些变格法的复数第二格词尾中，例如文献中常见到既写成костьи，добръи，也写成костии，добрыи等。在古俄语中，这类-ии，-ыи演变为-еи，-ои。如костеи， доброи，不管它们有无重音。在有重音时，更（在一些抄本中）写成-e-, -o-，如Росія(Росия)写成Росе́я, Софія写成Софе́я。在古文献中可以读到，如доброи конь, великой Донъ等等。在古斯拉夫语中没有这种变化，如仍为добрыи конь, великыи кънѧзь。现代俄语中以重音的有无而区别之，试比较но́вый(<но́въи)—злой(<зълъи)等；копьё-ко́пий, ружьё-руже́й等。

4）词末元音и的脱落

无重音的元音и在词的末尾（辅音之后）由于非重读之故，逐渐消失，结果其前的辅音成为软辅音（书写时用符号-ь）。例如：ма́ти>мать, дьчи>дочь; быти>быть, знати>знать, идеши>идешь（但读如идёш——见下面固有软辅音的硬化），пишеши>пишешь; бу́ди>будь, стави>ставь等等。但文献的后期抄本中常见书写带-и和带-ь的平行使用形式。与此相关的是词末元音и在形容词和代词的阴性单数第三格中——处于词尾的元音之后——发生"脱落"，然而在字母-й(-j)发明之前，仍书写为-и，尽管没有重音。例如：доброи[доброји]>доброи[доброй], синеи[синеји]>синей, еи[еји]>еи[ей], тои[тоји]>той, вьсеи[вьсеји]>всей；某些名词的复数第二格词尾（带重音的）-еи(<-ии)也经历同样的语音过程，如：кость, путь复二кости́и, пути́и>косте́и, путе́и[костеји, путеји]>костей, путей等。

5）固有硬辅音г, к, х的软化

在共同斯拉夫语以及古俄语的早期（文献前时期），后舌音г, к, х在前元音и, е, ь等前发生颚化（палатализация）——即质变软化为相应的ж, ч, ш；在古俄语后期，它们在某些形式中处于前元音и, ѣ前时又相应地音变为з, ц, с，如：другъ—друзи（复一），друзѣ（单六），отрокъ—отроци, отроцѣ, женихъ—жениси, женисѣ等；кънига—кънизѣ（单三、六），истопъка—истопъцѣ, блоха—блосѣ等。前类音变（г/ж, к/ч, х/ш）在现代俄语中表现为历史语言交替。后类"音变"在文献中有大量反映。这一切说明，г, к, х曾是固有硬辅音（即гы, кы, хы），它们只与非前元音（如 а, о, у, ы, ъ 等）组合，如：гыбель, великъ, великыи, хытръ, кыевъ 等。后来，这三个辅音可以与前元音组合而不发生"音变"，如гибель, хитръ, киевъ, великии 等。这说明：（1）后舌音 г, к, х 有了相对应的软辅音（г-г', к-к', х-х'）；（2）它们用在前元音之前不再音变为 з, ц, с，例如（比较）：на велицѣ стязѣ——на великои стяге, помози——помоги, помозѣте——помогите 等。因此，在 г, к, х "软化"的过程中，文献抄本上可以见到平行使用的两种形式：音变的形式和软化的形式，如：отрокъ——отроци/отроки, стругъ（船）——на стругѣ/на струзѣ, беречи 的命令式 берези/береги 等等。

6）固有软辅音 ж, ш, ц 的硬化

在现代俄语中，嘶音 ж, ш 和 ц 都是硬辅音[ц 的情况稍有不同，如它在词内部（цирк, цифра 等）的读音有些特点，但这些词多为外来词，ц 与 ы 等组合通常在词末，如учеиицы, улицы 等]。但在古俄语中，这些辅音也如同另两个嘶音 ч, щ（它们至今仍是软辅音）一样，都是软辅音——之所以称为"固有软辅音"，是因为古俄语从共同斯拉夫语继承下来时就是如此，而且许多情况下这些嘶音是由其他辅音（如 г, к, х, з, с 等）因"颚化"作用而演变成的。正因为如此，所以这些音只与前元音 и, е, ь, ѣ 等组合，例如：ножь, ръжь, душь, мышь, врачь, ночь, отьць; жизнь, шесть, отроци, шило, жьчи(жечи)等等。但在古俄语文献中可以见到书写成 -жъ, -жы, -шъ, шы 等的情形，如：мужь/мужъ, шило/шыло, животъ/жывотъ, идеш(<идеши)/идешь(<идеши)等。——这说明在俄语发展过程中软辅音 ж, ш, ц 在硬化。这种"硬化"（标志）反映在现代俄语的读音中，部分反映在书写中（如 отцы, улицы 等）①；此外，对于某些名词来说，成为"阳性"词的书写特点（因词末弱元音 ъ 脱落），如 мужъ>муж, мѣсяць>месяц, грошъ>грош 等，而保留 -ь 的书写特点，则成了"阴性"名词的标志，尽管这时的 -жь, шь 读硬音，如 ръжь>рожь（读

---

① 在俄语中还有一种长的软辅音 ж(ж')，如在 вожжи, дрожжи 等词中。

如рош），въшь>вошь（读如вош）；动词现在–将来时单数第二人称词尾-ешь, -ишь则为这一人称形式的统一标志，试比较идеши—идешь—идеш—(在使用字母ё后)идёш(ид'ош)。古文献抄本中有时见到同一形式的多种写法。这种写法在某些抄本中还出现在软辅音щ, ч的组合中，如полунощы/полунощи等——这也是ы—и（如同ъ—ь）的一种"混淆"。

7）ц音化和ч音化

这两个辅音本都是软辅音。在某些地区因方言影响而书写的抄本中表现出ц/ч的混淆。例如诺夫哥罗德地区的抄本中有时见到用ч代ц（即"ч音化"），如лукъ（弓）——луци（复数）写成лучи[比较луч（<лучь）—лучи（光线）]，再如：итти до конча；另一方面是用ц代替ч（即"ц音化"），如сеичасъ写成（读成）сеицасъ，再如：колько часовъ（即сколько часов）等。如在《Слово о полку Игореве》的诺夫哥罗德地区的抄本中：русици, чепы, Словутицю等，比较русичи, цепы, Словутичю等。

8）а音化

重读音节前的元音о读如а是现代俄语读音的一条规则。元音о读如а[甚至读如и, ъ（标音）——词末无重音的о及离重读音节较远的о等]是俄语标准语音和南俄地方话的语音特点。早在十四世纪初（甚至十三世纪末）莫斯科出土的文献抄本中就出现а和о的写法，в(ъ)апустѣвшеи земли, салдаты, 外来词карманъ(<корманъ)，既有ростовци, 又有растовець等。有些写成-а-的词"以讹传讹"流传至今，如стакан(<достоканъ), карман等。然而古文献抄本中"书写如读音"的现象较常见。

9）词首元音о前出现辅音в

这是极少数词的语音现象，而且不在所有抄本中所见，如осмь（八）不仅成了осемь，而且写成了восемь并流传下来，Ольга不仅写成了Олга（-ь脱落），而且写成了Волга(<Вольга)，这就与Волга（伏

尔加河）形成同音异义词。辅音в也出现在词内的音节之首，文献中可以见到，如：тиунъ（写成тиоунъ和тивоунъ, тивунъ），但这仅是个别例子。

10）元音后的-a（-ja）失去j这个音

某些词（或词形）中处于某元音后面的-ja[书写为ıа]失去-j-这个音，从而在书写时成为-a-，例如：сѣıати>сѣати, съзараниıа>с зараниа（从一大早起），граıахуть（过未复三，"呱呱叫"）>граахуть, тоıа（为表达古斯拉夫语指示代词та的阴单二格тоıа）>тоа等。这在文献中不乏其例（如《Слово о полку Игореве》的抄本中：вѣщıа, cıа, копıа 等）。但这种语音书写现象并不普遍，在现代俄罗斯文学语言中很少见到，除非在少数外来词中，如：буржуа, боа（蟒）等。俄语某些词以前缀за-和以-a开首的词在组合时也有这种"音组"出现，如заалеть(<за-алеть), зааплодировать(<за-аплодировать)等。

11）非重音的小词（前置词、语气词、连接词等）与另一词的连写

这种情况容易引起误解：以为是另一单词。例如文献中见到（ъ, ь消失后）前置词与后面的词（词形）连写：въ моемь写成вмоем(ъ), съ тугою写成стугою以及съморя, 等；连接词а与后一词形连写，如аркучи(ркучи=говоря)；语气词же常与前面的词连写：мое же写成моеже, яко же写成якоже等。试比较现代俄语的так же和также等。

与"连写"相对的是"分写"——一个词分开写成两个[前者通常是（或似）前缀]，例如：поскочи写成по скочи, полозıю写成по лозıю, окони(ся)写成о кони等。在我们的文选中可以见到这类"破损性"写法的例子。比较现代俄语的词例：издалека和из далека等。

12）关于ѣ

它的字母名称为ять，古俄语中发音近于二合元音ие（不同于古斯拉夫语的ѣ发音）。这一元音在古俄语的不同地区方言中的发音也不尽一致——这在后来的大俄罗斯语和小俄罗斯（即乌克兰）语的同样的词中表现各异，例如лѣсъ在大俄罗斯语中后来读如л'эс(лес)，而在乌克兰

语中读如л'ис[书写是лic]。

　　这个字母出现在一些词的词根中，如：лѣсъ, хлѣвъ, свѣтъ, дѣдъ, мѣсяць, мѣсто, дѣлати, сѣяти等；在后缀中，如：имѣти, вѣдѣти, летѣти, сѣдѣти等；在词尾中，如：на столѣ, въ селѣ, на рѫцѣ, въ кънизѣ, къ женѣ къ Ользѣ, у кънягынѣ等。

　　从十三世纪末期（特别是从十四世纪）起在罗斯北部（如诺夫哥罗德地区）的手抄本中出现用字母e代替ѣ（或者相反）的现象，这反映出这两个曾表示不同语音的字母在发音上的接近。开始是个别的，后来逐渐增多，因此出现了书写混淆的情形，例如вено—вѣно（甚至写成вѣино），летѣти—лѣтати等，更多的见于词尾ѣ被写成-e, 如къ мънѣ>ко мне, 第二/四格тебѣ, себѣ写成тебе, себе, 这与它们的第三格тебе, себе混淆，тътъ的阴性单数第二格在古俄语中本为тоѣ, 被写成тое, 加之受古斯拉夫语同格形式тоѧ的影响，在古俄语抄本中又写成тоя(тоѧ), 甚至тоa等。这些书写"变异体"增加了阅读古文献的难度。

　　在俄语中ѣ与и的混淆很少，如抄本中的вира（罚金，如дикая вира——见文选《Русская правда》）有时被写成вѣра——这与另一词вѣра>вера（信仰）相混淆。只有极个别词中ѣ被и所取代，如сѣдѣти, 命令式сѣди>сиди, 后来其他形式"划一"，即：сидети, сижу等。在印刷中，字母ѣ一直用到二十世纪初，1918年苏维埃政府进行的文字改革才终于废除，完全用e代替ѣ。

　　13）元音e转化为'o

　　古俄语中发生了元音e转化为'o的语音现象。在字母ё未创制出来之前，抄书人使用复合字母ио或io, 甚至写成o来表示这个'o音，但更多的情况下是"维持e不变"（正如现代俄语书面上字母e/ё都用e表示）。

　　元音e转化为'o一般在如下的语音条件下：（1）元音e在重读音节中；（2）在硬辅音之前或在词末尾；（3）这个e来自固有的元音e或者来自处于强音位置的弱元音ь。这三个条件必须同时具备才能促使元音e转化为'o。例如：село́—се́ла>с'ола（后来书写为сёла）， жена́—же́ны>ж'оны（书写为жёны），несла—несъ>н'ос（书写为нёс）；орьла́—орьлъ>оре́л>ор'ол（书写为орёл）；сльза́—сльзы>слёзы>сл'озы（书写为слёзы），шьла—шьлъ>шел>ш'ол（书写为шёл，ш硬化后读如шол）；лице́>лицо́，плече>плечо́（比较сълньце>солнце>сонце），вьсе>все́>вс'о（书写为всё），比较вьсѣ>все́。词末元音书写的不同：е(jэ)和ё(-jo)——如俄语词житьё, бытьё, 比较古斯拉夫语词житие́, бытие́——这是区别它们的标志, 因为古斯拉夫语没有这一语音过程。

现代俄语中元音е—ё('o)的交替便是这种语音变化的反映，试比较весло—вёсла, ведро́—вёдра, е́ль—ёлка(<е́лъка), же́лчь—жёлтый, зелёный—短尾阳性зе́лен，名词зе́лень等等。再比较：час ле́та（一小时飞行，读如л'ота，书写ле́та）——два ле́та（两个夏天，两年）——这里ле́та之所以没有发生е>'o变化是因为它的е来自ѣ（见上节所述）。俄语词（不少来自古斯拉夫语）中符合上述三个条件的元音е没有变成'o（字母ё）都是来自元音ѣ，如：лес(<лѣсъ), свет(<свѣтъ), век(<вѣкъ), вред(<врѣдъ), ве́ра(<вѣра), ле́то(<лѣто)等等, 外来词中带重读е的也没有这种变化，如мосье́, кашне́等。只有极个别俄语词中的ѣ因"类比"之故而转化为'o，但不妨碍阅读。影响阅读的是某些词的书写中е/o(>'o/o)不分，例如поджегъ/поджогъ，再如把е写成o（如：шоль等）。

除了上面列举的文献中反映的一些语音现象外，还有其他一些语音变化的现象，但并不普遍，例如：щас（即сейчас），тыща（即тысяча）等；此外，还有类似"a音化"的语音现象反映在书写上，如па́мять写成"паметь"（饬令）等（详见本书文选中"单词语法注释"）。

四、古俄语的词形变化（据十一世纪起的文献）

本节包括两大部分：一、古俄语的变格法，二、古俄语动词的全部形式。在古俄语的变格法中包括名词、代词、形容词、"数词"和形动词（在动词部分）的各种变格法。每种变化形式的后面都附以必要的说明。尽管如此，我们在谈及"古俄语的词形变化"（以及随后的"古俄语句法"等）时，采用"条陈方式"，尽量注意实用和简而明的要求，不追求全面论述，也不"探讨"某语言现象的历史变化（产生、出现、演变、消失等）的原因。不在古俄语与其他斯拉夫语（首先是古斯拉夫语）以及古今俄语的各种地方方言之间的相比较和相互作用等方面着墨。我们把本书"上编"各部分（首先是本节"古俄语的词形变化"）当作编著要旨"Чтение древнерусских текстов"的"辅助"材料、"备考"材料、"先修"材料。

（一） 古俄语的变格法

为了便于理解和说明问题，我们仿现代俄语的变格法体系，根据名词的示格词尾，分为"第……变格法"；各格的名称亦同，分别用И. (именительный падеж，主格，即第一格)，Р. (родительный падеж，生格，即第二格)，Д. (дательный падеж，与格，即第三格)，В. (винительный падеж，宾格，即第四格)，Т. (творительный падеж，造格，即第五格)，М. (местный падеж，处所格，即第六格)，Зв. (звательный падеж，呼格)来表示各格。现代俄语的前置词格（предложный падеж）相当于处所格；呼格亦称"称呼形式"（звательная форма），仅为部分名词（且多为动物名词）的单数所有，其他多数名词的呼格同第一格的形式（详见各变格法表）。所有变格词类的变格名称亦与此相同。

所有变化词类的词（除个别外）有三个数：单数、复数和双数（表示两个事物）。双数的消失（除少数名词保留双数的遗迹外，均被复数所取代）经历了漫长的时间。古俄语文献中直至十三四世纪还可以见到某些双数形式及其用法。名词双数的消失引起了许多变化，导致其他变化词类双数的消失以及其他变化。

名词变格法在语言学（俄语史、共同斯拉夫语、印欧基础语、比较–历史语法等）上分为"词干以元音结尾"的变格法（склонение основы на гласный）和"词干以辅音结尾"变格法——这些都属于古老的变格法，即：第一变格法是词干以元音-o- (-jo-)结尾的变格法，第二变格法是词干以元音-a-(-ja-)结尾的变格法，第三变格法是词干以-ъ-结尾的变格法，第四格变格法是词干以-ь-结尾的变格法，第五格变格法是词干以不同辅音结尾的变格法，并有几种"类型"。

1. 名词

第一变格法示例

单数

И.	плодъ	отрокъ	конь	село	поле
Р.	плода	отрока	коня	села	поля
Д.	плоду	отроку	коню	селу	полю
В.	плодъ	отрокъ (отрока)	конь (коня)	село	поле
Т.	плодъмь (плодомь)	отрокъмь (отрокомь)	коньмь (конемь)	сельмь (селомь)	польмь (полемь)
М.	плодѣ	отроцѣ	кони	селѣ	поли
Зв.	плоде	отроче	коню	село	поле

复数

И.	плоди	отроци	кони	села	поля
Р.	плодъ	отрокъ	конь	селъ	поль
Д.	плодомъ	отрокомъ	конемъ	селомъ	полемъ
В.	плоды	отрокы	конѣ	села	поля
Т.	плоды	отрокы	кони	селы	поли
М.	плодѣхъ	отроцѣхъ	конихъ	селѣхъ	полихъ

双数

И.	плода	отрока	коня	селѣ	поли
В.					
Р.	плоду	отроку	коню	селу	плою
М.					
Д.	плодома	отрокома	конема	селома	полема
Т.					

说明：1) 按这一示例变格的是阳性和中性名词，从现代俄语的观点看，是词干以辅音结尾的词，如 городъ，столъ，оплотъ，другъ，волкъ（вълкъ），пастухъ，пророкъ，ученикъ，врачь，кънязь，Игорь，отьць，вѣно，море 等。2) 在词尾（元音）ѣ，и 之前的后舌音 г，к，х 相应音变为 з，ц，с，如 другъ—друзѣ（单数处所格），друзи（复数主格），отрокъ—отроцѣ（单数处所格），отроци（复数主格）;пастухъ—пастусѣ（单数处所格），пастуси（复数主格）；但在词尾（元音 е）之前，后舌音 г，к，х 相应音变为 ж，ч，ш，如呼格 друже，отроче，пастуше 等等。3) 这类变格法中的某些阳性名词在变格时有时用第三变格法的某些词尾，如单数三格词尾用 -ови(-еви) 代替 -у(ю)，复二词尾用 -овъ(-евъ) 等，如 Игорь 的单数三格本为 Игорю，但文献中还用了 Игореви；

第二变格法示例

单数

И.	жена	кънига	земля	кънагыни
Р.	жены	кънигы	землѣ	кънагынѣ
Д.	женѣ	кънизѣ	земли	кънагыни
В.	жену	кънигу	землю	кънагыню
Т.	женою	кънигою	землею	кънагынею
М.	женѣ	кънизѣ	земли	кънагынии
Зв.	жено	къниго	земле	кънагынии

复数

И.	жены	къниги	землѣ	кънагынѣ
Р.	женъ	кънигъ	земль	кънагынь
Д.	женамъ	кънигамъ	землямъ	кънагынямъ
В.	жены	къниги	землѣ	кънагынѣ
Т.	женами	кънигами	землями	кънагынями
М.	женахъ	кънигахъ	земляхъ	кънагыняхъ

双数

И. В.	женѣ	кънизѣ	земли	кънагыни
Р. М.	жену	кънигу	землю	кънагыню
Д. Т.	женама	кънигама	земляма	кънагыняма

说明：1）按这一示例变格的是以 — а,-я 结尾的阴性名词和少数阳性名词（如 воевода, вѣльможа, слуга 等）以及极少数以 — и 结尾的阴性动物名词（如 богыни 等）。2）与前一变格法相同的是：在元音 ѣ（词尾）之前的后舌音 г, к, х 相应地音变为 з, ц, с，如 нога-нозѣ, рука-руцѣ, сноха-сносѣ, слуга-слузѣ 等，各组的后一形式为单数第三格或处所格。

第三变格法示例

	单数	复数	双数
И.	сынъ	сынове	И.-В.-Зв.: сыны.
Р.	сыну	сыновъ	

续表

Д.	сынови	сынъмъ	Р.-М.: сынову.
В.	сынъ	сыны	
Т.	сынъмь	сынъми	
М.	сыну	сынъхъ	Д.-Т.: сыныма.
Зв.	сыну		

说明：1) 在古俄语中属于这一变格法类型（按照 сынъ 变格）的词为阳性名词，但为数极少，只有 домъ, медъ, полъ（一半）, волъ, вьрхъ 等词；2) 在古俄语文献中这些词的示格词尾常与第一变格法的词尾混淆（如 домови 单三）后来这一变格法逐渐合并入第一变格法中，并带去了复二词尾 -овъ。

第四格变格法示例

单数　　　　　　　　复数

И.	путь	кость	путию(путью)	кости
Р.	пути	кости	путии(путьи)	костии(костьи)
Д.	пути	кости	путьмъ	костьмъ
В.	путь	кость	пути	кости
Т.	путьмь	костию(костью)	путьми	костьми
М.	пути	кости	путьхъ	костьхъ
Зв.	пути	кости		

双数

И. -В. -Зв	пути	кости
Р. -М.	путию(путью)	костию(костью)
Д. -Т.	путьма	костьма

说明：1) 这类以 -ь 结尾的名词属于阳性和阴性，其中阳性名词与第一变格法中 конь 型的名词原不是同一种变格法，但在古俄语文献中这两种不同变格法的名词（均以 -ь 结尾，且都为阳性）经常出现词尾混淆；2) 按 путь 变格的是某些单数第一格以 -ь 结尾的阳性名词，如 гость, зять, тьсть, медвѣдь, звѣрь, голубь, огнь (огонь), угль (уголь) 等；按 кость 变格的是阴性名词，如 дань, речь, роть, мысль 等；3) 原来这两者的示格词尾是相同的，后来阳性名词（除 путь 等个别词外）逐渐转入第一变格法，阴性名词逐渐形成现代俄语名词第三变格法。

第五变格法示例

单数

	имя	теля	чюдо
И.	(матери)	(свекръви)	
	(матерью)	(свекръвью)	
	(матери)	(сверъви)	
Р.	имене(имени)	теляте(теляти)	чюдесе(чюдеси)
Д.	имени	теляти	чюдеси
В.	имя	теля	чюдо
Т.	именьмь	телятьмь	чюдесьмь
М.	имене(имени)	теляте(теляти)	чудесе(чюдеси)

复数

И.	имена	телята	чюдеса
Р.	именъ	телятъ	чюдесъ
Д.	именьмъ	телятьмъ	чюдесьмъ
В.	имена	телята	чюдеса
Т.	имены	теляты	чюдесы
М.	именьхъ	телятьхъ	чюдесьхъ

双数

И. В.	имени(именѣ)	теляти(телятѣ)	чюдеси(чюдесѣ)
Р. М.	имену	теляту	чюдесу
Д. Т.	именьма	телятьма	чюдесьма

单数

И.	мати	свекры	дьнь	камы
Р.	матере	свекръке	дьне(дьни)	камене(камени)
Д.	матери	свекръви	дьни	камени
В.	матерь	свекръвь	дьнь	камень
Т.	материю	свекръвию	дьньмь	каменьмь
М.	матере	свекръве	дьне(дьни)	камене(камени)
Зв.	мати	свекры	дьни	камени

复数

И.	матере (матери)	свекръве (свекръви)	дьне (дьнию)	камене (камению)
Р.	матеръ (материи)	свекръвъ (свекръвии)	дьнъ (дьнии)	каменъ (камении)
Д.	матерьмъ	свекръвьмъ	дьньмъ	каменьмъ
В.	матери	свекръви	дьни	камени
Т.	матерьми	свекръвьми	дьньми	каменьми
М.	матерьхъ	свекръвьхъ	дьньхъ	каменьхъ

双数

И. В.	матери	свекръви	дьни	камени
Р. М.	матеру (материю)	свекръву (свекръвию)	дьну (дьнию)	камену (камению)
Д. Т.	матерьма	свекръвьма	дьньма	каменьма

说明：1) 这类变格法在语言学上又称为"词干以辅音结尾"的古老变格法，即变格时词尾前出现(本来有的)单数第一格没有的辅音(因单数一格形式——具体说，其结尾部——早已音变的结果)。其中一些词的变格可与现代俄语中某些"特殊变格"的名词相应。2) 按 имя 变格的有以 -мя 结尾的名词，如 врѣмя, племя 等；按 теля 变格的是一些表示幼小动物名称的名词，如 ягня, порося, утя, ося, отроча 等，比如现代俄语 дитя 的单数变格；按 чюдо 变格的有中性名词，如 небо, слово, тело 等 (比较 небеса, словесный, телесный 等)；按 мати 变格的只有дъчи(дочь)；按 свекрыви (свекровь) 变格的有某些阴性名词：цьркы (церковь), букы (буква), любы (любовь), моркы (морковь) 等；按 камы (камень) 变格的有某些带"后缀"-ен- 的阳性名词，如 корень, ремень, кремень, перстень 等，但这些词后来都转入第一变格法 (按 конь 变格)。3) 上面两种词 (即 имя 型和 теля 型) 的词末为 я 者，其 я 原来自鼻元音 ѧ(-ен- 的演变)。

除上述变格法外，还有某些阳性名词在变格时单数同第一变格法、复数同第五变位法 (而且无双数形式——主要在文献中没有反映) 如：

单数　　　　　　　　　复数

И.	горожянинъ	учитель	горожяне	учителе
Р.	горожянина	учителя	горожянъ	учитель
Д.	горожянину	учителю	горожяньмъ	учительмъ

续表

	горожянинъ	учитель	горожяны	учители
В.	(горожянина)	(учителя)	(горожяны горожями)	(учители)
Т.	горожянинъмь	учительмь	горожяньми	учительми
М.	горожянинѣ	учители	горожяньхъ (горожяхъ)	учительхъ
Зв.	горожянине	учителю	горожяне	учителе

说明：1) 按 горожянинъ 变格的有以 -нинъ 结尾的词，如 кыянинъ（基辅人），словѣнинъ（斯洛文尼亚人）等；按 учитель 变格的有以 -тель 结尾的词，如 благодѣтель, житель 等。后来它们都转入第一变格法中，其中以 -нинъ 结尾者在变格时还保留其某些特点（即表示"单一"意义的词缀 -ин- 在复数时消失）。2) 以上所有变格法的各格词尾有些很不一致，但后来某些格的词尾逐渐相互渗透，有的词尾逐渐"归一"，这在名词复数第三、五、六格中（除个别 -ьми 结尾者外）反映特别明显，它们均"划一"（унификация）为词尾 -амъ(-ямъ), -ами(-ями), -ахъ(-яхъ) 等。

必须指出，上面列出的几种名词变格法中，有的变格类型有（单数）呼格形式，有的没有。在古文献中，常见的有呼格形式的名词主要为表示"人""神"等名称的词，如 Игорю, Боже, Господи, Богородице, Дѣво, Жено 等等。

2. 形容词

像现代俄语一样，古俄语的形容词分短尾（先于长尾）和长尾（短尾基础上加指示代词 и, я, е 构成——见"代词"有关部分）。如：добръ, добра, добро–добръи（或 добрыи）, добрая, доброе; синь, синя; сине–синьи（синии）, синяя, синее。（注：长尾阳性第一格词尾 -ыи, -ии 来自 -ъ+и, -ь+и, 弱元音 ъ,ь 在 (j) и 之前转化为 -ы 和 и）。与现代俄语不同，古俄语的短尾形容词要变格。

短尾形容词的变格分别与名词的相应变格法的变化（词尾）相同——变格从略，如 блюдо серебрьно（银碗），въ велицѣ кыевѣ（在伟大的基辅城）等。

某些由人的名称（包括人名）利用后缀 -ов-,-ев-.-ын-,-ин-,以及 -jb 等构成的物主形容词主要见之于短尾，如 Ярославъ-Ярославль,вьсеволодъ-вьсеволожь,володимирь-володимирь 等，кънязь-къняжь，但 богъ 有 божь 和 божии，等等。例如：Божии сынъ（上帝之子），Великий князь Ярославъ <u>Володимерь</u> сынъ（弗拉基米尔之子雅罗斯拉夫大公）；брата моего села <u>княжи Ивановы</u>（我兄弟伊万公的村庄）等（单词下方画线的词是物主形容词）。

形容词长尾的变格如下：

A. 硬变化（词干以硬辅音结尾）

单数

	阳性	阴性	中性
И.	добрыи (добръи)	добрая	доброю
Р.	доброго	доброѣ (добрыѣ)	доброго
Д.	доброму	доброи (добрѣи)	доброму
В.	добрыи (доброго)	добрую	доброю
Т.	добрымь (добрыимь)	доброю	добрымь (добрыимъ)
М.	добромь (добрѣмь)	доброи (добрѣи)	добромь (добрѣмь)

复数

	阳性	阴性	中性
И.	добрии	добрыѣ	добрая
Р.	добрыхъ (добрыихъ)	добрыхъ (добрыихъ)	добрыхъ (добрыихъ)
Д.	добрымъ (добрыимъ)	добрымъ (добрыимъ)	добрымъ (добрыимъ)
В.	добрыѣ	добрыѣ	добрая
Т.	добрыми (дбрыими)	добрыми (добрыими)	добрыми (добрыими)
М.	добрыхъ (добрыихъ)	добрыхъ (добрыихъ)	добрыхъ (добрыихъ)

双数

	阳性	阴性	中性
И. / В.	добрая	добрѣи	добрѣи
Р. / М.	доброю	доброю	доброю
Д. / Т.	добрыма (добрыима)	добрыма (добрыима)	добрыма (добрыима)

说明：阴性单数第二格和复数第一、四格，除词尾为 -оѣ、-ыѣ 外，还用词尾 -ыя（如：добрыя, новыя 等），它们受古斯拉夫语形容词变格法的影响（如古斯拉夫语形容词阴性单数第二格和复数第一、四格的词尾为 —ыѩ，例如 добрыѩ，новыѩ 等。）

B. 软变化（词干以软辅音结尾）

单数

	阳性	阴性	中性
И.	синии(синьи)	синяя	синее
Р.	синюго	синюѣ,	синего
Д.	синюму	синюи	синему
В.	синии (синьи, синюго)	синюю	синее
Т.	синимь (синиимь)	синюю	синимь (синиимь)
М.	синемь	синюи	синемь

复数

	阳性	阴性	中性
И.	синии	синѣѣ	синяя
Р.	синихъ (синиихъ)	синихъ (синиихъ)	синихъ (синиихъ)
Д.	синимъ (синиимъ)	синимъ (синиимъ)	синимъ (синиимъ)
В.	синии(-ихъ)	синѣѣ	синяя
Т.	синими (синиими)	синими (синиими)	синими (синиими)
М.	синихъ (синиихъ)	синихъ (синиихъ)	синихъ (синиихъ)

双数

	阳性	阴性	中性
И.	синяя	синии	синии
В.			
Р.	синюю	синююю	синею
М.			
Д.	синима	синима	синима
Т.	(синиима)	(синиима)	(синиима)

说明：1) 长尾形容词的变格中，有些示格形式（词尾上）与上表中列出的稍有不同，这些词尾主要来自古斯拉夫语形容词长尾变格的相应格的词尾，如上面变格法中某些写在括号内的形式。此外，反映在俄语古文献中的某些格的形式，其词尾也是来自古斯拉夫语的形容词词尾（及其变体形式）。常见的有：阳性和中性单二格：добрааго（或 добраго），синяего（或 синяго）；阳性和中性单三格：доброуемоу（或 доброуомоу），синюемоу（或 синюомоу）；阳性和中性单六格：добрѣемь，синиемь；阴性单二格：добрыя（或 добрыѣ），синия（或 синія，синиѩ）；阴性单四格：добрую,синюю 等。尽管在古俄语中字母 ю 和 ѩ，ѣ 分别相应于元音字母 я, у 和 ю。2) 关于形容词的比较级形式（也有长短尾之分，且都变格，例如 желая больша〈等于 большего〉именья——中单二）分别利用一定的后缀构成，因与现代俄语的比较级和最高级简式相近，故不列出。3）形容词短尾变格也发生词干末辅音音变（与名词变格同）比较：великъ стягъ（伟大的旗帜）——на велицѣ стязѣ。但是有个别比较级形式与现代俄语不同，例如在这个句子中：По вся же вечеры, довольно(она) моляшеся и коленопреклонения по сту, и множае…(每个晚上她都多次祈祷，跪拜上百次，有时超过百次，множае 由 много 构成，相当于现代俄语的 больше〈ста раз〉)。形容词（短尾和长尾）都没有"呼格"形式，通常用第一格代替。必须指出，古俄语文献中有时将形容词阴性单数第二格词尾 -оѣ 和阴性复数第一格（第四格）词尾 -ыѣ 写成 -ыя 或 -ыѩ（它们是古斯拉夫语的形式）等。

3. 代词

A. 人称代词、反身代词和疑问代词的变格

人称代词

单数

И.	я(язъ)	ты	И.	мы	вы
Р.	мене(ѣ)	тебе(ѣ)	Р.	насъ	васъ
Д.	мънѣ, ми	тебѣ, тобѣ, ти	Д.	намъ, ны	вамъ, вы
В.	мене(ѣ), мя	тебе(ѣ), тя	В.	насъ, ны	васъ,вы
Т.	мъною	тобою	Т.	нами	вами
М.	мънѣ	тебѣ,тобѣ	М.	насъ	васъ

双数

И.	вѣ	ва
В.		
Р.	наю	ваю
М.		
Д.	нама, на	вама, ва
Т.		

例如：1）…а вѣ ему будевѣ местника（我们俩将替他报仇，вѣ 相当于 мы оба с тобой）

2）Самъ бо Господь рече:"…отступите отъ вьсѣхъ, азъ отступлю, казня вы…"（我主本人说过："……（如果）你们背离大家，我将抛弃你们，惩罚你们……"）вы 是复数第四格，即 вас。

反身代词

Р.	себе(ѣ)
Д.	себѣ, собѣ, си
В.	себе(ѣ), ся
Т.	собою
М.	себѣ, собѣ

例如：1) Хочемъ тя имѣти собѣ отьца и игумена（我们愿意让你当我们的教父和院长。）

2) Блаженыи же видѣвъ я(=их) связаны...съжали си зело（善人看见他们被捆绑，心中十分难过。）

必须指出，在古俄语中，当时还不存在"独立的第三人称人称代词"的体系，它们的各格形式是由几类代词的不同格的形式"合成"的（见本节下面的有关"说明"）。但从十一世纪起的古文献中却可以见到"第三人称代词"的示格形式，如在十一世纪的《Остромирово евангелие》中："Даи ему Господь богъ благословение святыхъ евангелистъ... самому ему и подроужию его феофанѣ и чядомъ ею и подроужиемъ чядъ ею".（主啊，愿我主上帝将写作福音书的圣徒们的祝福赐给他本人（Остромиръ）和他的妻子（费奥芳纳）以及他俩的孩子们与他俩的孩子的妻子们。）

疑问代词

И.	къто	чьто
Р.	кого	чего, чесо, чьсо
Д.	кому	чему
В.	кого	чьто
Т.	цѣмь, кымь	чимь
М.	комь	чемь

说明：1) 在古俄语文献中，单数第一人称代词除 я(язъ) 外，还见到源于古斯拉夫语的单数第一人称代词 азъ。2) 像现代俄语的一样，反身代词（没有第一格）和疑问代词没有复数和双数形式。3) 第一、二人称代词和反身代词的第三、四格有两种（或三种）形式，其中 ми, ти, си; мя, тя, ся; ны, вы; на, ва 等称为"简短形式"（краткая форма）。以上代词的一些格（主要见于某些文献）有三种形式，如 себѣ (собѣ), си; чего, чесо, чьсо 等。

Б. 指示代词的变格
1）硬变化　　　　　　　　　　　2）软变化

<table>
<tr><td rowspan="7">单数</td><td></td><td>阳性</td><td>阴性</td><td>中性</td><td>阳性</td><td>阴性</td><td>中性</td></tr>
<tr><td>И.</td><td>тъ, тътъ</td><td>та</td><td>то</td><td>онъ (и)</td><td>она(я)</td><td>оно(ю)</td></tr>
<tr><td>Р.</td><td>того</td><td>тоѣ</td><td>того</td><td>его</td><td>еѣ</td><td>его</td></tr>
<tr><td>Д.</td><td>тому</td><td>тои</td><td>тому</td><td>ему</td><td>еи</td><td>ему</td></tr>
<tr><td>В.</td><td>тъ, тътъ, того</td><td>ту</td><td>то</td><td>и, (иь), его</td><td>ю</td><td>ю</td></tr>
<tr><td>Т.</td><td>тѣмь</td><td>тою</td><td>тѣмь</td><td>имь</td><td>ею</td><td>имь</td></tr>
<tr><td>М.</td><td>томь</td><td>тои</td><td>томь</td><td>емь</td><td>еи</td><td>емь</td></tr>
</table>

<table>
<tr><td rowspan="7">复数</td><td></td><td>阳性</td><td>阴性</td><td>中性</td><td>阳性</td><td>阴性</td><td>中性</td></tr>
<tr><td>И.</td><td>ти</td><td>ты</td><td>та</td><td>они(и)</td><td>оны(ѣ)</td><td>она(я)</td></tr>
<tr><td>Р.</td><td>тѣхъ</td><td>тѣхъ</td><td>тѣхъ</td><td>ихъ</td><td>ихъ</td><td>ихъ</td></tr>
<tr><td>Д.</td><td>тѣмъ</td><td>тѣмъ</td><td>тѣмъ</td><td>имъ</td><td>имъ</td><td>имъ</td></tr>
<tr><td>В.</td><td>ты</td><td>ты</td><td>та</td><td>ѣ</td><td>ѣ</td><td>я</td></tr>
<tr><td>Т.</td><td>тѣми</td><td>тѣми</td><td>тѣми</td><td>ими</td><td>ими</td><td>ими</td></tr>
<tr><td>М.</td><td>тѣхъ</td><td>тѣхъ</td><td>тѣхъ</td><td>ихъ</td><td>ихъ</td><td>ихъ</td></tr>
</table>

<table>
<tr><td rowspan="6">双数</td><td></td><td>阳性</td><td>阴性</td><td>中性</td><td>阳性</td><td>阴性</td><td>中性</td></tr>
<tr><td>И.
В.</td><td rowspan="2">та</td><td rowspan="2">тѣ</td><td rowspan="2">тѣ</td><td rowspan="2">она(я)</td><td rowspan="2">онѣ(и)</td><td rowspan="2">онѣ(и)</td></tr>
<tr></tr>
<tr><td>Р.
М.</td><td rowspan="2">тою</td><td rowspan="2">тою</td><td rowspan="2">тою</td><td rowspan="2">ею</td><td rowspan="2">ею</td><td rowspan="2">ею</td></tr>
<tr></tr>
<tr><td>Д.
Т.</td><td>тѣма</td><td>тѣма</td><td>тѣма</td><td>има</td><td>има</td><td>има</td></tr>
</table>

例如：1) Надолѣ борющемуся има нача изнемогати мьстиславъ. （由于他俩斗了很久，姆斯季斯拉夫开始体力不支。）

2) И язъ...далъ есмь ты соуды церквамъ.（我……已将那些器物献给了几所教堂。）

说明：1) 现代俄语的指示代词 этот 等是后期才出现的，有人认为它由语气词 э 和 тот <тьть（指示代词 ть 的重叠形式）的组合。2) 如前所述，软变化型的第一格——括号内的 и,я,е 和它们的间接格用来构成形容词长尾等；括号内的 нь, ню, нѥ 等主要见于前置词之后；ero 这个形式由于抄书人读音之故也写成 ево。3) 软变化型的复数第四格 ѣ 写成 я (是受古斯拉夫语同类形式的影响)。4) 在古俄语文献中常用指示代词的软变化型来表示第三人称 (后来其中有些变化，如用 ее 代 ю 等；此外，也有用 тъ (或 тътъ) 来代 он 的意义。5) 在古文献中见到带词干 с 的指示代词，如сь (阳)，си (阴)，се (中) 以及由前者和 и, я, е 组成的"长尾"形式 сии(>сей), сия, сие(比较 сейчас, сегодня)，它们也都按软变化型变格。6) 现代俄语的指示代词 оный,оная,оное 及短尾 оно, оны(阳性、阴性不用短尾) 是旧形式，但却来源于上述软变化型变格。7) 物主代词 мои(моя, мое), твое(твоя, твое), свои(своя, свое), нашь (наша, наше), вашь (ваша, ваше) 的变格同指示代词软变化；确定代词 самъ(сама, само), вьсякъ (вьсяка, вьсяко), мъногъ (мънога, мъного) 等的变格同指示代词的硬变化。8) 必须指出，也像现代俄语一样，кто 可以用于 кто-нибудь 等不定代词意义。9) 指示代词第一格 и,я,е 常与语气词 же 组合 :иже, яже, еже(常用第一格) 在句中用于相当现代俄语的关系代词 который(-ая,-ое) 的意义。以上各种形式还散见于文选中)。例如：

① Томь же лѣте по грѣхомъ нашимъ придоша языци незнаеми ихъ же добрѣ никто же не вѣсть. Кто суть что вѣра ихъ, а зовут я татары... [在该年，由于我们的罪孽来了一些不知名的异族人，谁也不清楚他们是什么人，是何信仰，只是叫他们为鞑靼人。]

② ...у Киева бо бяше перевозъ тогда с оноя стороны Днѣпра... [当时基辅在第聂伯河对岸没有渡口……]

③ Полемъ же живщемъ особѣ и владѣющемъ роды своими иже и до сее братьѣ бяху поляне [当时平原人单独居住，治理自己的氏族，在这三兄弟之前，他们也称波利安人。]

关于指示代词还作几点补充。

（一）指示代词 сь 的变格

	单数			复数			双数		
	阳性	阴性	中性	阳性	阴性	中性	阳性	阴性	中性
И.	сь	си(ся)	се	си	сѣ	ся	ся	сѣ	ся
Р.	сего	сеѣ	сего	сихъ	сихъ	сихъ	сею	сею	сею
Д.	сему	сеи	сему	симъ	симъ	симъ	сима	сима	сима
В.	сь/сего	сю	се	си/сихъ	сѣ/сихъ	ся	ся	сѣ	ся
Т.	симъ	сею	симъ	сими	сими	сими	сима	сима	сима
М.	семъ	сеи	семъ	сихъ	сихъ	сихъ	сею	сею	сею

例如：

① Отдати ся грамота в харькове полковнику и всемъ городовымъ людемъ. ［兹将此文书交予哈尔科夫城防司令并告知全体市民。］

② А пишу вамъ се слово того дѣля, что бы не перестала память родители нашихъ. ［我写此信给你是为了记住我们的父母。］

（二）指示代词 тъ 的补充。除阳性 тъ，тьтъ，甚至 тъ，тотъ 等及阴性 та，中性 то 以外，还见到由它们 (тъ，та，то) 和 и，я，е 构成的所谓"长尾"形式。其用法两者相同。以下为"长尾"第一格（及相同的第四格）形式：

	阳性	阴性	中性
单数：	тьи(或 тыи, 或 тои)	тая	тое
复数：	тии(或 тыи, 或 тіи)	тыѣ	тая
双数：	тая	тѣи	тѣи

它们的间接格从略（变格法与其他代词变格一样），但即使是第一/四格形式并不是都见于古文献。由于"长尾"形式的某些间接格及整

个用法都与"短尾"形式相同，所以逐渐被后者取代。

下面是选自《Слово о полку Игореве》的例句：

① тіи(=те=они)бо бес щитовъ с засапожникы кликомъ плъкы побѣждають… [这些队伍不执盾牌，只用靴刀，大喝一声就能威震敌胆，战胜千军。]

② …половци сулици своя повръгоша, а главы своя поклониша подъ тыи(=те) мечи харалужьными [……波洛夫人丢盔弃甲，在那些锋利的宝刀下跪地求饶。]

③ тый(=тот)клюками подпръся… [该人（注：指 Всеслав）靠欺诈而得到支持。]

（三）除了上述的各种代词以外，古俄语文献中还不时出现一些用于代词意义的词。下面用例子说明。

① Инии(有时写成ини) седоша на Двине и нарекоша полочаме. [他们有些人在德维纳河两岸定居，称为波洛塔（Полота）河人。]

② Овы побиша, а дроугы изъимаша живы.[他们一些人被杀，另一些人被活捉。]

③ Ини же не свѣдуше, рекоша, яко Кий есть перевозникъ былъ. [一些人不了解情况就说，基依曾经是（摆渡的）艄公。]

в. 确定代词 вьсь, вься, вьсе 的变格

		阳性	阴性	中性
单数	И.	вьсь	вься	вьсе
	Р.	вьсего	вьсеѣ	вьсего
	Д.	вьсему	вьсеи	вьсему
	В.	вьсь, вьсего	вьсю	вьсе
	Т.	вьсѣмь	вьсею	вьсѣмь
	М.	вьсемь	вьсеи	вьсемь

	И.	вьси	вьсѣ	вься
	Р.	вьсѣхъ	вьсѣхъ	вьсѣхъ
复数	Д.	вьсѣмъ	вьсѣмъ	вьсѣмъ
	В.	вьсѣ	вьсѣ	вься
	Т.	вьсѣми	вьсѣми	вьсѣми
	М.	вьсѣхъ	вьсѣхъ	вьсѣхъ

	И. В.	вься	вьсѣ	вьсѣ
双数	Р. М.	вьсею	вьсею	вьсею
	Д. Т.	вьсѣма	вьсѣма	вьсѣма

说明：1）阴性单数第二格有时在古文献中写成 вьсея，这是受古斯拉夫语同类形式的影响。例如：Всеволоду же сущю у отьця, бѣ бо любимъ отьцемь паче вьсея братьи... [弗谢沃洛德当时在父亲（注：指雅罗斯拉夫·弗拉基米罗维奇大公）身边，他是众兄弟中最受父亲喜爱的儿子。] 2）从变格表中可见，三性的复数形式（二、三、五、六格）是一致的，后来在其影响下（包括所有"代词性变格法"的词），它们的复数第一格都统一为 вьсѣ>все。

4. "数词"

作为一个词类，俄语数词形成的时间较晚，距今不过一百多年。但古俄语中有表示数量意义的词，它们分别属于形容词（дъва，трие，четыре，它们有性的差异；одинъ 至今仍当作计数代词—形容词）和名词（пять... десять..., сорокъ, съто 等）。它们与名词组合的情形是：дъва（дъвѣ 与名词双数形式组合，трие〈три〉，четыре〈четыри〉与名词复数形式组合），而且性、数、格一致；пять 等在一、四格时支配名词复数第二格，间接格时与名词的复数的格一致。

古俄语的复合数词曾经是分写的，像现代俄语的合成数词，如 одинъ на десяте (11), дъва(дъвѣ)на десяте (12), трие(три)на десяте (13) 等；дъвѣ десяти (20), дъвѣ сътѣ (200)…девять десятъ (90), девять сътъ (900) 等。后来它们连写在一起，同时发生许多语音变化（如 десять 〈десате，десяти〉变为 десять >дцать），结果形成现在所见的真正的复合数词，如 одиннадцать, двенадцать... двадцать..., двести, триста, …девятьсот 等等。名词 сорокъ 在东斯拉夫人的语言中取代了曾用过的 четыре десяте; девяносто… 取代了 девять десятъ。

古俄语中还有所谓"顺序数词"。使用的词与现代俄语的基本相同，但不同处在于：它们曾有长尾和短尾之分，如 пьрвъ(-а, -о), вторъ(-а, -о).третии, (_ья, -ье)… десятъ(_а, _о) 等是短尾，长尾则在短尾上加 и, я, е, 如 пьрвъи (-я,-е)> первыи, второи (-я ,-е)>вторыи>второи 等。

由于古俄语中基里尔字母可用来表示数值（见概说二第 10 节），也用来表示顺序，除表示"年份"外，还表示列举等（在俄国未采用阿拉伯数字之前），如：а-е, б-е, в-е, 试比较 1-е, 2-е, з-е(即 первое, второе, третье) 等；注：-е 为词尾的后部，也有 -я, -ю 等。

在古俄语中（也像古斯拉夫语一样）用 тьма 这个词表示"万"——本意为"极多"。除上述外，古俄语中还有一种含 5 的"数词"（也是一种合成数词）如 15，25，35，45 等。它们的构成是：пол-(半) + 顺序数词短尾阳性二格和 десяте(或 десяти) 组成，如 пол(в)тора десяти (15), полтретия (-ья) десяте(25),полпята десяте(45) 等（见文选中的某些句子），而它们前面的词 полтора,полтретья,полпята 等分别表示 1.5,2.5,4.5 等。例如：

① …Язъ далъ…и осеннее полюдие дарованое, полътретия десяте гриванъ святому же георгиеви　[……我已将秋收期按人头收取价值 25 个格里夫纳银币的贡赋赠予圣乔治修道院。]

② Былъ во Псковѣ полъ осма года. [……在普斯科夫待了七年半，осма 是 осмъ 第二格。]

③ За поломеныхъ окупа полпятаста рублевъ. [花了 450 卢布赎回被俘人员。полпятаста 是 полъ пята ста 的合成，пята 是 пять 二格]

дъва/дъвѣ 的变格

	阳性	阴性	中性
И. В.	дъва	дъвѣ	дъвѣ
Р. М.	дъву (дъвою)	дъву (дъвою)	дъву (дъвою)
Д. Т.	дъвѣма	дъвѣма	дъвѣма

说明：1) 后来中性 дъвѣ 取得与阳性相同的形式 дъва——这可能因阳性和中性（以 -о, -е 结尾）的名词属于同一变格法的影响。2) оба（阳），обѣ（阴、中）的变格与дъва, дъвѣ 相同，后来 обѣ 只与阴性名词组合。3) дъва, дъвѣ 的变格后来发生一些变化，因名词双数的消失以及与 три 的变格和用法的类比而接近。

例如：

① Мефодий же посади дву попа скорописца… [梅福基安排两名神甫为速写员……]

② Тѣмь и отець его не любяше. бѣ бо отъ дъвою отьцю, отъ ярополка и отъ Володимира. [因此父亲不喜欢他（注：指 Святополкъ），因为他有两个父亲，一个是雅罗波尔克，一个是弗拉基米尔]

трие(три) 和 четыре(четыри) 的变格

	阳性	阴性	中性
И.	три	три	три

Р.	трии (трьхъ)	各间接格 与阳性同
Д.	трьмъ	
В.	три	
Т.	трьми	
М.	трьхъ	

	阳性	阴性	中性
И.	четыре	четыри	четыри
Р.	четыръ, четрь четырьхъ	各间接格 与阳性同	
Д.	четырьмъ		
В.	четыри		
Т.	четырьми		
М.	четырьхъ		

说明：后来这两个"数词"分别有了统一的第一、四格形式：три 和 четыре；它们的第五格也因形态的类比而演变为 тремя, четырьмя.

десять 的变格

	单数	复数	双数	
И.	десять	десяте	И. – В.	десяти
Р.	десяте (десяти)	десятъ		
Д.	десяти	десятьмъ	Р. – М.	десяту (десятию)
В.	десять	десяти (десяте)		
Т.	десятию	десятьми	Д. – Т.	десятьма
М.	десяте	десятьхъ		

说明：1）从 пять 起的简单"数词"来自以 -ь 结尾的阴性名词（比较 кость 等的变格），它们的变格均同 десять 的变格，包括后来连写的"复合数词"двадцать, тридцать...пятьдесят 等。2）семь(-ь 脱落，м 硬化) 来自 седмь(седьмой)；восемь 来自 осмь(-ь 脱落，末尾两辅音中出现"增音"е 和词首音 в-) 试比较 Ольга 被写成 Волга, 奥丽佳：

...Вольга же бяше въ кыевѣ съ сыномъ своимъ. [……而奥丽佳当时同儿子一起在基辅……]

съто 的变格

	单数	复数		双数
И.	съто	съта	И. – В.	сътѣ
Р.	съта	сътъ		
Д.	съту	сътомъ	Р. – М.	съту
В.	съто	съта		
Т.	сътьмь (сътомь)	съты	Д. – Т.	сътома
М.	сътѣ	сътѣхъ		

说明：其他以 съто 为尾数的"合成数词"（如 дъвѣ сътѣ, три съта, четыри съта, пять сътъ 等）均分别变格，съто 的用法和变格与现代俄语的名词 сотня(<сътьня) 的用法和数词连用时的变格相似（比较 две сотни, три сотни...пять сотен 等）。

（二） 古俄语动词的全部形式

与现代俄语动词系统相比较，古俄语动词有其相同点和不同点。古俄语动词的语法范畴有：式的范畴——分陈述式、命令式、假定式；时间范畴——分现在时、过去时和将来时，由于动词体的范畴不"发达"，有时现在时和简单将来时的意义要依靠上下文来确定；由于动词两体的对应关系未确立，所以古俄语中呈现"多过去时形态"（见下面分类），复合将来时也有多种形态。古俄语动词态（指带 ся 动词）因反身代词简单式 ся 尚未与动词融为一体——所谓"ся 尚未与动词融为一体"是指它作为现代俄语的"反身语气词—后缀"，又称"后置缀"— "постфикс"，但在古文献中，它与动词形式的"位置"可前可后，甚至中间隔词。例如：Кто ся(из) насъ осталъ(въ) живыхъ... 我们中还有谁活下来了——所以态的范畴并不明显，然而有表示被动意义的"带" ся 的动词形式。由于有丰富的时间形态，因此动词的时间形式（不论现在—将来时还是过去时的形式）在没有人称代词或名词表示主体（主语）的情况下，也能表现动词的人称、性数等范畴。

古俄语有五种形动词（见下面分类），没有副动词，现代俄语的两种副动词是由主动形动词短尾的相应形式演变的。像现代俄语一样，古俄语形动词分长尾（其构成同长尾形容词）和短尾，但不同于现代俄语之处是古俄语的主动（和被动一样）形动词也有长尾和短尾之分，而且在句中均可用作谓语——有时单独作谓语，有时相当于现代俄语由副动词表示的所谓次要谓语。

从十一世纪（甚至更早一些）起，在文献中便不断表现出动词多时间形式（特别是过去时形式）的混淆以致后来的"解体"；名词双数的消失也引起动词各"变位"形式的变化。

由于俄语动词的词汇—语法类别的多样性，也表现出它们在"变位"中的多样性；加之自古以来的语音的变化，更使得动词的"变位"表现出一副"形形色色的形态画面"(пестрая морфологическая картина)。

还必须指出，在俄语长期发展过程中，动词的某些接格关系也有变化，要求补语（客体）的动词有时通过一定的"介词"（前置词），而这种前置词也（与现代俄语比较）有变化。

下面主要介绍动词的各种"变位"形式。

1. 陈述式

1）现在时形式

动词不定式	单数					
	вести	печи	знати	ходити	быти	дати
第一人称	веду	пеку	знаю	хожю	есмь (ѧсми)	дамь
第二人称	ведеши (ведешь)	печеши (печешь)	знаеши (знаешь)	ходиши (ходишь)	еси	даси
第三人称	ведеть (веде)	печеть (пече)	знаеть (знае)	ходить (ходи)	есть (ѧ)	дасть
	复数					
第一人称	ведемъ (ведемо)	печемъ (печемо)	знаемъ (знаемо)	ходимъ (ходимо)	есмъ (есмы, есмо, есме)	дамъ (дамѧ, дамо)
第二人称	ведете	печете	знаете	ходите	есте	дасте
第三人称	ведуть (веду)	пекуть (пеку)	знають (знаю)	ходять	суть	дадять
	双数					
第一人称	ведевѣ (ведева)	печевѣ (печева)	знаевѣ (знаева)	ходивѣ (ходива)	есвѣ (есва)	давѣ (дава)
第二人称	ведета	печета	знаета	ходита	еста	даста
第三人称						

说明：1）上面动词的不定形式是：вести, печи, знати, ходити, быти, дати。以下的变位形式也以这些动词为范例。2）古俄语动词变位中属于есмь(由 быти)，дамь(由 дати)特殊变化者为数极少，还有ѣмь(我吃，由ѣсти), вѣмь(我知道，由 вѣсти), нмамь(我有，古斯拉夫语词，由 имѣти/имати)以及由它们加前缀构成的同根动词，如повѣсти—повѣмь(我知道)等。3）现在时复数第一人称词尾除使用 -ъ-о 外，还使用以 -ы (-е)结尾的形式，如ведемы，есмы等（见于古文献）。4）单数和复数第三人称除以 -ть 结尾外，还因弱元音 -ь 消失, -т 硬化而写成 -тъ（如ведетъ, ведутъ 等）。5）单数和复数第三人称形式有二，其中括号内的（如веде, веду, знаю, ходи 等）是一种没有 -ть(-ть)的"简式"，它们与同一动词的其他形式相同，（如单数第一人称 веду 和复数第三人称 веду; 单数第三人称 веде 和过去完成时单数第三人称 веде; 单数第三人称 ходи 和命令式单数第二、三人称 ходи 等），因此，在阅读古文献时要注意它们在上下文中表示的不同语法意义。6）构成古俄语动词不定式的后缀为 -ти 及 -чи（来自 -гти，-кти），由于语音的变化，不带重音的元音 -и 弱化，然后脱落，但书写时仍以 -ть, -чь 结尾——这时要与现在时单数第三称形式相区别（如 хо́дить 和 ходи́ть<ходи́ти, 有时重音不同）。

2）过去时形式

古俄语（以及古斯拉夫语等）中有四种不同形式和意义（用法）的过去时（形式），即：1）过去未完成时(имперфект)形式；2）过去完成时（аорист）形式；3）复合过去完成时（перфект)形式；4）久远过去时（плюсквамперфект）形式（也有人译为"前过去时形式"）。

下面分别列出过去时各形式的构成。

（1）过去未完成时

动词不定式	单数					
	вести	печи	знати	ходити	быти	дати
第一人称	ведяхъ	печахъ	знахъ	хожяхъ	бяхъ	дадяхъ
第二人称	ведяше	печаше	знаше	хожяше	бяше	дадяше

续表

第三人称	ведяше (ведяшеть)	печаше (печашеть)	знаше (знашеть)	хожяше (хожяшеть)	бяше (бяшеть)	дадяше (дадяшеть)
复数						
第一人称	ведяхомъ	печахомъ	знахомъ	хожяхомъ	бяхомъ	дадяхомъ
第二人称	ведясте	печасте	знасте	хожясте	бясте	дадясте
第三人称	ведяху (ведяхуть)	печаху (печахуть)	знаху (знахуть)	хожяху (хожяхуть)	бяху (бяхуть)	дадяху (дадяхуть)
双数						
第一人称	ведяховѣ (ведяхова)	печаховѣ (печахова)	знаховѣ (нахова)	хожяховѣ (хожяхова)	бяховѣ (бяхова)	дадяховѣ (дадяхова)
第二人称 / 第三人称	ведяста	печаста	знаста	хожяста	бяста	дадяста

说明：过去未完成时（是一种简单形式）表示过去重复的或持续的行为，例如 а дворъ княжь бяше въ городѣ；они же сѣдяху в перегъбѣхъ…… 等（前者意为 был，后者为 сидели）。

（2）过去完成时形式

动词不定式	вести	печи	знати	ходити	быти	дати
单数						
第一人称	ведохъ	пекохъ	знахъ	ходихъ	быхъ	дахъ
第二人称	веде	пече	зна	ходи	бы	да

续表

第三人称	веде	пече	зна	ходи	бы (бысть)	да (дасть)
复数						
第一人称	ведохомъ	пекохомъ	знахомъ	ходихомъ	быхомы	дахомъ
第二人称	ведосте	пекосте	знасте	ходисте	бысте	дасте
第三人称	ведошя	пекошя	знашя	ходишя	бышя	дашя
双数						
第一人称	ведоховѣ (ведохова)	пекоховѣ (пекохова)	знаховѣ (знахова)	ходиховѣ (ходихова)	быховѣ (быхо-ва)	даховѣ (дахова)
第二人称 / 第三人称	ведоста	пекоста	знаста	ходиста	быста	даста

说明：1）过去完成时也是一种简单形式。它表示过去某个时间完成了的行为。在古俄语文献中使用频繁，例如：① въ се же лѣто рекоша дружина игореви…(и) послуша их игор[亲兵们对伊戈尔说……之后伊戈尔听取了他们的意见……]；② реша же древляне се князя оубихомъ рускаго…[德列夫良人说："我们杀了（这位）罗斯王公"……]。2）某些动词可以构成两种过去完成时的简单形式，如这里两句中的 рекоша (=они сказали) 和 реша 均由动词 речи 构成。3）某些复数第一人称形式，除上列形式外，还使用以 -о，-е 结尾的形式，如 ведохомо, ходихомо 等。4）某些 вести，печи 等类型的动词的现在时单数第三人称形式与其简单过去完成时单数第三人称形式是相同的，如 веде, (ведеть), пече (печеть) 等。阅读古俄语文献时应注意上下文表述。

（3）复合过去完成时形式

		阳性	阴性	中性
单数	第一人称	есмь велъ	вела	вело
		есмь ходилъ	ходила	ходило
		есмь далъ	дала	дало
	第二人称	еси велъ	вела	вело
		еси ходилъ	ходила	ходило
		еси далъ	дала	дало
	第三人称	есть велъ	вела	вело
		есть ходилъ	ходила	ходило
		есть далъ	дала	дало
复数	第一人称	есмъ вели	велы	вела
		есмъ ходили	ходилы	ходила
		есмъ дали	далы	дала
	第二人称	есте вели	велы	вела
		есте ходили	ходилы	ходила
		есте дали	далы	дала
	第三人称	суть вели	велы	вела
		суть ходили	ходила	ходила
		суть дали	далы	дала
双数	第一人称	есвѣ вела	велѣ	велѣ
		есвѣ ходила	ходилѣ	ходилѣ
		есвѣ дала	далѣ	далѣ
	第二、三人称	еста вела	велѣ	велѣ
		еста ходила	ходилѣ	ходилѣ
		еста дала	далѣ	далѣ

例如：Рано еста начала половецкую землю цвѣлити, а себѣ славы искати. [你们俩过早地杀入波洛夫人的国土，想为自己寻觅荣光]

说明：1) 这种过去时由быти的现在时形式和以-л结尾的古俄语主动形动词形式组成。быти的现在时形式承担人称的意义（体现与说话时的"现在"的联系），以-л结尾的形式承担性和数的语法意义和动词—谓语的词汇意义。在古文献中常见到省去быти的形式而仅由以-л结尾的形式承担这一时间的意义。2) 这种过去时复合形式表示行为在过去已经完成，而其结果仍继续到"现在"（即说话时），这与现代俄语完成体动词过去时的一个用法（即表示перфектное значение) 相似。例如：① а се я всеволодъ далъ есмъ блюдо серебрьно…[我，弗谢沃洛德，已献上了银盆一个……]；② почто идеши опять поималъ еси всю дань; [你干嘛又转回来了，你已经把贡赋拿走了。]

（4）前过去式（плюсквамперфект) 又名久远过去时 (давнепрошедшее время) 形式

古俄语文献曾有过两类前过去时（久远过去时）形式：两要素组成者和三要素组成者。前者由быти的过去未完成时形式和以-л结尾的形式组成；后者由быти的现在时形式与быти的以-л结尾的形式和实义动词的以-л结尾的形式组成。

第一类

以动词вести, хадити, дати 为例

		阳性	阴性	中性
单数	第一人称	бяхъ велъ	вела	вело
		бяхъ ходилъ	ходила	ходило
		бяхъ далъ	дала	дало
	第二人称	бяше велъ	вела	вело
		бяше ходилъ	ходила	ходило
		бяше далъ	дала	дало
	第三人称	бяше (бяшеть) велъ	вела	вело
		бяше (бяшеть) ходилъ	ходила	ходило
		бяше (бяшеть) далъ	дала	дало

复数	第一人称	бяхомъ вели	велы	вела	
		бяхомъ ходили	ходил	ходила	
		бяхомъ дали	далы	дала	
	第二人称	бясте вели	велы	вела	
		бясте ходили	ходилы	ходила	
		бясте дали	далы	дала	
复数	第三人称	бяху (бязуть) вели	велы	вела	
		бяху (бязуть) ходили	ходилы	ходила	
		бяху (бязуть) дали	далы	дала	
双数	第一人称	бяховѣ вела	велѣ	велѣ	
		бяховѣ ходила	ходилѣ	ходилѣ	
		бяховѣ дала	далѣ	далѣ	
	第二、三人称	бяста вела	велѣ	велѣ	
		бяста ходила	ходилѣ	ходилѣ	
		бяста дала	далѣ	далѣ	

例如：Искони же ненавидя добра дьяволъ. ижь бѣ реклъ (бяше реклъ). да створю престолъ свои на звѣздах. [自古以来魔鬼就仇恨善人善事，他从前说过："让我在许多星星上建起我的宝座"。]

第二类
以动词 вести, хадити, дати 为例

		阳性	阴性	中性
单数	第一人称	есмь былъ велъ	есмь была вела	есмь было вело
		есмь былъ ходилъ	есмь была ходила	есмь было ходило
		есмь былъ далъ	есмь была дала	есмь было дало
	第二人称	еси былъ велъ	еси была вела	еси было вело
		еси былъ ходилъ	еси была ходила	еси было ходило
		еси былъ далъ	еси была дала	еси было дало
	第三人称	есть былъ велъ	есть была вела	есть было вело
		есть былъ ходилъ	есть была ходила	есть было ходило
		есть былъ далъ	есть была дала	есть было дало
复数	第一人称	есмъ были вели	есмъ былы велы	есмъ была вела
		есмъ были ходили	есмъ былы ходылы	есмъ была ходила
		есмъ были дали	есмъ былы далы	есмъ была дала
	第二人称	есте были вели	есте былы велы	есте была вела
		есте были ходили	есте былы ходылы	есте была ходила
		есте были дали	есте былы далы	есте была дала
	第三人称	суть были вели	суть былы велы	суть была вела
		суть были ходили	суть былы ходылы	суть была ходила
		суть были дали	суть былы далы	суть была дала
双数	第一人称	есвѣ была вела	есвѣ былѣ велѣ	есвѣ былѣ велѣ
		есвѣ была ходила	есвѣ былѣ ходилѣ	есвѣ былѣ ходилѣ
		есвѣ была дала	есвѣ былѣ далѣ	есвѣ былѣ далѣ
	第二、三人称	еста была вела	еста былѣ велѣ	еста былѣ велѣ
		еста была ходила	еста былѣ ходилѣ	еста былѣ ходилѣ
		еста была дала	еста былѣ далѣ	еста былѣ далѣ

说明：两类复合形式的前过去时表示先于另一过去时行为发生过的行为。但第二类在古俄语文献中极少使用。例如：

① …идохомъ на олга зане ся <u>бяше приложилъ</u> къ половцемъ　[……我们去打奥列格，因为（在此之前）他站在波洛夫人一边。]

② …<u>бѣ</u> бо прежде <u>въпрашалъ</u> вълхвъ и кудесникъ "отъ чего ми есть умьрети"　[……（奥列格）先前曾问过术士和巫师："我将死于何物？"]

③ …и помяну Олегъ конь свой иже <u>бѣ поставилъ</u> кормити…　[奥列格想起了自己的马，此前他已将马交人喂养。]

现代俄语的寓言故事中的起首句的词组 жил-был(жили-были)… 等源于此。

3）将来时形式

将来时有两种复合结构，即：

（1）第一复合将来时，由助动词 почати, начати, имѣти, хотѣти 等的变位形式和动词不定式组成。其变位形式如下：

单数	第一人称	почьну вести	почьну ходити
	第二人称	почьнеши вести	почьнеши ходити
	第三人称	почьне(ть) вести	почьне(ть) ходити
复数	第一人称	почьнемъ вести	почьнемъ ходити
	第二人称	почьнете вести	почьнете ходити
	第三人称	почьнуть вести	почьнуть ходити
双数	第一人称	почьневѣ вести	почьневѣ ходити
	第二人称	почьнета вести	почьнета ходити
	第三人称		

说明：1）由于动词体范畴发展的不完善，在上述助动词之后的不定式动词可以（从现代俄语动词体的范畴来看）是"完成体"或未完成体。2）由 быти 的将来时变位形式和动词不定式组成的将来时形式出现较晚。原来 быти 的将来时形式主要用作独立谓语，或者用于"条件连接词"的意义，有时也用作"无人称句"中表示"应该" "必须"的意义（相当于 придется 或 следует 等）。对于这一形式出现

的时间有不同认识。例如 А. К. Соболевский 认为："由不定式和буду组成的形式（指将来时形式——引者注）用得特别广泛，在古文献中正如在现代俄语中一样经常见到……"（«Лекции по истории русского языка», стр. 237）；但 П. С. Кузнецов 认为："使用буду和不定式组合来表示将来时，即使对十六世纪下半期来说，也只限极个别情况，例如：("А не отпустите Тимохи в Любек, и яз о том буду писать до государя своего ..." ... («Историческая грамматика русского языка——Морфология», стр. 254)[（如果）你们不放季莫希去柳别克，我将向我国君主禀报此事……]。然而быти的将来时形式却是构成第二复合将来时的唯一组成部分。

（2）第二复合将来时（将来完成时）。由быти的将来时变位形式和以 -л 结尾的"形动词"组成。

以 вести, ходити 为例：

		阳性		阴性		中性	
单数	第一人称	буду	велъ ходилъ	буду	вела ходила	буду	вело ходило
	第二人称	будеши	велъ ходилъ	будеши	вела ходила	будеши	вело ходило
	第三人称	буде(ть)	велъ ходилъ	буде(ть)	вела ходила	буде(ть)	вело ходило
复数	第一人称	будемъ	вели ходили	будемъ	велы ходилы	будемъ	вела ходила
	第二人称	будете	вели ходили	будете	велы ходилы	будете	вела ходила
	第三人称	будуть	вели ходили	будуть	велы ходилы	будуть	вела ходила
双数	第一人称	будевѣ (будева)	вела ходила	будевѣ (будева)	велѣ ходилѣ	будевѣ (будева)	велѣ ходилѣ
	第二人称 第三人称	будета	вела ходила	будета	велѣ ходилѣ	будета	велѣ ходилѣ

说明：1) 第二复合将来时表示将来的先于另一行为完成的行为。常见于条件从句中。例如：нъ оже будетъ оубилъ. или въ свадѣ. или въ пироу явлено, тъ тако емоу платити по вървинынѣ（见文选《Русская правда》）[如果将来他杀了人，不管是因为口角还是在酒宴上，他都应照章罚款] 等。2) 第二复合将来时形式在俄语中完全被完成体动词将来时取代，但在其他一些斯拉夫语中却仍然使用。

2. 命令式

像现代俄语动词的命令式一样，古俄语动词的命令式形式通过一定的后缀构成。

例 如：Ольга...рекущи сице: измывъшеся придѣте къ мънѣ.[奥丽佳……说："你们梳洗好后来我这里"。] 但在古文献中没有复数和双数第三人称的命令式，它们的命令式形式完全同复数和双数的第二人称的命令式：例如：(Олегъ) присла къ Асколду и Дирови глаголя...да придѣта къ намъ къ родомъ своимъ. [（奥列格）派人去见阿斯科里德和基尔，并说："让他俩来我们这里，见自己的本家亲人"。]

		阳性		阴性		中性	
单数	动词不定式	вести	печи	знати	ходити	быти	дати
	第二、三人称	веди	пьци	знаи	ходи	буди	дажь
复数	第一人称	ведѣмъ	пьцѣмъ	знаимъ	ходимъ	будѣмъ	дадимъ
	第二人称	ведѣте	пьцѣте	знаите	ходите	будѣте	дадите
双数	第一人称	ведѣвѣ	пьцѣвѣ	знаивѣ	ходивѣ	будѣвѣ	дадивѣ
	第二人称	ведѣта	пьцмта	знаита	ходита	будѣта	дадита

说明：1) 词干以后舌音 г, к 结尾并在元音 и,ѣ(在后缀 -и, -ѣмъ,-ѣте, -ѣвѣ, -ѣта 中) 之前音变为 з, ц, 如 печи-пек-у, 但 пеци(或 пьци), пецѣте (пьцѣте) 等；беречи-берег-у, 但 берези, березѣте, березѣмъ, березѣвѣ 等。2) 与动词 дати — 命令式 дажь, дадимъ, дадите 等相同的还有极少数几个动词，如 ѣсти — 命令式 ѣжь, ѣдимъ, ѣдите 等。3) 现代俄语的命令式 дай,дайте 是后期因与其他动词类比而形成的；ешь 则是 ѣжь(弱化元音 -ь 脱落，变为 e, ж 硬化) 而演变的。4) бу́ди 因词末无重音元音 -и 弱化脱落而变成 будь(标音为 бут')。试比较 будить(<будити) 的命令式 буди́。

顺便指出，古俄语中所有人称的动词命令式都可以与语气词 да 连用（如上面的 да придѣта）再如：

① Да проводимъ ю сквозь всяко страшно мѣсто. ［让我们护送她通过所有的危险地带。］

② Да поиди за князь нашь за малъ. ［你就嫁给我们的王公马尔好了！］

③ …и рече имъ олга да глаголѣте что ради придосте семо. ［奥丽佳对他们说："你们说说，来此何事？"］

3. 假定式（或"条件式"）

由 быть 的简单过去完成时 (аорист) 形式和以 —л 结尾的"形动词"形式组成。

以动词 вести, ходити, дати 为例：

		阳性	阴性	中性
单数	第一人称	быхъ велъ	вела	вело
		быхъ ходилъ	ходила	ходило
		быхъ далъ	дала	дало
	第二人称	бы велъ	вела	вело
		бы ходилъ	ходила	ходило
		бы далъ	дала	дало

续表

单数	第三人称	бы (бысть) велъ	вела	вело
		бы (бысть) ходилъ	ходила	ходило
		бы (бысть) далъ	дала	дало
复数	第一人称	быхомъ вели	велы	вела
		быхомъ ходили	ходилы	ходила
		быхомъ дали	далы	дала
	第二人称	бысте вели	велы	вела
		бысте ходили	ходилы	ходила
		бысте дали	далы	дала
	第三人称	бышя вели	велы	вела
		бышя ходили	ходилы	ходила
		бышя дали	далы	дала
双数	第一人称	быховѣ (быхова) вела	велѣ	велѣ
		быховѣ (быхова) ходила	ходилѣ	ходилѣ
		быховѣ (быхова) дала	далѣ	далѣ
	第二、三人称	быста вела	велѣ	велѣ
		быста ходила	ходилѣ	ходилѣ
		быста дала	далѣ	далѣ

例如：…Аще не быхъ глаголалъ имъ, грѣха не быша имѣли; ныне же извѣта не имуть о грѣсѣ своемь. [……假如我不对他们说，他们不会有负罪感，即使在今天，他们也不明白自己是有罪的。]

说明：现代俄语中的假定式只从古俄语中继承了以 бы＋动词过去时形式这个唯一的形式。在俄语长期发展过程中 бы（现代俄语语法称为"语气词"）逐渐取代其他形式。现代俄语还使用 б（＜бы）这个形式＋动词过去时形式。

4. 古俄语的形动词

借助不同的后缀，由动词构成的形动词分为主动形动词和被动形动词。像现代俄语的形动词一样，又分为现在时的（主动和被动）形动词和过去时的（主动和被动）形动词。但是，在古俄语中还有一种以 -л 结尾的不变格的过去时主动形动词。形动词像形容词一样，有长尾和短尾之分，而长尾形动词的构成基本上同形容词长尾的构成。形动词的长尾形式和短尾形式均有格的变化，与所说明的词（名词或人称代词等表示）在性、数、格上一致。在古俄语文献中常见形动词短尾第一格形式用作谓语。现代俄语的未完成体和完成体的副动词实际上是由古代现在时和过去时的主动形动词短尾第一格形式（因其固定为第一格与主语一致用作谓语或者所谓"次要谓语"）演变而来的。

下面分别叙述这几种形动词的构成和变化。

1）现在时主动形动词（分别由动词 вести, знати, ходити, дати 构成）

	阳性	阴性	中性
短尾形式	веда	ведучи	веда
	зная	знаючи	зная
	ходя	ходячи	ходя
	дада	дадучи	дада
长尾形式	ведаи	ведучия	ведучее
	знаяи	знаючия	хнаючее
	ходяи	ходячия	ходячее
	дадаи	дадучия	дадучее

说明：1) 以上均是单数第一格形式。2) 注意阴性和某些中性的形式（以及它们的各间接格形式 —— 见下面变格表）可能出现古俄语形动词的构词后缀 —— юч—，—уч—，—яч—，—ач—，它们相应于来自古斯拉夫语现在时主动形动词的动词后缀 -ющ-, -ущ-, -ящ-, -ащ-(<ѭщ-, -ѫщ-, -ѩщ-, -ѧщ-)。比较 ведучиведущи, знаючи-знающи, ходячи-ходящи, дадучи-дадущи。试比较现代俄语的同根的形容词和现在时主动形动词，如：лежачий-лежащий, висячий-висящий, колючий-колющий, горячий-горящий, могучий-могущий 等以及某些动词构成的两种未完成体副动词，如 играя-играючи 等。

现在时主动形动词长尾形式的变格与形容词长尾的软变化型的变格相同（见 синии 的变格）。但所有可能构成的各格形式，在古文献中并不是"等频"出现。

现在时主动形动词短尾形式的变格（在其未固定于〔只用〕第一格之前）同相应名词的变格法一样。下以 вести 为例。

		阳性	阴性	中性
单数	И.	веда	ведучи	веда
	Р.	ведуча	ведучѣ	ведуча
	Д.	ведучу	ведучи	ведучу
	В.	ведучь	ведучу	ведуче
	Т.	ведучьмь	ведучею	ведучьмь
	М.	ведучи	ведучи	ведучи
复数	И.	ведуче	ведучѣ	ведуча
	Р.	ведучь	ведучь	ведучь
	Д.	ведучемъ	ведучамъ	ведучемъ
	В.	ведучѣ	ведучѣ	ведуча
	Т.	ведучи	ведучами	ведучи
	М.	ведучихъ	ведучахъ	ведучихъ
双数	И.	ведуча	ведучи	ведучи
	В.	同上	同上	同上
	Р.	ведучу	ведучу	ведучу
	М.	同上	同上	同上
	Д.	ведучема	ведучама	ведучема
	Т.	同上	同上	同上

说明：从变格中可见，在三性三数的几乎所有各格形式中都出现了构词后缀 -уч-——这是由于一定语音条件之故。而其他动词构成的形动词，在各格形式中会出现构词后缀 -уч-, -юч-, -ач-, -яч- 等。同时必须指出，在俄语古文献中，出现 -ющ-, -ущ-, -ящ-, -ащ- 等后缀的现在时主动形动词，是受古斯拉夫语文本影响所致，试比较：бежаче-бежаще, знаюче-знающе 等。此外，后来 вести 型的形动词（如плести, нести, везти）的现在时主动形动词阳性（中性）单数第一格以 — a — 结尾的形式（如 вед-а）变成以 -я- 结尾的（如 вед-я）形式。关于主动形动词（现在时和过去时）的用法可参考本书"主动形动词短尾用作谓语"部分（第114页）。

2) 过去时主动形动词

古俄语有两种过去时主动形动词：1）以后缀 -л 结尾的不变格的形动词——它们主要用作谓语，与 быти 的相应形式组合成动词的复合形式，见前面"动词时间形态"的相应部分。它们也利用 и, я, е 构成相应长尾形式（比较现代俄语的 устал-усталый, загорел-загорелый 等）。
2）借助另一种后缀构成的变格的形动词。

（1）不变格的过去时主动行动词

	动词不定式	вести	печи	знати	ходити	быти	дати
单数	阳性	велъ	пеклъ	зналъ	ходилъ	былъ	далъ
	阴性	вела	пекла	знала	ходила	была	дала
	中性	вело	пекло	знало	ходило	было	дало
复数	阳性	вели	пекли	знали	ходили	были	дали
	阴性	велы	пеклы	зналы	ходилы	былы	далы
	中性	вела	пекла	знала	ходила	была	дала
双数	阳性	вела	пекла	знала	ходила	была	дала
	阴性	велѣ	пеклѣ	зналѣ	ходилѣ	былѣ	далѣ
	中性	велѣ	пеклѣ	зналѣ	ходилѣ	былѣ	далѣ

（2）变格的过去时主动形动词（分别由动词 вести, знати, ходити, дати 构成）

	阳性	阴性	中性
短尾形式	ведъ	ведъши	ведъ
	знавъ	знавъши	знавъ
	ходивъ	ходивъши	ходивъ
	давъ	давъши	давъ
长尾形式	ведъи (ведыи)	ведъшия	ведъше
	знавъи (znавыи)	znавъшия	znавъше
	ходивъи (ходивыи)	ходивъшия	ходивъше
	давъи (давыи)	давъшия	давъше

说明：1）以上均为单数第一格的形式。2）长尾形式的构成和变格均与形容词长尾的构成和变格相同。短尾形式的变格——在其未固定于（只用）第一格之前——同相应名词的变格。下以 вести 为例。

		阳性	阴性	中性
单数	И.	ведъ	ведъши	ведъ
	Р.	ведъша	ведъшѣ	ведъша
	Д.	ведъшу	ведъши	ведъшу
	В.	ведъшь	ведъшу	ведъше
	Т.	ведъшьмь	ведъшею	ведъшьмь
	М.	ведъши	ведъши	ведъши
复数	И.	ведъше	ведъшѣ	ведъша
	Р.	ведъшь	ведъшь	ведъшь
	Д.	ведъшемъ	ведъшамъ	ведъшемъ

续表

复数	В.	ведъшѣ	ведъшѣ	ведъша
	Т.	ведъши	ведъшами	ведъши
	М.	ведъшихъ	ведъшахъ	ведъшихъ
双数	И.	ведъша	ведъши	ведъши
	В.			
	Р.	ведъшу	ведъшу	ведъшу
	М.			
	Д.	ведъшема	ведъшама	ведъшема
	Т.			

说明：1) 过去时主动形动词利用后缀 -въш-（如过去时词干以元音结尾）和 -ъш-（如过去时词干以辅音结尾）。2) 词干以辅音结尾者，所用后缀 -ъш- 在阳性和中性的第一格因 -ъш- 后无元音而 ш 脱落，结果形成以 -ъ 结尾的形式，如：ведъ（< ведъш), шедъ（< шьдъш), пекъ (<пекъш 或 пькъш) 等。比较古文献中和直至十九世纪作品中一直使用的 вышед(ъ),нашед(ъ),провед(ъ) 等。

3) 现在时被动形动词（分别由动词 вести,знати,хвалити 构成）

	阳性	阴性	中性
短尾形式	ведомъ	ведома	ведомо
	знаѥмъ	знаѥма	знаѥмо
	хвалимъ	хвалима	хвалимо
长尾形式	ведомъи (ведомыи)	ведлмая	ведомое
	знаѥмъи (знаѥмги)	знаѥмая	знаѥмое
	хвалимъи (хвалимги)	хвалимая	хвалимое

例如：(Всеволодъ)…бе бо любимъ отьцемь паче вьсея братьи. ［（弗谢沃洛德）……在众兄弟中最受父亲喜爱。］

说明：1）现在时被动形动词利用后缀 -м- 由现在时词干构成（这点与现代俄语的相应形动词构成时的说法不尽相同）。2）在 -м- 前有构成词干的元音 -о-，如 веду-ведомъ, несу-несомъ, пеку-пекомъ, берегу-берегомъ 等。这类动词为数极少。

4）过去时被动形动词（分别由动词 вести, крыти 构成）

	阳性	阴性	中性
短尾形式	веденъ	ведена	ведено
	крытъ	крыта	крыто
长尾形式	веденьи (веденыи)	веденая	веденое
	крытьи (крытыи)	крытая	крытое

例　如：...не пленена ли бысть земля наша? Не възяти ли быша гради наши?... Не ведены ли быша жены и чады наша въ плен? Не порабощени ли быхом ...отъ иноплеменникъ? [……我们的国土没有被侵占吗？我们的城池没有被夺去吗？我们的妻子儿女没有被掳走吗？我们没有被……异族人奴役吗？]

说明：1）过去时被动形动词利用后缀 -н- 和 -т- 构成。2）古俄语中某些形动词利用 -н- 构成，现代俄语却利用后缀 -т- 构成形动词，试比较 убить-убиенъ 或 убьенъ/убить-убит(ый) 等。3）两类被动形动词的变格（长尾和短尾）与相应形容词变格法硬变化型 (добръ,добрыи 型) 的变格一样。4）从理论上说，多数类型的动词在构成形动词 [现在时、过去时、主动的、(由及物动词构成)被动]时都可以有（短尾和长尾）变格形式，但在实践上却很少"照章办事"。在古文献中很难找出这样的例子。因此，我们不把所有"可能的"形态悉数列出。顺便指出，后来，古俄语的过去时被动形动词的后缀 -н- 在长尾形式时重叠化为 -нн-(-ньн-)，而短尾时仍只留一个 -н-。

5. 古俄语动词的不变化形式——"目的式"

动词的不变化形式除了动词不定式外，还有一种称为"目的式"（супин）的形式，它们以 -тъ 或 -ть 结尾，主要与运动动词连用，表示行为（运动）的目的。例如 ① Ходи Мирославъ посадникъ <u>мирить</u>

кыянъ съ черниговьци. [地方行政官米罗斯拉夫去劝基辅人同切尔尼戈夫人和好。] ② …посла своего сына въ новъгородъ <u>къняжить</u> [派自己的儿子去诺夫哥罗德当王公。] 但这一形式早已被动词不定式所取代。

附 1. 动词 быти 的变化形式

(一) 动词 быти 的简单形式

数	人称	现在时	将来时	过去未完成时	过去完成时	命令式
单数	第一人称	есмь	буду	бяхъ (бѣхъ)	быхъ (бѣхъ)	будь
	第二人称	еси	будеши (будешь)	бяше	бы (бысть)бѣ	будь
	第三人称	есть	будеть	бяше (бѣше)	бы (бысть)бѣ	будь
复数	第一人称	есмъ	будемъ	бяхомъ (бѣхомъ)	быхомъ бѣхомъ	будѣмъ
	第二人称	есте	будете	бясте (бѣсте)	бысте бѣсте	будѣте
	第三人称	суть	будуть	бяху(бяхуть) бѣху(-ть)	быша бѣху(-ть)	будѣте
双数	第一人称	есвѣ (есва)	будевѣ (будева)	бяховѣ (бѣховѣ) (бяхова)	быховѣ (быхова) бѣховѣ (бяхова)	будѣвѣ
	第二人称	еста	будета	бяста (бѣста)	быста бѣста	будета
	第三人称	еста	будета	бяста (бѣста)	быста бѣста	будета

说明：在古文献中还使用词根为 бе(或 бѣ) 的这个过去完成时形式，苏俄学者专家认为是动词 быти 过去简单完成时的两个形式（быхъ-бѣхъ 等）的"简化"，不过后者可以用于"未完成时"的意义，如单数第三人称形式 бѣ（有时相当于现代俄语的语气词 было）。这些形式按其来源是古斯拉夫语动词 быти 的过去未完成时的形式。古斯拉夫语有两种过去未完成形式：单数第一人称 бѣахъ 和 бѣхъ，第二人称和第三人称 бѣаше 或 бѣше 和 бѣ。其他人称的结尾部与古俄语的相同，只是词根部分用 бѣа — 和 бѣ —（如 бѣахом 和 бѣхомъ 等）。在古俄语文献中 бѣ 与 быти 的其他形式同时（同等）使用，例如：

① Древлене оубиша игоря и дружину его бѣ бо ихъ мало и погребенъ бы игорь есть могила его оу искорѣстьня. град в Деревѣхъ и до сего дне вольга же бяше в кыевѣ с снмъ своимъ…〔德列夫良人杀了伊戈尔和他们亲兵，因为他们人数很少。伊戈尔被埋葬了。至今在德列沃地区的伊斯科罗斯坚城郊还有他的坟墓。当时奥丽佳同自己的儿子……在基辅。〕

② а вѣ ему будетѣ местника.〔我们俩将替他报仇。〕

（二）动词 быти 的以 -л 结尾的过去时形动词

	阳性	阴性	中性
单数	былъ	была	было
复数	были	былы	была
双数	была	былѣ	былѣ

说明：1）这些形式中的 былъ, была, было, были 最后成了 быти 的唯一的过去时形式。2）现代俄语的形容词 былой（бьлая, былое）来自 былъ-и, была-я, было-е。3）быти 的另一类过去时主动形动词是：（第一格）阳性、中性为 бывъ，阴性为 бывъши，其他三数六格均与其他动词构成的过去时主动形动词相同。现代俄语的бывший 是它们的长尾形式（бывъши-и）等。现代俄语的副动词 будучи 来自 быти 的主动形动词，试比较 будущий(来自古斯拉夫语）。4）教会文献中还见到 сущю 这个形式，例如：написахъ же евангелие се рабоу божию наречено сущоу(сушю) въ крещении иосифъ, а мирьскы остромил〔我为主的奴仆——教名约瑟，俗名奥斯特罗米尔——抄写了这本福音书……〕— 这显然来自古斯拉夫语 быти 构成的现在时主动形动词（由复数第三人称形式 суть 构成），现代俄语的сущий 是其长尾形式。下面附古斯拉夫语 быти 的现在时形动词形式（限于单数第一、二、三格，其他各格和复数、双数各数各格从略，用字母 у 代替 ж, я 代替 ѧ, 复合字母 оу 表示元音 у。

	阳性	阴性	中性
第一格	сы	сы	сущи
第二格	суща	суща	суща
第三格	сущоу	сущоу	суши 等

（三）动词 быти 的复合形式

这种复合形式主要由 быти 的"简单形式"＋以 -л(ъ) 结尾的过去时形动词形式组成，主要有如下几种"复合式"（谓语），但这些形式在古文献中出现的"频率"不同。

（1）复合过去完成时形式——быти 的现在时形式

数 \ 性 人称		阳性	阴性	中性
单数	第一人称	есмь былъ	есмь была	есмь было
单数	第二人称	еси былъ	есмь была	есмь было
单数	第三人称	есть былъ	есть была	есть было
复数	第一人称	есмъ были	есмъ былы	есмъ была
复数	第二人称	есте были	есте былы	есте была
复数	第三人称	суть были	суть былы	суть была
双数	第一人称	есвѣ была	есвѣ былѣ	есвѣ былѣ
双数	第二人称	еста была	еста былѣ	еста былѣ
双数	第三人称	еста была	еста была	еста былѣ

例如：① <u>Была суть</u> три братия Кыи, Щекъ, Хоривъ, иже сдѣлаша градъкъ сь. [曾经有三兄弟，名叫基依、谢克、霍利夫，他们建造了这座小城。]

（братия 是 братие 的复数第一格，故谓语是 была суть）。

② Ини же, не свѣдуще, рекоша, яко Кий <u>есть</u> перевозить <u>былъ</u>. [一

些人不了解情况，就说基依一直是（摆渡的）艄公。]

（2）前过去时形式——быти 的过去完成时形式（бѣхъ, бѣ 等三个数的形式——见前面的"简单形式"）+ быти 的以 -л 结尾的过去时形动词形式。

数 \ 性 \ 人称		阳性	阴性	中性
单数	第一人称	бяхъ былъ	бяхъ была	бяхъ было
	第二人称	бяше былъ	бяше была	бяше было
	第三人称	бяше(ть) былъ	бяше(ть) была	бяше(ть) было
复数	第一人称	бяхомъ были	бяхомъ былы	бяхомъ была
	第二人称	бясте были	бясте былы	бясте была
	第三人称	бяху(ть) были	бяху(ть) былы	бяху(ть) была
双数	第一人称	бяховѣ была	бяховѣ былѣ	бяховѣ былѣ
	第二人称	бяста была	бяста былѣ	бяста былѣ
	第三人称	бяста была	бяста былѣ	бяста былѣ

例如：Понеже бѣ была мати его черницею. [……因为他的母亲此前当过修女。]

（3）动词 быти 的假定式

数 \ 性 \ 人称		阳性	阴性	中性
单数	第一人称	быхъ былъ	быхъ была	быхъ было
	第二人称	бы былъ	бы была	бы было
	第三人称	бы(бысть) былъ	бы(бысть) была	бы(бысть) было
复数	第一人称	быхомъ были	быхомъ былы	быхомъ была
	第二人称	бысте были	бысте былы	бысте была
	第三人称	быша были	быша былы	быша была

续表

双数	第一人称	быховѣ была	быховѣ былѣ	быховѣ былѣ
	第二人称	быста была	быста былѣ	быста былѣ
	第三人称	быста была	быста былѣ	быста былѣ

说明：保留到现代俄语中的唯一形式是 бы (或其简式 б)。

附 2. 关于所谓"副动词"

在古俄语中，主动形动词也像被动形动词一样，有短尾和长尾之分，有性、数、格的变化，在句中与所说明的名词（或人称代词等）在性、数、格上一致。

例如：① Игорь рече, о Дончe! не мало ти (=тебе) веселія? <u>лелѣявшу</u> Князя не влънахъ, <u>стлавшу</u> ему зелѫну траву на своихъ сребреныхъ брезсхъ, <u>одѣвавшу</u> его теплыми мъглами под сенію зелену древу; стершая о гоголемъ на водѣ, чайками на струяхъ, чрьнядьми на ветрѣхъ. [伊戈尔回话："顿涅茨呀！莫大的荣誉也归于你：亏了你的安流迎公爵归来，亏了你闪光的沙岸为公爵铺陈绿茵；你用和暖的浓雾把他隐蔽在绿茵丛中；叫水鸭在河面，叫绿头鸭在涛头，叫野鸟儿在风口为公爵放哨"。]

上面三个形动词（下加线者）与所说明的词 ти（指代 Донец 的 ты 的阳性单数第三格形式）在性数格上完全一致。不仅如此，主动形动词也像被动形动词一样，还可以用作谓语，与句中主语的性、数一致或者与不同的动词时间形式一起用作谓语。例如：

② <u>бѣ</u> бо тогда вода <u>текуши</u>(古俄语为текучи) [当时河水流动……]

③ Жены рускія въсплакашась, а <u>ркучи</u>- [罗斯的妇女们大声哭泣，她们说……]

④ Се азъ мъстиславъ володимиръ сынъ <u>държа</u> русьску землю в свое княжение повелѣлъ есмь… [本人，姆斯季斯拉夫，弗拉基米尔之子，在我统治罗斯国期间，已命令……]

从上例可见，所有主动形动词均以第一格形式出现。但在古俄语文献中，很早就出现主动形动词短尾的性、数形式与主语"一致关系"的混乱情形（甚至连时间也混淆）。再如：

⑤ ти (= 指示代词 те = онн) бо мимоходячи（本应用 мимоходяче — 阳复 —)прославять человѣка по всѣмъ землямъ. [他们路过之后会到处对主人给以评价：……]

⑥ О, вѣтрѣ!вѣтрило! Мало ли ти (=тебе) бяшеть горѣ подъ облакы вѣяти, лелѣючи корабли на синѣ морѣ.（见文选《Слово о полку Игореве》第 269-271 行及注释） [啊，风呀！大风！……你从云端高处扑下，摇晃蓝海上的船舶，你还想干什么？……]

将⑥句的 лелѣючи 与①句的 лелѣявшу 比较，除两者时间不同外，还反映出主动形动词的变格体系遭到"破坏"，与所说明词的性、数一致关系（如④，⑤句）也遭到"破坏"——即使是第一格。

主动形动词短尾的变格体系的瓦解过程发生在古俄语的有史时期（在十二、十三世纪的文献中已很少反映出原有的变格体系保留在活的口语中）。

作为古俄语的形动词，它们基本上从属于名词（或人称代词等）并与其"一致"，但随着它们变格体系的瓦解，与名词"一致"关系的"破坏"，它们表现为基本上向动词—谓语靠近，服从于后者（因为动词—谓语承担与名词—主语的"协调"关系），因而失去性、数的差异并逐渐演变为一种不变化的动词形式——这就是后来的所谓"副动词"。

"副动词"是在古俄语主动形动词第一格基础上形成的：如原来的现在时和过去时形动词：

单数阳/中性一格：неся (<неса)，зная; несъ, знавъ;

单数阴性一格： несучи, знаючи; несъши, знавъши;

复数阳性一格： несуче, знаюче; несъше, знавъше 等。

但即使是第一格形式，有的也逐渐被排挤不用。我们把它们与现代俄语的副动词构成时使用的"后缀"作一比较便可以见到。现代俄语的未完成体副动词利用后缀 -я（啧音后为 -а）和完成体副动词利用后缀 -в, -вши 或 -ши 来构成。

古俄语中主动形动词的构成不受动词"体"（因当时体的范畴尚不发达完善）的影响，因此我们不仅见到 зная, знаючи 等，而且见到 знавъ, знавъши 和 узнавъ, узнавъши 等。这种"不规范"（从现代观点看）在十九世纪的作品中不乏其例。例如：

① Француза не нашли. Вероятно, он успел скрыться, быв предупреждён(Пушкин).

② Как бы ты ко мне приехал, не знавши, можно ли у меня остановиться, или нет? (Гончаров)

另一方面，以 -ючи(-учи), -ячи(-ачи) 结尾的形式除少数外（如 будучи 等）也被排挤出文学语言，但十九世纪作品中可见这类形式，例如：

③《А давно ли было лето, мать плакала, тебя провожаючи?(Чехов)（比较 провожая)》

这类形式更多保留在俗语或固定词组中，如：дома сидючи（比较 сидя), мимо идучи（比较 идя), жить припеваючи, 等等。

原来，несъ, ведъ, шедъ(<шьдъ) 等型的过去时主动形动词（阳单一）"副动词"也被完全排斥不用，但十九世纪前半期作品中却用得相当多。例如：

① Вышед из Лицея я почти тотчас уехал в псковскую деревню моей матери (Пушкин)

② Домой пришед, Евгений стряхнул шинель (Пушкин).

③ Отошед несколько шагов, он остановился (Пушкин).

试比较古俄语文献中的例句：

④ на воину вышедъ не лените ся（见《поученне Мономаха》）[你们出战时切勿懒散。]

⑤ Вышедше изъ града изъ корѣстѣня деревляне убиша игоря и дружину его。(见《Месть Ольги》）　[德列夫良人从科尔斯滕城杀出，把伊戈尔及其亲兵都杀掉了。]

从这个例句可以完全看出俄语副动词产生的历史"根据"，有的几乎与现代俄语的副动词 (形式、意义和用法) 一样，例如：

⑥〔Игорь)…с маломъ же дружины возъврати ся желая больша имѣнья(见《Месть Ольги》）。　[（伊戈尔）……只带少数亲兵回来，他想弄到更多的财物。]

所不同的是，вышедъ, вышедши 型的"副动词"已被 выйдя 型的副动词所取代。现代俄语中完成体副动词以 -а(-я) 结尾者并不少见，有时与以 -в(-вши) 结尾的形式并行使用。但在十九世纪的作品中使用 -а(-я) 的完成体副动词较多，这与历史上"主动形动词"的构成，不无关系。如：прочтя/прочитав, потупя/потупив, заметя/ заметив 等 以 及 увидя, услыша, нахмуря, наклоня, склонясь, поклонясь, опустясь, остановясь, навалясь, возвратясь, простясь, изменясь 等，现代俄语中见于一些固定词组中，如：бежать сломя голову, работать спустя рукава, слушать разиня рот, согласиться скрепя сердце 等等。

我们在文选的单词语法注释中一律用古俄语的"主动形动词" 这一语法术语 (及其略语)。

五、古俄语句法要点略述

在本书的新版中，我们之所以有选择、有重点地加入古俄语的某些句法现象和相关知识，一是为了弥补旧版的缺漏，二是为了更好地服务于古文阅读 (чтение древнерусских текстов)。作为新版"上编"的组成部分之一的古俄语句法，它的某些现象的列举和例证，也像"上编"中的"古俄语语音简况""古俄语的词形变化"等一样，不仅力求简而明，而且尽量做到有典型性，真正起到"что читать"的"助手"("Как читать")的作用。

必须说明，我们的"古俄语句法"套用现代俄语句法的"说法""解释"以及语法名称术语等。在每个例句后加上译文，但为了节约篇幅，未注明该例句的出处。

（一）古俄语句子结构中的某些语法现象

1. 主谓一致

古俄语句法中，主语与谓语的"一致关系"分语法形式（性和数）的一致和意义上的一致 (согласование по смыслу)。我们着重后一种"主谓一致"，这就是：主语由表示人们聚集、群居等意义的名词（单数）表示，其中一类为普通名词（如 дружина "亲兵"），людье、братие "弟兄们"（也是中性集合名词）、(вьсь) городъ（全城居民）、монастырь（修道院僧众）等；另一类是表示国名、城邦名、族群名等意义的"专有名词"（如 Литва, Русь, Новъгородъ 等），而它们的谓语用复数。例如：

① Победиша Ярослава мърдва Муромѣ.　[摩尔多瓦人在穆罗姆打败了雅罗斯拉夫。]

② Вьсь Новъгородъ шьдъше съ честью посадиша и(посадиша и 意为 поставили его посадником)　[诺夫哥罗德全城人都出来恭迎他为该

城行政长官。]

③ Изнемогаху людье гладомъ и водою. [人们因饥饿和水淹而筋疲力尽，虚弱不堪。]

④ Идоша вся братья... и победиша я. [众兄弟都来了……并且打败了他们。]

2. 主动形动词短尾用作谓语

现代俄语的主动形动词（现在时和过去时）主要用作定语；而在古俄语中，它不仅用作一致定语，而更主要的是与系动词 быти 的不同时间形式组合一起用作谓语的"表语"。例如：

① ...Бѣ бо Володимеръ любя дружину. [因为弗拉基米尔爱自己的亲兵武士。]

② Болеславъ же бѣ Кыевѣ сидя. [波列斯拉夫在基辅即位。]

③ И есть цьркы та стоящи въ Корсуне граде. [现在那座教堂还在科尔松城内。]

④ Бяхуть бо борци стояще горѣ въ броняхъ и стреляюще. [将士们身穿铠甲站在山岗上弯弓射击。]

但有时没有 быти 的相应形式而主动形动词单独用作谓语。例如：

① Не вѣдяху, камо бежаще. [人们不知道往何处逃。]

② Слышавъше же древляне яко опят идеть(Игорь) сдумавъше съ княземъ своимъ Маломъ. [德列夫利安人听说他（伊戈尔）又回来了，于是同自己的王公马尔商量（对策）。]

③ ... Отець же мой прилежаще пития хмельнова; мати же моя постница и молитвенница бысть, всегда учаще мя страху божию. [……我的父亲好酒贪杯，时常酗酒；而我的母亲严守斋戒，虔诚祈祷，她总是教育我对上帝要心存敬畏。]

3. 所谓"独立第三格"

所谓"独立第三格"("самостоятельный дательный падеж")是古俄语的一种特别的句法现象，它由"名词（或人称代词等）+ 现在时主动形动词"构成的第三格词组表示，具有时间、原因等意义（相当于带"когда..."或"потому что..."的从句）。例如：

① Убиша володимири князя Андрея,...въ нощь спящю ему. ［深夜，当安德烈公睡着时，弗拉基米尔人把他杀了］。

② Древляномъ пришедъшимъ повелѣ Ольга мовь створити. ［德列夫良人到达之后，奥丽佳命令（给他们）沐浴更衣］。

③ Надолзѣ борющемася има нача изнемогати Мьстиславъ. ［（因为）他们俩打斗了很久，姆斯季斯拉感到筋疲力尽］。

从上面例子可以见到，"独立第三格"词组中的"行为"总是用动词构成的主动形动词来表示。但下面取自《Лаврентьевская летопись》的一句，其"独立第三格"中的"行为"却由形容词短尾（第三格）表示："И въ то же время черниговскому князю не мирну съ Олегом Святославичемъ воеваше Олегъ Святославичь Черниговскую волость. ［因当时切尔尼戈夫公与奥列格·斯维亚托斯拉维奇不和，所以奥列格公攻占了切尔尼戈夫地区］。我们认为，这里的"(...князю) не мирну съ"改为"(...князю)ся не миривъшу съ.."可能更好一些? 也许，该词组中漏掉一个由动词 быть 构成的形动词，它与同是第三格的短尾形容词（性、数一致）一起组成"独立第三格"短语。（即"...князю не бывъшу мирну съ..."）? 试比较："И стояли есмя въ Платане 15 дни ветру велику и злу бывъшу."(《Хождение за три моря Афанасия Нкнтнна》) ["我们在普拉坦停了15天，因为当时狂风大作。"]

4. 双重第四格

由名词或形容词（形动词）等作另一名词（直接补语）的说明语，

并且两者同格——第四格，这种补语第四格称为第二个（或双重）第四格。例如：

① Царь Батый, видя князя Олега Ингоревича вельми красна и храбра и хотя его... на свою прелесть возвратити. ［拔都汗见到奥列格·英戈列维奇公一表人才，而且十分勇敢……想要把他收归帐下。］

② ... н створиша волость ихъ пусту. ［他们的地区被弄得十室九空。］

③ (Азъ) поставлю уношу князя им. ［我会安排一个年轻人当他们的王公。］

④ И до ныне наречють дунаици городіше Киевець. ［直到今天多瑙河两岸居民称此城为基辅（城）］

⑤ Мьстиславъ ... невѣды своих побѣжженьхъ. ［姆斯季斯拉夫……并不知道自己的军队已被打败了。］

后来这个第二个第四格被第五格取代，现代俄语中常见这类句中的动词谓语有"视听触感""称谓任用"等意义。例如：Мы видим мальчика улыбаюшимся. ［我们见到小孩在笑］，在古俄语中则完全是：... Видимъ мальчика улыбающегося.

5. 阴性名词单数第四格同第一格

古俄语中，当阴性名词单数（以 -а, -я 结尾者）处于及物动词的不定式之后，其直接补语——名词单数第四格同第一格，这是古俄语句法的特点之一。例如：

① Дай богъ исправити правда новгородская. ［但愿上帝来修改诺夫哥罗德法典。］

② Луче бы мне видети нога своя въ лычници нежели въ черленѣ сапозѣ. ［我宁愿见到自己脚穿树皮鞋，而不愿见到它穿鲜艳的皮靴。］

③ Аже будеть холъпъ убить, одна гривна серебра платити. ［如果一个家奴被杀，则应赔付一个格里夫纳银币。］

6. 被动行为的主体

现代俄语中，被动行为多由带 -ся 的表示"被动"意义的动词和被动形动词表示，而古俄语中则总是由被动形动词表示，因当时表示被动意义的带 -ся 动词尚未在形式上和意义上固定下来；此外，古俄语中被动行为的主体既用名词（人称代词等）的第五格形式来表示，也用带前置词"отъ(кого-чего)"的词组表示。例如：

① Льстько убьенъ бысть ... <u>Святополкомъ</u>. [里斯奇科已被斯维亚托波尔克所杀。]

② Не ходи, отець ти умерлъ, а братъ ти убьенъ <u>отъ Святополка</u>. [你不要去，你的父亲去世了，你的兄弟也被斯维亚托波尔克杀了。]

7. 表示"属性"的几种语法形式

现代俄语中，表示"物主"的词类有"物主代词""物主形容词"、名词第二格等语法形式。古俄语中，除了这些形式以外，最常见的是用名词（或人称代词等）第三格形式表示物主，而且它们有时还同其他词形一起来表示"所属"。顺便指出，"属性第三格"在现代俄语也可见到，称其为"关系第三格"(дательный отношения), 例如：он мне друг（他是我的朋友），试比较：Он мой друг 等。

再例如：

① ...Поставлю уношу князя <u>имъ</u>. [我将让一位年轻人当他们的王公。]

② Суну копьемъ Святославъ на деревляны, и копье летѣ сквозѣ оуши <u>коневи</u>... [斯维亚托斯拉夫将长矛投向德列夫良人，长矛从马的耳朵穿过……]

古俄语的"属性"意义可以由上述形式同时并列一起表示，例如：Соудъ Ярославль (物主形容词) Володимирица (人名第二格) [雅罗斯拉夫·弗拉基米罗维奇法典]; брата моего(名词第二格) села княжи(物主形谷词) Ивановы（人名物主形容词）[我兄弟伊万公的村庄] 等。

8. 同位语

同位语总是用名词(也可用形容词等) 表示，从不同方面(如人的身份、特征等) 说明和确切被说明词。在古代俄语句法中，被说明词可以由名词表示，也可以用人称代词或物主代词来表示。例如：

① Но простите меня грешного, а васъ всехъ рабовъ, христовыхъ богъ простить и благословить. [你们宽恕我这个有罪的人，上帝就会宽恕你们大家——基督的奴仆，并赐福给你们大家。]

② Брате, твои люди грабили отчину мою, великого князя... [老弟，你的人抢劫了大公我本人的领地……]（词组第二格形式说明物主代词阴性单数第四格。）

③ Се язъ грешный, худый рабъ божий Иванъ пишу душевную грамоту... [兹有我，伊万，一个有罪的、卑微的、上主的奴仆，写了本遗书……]

④ Бѣ бо имя ему маль, князю деревьску. [他的名字，即德列夫良人的王公的名字，叫马尔。]（ему 和 князю 是"属性第三格"——"дательный принадлежности"。）

9. 无前置词结构

无前置词结构 (беспредложная конструкция) 是古俄语句法的一大特点，它们并不复杂，易于识别：最常见的是表示时空意义的结构。例如：

① Глебъ же вниде Черниговъ. [格列布进入切尔尼戈夫城。无前置词 " въ (Чепернрвъ)"]。

② Олегъ же побеже Мурому. [奥列格逃往穆罗姆城。无前置词 къ (Мурому)]。

③ Церквы заложена бысть монастыре. [在修道院里又建了一座教堂。无前置词въ (монастыре)]。

④ и одиномь часе все погоре. [仅在一个小时内所有东西全烧光了。无前置词въ(...часе)]。

⑤ Идоша всенѣ на половцы. [春天，他们攻打波洛夫人。无前置词въ(всенѣ), 后被весною 所取代]。

这类"无前置词结构"中最常用的还有表示"离开""分立"等意义的词组，通常无前置词отъ、изъ等。例如：

① Князь великий Олегъ ступился техъ мѣстъ... Дмитрию Ивановичу. [奥列格大公离开那些地方……去了德米特里·伊万诺维奇的住地。无前置词отъ (... мѣстъ)]。

② Бегоша люде огня. [人们从火场跑开。无前置词отъ(огня)]。

③ Кто васъ не хочетъ добра? [你们中谁不想有财富呢？无前置词изъ (васъ)]。

必须指出，在这类"无前置词отъ"的句中，也像现代俄语的一样，通常句中的动词（谓语）是带前缀от- 的动词，例如：отхожу света сего суетного.[我要离开这个浮华的世界。]

10. 前置词的叠用

同一前置词叠用（多次使用）的情形是：反复出现在几个并列成分（名词等）之前，或者反复出现在同一成分的说明词或同位语的前面。例如：

① Имаху дань варязи изъ заморья на чюди и на словѣнех, на мери и на вьсѣхъ, кривичѣхъ. [瓦良人从瓦良海南岸向楚德人和斯拉夫人、向梅里人和维西人以及向克里维奇人收取贡赋。]

② Половцы идутъ отъ Дона и отъ моря и отъ всехъ странъ. [波洛夫人来自顿河、来自海上、来自四面八方。]

③ ... послали есмы своихъ пословъ къ брату къ своему къ великому князю Дмитрею Ивановичю. ［我们派了自己的使节去见我们的兄弟德米特里·伊万诺维奇大公］。

11. 小词 бо 的使用

古俄语的小词（前置词、连接词、语气词等）没有现代俄语的多，但不少词是多义的，如我们在后面谈主从复合句时的连接词 яко, оже 等。本节以古文献中高频出现的小词 бо 为例。

бо 的主要意义有二：1) 作为连接词相当于"原因连接词 ибо"（此词显然由"и+бо"而成）；2) 作为语气词相当于"加强语气词 же"，而且两者在句中所处的位置也相同——多在句子第二个词的位置上。［此外，小词 бо 还见之于现代俄语的某些方言土语中。］例如：

① ... Трость <u>бо</u> не пишеть сама. ［……因为芦苇自己不会写字。］

② ... Ярополку <u>бо</u> бяше нельзѣ перевезтися краями. ［……因为雅罗波尔克不能从冰面上转移。］

③ И болѣ же чтите гостѣ, ти <u>бо</u> мимоходячи прославять человека любо добрымъ любо зълымъ. ［你们要更加尊重外来客商，因为他们路过之后会对主人评价：或者评为好人善人，或者评为坏人恶人。］

④ Темьно <u>бо</u> бѣ въ третии дьнь. ［到第三天天色还是昏暗。］

⑤ Къто <u>бо</u> есть вѣрныи рабъ. ［究竟谁是忠诚的奴仆？］

⑥ Которое <u>бо</u> бѣше насилие отъ земли Половецкыя. ［波罗夫人是第几次动武了？］

12. 否定形式和被否定事物（直接客体——词）的格

俄语中表示否定意义的形式有多种。本节只着重如下两种：

1. 由 не+быть（的单数第三人称各时间形式）表示的谓语，被否定的事物（词）用第二格，如：нету, не бе, не будеть 等 +кого-чего。例如：

① Не было тутъ ни стонущего. ни плачущего. ［当时那里没有一

个呻吟的，也没有一个哭泣的。]

② Не бысть (即 не было) снѣга велика…и до марта. [直到三月……没有下过一场大雪。]

③ И не бе (即 не было) двора, идеже не горяще. [没有一家房子不着火的。]

④ ... И реша болгаре толи не будеть межю нами мира толи камень начнеть плавати... [保加利亚人说："我们之间将永保和平，直到海枯石烂那天。"]

2. 由 не+ 及物动词或 не+ 谓语副词表示的谓语，被否定的事物（词）的用格较为复杂，通常用第二格，但极少数也有用第四格的（这里既有动物名词和非动物名词之分，有男性和女性名词的"二、四格"用法之分）。例如：

① Хмельного пития не держати (自《Стоглавъ》) [不得持有酒类。注："即"不得买卖酒精饮料"。]

② Видѣтъ великъ звѣрь, а главы не имѣеть. [看见一只大兽，它没有头。]

③ Во многихъ земляхъ, на многихъ бранехъ бывали(мы), а такихъ удальцовъ и рѣзвецовъ не видали. [（我们）到过许多国家，上过许多战场，但如此勇敢机敏的将士却从未见过。]

④ А сицеи рати не слышано. [没有听说过这样的队伍。]

⑤ Аще ти не жаль отчины своея. [如果你不怜惜自己领地上的百姓。]

3. "не+ 及物动词" 与否定代词 ничьто

与上述"否定"形式连用，在现代俄语中，否定代词 никто, ничто 等几乎百分之百用第二格（例子从略）。但在古俄语中，由于书写人的文化各不相同，加之书写不规范，也无统一规范，所以出现分歧。例如：

① И онъ намъ не далъ ничего, ано насъ много. [他什么也没有给我们，因为我们人很多。]

② Да не отнимають ничего же... ［但愿什么东西也不被人拿走］

③ Въ та же лѣта мнози имущие глаголаху к просящимъ: неималы ничто же. ［在那几年许多有产者对乞求者说：我们也一无所有了。］

④ По божию же устрою въ се время разболѣся Володимеръ очима не видяще ничто же. ［由于上帝的安排，当时弗拉基米尔患了眼疾，什么东西都看不见了。］

（二）复合句

1. 并列复合句

古俄语的并列复合句用连接词 и, а, ни 等将两个（或多个）在语法上处于同等地位的独立句子联结起来。例如：

① Въ семъ же лѣтѣ родися у Ярослава другыи сынъ, и нарече имя ему Изяславъ ［同年雅罗斯拉夫得第二子，给他取名伊兹雅斯拉夫。］

② Ярославъ и Мьстиславъ раздѣлиста по Днепръ Русьскую землю; Ярославъ прия сю сторону, а Мьстиславъ ону. ［雅罗斯拉夫和姆斯季斯拉夫顺着第聂伯河划分罗斯国土；雅罗斯拉夫得右岸地区，而姆斯季斯拉夫占有左岸地区。］（后句为不完全句。）

连接词 и, а 等可以重复多次使用在并列复合句中。例如：

① Орелъ птица царь надъ всеми птицами, а осетръ надъ рыбами, а левъ надъ зверьми, а ты, княже, надъ переяславцы. (Из《 Слова Даниила Заточника》) ［鹰是百鸟之王，鲟鱼为众鱼之王，狮乃群兽之王，王公呀，你是统治别列雅斯拉夫尔国百姓的大王。］

② Негодоваху его людие и въздаша людие вѣсть къ Изяславу Мьстиславичю въ Переяславлю и прииде съ вои и бишася и поможе богъ Изяславу и сѣде Изяславъ на столѣ и Игоря самого яша въ пяти дьнь по побоище и порубиша и. ［百姓痛恨他（指一个名叫 Игорь 的王公），而且人们将这个消息禀报给在别列雅斯拉夫尔的伊兹雅斯拉

夫·姆斯季斯拉维奇。之后伊兹雅斯拉夫率兵讨伐伊戈尔，双方军队打了起来。上帝帮助伊兹雅斯拉夫，后来他坐上了王位。交战后的第五天，伊戈尔本人被抓获，不久被处死。]（共 8 个 и，只有最后一个是第三人称代词阳性第四格，相当于 его，其他 и 都是连接词。）

并列复合句还有表示否定意义的，古俄语的特点是：（前句）не…，（后句）ни…（…ни…），（前句）не было（或 не будетъ）…，（后句）ни…（…ни…）。例如：

① Такихъ удальцовъ и рѣзвецовъ[мы] не видали, ни отци наши возвѣстиша намъ. [这样一些勇敢机智的人我们没有见过，我们的父辈也没有对我们说到过。]

② Да не будеть новыи торгъ Новгородомъ, ни Новгородъ Тържькомъ. [但愿新市场不成为诺夫哥罗德，而诺夫哥罗德不成为托尔若克。]（注：Тържькъ 由 Търгъ 构成，意为"小集市"。）

连接词 и… и…，ни… ни… 等的叠用，也像前面谈到的前置词的叠用一样，可以多次重复（повторение союзов），它们既重复用在并列复合句中，也可以用在同等成分中。例如：

① … и суды золотыѣ и серебреныѣ суды, и кони и жеребьци и стада своя далъ есмь своему сыну князю Василью и своеи княгини и своимъ детемъ… [我已将金器银器、大小马匹和所有畜群全给了我的儿子瓦西里公、我的夫人和孩子们……]

② А безъ посадника вамъ великимъ княземъ суда не судити, ни волости роздавати, ни грамотъ давати. [地方行政长官缺席，你们大公不得开庭判案，不得分配乡村土地，不得颁发文书。]

除上述情形外，在古俄语文献（如遗书、合同、契约等）中还偶尔见到"连接词 и + 前置词 съ"的重复使用。"и съ"颇与汉语"连同"这个连词的作用相似。

例如：

Азъ вымѣнилъ есмь у нихъ тѣ ихъ села и з деревями и с пустошами, и с луги, и с пожнями, и с лесы, и с ловищи, и с сортьми, и со всеми угодьи... [我从他们那里换来他们的村庄，连同小村落，连同空闲地，连同牧场、草场、森林、捕猎地段、养蜂场以及所有农用地……]

2. 主从复合句

古俄语的主从复合句同现代俄语的主从复合句一样，通过相应的连接词或关联词将主句与从句联结起来，表示不同的语法关系；在本节中我们着重选用一些古俄语特有的、常用的连接词或关联词的例句。下面将主从复合句分门别类加以说明。

1. 带定语从句的主从复合句

最常见的定语从句有如下几种：

1) 从句用关联词 иже, яже, еже 及其各示格形式与主句相连，从句说明主句某个名词。例如：

① Поищемъ собѣ князя, иже（阳单一格）бы володѣлъ намн. [让我们找一位会管理我们的王公。]

② Священа бысть церкы святыя Богородиця, юже（阴单四格）созда Володимеръ, отець Ярославль, митрополитомь Феопемптомъ. [都主教费奥佩姆普特给雅罗斯拉夫的父亲弗拉基米尔建的圣母教堂举行祝圣仪式。]

③ Была суть три братия（中复一格）Кыи, Щекъ, Хоривъ, иже сдѣлаша градькъ съ. [曾经有三兄弟，名叫基伊、谢克、霍利夫，他们仨建起了这座小城。]

④ ... и помяну Олегъ конь свои, иже（阳单四格）бѣ поставилъ кърмити и не въсѣдати на нь. [奥列格想起了自己的战马，他已让人牵去喂养，不再骑它。]

⑤ И тоу наѣхаша пещероу непроходноу, въ неиже（阴单六格）

бяше множьство чюди влѣше. [人们在那里见到一个没有出口的洞窟，曾有许多楚德人潜藏其中。]

必须指出，以上各句的关联词完全与现代俄语的定语从句中使用的关联词который(-ая,-ое)及其各示格形式的用法相同。但是，在古俄语中，也使用который(-ая,-ое)这个词，但它多用于疑问词какой?кто?等的意义，少见于定语从句中。例如：

① Которое бо бяше насилие отъ земли Половецкыя. [波洛夫人是第几次动武了？]

② Который епископъ тако украси святую Софею. [哪位主教把圣索菲亚教堂装饰成这样？]

③ И бысть сеча зъла и межю ими смятенье, не вѣдяхуть, которыи суть победили. [发生了一场恶战，随后交战者中间又发生了叛乱，人们弄不清谁是胜利者。]

④ Придоша языци незнаеми, ихъ же добрѣ никто не вѣсть, кто суть... и которого племени суть... [来了一些陌生的异族人，谁也不认识他们，不知道他们是什么人，是哪个部落的……]

2) 从句用关联词кто在意义上与主句相连，但主句中没有相应的被从句说明的名词，也没有某些现代俄语语法书上说的所谓主语从句的指示词тот(та, то, те)等。试比较下面例句：

① Кто отступить Николы, да будеть проклять. [谁背叛尼古拉，让他受人诅咒。](试比较：Кто отступит от Николы, пусть тот будет проклят.)

② А кто будеть брату нашему старейшему недруг, то и намъ недруг. [我们兄长的敌人就是我们的敌人。]（试比较：А кто будеть брату нашему старшему недруг, тот и намъ недруг. 或 ...и наш недруг.)

③ А хто иметь отнимать те наши землицы отъ святаго Михаила, и судится съ нами предъ богомъ. [谁如果要从圣米哈伊尔修道院窃走我们献出的田产，我们将把他告到上帝面前。]

3) 用 егда, идеже 等关联词将从句与主句相联，从句通常说明主句中表示时间或地点的名词。例如：

① ...отъѣха проче въ тъ годъ, егда оступи градъ. [……（某人）…… 是敌军围城的那年离开的。]

② И придоша близ роуси, идеже зовется валъ половечьскы. [他们来到罗西河附近，该地有一土城叫做波洛夫人堡塞。]

2. 带说明从句的主从复合句

1) 用连接词或关联词把从句与主句连接

古俄语的说明从句通常用连接词 яко, оже 等以及各种关联词与主句相连，说明（补充、阐述）主句中含"说""听""答""问""知晓"等意义的动词（多为谓语）表示的行为的内容。连接词 яко, оже 等的意义和语法作用相当于现代俄语 что, как 等词。例如：

① Поведаша Ользѣ, яко деревле придоша. [奥丽佳被告知，德列夫良人已经到了。]

② Он же оуслышавъ, оже идоуть на нь, иде торопьцю. [他听说，有人要攻打他，于是匆忙离开。]

③ Никто не вѣсть, кто суть... и которого племени суть. [谁也不知道，他们是谁，是哪个部落的。]

④ И новгородьци не вѣдяхоу, кдѣ князь идеть. [诺夫哥罗德人不知道王公去哪里了。]

2) 说明从句和直接引语

在古俄语中没有直接引语和间接引语的区分和彼此代用的问题。在转述"引语"（"чужая речь"，相当于"说明从句"）时，往往采用直接引语 (прямая речь) 的形式，加之当时书写不规范，没有后世才用的标点符号系统，所以有时在翻译、使用或理解这类词句时难免出错。兹举下例以资说明。

某书在介绍俄国十五世纪特维尔商人阿·尼基京的《三海行记》

(《Хождение за три моря Афанасия Никитина》)时写道："尼基京认为，他的旅行成功是'多亏上帝的仁慈，他才涉过了三个海洋'。因此他十分感谢主……"。内引号中的话直接译自原著的"Милостию божиею преидохъ же три моря..."（"多蒙上帝仁慈，我才涉过这三个大海"）（引自苏联 Гослитиздат 出版社 1950 年出版的《Хождение за три моря》，Афанасий Никитин 著，第 71 页）。句中动词谓语 преидохъ 是动词 преити（现代俄语是 перейти）的过去完成时的单数第一人称形式。此外，某些古俄语文献中少用"人称代词"（作主语），而常用动词谓语的人称形式来表明行为的主体。

直接引语也像说明从句，用来说明、补充、叙述、问答的内容。例如：

① Ольга и рече им добра ли вы(=вам) честь. Они же реша пуще ны(即 нам) Игоревы смерти. [奥丽佳问他们："给你们的招待好吗？"他们说："我们比伊戈尔的死还要痛苦！"。]

② Реша же древляне посла ны дерьвьска земля·рькущи сице мужа твоего оубихомъ. бяше бо мужь твои аки волкъ· восхищая и грабя... [德列夫良人说："我们是德列夫良国派来的"；他们还说："我们杀了你的丈夫，因为你的丈夫如狼似虎，横征暴敛……"]

有时直接引语中（除疑问词 ли 等以外）还使用连接词 яко 等。例如：Рече же имъ Ольга. яко азъ мьстила оуже обиду мужа своего. [奥丽佳对他们说："我已经为自己的丈夫报了仇"。]

3. 带有疏状意义的从句的主从复合句

古俄语的疏状从句，同现代俄语的状语从句一样，通过不同的连接词或关联词与主句发生关系，表示时间、地点、原因、条件、目的、行为方式方法以及比较、程度等疏状意义。例如：

① Едга же несяхуть къ гробу, предивьно знамение бысть на небеси: быша три солнца сѣяюче межи собою... [当人们将尸体抬进棺材时，天上出现了奇妙的异象：三个太阳交相辉映……]

② Не хотяше ити исъ Кыева зане улюбелъ ему Кыевъ. [他不愿离开基辅，因为基辅人爱戴他。]

③ Аще волкъ въвадится въ овцѣ то все стадо выносить аще не убьють его. [如果有狼撞进羊圈，如果不把狼杀了，那整个羊群就会遭殃。]

④ А псковичи ему много биша челомъ, что бы ся осталъ, и онъ поехалъ въ Литву, а псковского челобития не прия. [普斯科夫人多次向他请愿，让他留下来；但他去了立陶宛，没有接受普斯科夫人的请愿书。] 在古俄语文献中，表示目的意义的连接词"что бы"是分开写的。例如：А пишу вамь се слово того деля, что бы не перестала память родителии нашихъ. （我写此信给你们是为了记住我们的父母。）

顺便指出，古俄语中表示"条件"意义的连接词除 ежели 和 будь 等以外，还用 будетъ 这个词。Будетъ у кого воры животы покрадуть…и в том подавать явки письменные. [如果小偷在某人处偷窃了财物……——对此须用书面报案。]

① И вы, господа ради, чтущие и слышащіи, не позазрите просторечию нашему, понеже люблю свой рускои природнои языкъ. [读者们和听众们，请你们看在主的面上，不要对我们的俚语俗话感到愧疚，因为我爱我们天造地设的俄罗斯语言。]

② (Господи, боже мой!) Прими молитву мою. и дажь ми смерть, яко же двѣма братома моима, Борису и Глѣбу, отъ чужею руку, да омыл грѣхы вся своею кровию и избуду суетного сего свѣта и мятежа, сѣти вражии. [（主啊，我的上帝！）请你接受我的祈祷，请你让我像我的两位兄弟鲍里斯和格列勃一样死于他人之手，以便我用自己的血来洗净全部罪恶，摆脱这纷扰不宁的世界，脱离敌人的罗网。]

4. 主从复合句的连接词和关联词

上面谈到带不同从句的三大类主从复合句及各自有的一定的连接词

或关联词。本节对此再补充两点：1. 主从复合句中从句的连接词（或关联词）与主句的指示词相对应；2. 某些连接词（或关联词）的多义性。前者与现代俄语的主从复合句相同，便于识别；而后者因其多义而不易区分。下面着重用一定例句来说明。

1) 连接词（或关联词）与指示词（代词或副词）相对应。例如：

① <u>Кто</u> былъ ту, <u>то [тотъ]</u> будеть послухъ.　[谁当时在那儿，他就当见证人。]

② <u>Къгда</u> бяше брани быти на поганыя, <u>тъгда</u> ся начаша бити рускыи князи межи собою.　[当爆发对付异族人的战争时，（这时）罗斯王公们自己就开始内斗起来。]

③ <u>Камо</u> Туръ поскачяше, <u>тамо</u> лежать поганыя головы Половецкыя.　[原牛往哪里奔去，那里就滚落波洛夫人邪恶的人头。]

④ "<u>Яко</u> же блудницю и разбоиника и мытаря помиловалъ еси <u>тако</u> и насъ грѣшныхъ помилуи".　["（主啊），请宽恕我们这些有罪的人，就像你曾经宽恕那些妓女、盗贼、税吏等人一样"。]

2）多义的连接词（或关联词）

判定相应连接词（或关联词）的语法意义，通常通过对全句的分析和理解。由于我们对此研究不够，下面只谈几个连接词：以 яко 连接词（或副词）为例：

① Блаженыи же, яко (=как только) слыша отьца оумерша. возрѣвъ на небо помолися.　[贤人（指格列勃）一听到父亲去世的消息，就仰望天空，默默祈祷。]

② Бѣ же зракъ его, яко (=как, как будто) мълнии...　[他的目光似闪电。——这是简单句的比较短语。]

③ Иди ты въ цьркъвь и повѣжь сице, яко [=как) еси видѣлъ.　[你去教堂，把你见到的告知（他们）。]

④ Наиде дъжгь, яко (=так что) не видехомъ ясна дьни до зимы.　[遇上一场雨，所以我们直到冬天没有见过一个晴天。]

⑤ Сдумаша, яко(=чтобы) изгонити князя своего. [人们商量好把本城的王公赶走。]

⑥ Больнаго присѣтите, надъ мертвеця идѣте, яко(=так как) вси мертвени есмы. [你们要常去探望病人，要给死者送葬，因为我们都会生病死亡。]

⑦ Не въсхотѣ противитися брату своему, любве ради Христовы, яко (=хотя) велики вои держа в руку своею. [出于对耶稣基督的爱，（他）不愿对抗自己的兄长，尽管他也拥有重兵。]

⑧ Яко (=когда) оупишася деревляне, повелѣ [Олига] отрокомъ своимъ пити на ня. [当德列夫利安人喝醉了时，（奥丽佳）命令自己的战士还为他们劝酒。]

此外，还可以通过该连接词所引的从句在复合句的"位置"及与整个主句或主句某词有否关系来判定。下面以连接词 оже 为例：

① Тъгда увѣдавъше татари, оже(=что) идуть роусии князи противу имъ… [当时鞑靼人知道了，罗斯王公们正率兵来抗击他们。]

② Мьртвьци …оть пьсъ изедаемы, тоже (=потому что) не можахоу погрѣсти. [尸体……被野狗吞噬，因为未能深埋那些死尸。]

③ Оже (=Если) придеть кръвавъ моужь на дворъ или синь, то видока ему не искати. [如果某人来到法院时身上流血或者有青紫伤痕，他不必再找见证人。]

④ Лютѣ бяше поуть, оже(=так что) коупляхоу по ногатѣ хлѣбъ. [道路十分险阻，以致一个面包卖到一个诺加塔（古罗斯货币名，相当于 1/20 的一个格里夫纳银币——注。）]

六、古俄语文献中的古斯拉夫语成分

1. 关于古斯拉夫语（简况）

古斯拉夫语出自古代保加利亚的东部地区，它是在索伦地区的方言的基础上形成的。因此，它有时也称为"古保加利亚语"。

公元九世纪下半期，希腊传教士基里尔及其兄长美福季等人（他们都通晓斯拉夫语的某地区方言）在斯拉夫人地区进行宗教活动时根据斯拉夫人的语音特点，在希腊语字母的基础上创制了一种为斯拉夫人使用的字母，并用这种字母—语音文字翻译介绍了希腊东正教的书籍。这种教会书籍的文学语言传统也成了古斯拉夫语的一种基础。最初这种语言以教会书籍的形式流传在斯拉夫人的南部和西部地区。

公元 988 年罗斯接受了东正教。随着大量在保加利亚王国用古斯拉夫语翻译的著作（主要是宗教教会的，此外还有哲学的、历史的、文学的等）进入古代罗斯，古斯拉夫语 —— 作为一种书面文学语言 [也可以说是一种教会文献语言 (язык церковной литературы)] 在东部斯拉夫人中间流传开来。古斯拉夫语的书面文献是用两种字体不同的字母系统 —— 基里尔字母和格拉戈尔字母书写成的。

因此，古斯拉夫语是古代斯拉夫人记载在九至十一世纪书面文献中的，并为全体斯拉夫人使用的一种书面文学语言，它对斯拉夫各国人民的文化发展起过十分重要的作用，被看作是斯拉夫人共同的"第一"书面文学语言。

在古代罗斯，古斯拉夫语对东斯拉夫语言有着重要的影响，最古的罗斯书面文献属十一世纪后半期（传至今日的斯拉夫人的最古文献主要是十一世纪的）。许多宗教性质的著作多数由古代罗斯人抄自古斯拉夫语的文献。例如 «Остромирово евангелие» 这部著作既被人看作"罗斯的第一本书"，又被看成是古斯拉夫语的宗教文献。

古斯拉夫语——作为书面文学语言不仅用在古代罗斯的宗教文献中，也进一步渗入非教会的某些书面语体和罗斯人民的口语中。长期来它对古代罗斯语言产生影响，但同时也受到东斯拉夫语言的影响。结果在罗斯大地上形成了一种"（俄）罗斯化的古斯拉夫语"——通常称为教会斯拉夫语 (церковнославянский язык)。在十七世纪以前俄罗斯人把它用作俄罗斯书面文学语言的一种变体。

与上面所述相关的问题是：从现代语言的角度来看，古斯拉夫语相对于俄语及所有现代斯拉夫语来说，应看作一种死的语言 (мёртвый язык)，正如拉丁语相应于现代意大利语、法语、英语等一样。但是在当前俄罗斯等国的一些期刊中经常刊登一些宗教性质的作品（如《圣经》的故事、宗教教义等），其中不少是直接用教会斯拉夫语书写的（见下面用教会斯拉夫语印行的《圣经·新约》的《马太福音》前几节，我们附上译文）。长时期来，俄国学术界对于古代俄语和斯拉夫语的关系有过不同的看法，其中有的看法是过分夸大古斯拉夫语的作用。例如过去曾有一种观点：认为古代罗斯没有自己的书面文学语言，"按其起源是被移植到罗斯的教会斯拉夫语……"，"按其来源是作为教会语言被移至俄罗斯的古保加利亚语……"（见 А.А. Шахматов《Очерк современного русского литературного языка》，1941，第 4 版，第 60、69 页）。但这一观点遭到否定。Шахматов 院士的学生 С.П. Обнорский 院士提出了相反的观点。他在研究和分析了大量古俄语文献，特别是《Поучение Владимира Мономаха》，《Слово о полку Игореве》，《Русская правда》，《Слово Даниила Заточника》等的语言之后，提出了这样的见解：古代罗斯存在着两种起源上十分接近，但各自独立的文学语言：古代罗斯文学语言（含民间口语基础），它早在古斯拉夫语及其宗教文献进入罗斯之前就已存在，它也是现代俄罗斯文学语言的"祖先"；另外就是古斯拉夫文学语言（含古保加利亚语基础的"罗斯版"的教会斯拉夫语，见 С.П. Обнорский《Очерки по истории русского литературного языка старшего периода»（1946、1950年再版，这部专著出版后于1947年曾荣获当时苏联政府颁发的最高学术著作奖）。一般说来，现代俄罗斯学界比较赞同这一观点。

与此同时，对于古代罗斯有自己的书面文学语言虽无疑议，但对这一书面语言有人又将其"一分为二"。例如苏联大百科词典（1950年代出版，第37卷，第二版）关于"Русский язык"这一词条有如下一段话："因此，古代罗斯部族拥有三种类型的书面语言 (три типа письменного языка")：一种用于公文书信来往 (деловая переписка)，另一种为纯文学语言，用于以叙事体和文艺体成分占主导地位的文艺体裁；第三种类型适应宗教祭祀礼仪的需要和教会宗教文献。前两种类型具有全民的东斯拉夫语基础（而第二种还有极浓厚的民间诗体语的成分），而第三种类型就是教会斯拉夫语，即已俄罗斯化了的并继续俄罗斯化的古斯拉夫语。而且，在这三种类型之间经常发生语言成分的相互作用和相互渗透。"

因此，我们在本"概说"中仅着重介绍"古俄语文献中的古斯拉夫语成分"——即古斯拉夫语词语 (старославянизмы) 及某些形式。至于古俄语各种语体的发展，古斯拉夫语对古俄语的影响和作用，以及古俄语文献的语言分析等，那是俄罗斯文学语言史 (История русского литературного языка)——作为一门独立学科——的任务。我们在本"概说"中不拟谈及。

2. 教会斯拉夫语的一篇例文

这里我们展示近代用教会斯拉夫语印行的"宗教典籍"——《圣经·新约》的《马太福音》的第二章的片断。（《Евангелïе от Матѳеа》）

Єѵⷢа́нгелїе ѿ Матѳе́а (马太福音)

Глава́ ·в҃·

І҆и҃с꙾у же ро́ждш꙾усѧ въ виѳлее́мѣ і꙼уде́йстѣмъ во дни и҆́рѡда царѧ̀, сѐ волсвѝ ѿ восто́къ прїидо́ша во і҆ерⷭли́мъ, глаго́люще:

в҃. Гдѣ̀ є҆́сть рожде́йсѧ цр҃ь і꙼уде́йскїй; ви́дѣхомъ бо ѕвѣзд꙾у̀ є҆гѡ̀ на восто́цѣ и҆ прїидо́хомъ поклони́тисѧ є҆м꙾у̀.

г҃. Слы́шавъ же и҆́рѡдъ ца́рь смут́исѧ, и҆ ве́сь і҆ерⷭли́мъ съ ни́мъ.

д҃. И҆ собра́въ всѧ̑ первосвѧще́нники и҆ кни́жники людскі̑ѧ, вопроша́ше ѿ ни́хъ: гдѣ̀ хрⷭто́съ ражда́етсѧ;

є҃. Ѻ҆ни́ же реко́ша є҆м꙾у̀: въ виѳлее́мѣ і꙼уде́йстѣмъ: та́кѡ бо пи́сано є҆́сть прⷪро́комъ:

ѕ҃. и҆ ты̀, виѳлее́ме, землѐ і꙼удо́ва, ни чи́мже ме́ньши є҆сѝ во влады́кахъ і꙼удо́выхъ: и҆зъ тебѐ бо и҆зы́детъ во́ждь, и҆́же оу҆пасе́тъ лю́ди моѧ̑ і҆и҃лѧ.

з҃. Тогда̀ и҆́рѡдъ та́й призва̀ волхвы̀, и҆ и҆спытова́ше ѿ ни́хъ вре́мѧ ꙗ҆́вльшїѧсѧ ѕвѣзды̀,

и҃. и҆ посла́въ и҆́хъ въ виѳлее́мъ, речѐ: ше́дше и҆спыта́йте и҆звѣ́стнѡ ѡ҆ ѻ҆троча́ти: є҆гда́ же ѡ҆брѧ́щете, возвѣсти́те мѝ, ꙗ҆́кѡ да и҆ а҆́зъ ше́дъ поклоню́сѧ є҆м꙾у̀.

ѳ҃. Ѻ҆ни́ же послу́шавше царѧ̀, и҆до́ша. И҆ сѐ ѕвѣзда̀, ю҆́же ви́дѣша на восто́цѣ, и҆дѧ́ше пред̾ ни́ми, до́ндеже прише́дши ста̀ верх꙾у̀, и҆дѣ́же бѣ̀ ѻ҆троча̀.

і҃. Ви́дѣвше же ѕвѣзд꙾у̀, возра́довашасѧ ра́достїю ве́лїею ѕѣлѡ̀,

а҃і. и҆ прише́дше въ хра́мину, ви́дѣша ѻ҆троча̀ съ мр҃і́ею мт҃рїю є҆гѡ̀, и҆ па́дше поклони́шасѧ є҆м꙾у̀: и҆ ѿве́рзше сокрѡвища своѧ̂, принесо́ша ємꙋ̀ да́ры, зла́то й лїва́нъ й смѵ́рнꙋ.

в҃і. И҆ вѣ́сть прїе́мше во снѣ̀ не возврати́тисѧ ко и҆́рѡдꙋ, и҆нымъ пꙋте́мъ ѿидо́ша во странꙋ̀ свою̀.

г҃і. Ѿше́дшымъ же и҆̀мъ, сѐ а҆́гг҃лъ гдⷭ҇ень во снѣ̀ ꙗ҆ви́сѧ і҆ѡ́сифꙋ, глаго́лѧ: воста́въ поимѝ ѻ҆троча̀ й мт҃рь є҆гѡ̀, й бѣжѝ во є҆гѵ́петъ, й бꙋ́ди та́мѡ, до́ндеже рекꙋ̀ ти: хо́щетъ бо и҆́рѡдъ и҆ска́ти ѻ҆троча́те, да погꙋби́тъ є҆̀.

д҃і. Ѻ҆́нъ же воста́въ, поѧ́тъ ѻ҆троча̀ й мт҃рь є҆гѡ̀ но́щїю, й ѿи́де во є҆гѵ́петъ,

є҃і. й бѣ̀ та́мѡ до оу҆ме́ртвїѧ и҆́рѡдова: да сбꙋ́детсѧ рече́нное ѿ гдⷭ҇а прⷪ҇ро́комъ, глаго́лющимъ: ѿ є҆гѵ́пта воззва́хъ сн҃а моего̀.

ѕ҃і. Тогда̀ и҆́рѡдъ ви́дѣвъ, ꙗ҆́кѡ порꙋ́ганъ бы́сть ѿ волхвѡ́въ, разгнѣ́васѧ ѕѣлѡ̀ й посла́въ и҆збѝ всѧ̂ дѣ́ти сꙋ́щыѧ въ виѳлее́мѣ й во всѣ́хъ предѣ́лѣхъ є҆гѡ̀, ѿ двою̀ лѣ́тꙋ й ни́жайше, по вре́мени, є҆́же и҆звѣ́стнѡ и҆спыта̀ ѿ волхвѡ́въ.

з҃і. Тогда̀ сбы́стсѧ рече́нное і҆еремі́емъ прⷪ҇ро́комъ, глаго́лющимъ:

и҃і. гла́съ въ ра́мѣ слы́шанъ бы́сть, пла́чь й рыда́нїе, й во́пль мно́гъ: рахи́ль пла́чꙋщисѧ ча̂дъ свои́хъ, й не хотѧ́ше оу҆тѣ́шитисѧ, ꙗ҆́кѡ не сꙋ́ть.

ѳ҃і. Оу҆ме́ршꙋ же и҆́рѡдꙋ, сѐ а҆́гг҃лъ гдⷭ҇ень во снѣ̀ ꙗ҆ви́сѧ і҆ѡ́сифꙋ во є҆гѵ́птѣ,

к҃. глаго́лѧ: воста́въ поимѝ ѻ҆троча̀ й мт҃рь є҆гѡ̀ й и҆дѝ въ зе́млю і҆и҃левꙋ, и҆змро́ша бо и҆́щꙋщїи дш҃и ѻ҆троча́те.

к҃а. Ѻ҆́нъ же воста́въ, поѧ́тъ ѻ҆троча̀ й мт҃рь є҆гѡ̀ й прїи́де въ зе́млю і҆и҃левꙋ.

к҃в. Слы́шавъ же, ꙗ҆́кѡ а҆рхела́й ца́рствꙋетъ во і҆ꙋде́и вмѣ́стѡ и҆́рѡда ѻ҆тца̀ своегѡ̀, оу҆боѧ́сѧ та́мѡ и҆тѝ: вѣ́сть же прїе́мъ во снѣ̀, ѿи́де въ предѣ́лы галїле́йскїѧ

к҃г. и҆ прише́дъ всели́сѧ во гра́дѣ нарица́емѣмъ назаре́тъ: ꙗ҆́кѡ да сбꙋ́детсѧ рече́нное прр҇ѡ́ки, ꙗ҆́кѡ назѡре́й нарече́тсѧ.

附：汉语译文

（自《马太福音》第二章）

1. 希律作王的时候，耶稣诞生在犹太的伯利恒。有几个星象家从东方来到耶路撒冷；

2. 他们问："那出生要作犹太人的王的在哪里？我们在东方看见了他的星，特地来朝拜他。"

3. 希律王听了这话，着急不安；整个耶路撒冷的人也同样不安。

4. 希律就召集了所有的祭司长和民间的经学教师，问他们："基督该诞生在什么地方？"

5. 他们回答："在犹太的伯利恒，因为先知曾这样写着：

6. 犹大地区的伯利恒啊，
你在犹大诸城邑中并不是最小的；
因为有一位领袖要从你那里出来，
他要牧养我的子民以色列。"

7. 于是，希律暗地里召见从东方来的星象家，向他们查问那颗星出现的准确日子，

8. 然后吩咐他们前往伯利恒，说："你们去，仔细寻找那小孩子，找着了就来向我报告，我也好去拜他。"

9. 听了这话，他们就走了。这时候，他们在东方看见的那颗星又出现，并且在前头引导他们，一直到小孩子出生地方的上面才停住。

10. 他们看见那颗星，真是欢欣快乐。

11. 他们进了屋子，看见小孩子和他的母亲玛利亚，就俯伏朝拜这孩子，然后打开宝盒，拿出黄金、乳香、没药等礼物献给他。

12. 在梦中，上帝指示他们不要回去见希律，于是他们从另一条路回自己的家

乡去。

13. 他们走了以后，主的天使在约瑟的梦中显现，说："起来！带着小孩子和他的母亲逃往埃及，住在那里，直到我吩咐你离开；因为希律要搜索这孩子，要杀害他。"

14. 于是，约瑟动身，连夜带着孩子和他的母亲逃往埃及，

15. 住在那里，直到希律死了。这事是要应验主借着先知说的话："我从埃及把我的儿子召出来。"

16. 希律发现自己受了星象家的愚弄，非常恼怒，就按照他向星象家打听到那颗星出现的时期，派人把伯利恒和附近地区两岁以内的男孩子都杀掉。

17. 这事应验了先知耶利米所说：

18. 在拉玛听见了
号啕大哭的声音。
蕾洁为着孩子们哀哭，
不肯接受安慰，
因为他们都死了。

19. 希律死了以后，在埃及，主的天使在约瑟的梦中显现，

20. 说："起来！带着小孩子和他的母亲回以色列地，因为那些想杀害这孩子的人已经死了。"

21. 于是约瑟动身，带着小孩子和他的母亲回以色列去。

22. 约瑟因为听见亚基老继承他父亲希律作犹太王，不敢到那里去。后来，主又在约瑟的梦中指示他，他就避到加利利地区，

23. 在叫拿撒勒的城定居下来。这就应验了先知所说的话："他要称为拿撒勒人。"

[抄自《圣经》（现代中文译本）：《新约·马太福音》—— 中国基督教协会印发，南京，1997年。]

3. 古俄语文献中的古斯拉夫语的词、形式和词缀

在古俄语文献（宗教的和世俗的）中有许多来自（或通过）古斯拉夫语—教会斯拉夫语的词汇和语法形式。它们在文献中或者作为唯一使用的词或形式，或者与古俄语相应的词汇和语法形式平行使用。在俄语的长期发展过程中，一些古斯拉夫语的词语和形式逐渐占主导地位，并

把俄语的相应词和形式排挤出使用范围；也有些古斯拉夫语的词和形式与俄语的相应词和形式逐渐在词义上、语体上产生"分野"，前者成了俄语词汇中不可分割的部分，还有一些词成了不再使用的旧词。

下面对古俄语文献中的古斯拉夫语－教会斯拉夫语的词汇和语法形式的特点加以简单的分析和归纳。

（1）词汇方面。可以从词义和语音特点来分析。

词义特点。古斯拉夫语作为当时用来翻译希腊东正教经书的书面语言，有大量译自希腊语的反映宗教性质的词语，此外，也有一些反映哲学历史等方面的词语，这些都是通过古斯拉夫语而用于古俄语中的希腊语词，如：ангель, евангелие（词根 -ангел-），епископъ, дьякъ, дьяконъ, дияволъ, иерей, архиерей, монахъ, монастырь, образъ, митрополитъ, попъ, патриархъ 等等。有些来自（实际为"音译"自）希腊语的古斯拉夫语词汇表示与宗教直接或间接有关的某些日常生活等事物的意义，如：грамота, кровать, скамья, палата, теремъ, парусъ; келия, кедръ, кивотъ, киноварь; фитиль, фонарь 等等。必须指出两点：上面某些词有某种为斯拉夫语所没有的语音特点，如音组 ке, ки，辅音 ф 与元音组合；其次，有些古斯拉夫语词汇（经过词源探溯）实际来自（或直接来自）非希腊语，如拉丁语词汇：алтаръ, поганъ 等；如古代日耳曼人语言的词汇（他们早在斯拉夫人之前就接受了罗马天主教）：крестъ<крьстъ（比较德语的 Krist，比较古斯拉夫语的 Христосъ，来自古希腊语 Christos），пость（比较德语的 facta）等。

（2）语音特点。除了上面译自其他语言的词汇有一定的语音特点——实际为"外来词"语音特点——以外，古斯拉夫语（作为南部斯拉夫语之一）还有其固定的语音特点。主要的有如下一些：

a) 有所谓"非全元音音组"(неполногласие)-ра-, -рѣ-(-ре-), -ла-, -лѣ-(-ле-)，而相应的东斯拉夫语词汇则有所谓"全元音音组"(полногласие)-оро-, -ере-, -оло-, -ело-。例如：градъ（比较 городъ），враты（比较

ворота），страна（比较 сторона），кратъкъ（比较 коротъкъ），брѣгъ（比较 берегъ），дрѣво（比较 дерево），срѣда（比较 серед-ина），врѣмя（比较 веремя——后不用），глава（比较 голова），златъ（比较 золотъ），гласъ（比较 голосъ），млѣко（比较 молоко），шлемъ（比较 шеломъ）等等，以及人名 Володимиръ-Владимиръ（现小称 Володя）等。

б) 有词首音组 ра-, ла-，而相应的东斯拉夫语词汇则有词首音组 ро-, ло-。例如：рабъ（比较 робъ——后不用），възрасти（比较 ростъ，现代俄语的расти-растет，但过去时рос），ладия（比较 лодья，现代俄语лод-ка）等等。再比较如 равный(<равьныи) 和 ровный(<ровьныи) 等这类词的形式和意义。

в) 词中有 -жд-, -щ-，而相应的东斯拉夫语的词中有 -ж-, -ч-，它们分别来自更古时期的 д-j 和 т-j 的"音变"。这些语音反映在构词和构形上，试比较 гражданинъ-горожанинъ, хождение-хожение, надѣжда-надежьнъ, мѣжду (<мѣждю)-мѣжю, свѣща-свеча, пещера-Печерьскии монастырь, помощь-помочь 等。现代俄语的 невежда, вещь, вождь, общество (<обьщьство) 等均来自古斯拉夫语。

2）语法形式方面。在古俄语文献中，古俄语词的某些语法形式（主要是变格词尾）常用古斯拉夫语的形式，这主要是按古俄语变格法使用元音 ѣ 的地方用了字母 я(<ѧ 或 ѩ)，如：名词 конь 型的复数第一格词尾 -ѣ，плодъ 型的复数第四格词尾 -ѣ，жена, замля 型的复数第一、四格词尾 -ѣ 有时写成古斯拉夫语名词相应变格法的词尾 ѧ (ѩ 或 -я)，如 конѣ-конѧ, землѣ -землѧ（或 землѩ）等；形容词长尾阴性单数第二格词尾 -ои, -еи（如 новои, синеи）写成古斯拉夫语的相应词尾 -ы-я, -еѣ（如 новыя, синеѣ）；阳性复数第四格和阴性复数第一、四格的词尾都是 -ы-ѩ, -ѣѣ（如 новыя, синеѣ）写成古斯拉夫语的相应词尾 -ы-ѩ, -ѩѩ（如 новы-я, синяя）等——结果造成一些同形的形式。

3）构词和构形方面——这里主要指出属于古斯拉夫语的构词要素。除了构成现在主动形动词的后缀 -ущ-(-жщ-), -ющ-(-ѭщ-), -ящ-(-ѧщ-) 以外（注：在古斯拉夫语语法中，щ 有时写成 шт），古俄语文献（及至在现代俄语中）有如下的后缀和前缀来自古斯拉夫语，它们用来构成的词的词义多表示抽象概念或一般书面语的名称（事物、行为或特征等的名称）：

前缀有 пра-, про-, пре-（比较俄语的 пере-）等，如 прадѣдъ, пророкъ, преграда 等；

后缀有-ие（包括-ние, -ение, -ание, -бние, -тие, -овение, -ование, -ствие等），-ство, -ость等，如：величие, имѣние, ръвение, безоумие, наследие, беззаконие, житие, бытие, съдравие, оучастие, знамение, желание, обѣщание, прикосновение, величьствие, пришьствие等；величьство, мъножьство, невѣрьство, цѣсарьство等；юность, ярость, мудрость, крѣпость, скупость, твръдость, гръдость, дръзость (即古代俄语的твьрдость, гърдость, тьрзость), доброст, горьсть等以及льсть, погыбѣль等等。

从上述三方面可以看到，文献中的古斯拉夫语词汇具有语义型的、构词型的和语音型的（有时一个词中有两种类型的）特点。

下 编

古俄语文选

本篇"下编·古俄语文选"（也称"古文选读"）与原《俄语古文读本》相比，有很大改进。首先，充实了文选，增加了阅读量；其次，充实的"古俄语文本"（Древнерусские тексты）以更多的具体材料配合我们的古代罗斯文学史和文学教学，从而争取得到更好的教学科研实效。

我们的这个"下编"最大的改进之一是将选读的古文材料分为两类：一类是"语言（词汇语法）注释篇"。这是沿用原《古文读本》的选材和做法。另一类就是我们新增的"双语对照篇"，即"古俄语（文本）"和汉语译本对照。这样做是为了既有所"参照"，便于阅读和"吸收"所学，又有助于扩大我们的知识信息。此外，新世纪一开始由商务印书馆和北京大学出版社出版的几本俄语古籍（如《伊戈尔出征记》《古史纪年》和《十七世纪俄国文学作品选读》等）就是这样做的，并且取得了一定的效果。

虽然我们称本书"选材"为"古俄语文本"，但严格地说，是"文本"的抄本（甚至抄本的重抄本）。正如俄国文学史家В.В.Кусков所说：无论在俄国还是其他国家，古代俄罗斯文学（或文学史）的学习者研究者"所依据的材料，并不是原作者所写的某文献的手稿本，而是该文献更晚期的抄本，而有些抄本与原手稿相距的时间有时达数百年之久"①。

在此必须说明，我们"所依据的材料"是二十世纪五十年代初出版（或再版）的供苏联高校语文专业大学生等使用的两本权威著作：由С.П.Обнорский院士和С.Г.Бархударов教授合编的《Хрестоматия по

---

① В.В.Кусков,《История древнерусской литературы(курс лекций)》（第二版，莫斯科，高校出版社，1966年，第11页）

истории русского языка》(часть 1-я)[М., Учпедгиз, 1952]，我们的"第一类文选"取材于此书；另一本是由Н.К.Гудзий 院士编的《Хрестоматия по древней русской литературе XI-XVII веков》（在本书中我们有时简称此书为"古济本"），我们的"第二类文选"则取材于此书；个别篇由俄国"图书"网站下载。

可以看出，我们的"下编·古俄语文选"所依据的材料[即两本"Хрестоматия"（"文选"）]并不相同：前者偏重语言，后者侧重文学。但尽管如此，它们各自的文本仍然是后期的古文摘抄本；而我们之所以将"古文选读"分成两类，其原因之一也正在这里。

顺便指出，我们的"古文选读"印本的印刷字体在两类"文选"中稍有差别。在此我们引用Гудзий院士在其所编的《Хрестоматия》中"序言"所说："依据作品的篇幅和所具有的历史–文学价值，这本选读的作品或用全文，或只用其片断，但两者都是从最权威的文本中选出的"，"十六至十七世纪的作品，因为它们在时间上离我们较近，其文本则按现代俄语正字法印行，但同时保留词语书写时的语音特点和形态特征"。其实，我们在"上编"的"古俄语句法"等的俄语文字书写与印行也是这样的。

第一类文选——
语言（词汇语法）注释篇

对第一类文选的几点说明：

为了顺利阅读和使用本材料，在此对各篇文选的词语和语法现象给以全面但简明扼要的注释并将单词和语法放在一起进行。

1）每篇注释按行序和词语出现先后排序，所有注释前的阿拉伯数字表示该文本的行序。

2）单词意义按情况用汉语或俄语注释。

3）与现代俄语的词义或语法意义相同者，能"望文生义"者不注或少注；凡词义不同，有转义、歧义或文中单义与该词多义相关者加注；凡词形变化、词形有误、拼写有误、一词多写、词语跨行，移行不明者加注，即注明正确形式(或词的初始形式)或来源词(如动词不定式)。

4）词或词组在文句中的语法现象按古俄语的词法和句法加以解释，用语法术语略语（见附录"语法术语略语"）表明。词的语义晦涩不明或词形"扭曲"者也加以说明，即用"词义不明"等字眼来说明。

5）专有名词（人名、地名、种族部落名称等)一般不用(或少用) 汉语译音(少数例外，如按约定俗成把Лука译为"路加"，把Матвей译成"马太"等），但加必要的语法的和其他的(历史的、地理的等）说明；专名形容词注明其来源名词。文选中专有名词的书写不求统一，多以小写字母开始，少数用大写字母。

6）简写词（及形式）、字母的数值意义等除参阅"概说"有关部分外，一般也加以注释。

7）某些词还用相应的古斯拉夫语或古俄语进行比较，如гради〔古俄语为городи，阳复一〕等。

8）书写符号、标点符号、省略结构等不明朗或有误者给以注释说明。文选中的字母（如大小юс，带符号的字母以及Ѳ、ѕ、ѡ、ѡ等）在单词语法注释中一般用相应的字母я，е，у，я，ю，я，ф，з，о，от等代替，以便易于阅读；但有时保留一些字母的书写，如所选的某些文本中的字母或者ѣ，і等，是为了进行比较或说明问题。

9）为了对词或其形式与另一词或其形式进行比较，或者对某个有误的词或形式加以匡正，注释中用了 "应为……""本为……""相当于……""即……""参阅……"等字眼，有的使用了<，——等符号。必须在此郑重指出，虽然我们在以上"几点说明"中作了多方面的"说明"，但仍免不了疏通之处，尤其一些古俄语字母及各种"符号"（如行上符号等）难免错、漏，未加改正。恳请同行专家学者指正。

10）为节约篇幅，读本后不再另列单词总表。

第一篇

ИЗ «Остромирова евангелия» (Послесловие) (1056—1057 гг.)

《奥斯特罗米尔福音》是古代罗斯最古老的手抄书籍之一，又称为"罗斯的第一本书"（或第一本注明日期的书），属宗教（东正教）性质，由修士格里戈利为诺夫哥罗德公奥斯特罗米尔（基辅大公雅罗斯拉夫之亲属）抄自古斯拉夫语手稿，而后者是在古保加利亚东部从古希腊语《福音书》译成古斯拉夫语的第一个译本。这部"书"有几个版本，东斯拉夫语文献中较好的版本是1883—1889年的影印版，现保存在圣彼得堡Салтыков-Щедрин公共图书馆。本选篇是该《福音书》的最后一部分（后记）。由于"后记"是抄书者本人所作（非抄录译本），所以我们选它作为十一世纪古俄语文献的代表作，它较好地反映出古斯拉夫语和古俄语以及诺夫哥罗德地区方言（个别词表现）和抄书人本人（据认为属非诺夫哥罗德人氏）的语言特点。

《Остромирово евангелие》中带章首书眉装饰图案的一页
（《约翰福音》第四章的首页）

ТЕКСТ

1 Слава тебѣ ги црю нбсьныи· ꙗко сподо
би мѧ написати Еуще се· почахъ же с
писати· въ лѣ· ҂ѕ· ф· ҃ѯд· а оконьча
хъ є въ лѣ· [҂ѕ]· ф· ҃ѯє· Написахъ же еу
5 ⷢ҇лие се· рабоу бжию нареченоу сщеноу
въ крщнии иосифъ· а мирьскꙑ остро
миръ· близокоу сѫщоу изѧславоу кънѧ
зоу· изѧславоу же кънѧзоу тогда
прѣдрьжѧщоу обѣ власти· и оца своє
10 го ꙗрослава· и брата своєго володимира·
самъ же изѧславъ кънѧзь правѧаше
стол оца своєго ꙗрослава кꙑєвѣ·
а брата своєго столъ пороучи правит
близокоу своємоу остромироу новѣ
15 городѣ· Мънога же лѣ· даруи бъ съ
тѧжѧвъшоумоу еу҃ⷢлие се на оутѣ

шенье мъногамъ дшамъ крстны
имъскамъ· дан смоу гь къ канье сты
хъ· еванглистъ· и їоана· маѳеа·
20 лоукы· мар· и стыхъ прадчь· авра
ама· и їсака· и їкова· самомоу
смоу· и подроужню его· Ѳеоѳа
нѣ и чадомъ сю· и подроужиемь
чадъ сю· съдравьствоуите же и
25 ногаа лѣ· съдрьжаще пороученые
свое ⁝ Аминъ ⁝ —
 ⊗   азъ Григории ди
иако· написахъ соуие с· да иже го
разнѣе сего напише· то не мози
30 зазьрѣти мьнѣ грѣшьникоу·
почахъ же писати· мца· окта
ка на памм· иларнона· а око

第一类文选——语言（词汇语法）注释篇   149

```
         нꙋхъ. мира. ма҃им. къ. вⅰ. на на
         спиѳана꙼ молю же вьсѣхъ по
    35   ꙋчающихъ. не мозѣте кла
         ти въ исправльше. почитанге.
         Тако бо и сты҃ апл҃ъ па꙯улъ гл҃е
         ть. Бра꙯те. А не кльнѣте꙼
         Амин꙼
```

〈单词和语法注释〉

1. г҃и——господи, 呼格（见本篇18行г҃ь——господь, б҃ъ——богъ等。以下各篇这类词或词形——词上有符号(титло)˜或者被省略的字母——如с等，均参阅本书附录之一"简写词及其形式"）。

   ц҃рю——царю, 呼格（同上，参阅"简写词及其形式"）

   ако(яко)——有什么，所以，为的是等意义；在本篇中有 так как, ибо的意义。

   съподоби〔过完单三〕——由съподобити恩赐，降福，恩准。

2. се〔指示代〕—— это。

   е〔人称代〕——第四格，等于его, 代евангелие。

   почахъ〔过完单一〕——由пачати开始。

3. ѕ҃ · ф҃ · ѯд҃ ·——6564。关于用基里尔字母(带符号)表示数值参阅概说二之10。本篇及以下各篇均同。

5. нареченоу〔过被短阳单三〕——由наречи, 称为。

   сущоу〔现主短阳单三〕——быти, 系词，表示现在时，与 нареченоу 一起说明 рабоу бжию(主的奴仆)，相当于现代俄语的 названному 或 называемому。

6. мирьскы〔副〕——即 по-мирски 按世俗（叫法）。

7. близокоу〔形〕——由близъкъ，（名词化）亲属，近亲。同сущоу连用，与5行

рабоу 同位。

изяславоу〔人名〕——阳单三，是属性三格，相当于属性二格 изяслава。

кънязоу——кънязь 的单三，与 изяславоу 连用。此处词尾本应为 кънязю。

9. прѣдрьжащоу〔现主短阳单三〕——古斯拉夫语写法，古俄语是прѣдържачоу。由动词прѣдържати 掌管，掌握。

власти——власть 的双四。意为 области, местности, места, 指 земля Новгородская 和 земля Киевская。

10. Ярослава, володимира—— Ярославъ 和 Владимир 的阳单二，分别与ôца (отца), брата 同位；之所以用第二格是因说明其前的 власти, 即(киевская)область отца Ярослава и (Новгородская) власть брата Вородимира。从8行的 изяславоу 起到 10行的 володимира 止在古俄语句法结构上称为独立第三格（дательный самостоятельности）短语，相当于带 когда 的时间从句。

11. правляаше (правляаше)〔过未单三〕——由правити, 统治, 治理；拥有, 掌握。

12. столъ——此处即прѣстолъ, 王位。

кыевѣ——由кыевъ(Киев), 句中为无前置词的处所格(= въ кыевѣ)。

13. поручи〔过完单三〕——由поручити, 委托, 委派；要求кому+动词不定式。

14—15. новѣгородѣ——由новъгородъ, 复合词两部分变格, 同 12 行 кыевѣ。

15. мънога〔形短中复四〕——由мъного, 意为 множество; мънога лѣтъ 长寿。

дароуи〔命令单三〕——由даровати, 赐予, 给予, 赠予。бъ愿上帝赐予……。

15—16 сътяжавшоумоу〔过主长阳单三〕——由сътяжати, 获得, 赢得。本文为名词化：获得……者, 赢得……者。

16. на〔前〕——要求四格。相当于для。

16—17. оутѣшение〔中单四〕——安慰；要求三格。

17. мъногамъ〔复三〕——说明дшамъ крстияньскамъ(душам хрестьанским), 基督徒。

18. даи〔命令单三〕——由дати, 给予, 赐予。

19. евангелистъ〔复二〕——由евангелистъ, 福音书编述者（据基督教教会传说，指马太、马可、路加、约翰四人）。

19—20. Іоана мафеа лоукы маркъ〔单二〕——由Іоанъ(约翰)、матфеи(马太)、лоука(路加)、маркъ(马可), 作 евангелистъ 的同位语。

第一类文选——语言（词汇语法）注释篇   151

20. праоць(复二)——由праотьць，祖先，先人，祖辈。

20—21. авраама Iсака Iакова〔单二〕——由авраамъ（亚伯拉罕）、Iсакъ（以赛）、Iаковъ（雅可），作праотьць的同位语。

21—22. самомоу емоу——18行даи要求，此处指Остромир本人。

22. подроужию〔中单三〕——由подроужие，夫人，妻子；与самому ему 并列。
    Өеофанѣ〔人名，阴单三〕——由 Феофана，подружию 的同位语。

23. чядомъ〔阳复三〕——由чадъ，孩子们，子女，与самому ему 和подружию 并列。
    ею——第三人称代词的双数第二格，指Остромир和Феофана 夫妇俩的(他们的)。见24。
    подроужиемь〔中复三〕，同上，并列成分。

24. чядъ〔阳复二〕，同23行，表示所属。
    съдравьствоуите〔命令复二〕——由съдравьствовати，祝愿。此词后来由于弱化元音ъ脱落，前缀съ在浊辅音д(ра)-前浊化为з (здравствовать)

24—25. мънога лтѣ，同15行。

25. съдрьжаще〔现主短阳单一〕——由съдрьжати，古斯拉夫语写法，古俄语为съдьржати完成，履行。
    поручение〔中单四〕——使命，任务。

26. аминъ〔感〕——阿门。

27. азъ（或写成язъ, я——见下篇）——我。

27—28. дияко(дияконъ 或 дьяконъ)——（东正教教会的）助祭；有时相同于Дьяк（古罗斯王公的侍从兼文书）书记，书吏。

28. да〔连, 语〕与то...连用——тогда, в таком случае; пусть; чтобы; ведь; 本篇中有если意义。
    иже〔代〕——кто; кто-либо; то, что等。此词有时写成ижь（阳），яже（阴），еже（中）。

28—29. горазнѣе〔副比〕——由горазьно, 好，高明，熟练。
    сего〔指代中二〕——由се，比较级горазнее要求，即лучше этого (евангелия)。
    напише〔现-将单三〕——由написати。

29. мози〔命令单二或单三〕——由мочи能够。构成命令式单二（三）人称形式的后缀是-и，命令式复二人称的后缀是-ѣте，动词词干г, к, х结尾在这两后缀前音变为з, ц, с, 如35行的можѣте。

30. зазьрѣти〔动〕——指责，责怪。

мьнѣ〔я的第三格〕。

грѣшьникоу〔阳单三〕——罪人，造孽者。与мьнѣ一起作зазьрѣти的补语，是双重三格。

31. м̃ца ӧктя——месяца октября，33行 мца майя——месяца мая，分别与ка.(21)和вi(12)一起表示时间。10月21日和5月12日均为教会的圣徒节。

32. памя̃—〔阴单四〕——память；на ~ 为纪念，适逢……纪念日。

илариона〔人名，阳单二〕——由иларионъ。

32—33. оконьча〔过完单一〕——由оконьчати，完成。

33. па̃—同32。

34. епифана〔人名，阳单二〕——由епифанъ。

молю〔现单一〕——由молити，祈祷，祈求，请求。

34—35. почитающихъ〔现主长阳复四〕——由почитати；名词化，相当于читатели：读者，读(此福音抄本)者。

35—36. кляти〔动〕——责骂，诅咒。

36. нъ〔连〕——но.

исправльше〔过主短阳复一〕——由исправити/исправляти，改正，修正，校正。此词形本应为исправивъше，说明почитаите，相当于现代俄语исправив。

почитаите〔命令复二〕——由почитати，读（一读）。

37. тако——即так。

бо〔连〕——ибо，так как。

с̃ты ап̃лъ——即святой апостол，圣徒。

паулъ——〔人名〕保罗。

глеть〔现单三〕——глаголетъ，由глаголати，说。

38. бл̃те〔命令复二〕——由благословити，祝福。

кльнѣте〔命令复二〕——由кляти（见35-36行），责怪，责骂。

第二篇

Грамота великого князя Мстислава Володимировича и его сына Всеволода (около 1130 г.)

本篇简称《Мстиславова грамота》。古俄语文献中有各种"文书"(грамота)，其中之一是"赠予文书"(дарственная грамота)。此篇是基辅大公姆斯季斯拉夫（Владимир Мономах之子，罗斯历史上著名的贤王雅罗斯拉夫——Ярослав Мудрый之曾孙）及其子诺夫哥罗德公符塞沃洛德在向诺夫哥罗德郊外的尤里修道院赠送物品（包括田产等）时所写的一份"证明文书"。这是保存至今的一份最古的文献。这份材料被认为在同时代的文献中最能反映古俄语最典型的语言状态，但其中也有某些古斯拉夫语成分。

本"文书"不长，配有插页，可以对照阅读，以便认识古俄语文字书写（抄本）的特点。

154 古俄语简编 Краткие очерки по древнерусскому языку

《Грамота Мстислава Володимировича》

ТЕКСТ

1 ⁖ Се азъ мьстиславъ володимирь снъ дьржа роу
сьскоу землю въ свою княжиние повелѣлъ ю
смь сноу своюмоу всеволодоу ѿдати боуи
цѣ стмоу геѡргиеви съ данию и съ вирами и съ
 ⳨ и вено воtское
5 продажами даже которыи кнѧзь по моюмь кнѧ
жении поучьнеть хотѣти ѿяти оу стго геѡрги
ıа. а бъ боуди за тѣмь и стаіа бцѧ и тъ стыи геѡ
ргии оу него то ѿимаютъ. и ты игоумене иса
иѥ. и вы братиѥ. донелѣ же сѧ миръ състоитъ.
10 молите ба за мѧ и за моѣ дѣти. кто сѧ изоста
неть въ манастыри. то вы тѣмь дължьни ю

第一类文选——语言（词汇语法）注释篇

```
         сте молити за ны бъ и при животѣ и въ съм
         рти. а изъ далъ роукою своѥю. и осеньнюю по
         людию даровьною полътретиа десате гри
15       вьнъ стмоу же геѡргиѥви. а се ꙗ всеволодъ да
         лъ ѥсмь блюдо серебрьно. въ .л. грвнъ серебра.
         стмоу же геѡргиѥви велѣлъ ѥсмь бити въ
         нѥ на ѡбѣдѣ коли игоуменъ ѡбѣдують.
         аже кто запъртить или тоу дань и се блю
20       до. да соудить ѥмоу бъ въ дьнь пришьстви
         ꙗ своѥго и тъ стыи геѡргии.:!
```

<单词和语法注释>

1. се〔指代中〕——用作语气词это, вот的意义。

    азъ〔古斯拉夫语形式〕——比较13行язъ（古俄语形式）和15行（я）。

    володимирь〔物主形〕——由人名володимиръ+后缀-jь构成；比较ярославъ—Ярославль, Иванъ—ивань, Всеволодъ—всеволожь 等。

    дьржа〔现主短阳单一〕——掌管，拥有；后来这类"形动词"形式转化为未完成体副动词。比较第一篇9行的пръдьржащоу。但在古俄语中这些动词形式均可用作句中谓语。

2. княжение〔中单四〕——统治；统治公国；统治期间。

    въ своѥ~在自己统治时期(姆斯季斯拉夫在基辅为大公时期是在1125—1132年）。

1—2. роусьскоу землю〔阴单四〕——本篇中指 Киевская область，有时也指 Русь。

    повелѣлъ ѥсмь〔复过单一〕——分别由动词повелѣти（命令，吩咐）、быти构成。

3. отдати〔动〕——交给，呈上。

3—4. боуицѣ〔阴复四〕——村名（采地）。此词只用复数 боуицы。现代俄语许多居民点也用复数形式，如：Холмичи, Кресты, Барановичи 等。

4. георгиеви〔专名，阳单三〕——由георгии（见21行），第三格另一形式为георгию，стыи георгии圣乔治修道院，在诺夫哥诺德附近。

данию〔阴单五〕——由дань，贡品，贡赋。

вирами〔阴复五〕——由вира，（古代罗斯实行的一种杀人致死的)罚金。

5. продажами〔阴复五〕——由продажа，（十一、十二世纪罗斯对某些罪行实行的一种惩罚）罚款、赔偿金。以上三词均与前置词съ连用，说明2-3行的боуицѣ，指在боуицѣ范围内对所犯罪行的罚金。

вено〔中单四〕——与вотское 一起写在行上是"文书"成文后加上的。вотское是地名形容词，它们一起作为отдати的补语。指付款；（古罗斯订婚时男方给女方家人或村社的）聘礼，聘金；（女方的）嫁妆。（原手抄本上此二词字迹模糊不清。）

даже〔连〕——如果，假如。

который〔不定代词〕——相当于какой-нибудь。

по〔前〕——相当于после。

6. почьнеть〔将单三〕——由почяти，开始；将。与хотѣти 一起，意为захочет。

отъяти〔动〕——后为отняти，夺取，强占，拿走。

7. боуди〔命令单三〕——由быти；与前置词 за(кемъ-чемъ)组合，意为быть против (кого-чего)。

стая бца——святая богородица 圣母;在句中与бъ (богъ)一起作主语，而谓语боуди(за)与богъ一致，也可理解为后者省去相同的谓语。

тѣмь〔指示代中单五〕——由то，古俄语中当时还没有指示代词это等，用сь,се,ся代之，此处тѣмь指某王公意欲拿走上述赠品之事。

тъ〔指示代阳单一〕——同上，说明"圣乔治修道院"。

8. то〔指示代中单四〕——同上，表示上述赠品，

отимаеть〔现一将单三〕——由отимати，同上6行отъяти。

игоумене〔呼格〕——由игоуменъ，修道院院长，住持。

исаие〔人名，以赛亚，呼格〕——由исаия，作игоумене的同位语。

9. братиѣ〔阴集名，呼格，词尾ѣ应为е，即братие〕——由братия，弟兄们。但此处指修道院中的братья——师兄师弟。

8—9行中的ты和вы均为主语，与тъ стыи георгии（圣乔治修道院）并列，可以理解为省去相同的谓语(ты) отимаеши和(вы) отимаете。

донелѣже〔连〕——пока, пока не。

第一类文选——语言（词汇语法）注释篇   157

ся...состоить〔现—将单三〕——由ся състояти，存在，保持。古俄语中由返身代词себя演变的简短形式ся与动词各形式组合，位置可在前在后并可中间隔其他词。

7. моѣ〔物主代复四〕——说明дѣти。

дѣти〔复四〕——子女，孩子们。古俄语中动物性范畴尚不发展，不少语义的动物名词（表示人的）在第四格时同第一格，如在及物动词之后，至于在要求第四格的前置词之后更是如此。

10—11. ся изоостанеть〔将单三〕——代替 изостанеть ся, 由 изостати ся，即остаться 留在；活着。

8. манастыри〔阳单六〕——修道院。来自希腊语，俄语另一写法为монастырь(后来单六为монастырѣ)。这类外来词，古代抄书人常混淆字母о和а。参阅"а音化"

тѣмь〔指示代中单五〕——意为потому(疏状词)。

дължьни〔形短复一〕——即должны。

11—12. есте〔现复二〕——由быти，与дължьни молити一起组成合成谓语。

12. животе〔本为животѣ，阳单六〕——由животъ，生命；活着。при~ 意为при жизни。

12—13. съмьрти〔阴单六〕——由съмьрть，死亡，в~意为после смерти。

第10—11行的кто...въ манастыри为主语从句，意为其前省去指示代词те(<тѣ)，是指那些后来的修士及修道院长（在现在的院长Исаия和众修士死后）将继续为施主(Мстислав)及其子女向上帝祈祷，用现代俄语句法翻译则为...и пусть те, кто останется в живых в монастыре, будут (продолжают) молить бога за нас и за наших детей. 这种不完全的句子是省略与其前相同的成分〔即(ты..., вы...) молите бога за мя и за моѣ дѣти〕。

7. далъ〔省去есмь—复过单一〕——由дати，比较15—16行的далъ есмь。

роукою своею〔阴单五〕——亲自，亲手。

осеньнее〔形长中单四〕——秋天的。

13—14. полюдие〔中单四〕——与осеньнее和даровьное 一起表示"每年秋收后大公亲自或派人在自己所管辖地区内向百姓所收纳的赋税或贡品"。

14. даровьное〔形长中单四〕——贡赋的，赠品的。

польтретия〔数〕——两个半（2.5）。由полъ（半）和третий（用短尾第二格）构成，试比较полъ+втора>полтора（1.5，辅音в脱落），полпята(4.5)等。

десяте〔单二〕——由десять，单二也用десяти，与польтретия组成合成数词

（二十五，即2.5×10）。

14—15. гривьнъ〔阴复二〕——由гривна，格里夫纳（古罗斯的货币单位，约一榜重的银锭）。

15. a〔连〕——与13行a同，都有连接词и的意义，而13行的а还可能有и(вместе с тем)意义。

16. блюдо〔中单四〕——碗，盏。

серебрьно〔形短中单四〕——银的。

въ·д·гр̄внъ серебра——价值四个格里夫纳。作非一致定语，说明 блюдо серебрьно。试比较 13—14 行的полюдие ...полтретия десяте гривьнъ。与现代俄语相近，这类用法(有无表示"参数意义"的名词第五格，如ценою等），可用带前置词въ的第四格或无前置词的第二格(数词+名词词组)表示。

17. велѣлъ есмь——见2—3行 повелѣлъ есмь。 由于古俄语动词体范畴不发达，这里两动词的意义相同，而且现代俄语中велеть是兼体动词，而过去时仅为完成体。

18. не〔人称代中单四〕——在前置词въ之后出现增音н,指代名词блюдо。

коли〔连〕——有когда意义，连接时间从句，说明на обѣдѣ。

19. даже〔连〕——有если意义，连接条件从句。

кто〔代〕——用于 кто~нибудь 意义。

запъртить〔将单三〕——由запъртити，破坏，损坏。

или...и...〔连〕——现代俄语使用重复连接词或...或...。

тоу〔指示代阴单四〕——由та，说明дань。

се〔指示代中单四〕——说明блюдо。

20. да〔语〕——与动词现在时或将来时第三人称构成命令式，比较现代俄语Да живет...

соудить〔现-将单三〕——由соудити，审判，惩罚。要求кому-чему作补语。

20-21. пришьствия〔中单二〕——由пришьствие，出巡，巡查；来临。

21. тъ ст̄ыи георгии——即этот монастырь，作主语与бъ并列，也可理解为省去и да соудить...

第三篇

Из «Русской правды» по Новгородской Кормчей (1282 г.)

　　《罗斯法典》是罗斯基辅公国第一部最著名的法律文献，反映当时统治者的法律思想，其来源为大公们的立法、一般法规和审判实践。它成文于十一二世纪(包含雅罗斯拉夫法典、其子侄们增订和修改的法律条文、莫诺马赫定的法规等，可能还包含早于雅罗斯拉夫时期的某些条例)。版本和抄本很多。《罗斯法典》最古老的注明时间的抄本保存在"1282年教会法规和民用法规文献集"（《Кормчая》或《Кормчая книга》），其手抄本是用当时的正字体基里尔字母写成。有三个版本流传下来：简写版(十一世纪)、详写版(十二世纪)和缩写版（由详写版缩减）。据考，没有任何一种版本的真本接近于成文时间，所有复写本均为后期抄本，如简写版的几个抄本属十五世纪。其中最早抄本之一汇集在1282年《诺夫哥罗德法规汇编》中（含教会法规和民事法规）。本篇只选它的两节：Суд Ярославль 和 Об убийстве。

　　《罗斯法典》的语言是早期罗斯书面语，从行文看，作为法律语言尚不够严谨，但却是当时活的语言。所选两节中有大量的条件从句、不完全句和动词不定式句等。《罗斯法典》不仅是研究俄语史的重要材料，也是研究俄国历史和法律思想史的重要文献。例如，从所选材料可见，雅罗斯拉夫时期对于"杀人致死"罪采取历来的血亲复仇和处以罚款的法律判决，而当他的儿子们成为大公之后，对这一法律思想作了改变，主要采用"罚款"的办法，而且对于"杀人罪"作了区别对待(即根据杀人者和被杀者的不同身份作不同处理）。值得指出的是，所有罚金都上交大公所有。参阅第二篇关于赠予寺院的田产及"罚金"的说法。

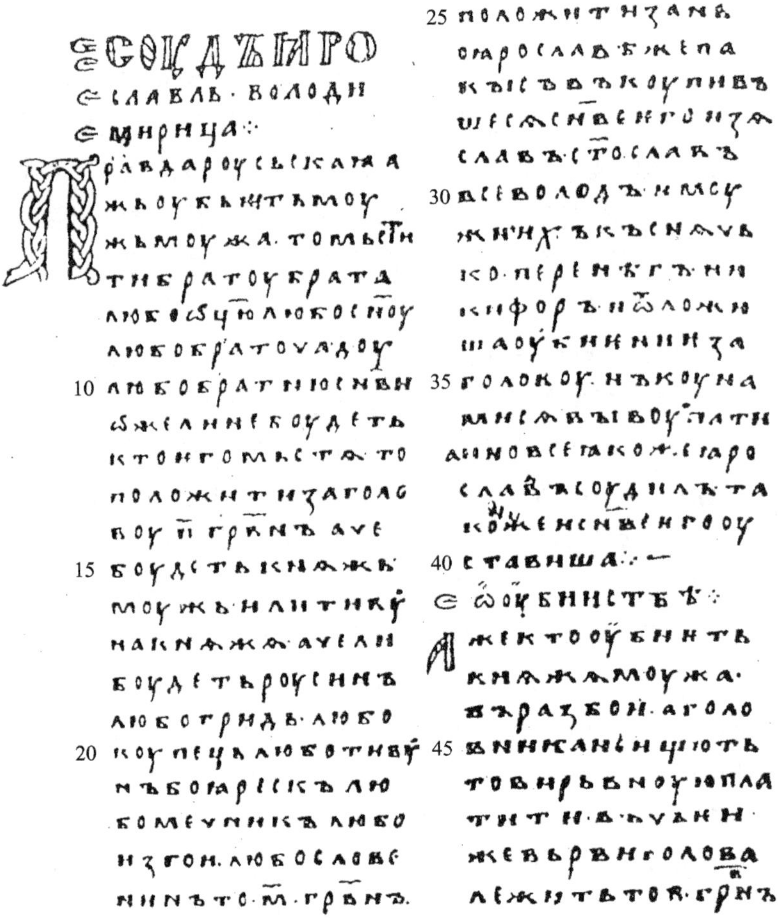

《Русская Правда》的西诺达尔抄本（第一页）

ТЕКСТ

1 соудъ про
славль· володи

мирица ⁖ —

Правда роусьская· а
5 же оубьеть моу
жь моужа· то мьсти
ти братоу брата·
любо ѿцю любо сноу·
любо браточадоу·
10 любо братню снви·
ѡже ли не боудеть
кто юго мьста· то
положити за голо
воу· п҃ грвнъ· аче
15 боудеть кнѧжь
моужь· или тивуᵒ
на кнѧжа· аче ли
боудеть роусинъ
любо гридь· любо
20 коупець· любо тивуᵒ
нъ боѧреск· лю
бо мечникъ· любо
изгои· любо слове
нинъ· то м҃ грвнъ
25 положити за нь ⁖ —
[П]о ѧрославѣ же па
къ съвъкоупивъ
ше сѧ снве юго· изѧ
славъ· стославъ·

30 всеволодъ· и моу
жи ихъ късначь
ко· перенѣгъ· ни
кифоръ· и ѿложи
ша оубиюнию за
35 голову· нъ коуна
ми сѧ выкоупати·
а ино все ѩко же про
славъ соудилъ· та
ко же и снве юго оу
40 ставиша ⁖ —

ѡ оубииствѣ ⁖ —

Аже кто оубиють
кнѧжа моужа·
въ разбои· а голо
45 вника не ищють
то вирьвноую пла
тити· въ чьи
же вьрви голова
лежить· то п҃ грн҃ъ в҃
50 паки людинъ· то
сорокъ гривенъ ⁖·
[К]оторая ли вървь· на
чнеть платити
дикоую вироу· ко

```
                                        г
55  лико лѣ· заплата      ли въ вироу авлено·
    ть тоу вироу· зане    ть тако ıемоу плати
    же безъ головни       ти по вьрвнııьıнѣ·
    ка имъ платити·       иже са прикладыва
    боудеть ли голо    80 ıеть вирою :·—
60  вникъ ихъ въ вь       оже станеть безъ ви
    рви· то зане к ни     ны на разбои :·
    мъ прикладываю        Боудеть ли сталъ на
    ть· того же дѣла и    разбои· безъ всяко
    мъ помогати голо   85 ıа свады· то за разбо
65  вникоу· любо си ди    иника людые не пла
    коую вироу· нъ спла   тять· нъ выдада
    тити имъ въобчі·      ть и всего· съ женою
    ·м̃· грвнъ а головни   и съ дѣтьми на пото
    чьство· а то самому 90 къ· а на разграблени
70  головникоу· а въ      ıе· аже кто не вложи
    ·м̃· грвнъ ıемоу запла ть са въ дикоую виру·
    тити· из дроужи       томоу людые не пома
    ны свою часть· нъ     гають· нъ самъ пла
    юже боудеть оуби   95 тить :·
75  лъ· или въ свадѣ· и
```

〈单词和语法注释〉

правда——本篇中意为"法规汇集"（свод постановлений）

Кормчая——教会法汇编。

1. соудъ——суд，审判，裁决，〈转〉法规。

1—2. Ярославль〔物主形阳单一〕——由Ярославъ。

2—3. вородимирица〔人名阳单二〕——由Володимиръ。古俄语的父名尚不发达，词中后缀-иц(а)是古诺夫哥罗德方言特点，文语为-ич，后发展为-ович，-евич。试比较 Владимир —Владимирович。

4—5. ажь〔连〕——条件连接词если意义。本篇中还有其他条件连接词，如аже，оже ли，аче(ли)(古俄语形式)，аще(ли)(古斯拉夫语形式)等。

5. оубьеть〔将单三〕——由оубити，杀死，杀害。

5—6. моужь〔阳单一〕——自由民；受尊敬的人。

6—7. мьстити〔动〕——复仇，报复；旧的接格关系是кого-что，后为 кому-чему，例如〔Нина:〕Кому же ты хочешь мстить? (Лермонтов, Маскарад)

7. братоу〔阳单三〕——由братъ。在本篇中为动词不定式句的主体。

брата〔阳单四或阳单二〕——有两种理解：客体第四格和属性第二格。依据上下文应为后者。此处брата可能指被杀者 (мужа)，即"如一自由民杀死另一自由民，则应由被杀者之兄弟复仇。"

8. любо〔连〕——либо, или。

бцю〔阳单三〕——由отьць。

сћоу〔阳单三〕——由сынъ，另一第三格是сынови或сћви（见10行）。

9. браточадоу〔阳单三〕——由复合词 браточадо 或 браточадъ侄子。

10. братню〔物主形阳单三〕——由братьнь兄弟的。

8—10行的几个第三格均用作未写明的动词不定式句的主体。

12. мьстя〔现主短阳单一〕——由мьстити，与 не боудеть一起作谓语。

13. положите〔动〕——交出，付出。句中作谓语。

13—14. голову〔阴单四〕——由голова，被杀者，死者。

15. княжь〔物主形阳单一〕——由кънязь构成。说明моужь 王公家丁，大公门客。

15—16. тивуна〔阳单四〕——由 тиоунъ 或 тивоунъ，(古罗斯大公或贵族家管经济事务的)管事，执事。

17. княжя〔物主形阳单四〕——同15行княжь。

18. роусинъ〔阳单一〕——罗辛人(指基辅罗斯境外加里西亚、喀尔巴阡山一带的东斯拉夫人)。

19. гридь〔集名阴单一〕——(罗斯大公的)卫队，亲兵(本篇用于гридень意义)。

20. коупець〔阳单一〕——客商。

21. боярескъ〔形短阳单一〕——由боярьскъ，大贵族的。

22. мечникъ〔阳单一〕——由 мечьникъ，(王公的）武士，（大公)佩剑亲兵。

23. изгои〔阳单一〕——（古罗斯)失去(或改变)原有身份的人（指赎身奴隶、破产商人、丧失爵位和权利的王公贵族及其子孙）。

23—24. словенинъ〔阳单一〕——有时写成 словянинъ，словћнинъ(信奉多神教的

其他)斯拉夫人。此处泛指斯拉夫人。

25. нь〔人称代阳单四，前置词 за 要求〕——由单数第三人称代词阳性 и (онъ)，即 за него,此处指княжа тиуна(即被杀的王公家管事)。

从14行 аче 至25行 за нь 为带条件从句的主从复合句，主句 то ... за нь 为动词不定式句，从句有若干个，凡 или... или等后的名词第一格均为主语，可以理解为不完全句：省略与前相同的动词谓语 боудеть(убивати)。而 аче боудеть княжь моужь 句中省去 оубивати 和直接补语，16—17行的 или тивуна княжа 一句也是省略主语和谓语。整个文句可译为："如果大公家门客杀人，或者大公家丁被杀，如果罗辛人杀人，亲兵杀人……则应为死者交付四十个格里夫纳。"

26. ярославѣ〔人名，阳单六〕——по~ 雅罗斯拉夫去世后。

26—27. покы〔副，或 пакъ, пако〕——再次，又，重新。

27—28. съвъкоупивъше ся〔过主短阳复一〕——由 съвъкоупити ся, 集合，聚在一起。

28. сн̄ве〔阳复一〕——即 сыновья。
    его——指 Ярослав。

28—29. Изяславъ〔人名，阳单一〕——Ярослав 的长子。(在其胞兄 владимиръ 去世后成"花子")

29. Святославъ〔同上〕——Ярослав 的次子。

26. Всеволодъ〔同上〕——三子，均为 сн̄ве 同位语。

31—32. къснячько, переньгъ, никифоръ〔均人名〕——三人各为三王公带去的谋士。

33—34. отложиша〔过完复三〕——由 отъложити, 停止，取消，废止。

34. оубиение〔中单四〕——仇杀，杀人。

35. нъ〔连〕——即 но。
    коунами〔阴复五〕——由 коуна, 貂(куница)，(具有货币价值的)貂皮，此处泛指一般货币"库纳"，赎金，抵罪金。

36. ся выкоупати〔动〕——抵偿，赎回。

37. ино〔形短中单四〕——即 иное, остальное,说明 все。作 оуставиша的直接补语。
    яко〔连，副〕——意为 как, 与下行 тако 呼应。

38. соудилъ〔前过单三，或 бяш(еть)соудилъ〕——由 соудити, 审判，依法判决；制定法律。

第一类文选——语言（词汇语法）注释篇　　165

39—40. оуставиша〔过完复三〕——由оуставити，决定，规定；通过（条例），做出（决议）。

44. разбои〔阳单六，或розбои〕——由разбои，打架，斗殴；抢劫，行凶。

44—45. головника〔阳单四/二〕——由головникъ，凶手，杀人犯。

45. ищють〔现复三〕——由искати，找到，寻找。主句是不定人称句。

46. виръвноую〔形长阴单四〕——由вирьвьныи，村社的，（名词化）вирьвна 村社代付的罚金〔基辅罗斯时代杀人犯逃逸时所在村社(或被杀者尸体所在的村社)代付的罚金〕。由名词вира（村社）构成，另一形容词是вирьныи同义(见《罗斯法典》科学院抄本：то вирное платити въ ней же вьрви голова начнетъ лежати)。

47. чьей〔疑问—不定代阴单六〕——说明вьрви。

48. вьрви〔阴单六〕——由вьрвь，连在一起的当地村社。

49. то·п·гр нъ——句中省去动词谓语положити。全句意为："则应交八十格里夫纳"。

50. паки〔连，语〕——相当于а，же。

людинъ〔阳单一〕——平民，百姓。

50—51两行为两个不完全句（主从复合句）。按意思为:а если же людинъ убиеть,то положити 40 гривень。

52. Которая ли〔关系代阴单一〕——说明вьрвь，相当于现代俄语 какая ни вьрвь...

52—53. начнеть〔将单三〕——相当于должна будет。

54. дикоую виру〔阴单四〕——罚款，罚金(在村社发现被杀者尸体，而凶手不知何人，则全村社居民受罚，罚金上交大公)。

54—55. колико〔不定量数词〕——相当于 сколько-то，несколько。

55. заплатять〔将复三〕——由заплатити，本句的主语是被省去的вьрвь,作为指人的集合名词，谓语用复数。

56. зане же〔连〕——相当于потому что，так как。

59. боудеть ли——意为если будет...

60. ихъ——指вьрвь的住户。与в вьрви 一起相当于（если будет головник) у них в вьрви。

61. зане——不同于56行зане же。此处为两词连写：за не，后者为带н的人称代中单四，即за это。

61—62. нимъ——同60行ихъ。

62. прикладываетъ〔现单三〕——由прикладывати，加上，附加。
主句主语为(未写出) головник，即该杀人者在村社，他要在村社人上交的罚金中加入自己（应付）的罚金。

63. того же деля——因此，相当于по этой причине, в связи с этим. деля〔前，要求二格〕——по причине。

63—64. имъ 同60行ихъ。动词不定式句的主体。

65. си〔指示代阳复一〕——эти，名词化，意为они——指村社的人。句中省去谓语платять。

66—67. сплатити〔动〕——付罚金。

68. вьобчi〔副〕——或вьобчи 共同，一起，合力。

68—69. головничьство〔中单四，其前的а可能为за之误〕——即голова，убитый человек；凶杀案。

69—70. а то самому головникоу——不完全句。与上句有关，句中省去同样的сплатити · м · гривенъ。

71. емоу〔人称代单三〕——即головнику。

72—73. дроужины〔阴单二〕——此处指вьрвь(或община)或其公积金。

74—75. боудеть оубилъ〔将二单三〕——将来（再）杀死人。

75. свадѣ〔съвадѣ阴单六〕——由съвада，争吵，口角。

76. пироу〔阳单六〕——由пиръ，酒宴，宴会。
явлено〔副〕——明白地，明显地，公然地。

77. ть〔连〕——即то,常与带连接词оже等的条件从句相呼应。

78. вьрвинынѣ〔阴单三〕——由вьрвиныни，村社罚款金额。

79. иже〔关系代一格〕——等于ижь，яже，еже。作为定语从句的关联词，说明вьрвиныни。

79—80. ся прикладываетъ〔现单三〕——见62行прикладываетъ。

81. станетъ〔将单三〕——由стати，意为случитсл 发生(杀人) 事故。

81—82. вины〔阴单二〕——由вина，本篇意为причина。

83. будеть ли сталъ——见74行будеть убилъ 疑问语气词ли 与будеть连用含有条件意味。

85—86. разбойника〔阳单四〕——凶手，杀人犯。

86. людие〔集名，中单一〕——人们，谓语用复三。

87. выдадять〔将复三，现为выдадут〕——由выдати，交出，〈转〉引渡。

всего〔确定代阳单四〕——用于всех意义，本篇指杀人者的全部家属。
88—89. потокъ〔阳单四〕——流放，驱逐(与上行выдадять连用，即"村社人不为杀人者付罚金，而且还将他连同其妻小驱逐出村社，扫地出门")。
90. а〔连〕——用于и的意义。
    разграбление〔中单四〕——破产，被剥夺财产。
91. вложить ся〔将单三〕——交纳，投入，投资。
94. нъ〔连〕——用于а的意义。87行的нъ亦同。

第四篇

«Месть Ольги» (Из «Повести временных лет» по Лаврентьевскому списку 1377 г.)

本篇出自《往年纪事》(又译为《古史纪年》)的《拉夫连季抄本》，包括"伊戈尔之死"和"奥丽佳复仇记"两个故事内容(主要是后者)。这是一篇故事性极强的作品。具体情节是：公元945年基辅大公伊戈尔为征收贡赋而讨伐德列夫良人（当时位于罗斯中部的一个部落集团），后因失败而被杀。其妻奥丽佳为报夫仇采用各种巧计对付德列夫良人而后战胜他们。

ТЕКСТ

Месть Ольги

1   В лѣ̄· ҂s҃· у҃· нг·
    В се же лѣто рекоша дружина игореви· ѿроци
    свѣньлъжи· изодѣли сѧ суть ѡружьємъ и порт^ы·
    а мы нази· поиди кнѧже с нами в дань· да и
5   ты добудеши и мы· послуша ихъ игорь· и
    де в дерева в дань· и примышлаше къ первои
    да[н]и насилаше имъ· и мужи єго· возьємавъ
    дань поиде въ градъ свои· идуще же єму въспѧ
    ть· размысливъ ре҃ч дружинѣ своєи· идѣте съ
10 данью домови· а ѧ возъвращю сѧ похожю и є
    ще· пусти дружину свою домови· съ маломъ же
    дружины возърати сѧ· желаѧ больша имѣ
    ньѧ· слышавше же деревлане ѩко ѡпать и
    деть· сдумавше со кнѧземъ своимъ· маломъ·
15 аще сѧ въвадить волкъ в овцѣ· то выносить все
    стадо· аще не оубьють єго· тако и се аще не оубь
    ємъ єго· то все ны погубить· послаша к нему
    глще· почто идеши ѡпать поималъ єси всю
    дань· и не послуша ихъ игорь· и вышедше изъ

20 града изъ коръстѣна· деревлене оубиша иго
ра и дружину его· бѣ бо ихъ мало· и погребенъ
бы̃с игорь· єсть могила єго оу искоръстѣна гра̃д ‖
в деревѣхъ и до сего дне· вольга же баше в кієвѣ
съ снм̃ъ своимъ съ дѣтьскомъ стославомъ·
25 и кормилець єго асмудъ· воєвода бѣ свѣне
лдъ· тоже ѿць мистишинъ· рѣша же деревла
не· се кназа оубихомъ рускаго· поимемъ
жену єго вольгу за кназь свои малъ и стосла̃ва·
и створимъ єму ꙗко же хощемъ· и послаша
30 деревлане лучьшиє мужи числомъ· к· въ ло
дьи к ользѣ· и присташа подъ боричевымъ
в лодьи· бѣ бо тогда вода текущи· въздолѣ го
ры кієвьскиꙗ· и на подольи не сѣдаху людьє·
но на горѣ градъ же бѣ кієвъ· идеже єсть ны
35 нѣ дворъ гордатинъ· и ни[ки]фо[ро]въ· а дворъ кна
жь баше в городѣ· идеже єсть дворъ демьст̃н
ковъ· за с̃тою бцею надъ горою дворъ теремны̃и
бѣ бо ту теремъ камень· и повѣдаша ѡльзѣ
ꙗко деревлане придоша· и возва є ѡльга к со
40 бѣ· [и ре̃ч имъ] добри гостьє придоша· и рѣша деревлане
придохомъ кнагине· и ре̃ч имъ ѡльга да г̃лте
что ради придосте сѣмо· рѣша же древлане по̃
сла ны дерьвьска земла· рькуще сице мужа̃
твоєго оубихомъ· баше бо мужь твои аки во
45 лкъ· восхищаꙗ и грабꙗ· а наши кнази до
бри суть· иже распасли суть деревьску зе
млю· да поиди за кназь нашь за малъ· бѣ
бо имꙗ єму малъ· кназю дерьвьску· ре̃ч же
имъ ѡльга люба ми єсть рѣчь ваша· оуже
50 мнѣ мужа своєго не крѣсити· но хочю въı
почтити наутриꙗ предъ людьми своими·
а нынѣ идѣте в лодью свою· и лазите в лоды
величающе сꙗ· азъ оутро послю по вы· вы же ‖
рьцѣте не єдемъ на кон̃х· ни пѣши идемъ· но по

55 несѣте ны в лодьѣ· и възнесуть въ в лодьи· и
ѿпусти ӕ в лодью· ѡльга же повелѣ ископа
ти ӕму· велику и глубоку· на дворѣ терем
стѣмь· внѣ града· и заоутра волга сѣдѧщи
в теремѣ· посла по гости· и придоша к нимъ·
60 глще· зоветь вы ѡльга на честь велику· ѡни
же рѣша не ѣдем на конихъ ни на возѣхъ·
понесѣте ны в лодьи· рѣша же кыѥне нам не
вола кнѧзь нашь оубьѥнъ· а кнѧгини наша
хоче за вашь кнѧзь и понесоша ӕ в лодьи· ѡ
65 ни же сѣдѧху в перегъбѣхъ· в великихъ сусту
гахъ гордѧще сѧ· и принесоша ӕ на дворъ к о
льзѣ· несъше вринуша ѥ въ ӕму и с лодьєю
приникъши ѡльга и речь им добра ли въ че
сть· ѡни же рѣша пущи ны игоревы смрти·
70 и повелѣ засыпати ӕ живы· и посыпаша ӕ·
пославши ѡльга къ деревланом· речь им да
аще мѧ просити· право то пришлите мужа
нарочиты· да в велицѣ чти приду за вашь кнѧ
зь· ѥда не пустѧть мене людьѥ киѥвьстии· се
75 слышавше деревлане· собраша сѧ лучьши
ѥ мужи· иже дерьжаху деревьску землю· и по
слаша по ню· деревланом же пришедъши
мъ· повелѣ ѡльга мовь створити рькуще си
це· измывше сѧ придите ко мнѣ· ѡни же пе
80 режьгоша истопку· и влѣзоша деревлане·
начаша сѧ мыти· и запроша ѿ нихъ истобъ
ку· и повелѣ зажечи ӕ ѿ двѣрии· ту изгорѣша
вси· и посла къ деревланом рькущи сице· се
оуже иду к вам· да пристроите меды многи‖
85 въ градѣ идеже оубисте мужа моѥго да поплачю
сѧ надъ гробомъ ѥго· и створю трызну мужю
своѥму· ѡни же то слышавше съвезоша меды
многи зѣло· възвариша· ѡльга же поимши ма
лы дружины· легько идущи приде къ гробу ѥ

```
90  го. плака са по мужи своємъ. и повелѣ люде
    мъ своимъ съсути могилу велику. ѩко соспо
    ша. и повелѣ трызну творити. по семь сѣдоша
    деревлане пити. и повелѣ ѡльга ѡтрокомъ
    своимъ служити пред ними. рѣша деревлане
95  к ольѕѣ. кдѣ суть дружина наша. ихъ же посла
    хомъ по та. ѡна же речь идуть по мнѣ съ дружи
    ною мужа моєго. ѩко оупиша са деревлане.
    повеле ѡтрокомъ своимъ пити на на. а сама
    ѡиде кромѣ и повелѣ дружинѣ сѣчи деревла
100 не. и исѣкоша ихъ ҂ є. а ѡльга возъврати са ки
    єву и пристрои вои на прокъ ихъ.
```

附带说明：本选文中有几个元音字母（如 ѩ，ѧ，ѡ等）在"单词和语法注释"中用相应的元音字母（即я，я，о等）代替。其他选文中也可能有类似情形。

〈单词和语法注释〉

2. в се же лѣто——在这一年里（指公元945年）

рекоша〔过完复三〕——由речи，说（本篇第9、40、48、96等行用这形式；在本篇中由речи构成的各类形式还有рѣша, рьчѣте, рькуще等，在它们之后的文字多为直接引语），与主语（集名）дружина一致。

отроци〔阳复一〕——由отрокъ，战士，兵丁，亲兵。

3. свѣнелъжи〔物主形复一〕——由人名свѣньлдъ(或свѣнелдъ)，见25行，26行。说明отроци。

изодѣли ся суть〔复过三〕——由изодѣти ся，穿着，装备。

порты〔阳复五〕——由порть，衣服，裤子。

4. нази〔形短阳复〕——由нагъ，赤裸的，赤身裸体。

поиди〔命令单二〕——由пойти。

княже〔呼格〕——由князь。

в〔въ，前〕——дань作目的状语，等于за данью去收贡赋。

5. и мы——不完全句，即и мы добудем。

послуша〔过完单三〕——由послушати，听从。

5—6. иде〔过完单三〕——идти。

6. дерева〔集名，专名〕——древляне或写成древляне，德列夫良人的地区деревлянская земля。В дерева=на деревлян。

примышляне〔过未单二〕——примышляти，想增加。要求四格，但句中直接补语未出现，应为новую дань。

къ первои（дани）——指伊戈尔已经收纳的贡赋后在征收新的贡赋。

7. насиляше〔过未单三〕——насиляти，强迫，强加。以武力迫使。要求三格。

имъ〔人称代复三〕——指代集合名词дерева。

и мужи его〔复一〕——不完全句，省略同上的动词谓语，即伊戈尔带去的人也这么想、这样干。

возьемавъ〔过主短阳单一〕——由възьемати（此词可能有错），应由възьяти拿走。试比较възьяти（拿）和имати（拿，拥有）。

8. поиде〔过完单二〕——由поити。

идуще〔另版本为идущу——现主短阳单三〕，说明ему。这种第三格结构为表示时间意义的独立三格，意为когда（Игорь）он шел（обратно）（назад）。

въспять〔副〕——或вспять，воспять往回走，向后。

9. размысливъ〔过主短阳单一〕——разъмыслити，改变主意。

ре〔或рече, 过完单三〕——由речи，说。

идѣте〔命令复〕——由идти。

11. пусти〔过完单三〕——пустити，放走，让走。

маломъхъ〔中单五〕——мало，少量，少数（按Потебня所说，мало原为副词前的名词——донаречное сущ. 故变格。

12. возврати ся〔过完单三〕——由возвратитися。

больша〔形比中单二〕——больше，更多，说明имѣнѣя；比较больший-большего。

12—13. имѣянья〔中单二〕——имѣнье，财产，财富；房获，战利品。Желая要求。

13. слышавше〔过主短阳复一〕——слышати，听到，听说；作谓语，与主语древляне一致。

яко〔连〕——等于что。

13—14. идеть〔现单三〕——идти，相对时间用法。

сдумавше〔过主短阳复一〕——слумати，商量，讨论（做出决定）。

маломъ〔人名，阳单五〕——малъ，德列夫良人首领。
15. ся въвадить〔现将单三〕——въвадитися，（因习以为常而）钻入，闯入。
овцѣ〔阴复四〕——овьца，羊，羊群。
выносить〔现将单三〕——выносити，把东西一件件地搬走，〈转〉祸害，祸及，糟蹋。
16. се〔实为阳性съ〕，因有重音转为се，后为сеи（<се+и）。Тако и се——意为так же как и этот（раз 或者 сейчас，也可能指 этот человек，即Игорь）。
17. ны〔人称代复四〕——нас。其前的все说明мы。比较现代的всех нас（第四格同第二格）。但ны也是人称代复三，如果这样，则其前的все则为中四，意味всё наше богатство。
погубить〔现将单三〕——погубити，害死，宰杀；破坏，毁灭。
послаша〔过完复三〕——послати，派遣，派人；作主语деревляне的谓语。
нему——指Игорь。
18. гл҃ще〔глаголюще——现主短阳复一〕——глаголати（古斯拉夫语动词），说，问；与речи同义，其后为直接引语。以下（如64行）均同此。
почто〔副词〕——почему。
поималъ еси〔复过单二〕——поимати, быти，拿走，取走；掠夺。
19. вышедше〔过住短阳复一〕выйти，作деревдене(древляне)的谓语。
19—20. изъ града изъ коръстѣня〔单二〕——前置词重复；коръстѣня〔地名〕——коръстѣнь；比较22行的оу искоръстѣня〔二格〕——изъ коръстѣня。在коръстѣнь城郊（附近）。
20. оубиша〔过完复三〕——оубити，杀死。
21. бѣ〔быти的过完单三〕——相当于现代的был〔参阅概说的《动词быть的变化形式》〕。
бо〔连〕——ибо, потому что。
погребенъ〔过被短阳单一〕——погрести，埋葬；放置。此词也写成погрети。
22. бы〔быти的过完单三〕，或写成бысть，与погребен一起作谓语，相当于был。
23. деревѣхъ〔地名复六〕——дерева，即на древлянской земле，见6行дерева。
дне〔阳单二〕——дня, до сего，到今天。
вольга〔人名，阴单一〕——词首增音в，原为ольга，有时写成олго或волга，奥丽佳。
бяше〔быти的过未单三〕——相当于была。

24. дѣтьскомъ〔形短阳单五〕——дѣтьскъ, 意为самый маленький, малолетний; 前置词съ重复。
25. кормилець〔阳单一〕——кърмильць, 王公贵族家照管小主人的男仆, 管教人。
　　его——指святославъ, 伊戈尔和奥丽佳的幼子。
　　асмудъ〔人名, 阳单一〕与кормилець同位。
　　бѣ——即бе, 见21行, 相当于был。
26. бць〔阳单一〕——教父, 神父。
　　мистишинъ〔人名, 阳单一〕——与отец 同位。
　　25和26行中省略相应的系词бѣ或бяше。
27. се〔语〕——вот,вот уж, знаешь。
　　оубихомъ〔过完复一〕——оубити。
　　поимемъ〔现将复一〕——поимати, 抓, 夺取。
28. за князь〔四格, 前置词之后动物名词第四格可同一格〕——意为"给王公（为妻妾）"。
29. створимъ〔现将复一〕——сътворити, 做, 干, 对待; 实行。要求第四格。
　　яко〔关联词〕——что。说明前句中不存在的то。
　　хощемъ〔现复一〕——хотѣти, 想, 愿意; 比较古俄语形式хочемъ。现代俄语хотим。
　　29行两句相当于(мы) сделаем ему то, что хотим。
30. числомъ〔中单五〕——число, 相当于现代表示"参数意义"的名词第五格численностью的用法。
30—31. лодьи〔阴单六〕——лодия, лодья, 船。
31. присташа〔过完复三〕——пристати, 停泊。
　　боричевымъ〔地名, 中（阳）单五〕——подъ 要求, 在боричевъ（或боричево）附近。
32. текущи〔现主短阴单一, 古俄语为текучи〕——由течи, 流, 流动。
33. киевьския〔形长阴单二〕——古文献中也写成киевьския, кыевьскыѣ, киевьскоѣ。
　　подольи〔中单六〕——подолье, 山麓, 山脚下, 河岸的低洼处。
　　сѣдяху〔过未复三〕——сѣдѣти(сидети), 坐着; 警戒; 处于; 居住。
34. идеже〔关联词〕——连接主句, 说明градъ киевъ。相当于现代的где……连结的定语从句。

35. гордятинъ〔物主形阳单一〕——由人名гордята构成。
    никифоровъ〔物主形阳单一〕——由人名никифоръ构成，说明，与前一дворъ相同的词，但未写明。
36. бяше〔быти的过未单三〕——与дворкняжь一致。
36—37. демьстиковъ〔物主形阳单一〕——由демьстикъ构成。Деместикъ——教堂管唱诗和诵经的执事。
37. с҃тою б҃цею〔阴单五〕——由святая богородица, 指圣母教堂。
    надъ〔前, 要求四格和五格〕——要求五格时意义之一是"与……相连"，надъ горою与基辅山相连处。
    теремныи〔形长阳单一〕——теремъ（38行）。теремныи дворъ, 王府, 大公府第。
38. ту〔副词〕——тут, там。
    теремъ〔阳单一〕——府第；楼，阁。
    камень〔形短阳单一〕——каменный, 作теремъ的谓语。
    повѣдаша〔过完复三〕——由повѣдати, 使……知道；通报, 禀报；повѣдаша ользѣ奥丽佳被告之。不定人称句。
39. яко〔连〕——что（见29行）。
    придоша〔过完复三〕——приити, придти。
    возва〔过完单三〕——возвати, възвати, възъвати, 召唤；呼喊。
    е〔人称代阳复四〕——огѣ, 即их。
40. добри〔形短阳复一〕——尊敬的, 可敬的。
    гостье〔集名中单一〕——客人；说明它的定语和谓语（придоша）均用复数。其他集合名词的用法相同。
41. придохомъ〔过完复一〕——придти。
    княгине〔呼格〕——княгиня, 大公夫人。
    гл҃те〔命令复二〕——глаголати, 意为скажите。
42. ради〔前, 要求二格, 但与чьто连用为四格代二格〕——что ради——для чего。
    придосте〔过完复二〕——придти。
    сѣмо〔副〕——сюда。
42—43. посла〔过完单三〕——послати, 派遣。
43. дерьвьска〔形短阴单一〕——或древьска, деревьска。Деревьска земля——

древлянская земля，比较6行дерева和23行деревѣхь。

рькуще〔现主短阳复一〕——речи，作древляне的谓语。

сице〔副〕——так。

44. аки〔连〕——как，точно，宛如，如同。

45. восхищая〔现主短阳单一〕——восхищати，窃取，巧取豪夺。

грабя〔现主短阳单一〕——грабити，掠夺。两动词形式均作мужь твои的谓语。

46. иже〔关系代阳复一〕——相当于которые，说明主句中名词князи。

распасли суть〔复过复三〕——распасти，料理，治理，安排。

47. да〔语〕——与命令式形式连用，见41行。

48. ему〔人称代阳单三〕——属性三格，等于его。

князю〔阳单三〕——князь，属性三格，说明ему。

49. люба〔形短阴单一〕比较любо〔中〕——意为нравится，хорошо, мило；长尾любыи(любая)…意为хороший，любимый，милый等。与есть一起作谓语，表示现在时。

ми〔人称代单三〕——мне。

50. крѣсити〔动〕——使复活。动词不定式句带не表示"不可能"使之复活。

вы〔人称代复三〕——вам。

51. почтити〔动，或почьстити，почестити〕——表示敬意，尊敬。

наутрия〔副词〕——意为наутро。

предъ〔前〕——即перед。

52. лязите〔命令复二〕——лечи，比较现代的лягте。（见第四篇第13、14行注释）。

лоды〔阳复四，或лоди(复一)〕——船，船舱。Лод-ка，лод-ья分别用后缀-к-(а)，-ь(я)- 由лодъ构成。但也有人认为此词乃лод-ъи(лодъи)之误。

53. величающе ся〔现主短阳复一〕——величати ся，怡然潇洒；趾高气扬。与вы（未写明，与复二命令式идѣте，лязите）一致。

утро〔中单四〕——用作副词утром，наутро。

послю〔现-将单一〕——послати，派遣，派人。此词变位有错，应为пошлю。

по〔前，要求四格〕——表示目的，相当于за；по вы...за вами（派人去）请你们。

рьцѣте〔命令复二〕——由речи；后为直接引语。

конѣхъ〔阳复六，或конихъ〕——конь。

пѣши〔形短阳复一〕——步行的。长尾пѣшии与идемъ一起作谓语。比较现代的пешком(идем)。

54—55. понесѣте〔命令复二〕——由понести，带去，送走。

лодьѣ〔阴复四〕——лодья, лодия。

възнесуть〔现将复三〕——възнести, вознести, 抬起, 举起; 升高, 上扬; 其主语是"派去接客的人"。

56. отпустити〔过完单三〕——отпустити，放走，让走。与48行的рече是主语ольга的并列谓语。

49到55行ольга рече的直接引语，但在引语中又包含вы же рьцѣте的直接引语не едемъ…понесѣте ны въ лодьѣ。

56. (я)〔они的第四格〕——即их。64行同。

Повелѣ〔过完单三〕——повелѣте，命令，吩咐。

57. велику〔形短阴单四〕——великъ，说明яму。

57—58. теремьстѣсъ〔形长阳单六〕——比较 теремьныи，都由名词теремъ构成，后缀不同：-ьн-和-ьст-。但-ьст-来自-ьск-，是一种特殊的软化形式。这类后缀少用，只见于个别专名形容词，如74行的киевьстии，试比较киевьскии<кыевьскыи。

58. заоутра〔副词〕——比较завтра，意为на другой день。

сѣдящи〔现主短阴单一〕——由сѣдѣти(сидеть)，与волга(Олгга)一致，作次要谓语。

59. по гости〔阳复四〕——за гостями。

придоша〔过完复三〕——придти，不定人称句的谓语。

къ нимъ——指代гостямъ。

60. зоветь〔现单三〕——зъвати，召唤，请。

на честь〔阴单四〕——на有目的意义；честь<чьсть。敬意，尊敬，景仰。

61. Возѣхъ〔阳复六〕——возъ，大车，马车。

62. кияне〔阳复一〕——киянъ，基辅人，现在用киевляне；与киев一起均来自人名кыи(кии)。

62—63. неволя〔阳单一——用作谓语副词意义〕——听命，被迫，不由自主，必须。

63. княгини〔阴单一〕——大公夫人，女大公（或公爵夫人，女公爵），后用 княгиня。类似者有богини，（见概说之四"古俄语的词形变化"）。

64. хоче〔现单三〕——хотѣти，其后省略поити或выити。
понесоша〔过完复合三〕——понести，与62行реша作кияне的并列谓语。

65. сѣдяху〔过未复三，或сѣдяхуть〕——сѣдѣти。
перегъбѣхъ〔阳复六〕——перегъбь，侧身（一种神气十足地坐姿）в перегъбахъ——（作行为方式状语）昂首侧身，一手叉腰，显得神气十足。

65—66. сустугахъ〔阳复六〕——сустугъ，扣环，扣绊、耀眼的金属饰品。в великих сустугахъ穿戴华丽。

66. гордяще ся〔现主短阳复一〕——гордитися，傲气，神气。
принесоша〔过完复三〕——принести。

67. несъше〔过主短阳复一〕——нести。
вринуша〔过完复三〕——вринети<въринути>，投入，抛入。
е〔<ѣ，第三人称代词复四〕——同я，即их。

68. приникъши〔过主短阴单一〕——приникнути，弯腰，俯身；作ольга的谓语。
вы〔复三〕——вам。

69. пущи——由形容词比较级пущии（更难受的，更厉害的，更大程度的）构成的短尾形式，此处应为пуще〔谓语副词〕，与其连用的主体ны为мы的第三格。
игоревы〔物主形阴单二〕——игоревъ<игорь+后缀-ев->。

70. засыпати〔动〕——埋，填平，盖上（土）。
живы〔形短阳复四〕——与я一起为双重四格。
то посыпаша〔过完复三〕——由посыпати，掩埋。

71—72. да аще〔连〕——如果。

72. мя——меня。
право〔副词〕——意为хорошо, лучше; правильно。
мужа〔阳复四〕，本为мужѣ，受古斯拉夫语阳复四形式的影响，写成а(я)。

73. нарочиты〔形短阳复四〕——体面的，有身份的，说明мужа——显贵。
велицѣ〔形短阴单六〕——великъ；в велицѣ чти意为с большой честью。

74. еда〔连〕——иначе。
киевьстии〔形长阳复一〕说明集名людье，见57-58行的теремьстѣмъ。
се〔指示代词中单四〕——это。

76. иже〔关系代阳复一〕——которые，说明мужи，连接从句。

дерьжаху〔过未复三〕——дьржати（古斯拉夫语дрьжати）掌管，拥有。
77. ню〔人称代阴单四〕——即неё；по ню——за ней。
деревляномъ же пришедъшим〔独立三格，表示时间意义〕——когда пришли древляне。
78. мовь〔<мьвь——阴单四〕——（东方某些民族的宗教仪式）洗脚礼，створити。
мовь〔转〕沐浴更衣。
рькуще[рькущи之误——现主短阴单一〕——говоря。比较43行。
78—79. сице——见43行的сице。
79. измывше ся〔过主短阳复一〕——измытися，洗干净。
они——此处应指Ольга的人，即дворовые люди。
79—80. пережьгоша〔过完复三〕——пережечи<пережьчи烧，烧得旺旺的；猛烧>。
80. истопку〔阴单四。见81行истобьку〕——浴室；大澡堂。
Влѣзоша〔过完复三〕——влѣзти爬进。
81. запроша〔过完单三〕——запрошати询问，请求。这一谓语的主语（从上下文看）应是Ольга。见83行посла—情形亦同。
w〔前〕——有за, позади的意义。
82. дверии〔阴复二〕——дверь，门；词尾-ии带重音转化为ей。
ту〔副〕——тут。
изгорѣша〔过完复三〕——изгорѣти，烧尽，烧死。
83. вси〔确定代阳复一〕——вьси，阳单一是вьсь。大家，全体。
се〔指示代词〕——用于副词сейчас(же)意义。
84. пристроите〔命令复二〕——пристроити，准备；安排，收拾；装饰。
меды〔阳复四〕——медъ，蜂蜜，蜜酒，酒类。
многи〔<мънози形短阳复四〕——说明меды，比较现代的много меду。见88—89行малы дружины。
85. идеже〔关系副词，连接定语从句〕——相当于где。
оубисте〔过完复二〕——убити。
поплачю ся〔现将单一〕——поплакатися，哭泣。
да〔连〕——чтобы。
86. трызну〔阴单四〕——трызна（葬后或忌辰为追悼死者而设的）酬宾宴，створить трызну，追悼，悼念。
87. съвезоша〔过完复三〕——съвезти，运来，收集。

88. зѣло〔副词〕——очень, весьма的意义。
    поимши〔过主短阴单一〕——поимати，带着，拿着；另一形式是поимавъши。
89. идущи〔现主短阴单一〕——идти，说明句中未写出主语 Ольга。比较现代俄语的идя。
    приде〔过完单三〕——придти，用于подошла意义。
89—90. его——指ее мужа。
90. мужи〔阳单六〕——мужь，丈夫，夫君。
91. съсути〔动〕——堆集成，堆筑成。此词变位特殊；съспу(соспу), съспеши...
    яко〔连，副〕——когда意义。
91—92. соспоша〔съспоша，过完复三〕——由съсути构成。
92. по семь——意为после этого; семь（六格）——由се。
    сѣдоша〔过完复三〕——сѣсти，坐下来（做什么）。
94. предъ〔前〕——古俄语为передъ。
95. к〔前〕——与речи连用。比较речи кому无前置词；再比较писати [k]кому等。
    кдѣ〔<къдѣ副〕——即где（来自кдѣ，弱化元音ъ脱落，清辅音k位于浊辅音д前而浊化为г）。
    95—96行кдѣ...тя为直接引语，即问奥丽佳："我们的武士现在何处，我们派他们去请你了。"
96. ихъ——指代дружина。古俄语中说明集合意义的名词的定语、谓语及指代它们的代词都用复数，这点不同于现代俄语。
97. яко〔连〕——ибо, так как意义；比较91行яко。
    оупиша ся〔过完复三〕——оупити ся喝醉。
98. отиде〔отъиде过完单三〕——отъити走开，离开。
    кромѣ〔副词〕——прочь, в сторону。
    сѣчи〔动〕——砍，杀。
100. исѣкоша〔过完复三〕——исѣчи<изъсѣчи>砍死，杀死。исѣкоша ихъ ҈е. 5000（человек）杀死他们五千人。
100—101. киеву〔阳单三〕——无前置词结构。
101. пристрои——见84行пристроите。
    вои〔阳复四〕——军队；战士。
    на〔前〕——与动词пристроити连用，有"进攻，攻打"的意思。
    прокъ〔阳单四〕——残余，残部；剩余。
    ихъ——指древляне。

第五篇

Из «Поучения Владимира Мономаха» (Из «Повести временных лет» по Лаврентьевскому списку 1377 г.)

《往年纪事》（《Повесть временных лет》——又译为《古史纪年》），是依年份顺序记载历年重大事件的一种"史记性"材料汇编，它于十二世纪初在基辅编成。编纂人利用了比较古老的史记材料、一些著述（有原著和译著）、某些文件（如十世纪罗斯大公与希腊人签订的条约等），还有一些民间口头传说。题材范围很广，主要属于非宗教性质的重要文献。但内中仍有不少与宗教和俄国东正教会人事活动有关的记述。传至今日的有几种抄本，其中最著名的是《拉夫连季抄本》（又称《拉夫连季编年史》—《Лаврентьевская летопись》），由修士拉夫连季于1377年在苏兹达里抄写。这里从中选出两篇：本篇《Поучение Мономаха》和之前的《Месть Ольги》。

《莫诺马赫训诫》涉及范围很大，有个人生活的经历(如征战、狩猎等)，又有人生经验的总结；所以冠以《训诫》，主要用以昭示和教育子孙后代。莫诺马赫是基辅罗斯的大公，其《训诫》（在《拉夫连季抄本》中传下来）属1096年左右所作，经研究，《训诫》在语言上十分接近于当时罗斯活的言语。本篇《王公的立身处世》（又译为《王公的品行》——《О поведении князя》）是《训诫》的代表作。

本篇有大量的口语和人物对话。由于此"训言"是写给子孙们读的，用了大量的第二人称命令式形式；此外，由于用了许多人物的对话，所以直接引语甚多。然而古俄语文献中没有表现语句起止的标点符号（参阅古俄语概说之二的"文献中的各类符号"有关部分），因而对于直接引语的识别只能依据上下文、动词谓语的使用、包括人称代词和动词的变位形式的使用等。

ТЕКСТ

в дому своємь не
лѣните сѧ· но все видите· не
зрите на тивуна· ни на ѿро
ка· да не посмѣютъ сѧ прихо
5 дѧщии к ва҃· и дому вашему·
ни ѡбѣду вашему· На вои
ну вышедъ не лѣните сѧ· не
зрите на воєводы· ни питью
ни ѣденью· не лагодите ни
10 спанью· и стороже сами
нарѧ
живайте· и ночь ѿвсюду на
радивше ѡколо вои· тоже ла
зите· а рано встанѣте· а ѡру
15 жьѧ не снимайте с себе· вбо
рзѣ не розгладавше лѣноща
ми· внезапу бо чл҃вкъ погы
баєть· лже блюди сѧ и пьѧ
ньства· и блуда· в томь бо
д҃ша
20 погыбаєть· и тѣло· куда же
ходаще путемь по своимь
землѧмь· не дайте пакости
дѣѧти· ѡтрокомъ ни свои
25 мъ· ни чюжимъ· ни в селѣ˟
ни в житѣ· да не клѧти ва
начнуть· куда же поидете
идеже станете· напоите на
кормите· оунєина· и боле

30 же чтите гость· ѿкуду же
к ва҃
придеть· или простъ· или
добръ·
или солъ· аще не можете даро
35 мъ· брашно· и питьємь· ти бо
мимоходачи прославѧть· че
ловѣка по всѣ землѧ· любо
до
бръмъ· любо злымъ· бол
40 наго при
сѣтите· надъ мертвеца идѣ
те· ѧко вси мертвени
єсмы· и
чл҃вка не минѣте не привѣча
45 вше· добро слово єму да
дите·
жену свою любите· но не дай
те имъ надъ собою власти·
Се же въ конець всему
50 страхъ
б҃жии имѣите· въіше всего· а
ще забываєте всего· а часто
прочитайте· и мнѣ будеть бе
сорома· и вамъ будеть
55 добро·
єго же оумѣючи того не
забы
вайте доброго· а єго же
не оу

```
60 мѣючи а тому са оучите.      70 мозите са лѣнити ни на что
   ко же бо ѡць мои дома сѣда.      же доброе. первое к цркви.
   изумѣяше. е. ѩзыкъ. в то         да не застанеть ва слнце
   мъ бо чть есть ѿ инѣхъ           на по
                         земль.     стели. тако бо ѡць мои
65 лѣность бо всему мти. еже    75 дѣяше.
   оумѣеть то забудеть. а кго
   же не оумѣють а тому са не       блжнъıи. и вси добрии
   оучить. добрѣ же творяще         мужи све
                              не    ршеннии.
```

〈单词和语法注释〉

1. дому〔阳单六〕——由домъ。比较现代俄语в доме(在房子里)和 на дому(在家里)。в дому своемь 居家。

2. видите〔命令复二〕——由видѣти，照管，看管。本篇因文体关系使用许多第二人称复数的命令式形式。

3. зрите〔命令复二〕——由зьрѣти, зрѣти, на кого~что，指望，依赖。

   ни〔语〕——同现代俄语，但古俄语的并列成分往往使用单一连接词，而不是后来的重复连接词，本句的ни也如此。比较5—6行的и..., ни...但有时也使用重复的ни(如本篇8—9行)。

   отрока〔阳单四〕——由отрокъ，王公家的少年武士，少年亲兵。

4. да〔连〕——相当于пусть；有чтобы意义；26行同。

4—5. приходящии〔现主长阳复一〕——由приходити。(名词化)来人，来客 ~ к вамъ来到你们家的客人。

5. дому〔阳单三〕——另一形式是домови。文中不仅有"房子"意义,而且有"家人"意义。

6. обѣду〔阳单三〕——由обѣдъ，宴请；饭菜。与дому一起作посмѣют ся 的补语，比较现代俄语的(по)смеяться над кем-чем。

7. вышед(原过主短阳单一——后为副动词)由выити，出去，出门；~ на войну出征。这一形式(比较выйдя)和вышедши一直用到十九世纪。如Вышед из Лицея, я почти тотчас уехал в псковскую деревню моей матери (Пушкин)。

8. воеводы〔阳复四〕——由воевода, 部队长官。
   питью〔中单三〕——由питье, питие, 饮酒, 酒类。
9. ѣденью〔中单三〕——由ѣденье, едение, 吃, 食物。
   лагодите〔命令复二〕——由лагодити, 放任, 纵容; 过度享受。8—10行意为"不要暴饮暴食,不要贪睡"。
10. сторожѣ〔阳复四——由сторожь(古俄语), 比较стражь (古斯拉夫语), 警戒, 守卫,岗哨。
11—12. наряживаите〔命令复二〕——由наряживати, ①打扮, 装扮②派遣, 指派;布防。
12. ночь〔阴单四〕——无前置词结构, 相当于ночью。
12—13. нарядивше〔过主短阳复一——后为副动词нарядив（ши）〕——由нарядити, 见11—12 наряживати。
13. около〔副〕——四周, 周围, 相当于кругом, вокруг。
10. вой〔阳复四〕——由вои, 战士, 兵丁。
13—14. лязите〔命令复二〕——由лечи, 躺下(睡觉)。比较现代的лягте。ляз-ите 由ляг+后缀-и(те)而成。
14. встанѣте〔同上〕——由въстати, 起身, 起来。比较встаньте。古俄语许多动词第二人称命令式由动词词干和后缀-и (те), -ѣ(те)构成。
15. себе〔第二(四)格〕——自己, съ~从自己（身边）。
15—16. вборзѣ〔或въбързѣ, 副〕——很快, 不久, 立即。
16. розглядавше〔过主短阳复一〕——由розглядати, 了解, 察看, 观察(情况), 用作谓语。古俄语动词前缀роз-, 现代俄语只用раз-（或рас-）。
11. лѣнощами〔阴复五〕——由лѣность(见65行), 疏懒, 懒惰。原因第五格（意为из-за лени, 或по небрешности, 由于疏忽大意）、本应为лѣностями, 抄写人因发音之故把-ст-写成-щ-。
17. внезапну〔副〕——突然地, 出其不意地。
    бо〔语〕——与же相同, 加强与其连用的词。
17—18. погыбаеть〔现单三〕——由погыбати, 死去, 猝死。
18. лжѣ〔阴单二〕——由лъжа, 欺骗, 谎言, 虚幻。
    блюди ся〔命令单二、三〕——由блюстися, 谨防, 防备; 句中本应用复二形式блюдите ся, 要求二格。
18—19. пьяньства〔中单二〕——酗酒。

19. блуда〔阳单二〕——由блудъ，放荡，淫荡，寻欢作乐。
    томъ〔指代中六〕——由то。此处意为в этом。
21. тѣло〔中单一〕——身体，肉体。
    куда же——用于куда ни的意义。
22. ходяще〔现主短阳复一〕——由ходити，用作从句（куда же...）的谓语。
    путемъ〔阳单五〕——由путь，原为путьмь——第五格地点状语，同现代俄语的用法。
23. пакости〔阴复四〕——由пакость，坏事、丑事；为非作歹。是дѣяти的直接补语。
24. дѣяти〔动〕——即делать，поступать。
    отрокомъ〔阳复三〕——见3行отрока，作动词даите的补语。
25. чюжимъ〔形长复三〕——别人的，他人的。
    селѣхъ〔中复六〕——由село，村庄。
26. житѣхъ〔中复六〕——复一жита，庄稼；庄稼地。
    кляти〔动〕——见第一篇35—36行。
28. идеже〔副〕——用于где ни的意义。
    станете〔将复二〕——由стати，停驻，驻扎。
    напоите〔命令复二〕——由напоити，给水（酒）喝。
28—29. накормите〔命令复二〕——由накормити，给饭吃。
29. оунеина〔应为оунеина——阳单四〕——由оунеинъ，贫苦人(有集合意义)；请求者，乞讨者。
    боле〔副〕——即более，больше。
30. гость〔阳单四〕——宾客，外来人。
    откуду же〔副〕——用于откуда ни的意义。
32. придеть〔将单三〕——来到；句中主语он(гость)未出现。
    прость〔形短阳单〕——普通的；普通人。
33. добръ〔形短阳单一〕——尊敬的，有名的；名人。这两个形容词（虽为短尾）在文中用于"名词（化）"的意义。
34. соль〔阳单一〕——由сълъ，使节，使臣。比较посол。
    上面两形容词名词化，与соль并列为句中主语。
    аще〔连〕——如果。
35. брашномъ〔中单五〕——由брашно，食物、饭菜。从аще...到питьемъ应含

有两句——都与30行的有关;意为Если вы не можете сделать подарок, вы можете угостить его обедом и питьем (或чаем)。

ти〔指示代复一〕——意为эти, они。

бо〔连〕——ибо, потому что。

36. мимоходячи〔本为 мимоходяче 现主短阳复一〕——古俄语后缀-яч-, 由мимо ходить, 路过, 经过。在句中用作谓语(相当于现代俄语的 мимоходом, проходя)。

прославять〔将复三〕——由прославити, 宣扬, 使出名; 或褒或贬。要求кого-что каким。

37. по всѣм землям——到处; 在各地, 各国。

39—40. болнаго〔形阳单四或二〕——由больнои, 名词化, 古斯拉夫语词尾-аго。

40—41. присѣтите〔命令复二〕——由присѣтити, 探视, 看望, 拜访。

41. надъ〔前〕——要求四格, 与运动动词连用, 表示走向某（躺着的）事物。与下两词连用意为"吊唁"或"给死者送葬"。

мертвеця〔阳单四〕——由мьртвьць, 死者, 尸体。

идѣте〔命令复二〕——由идти/ити, итти。

42. яко〔连〕——因为。

мертвени〔形阳复一〕——由мьртвьнъ, 死亡的, 注定要死的。比较смертны。

43. есмы〔быти的现在时复数第一人称〕——мы есмы...

44. минѣте〔命令复二〕——由минути, 走过, 经过。

44—45. привѣчавше〔过主短阳复一〕——由привѣчати, 致敬, 致意, 问好。

49. се〔语〕——вот, это。

конець〔阳单四〕——由коньць, 终点, 极限; 结束。~ всему 万事之首。比较现代的счастью нет конца（无比幸福）。

50. страхъ〔阳单四〕——恐惧; 敬畏; ~ божии敬畏上帝。与конецъ 一起作为имеите的双重四格补语。

51. выше всего——高于一切, 这词组与前面的конець всему同义, 具有加强的作用, 即"敬畏上帝, 高于一切"。

52. всего〔всё 的单二〕——动词забываете 要求。现在为Если забываете все это(指вышесказанное)。

53. прочитаите〔命令复二〕——意为прочитывайте。从其与часто连用可以看出古俄语动词体的不完善。

бе——实为безъ〔前〕因ъ脱落,з位于其后名词сорома的词首清辅音с之前而同化，书写时бес сорома成为бе сорома。

54. сорома〔阳单二〕——由соромъ(古俄语词)，比较срамъ(古斯拉夫语词)耻辱，羞愧。

55. добро〔副〕——хорошо,лучше，полезно 等意义。

56. оумѣючи〔现主短阳复一〕——由умѣти，理解，明白，领悟。要求что(四格)——同行的его。

58. доброго〔形中单二〕——名词化，好的东西，有益的事情。与上行的того 一起受не забываите支配。

60—61. яко〔连〕——意为 как;яко же бо——как же。

61. сѣдя〔现主短阳单一〕——由сѣдѣти——сидеть。比较сидя。

62. изумѣяше〔过未单三〕——由изумѣти，学习，掌握，通晓。
 языкъ〔阳复二〕——语言

62—63. в томъ бо——意为 именно в этом же。

63. честь〔阴单一〕——荣誉；尊敬。
 инѣхъ〔形阴复二〕——其他的。同вьсѣхъ变格。

65. мти〔阴单一〕——即мати 母亲；转义：为首，开头；всему (злому) мати 一切（坏事）之源。与конец，начало，предел，место等词连用的词往往用第三格，现代俄语亦同，如49的"всему конец"。
 еже〔人称代中四〕——由е和语气词же组合。

65—68. 有动词谓语оумѣеть...，забудеть，не оумѣеть 和 ся не оучить,均为"单三"，四句各有一谓语。此四句可能有泛指意义，也可以理解为вы的行为。译成现代俄语是："Чего доброго вы умеете, того не забывайте, а чего не умеете, тому учитесь"。

68. добрѣ〔副〕——хорошо。说明творяще。
 творяще〔现主短阳复一〕——由творити做，做事（ = делать какое-нибудь дело）。

70. мозите〔命令复二〕——由мочи，本应为мозѣте，复二命令式用后缀-ѣте(试比较单二 мози)。
 ни〔语〕——此处为加强否定语气词。
 что (же)——此处为 что-нибудь，与доброе 一起作 ся лѣнити на的补语。

71. первое〔或 пьрвое,прьвое〕——意为 прежде всего 或 первое доброе(дело)。

къ〔前〕——省去动词形式идѣте。相当于前置词в。

72. да(не)——见第4行和26行。

75. дѣяшеть〔见24行，过未单三〕——意为поступать。

76. бл̃жныи〔形长阳单一〕——由блаженыи(说明бць мои),现代俄语блаженный。~ отец先父。

76. добрии〔形长阳复一〕——由добрыи，与вси一起说明мужи。

77—78. свершении〔形长阳复一〕——由съвершеныи，完全的，完美的，(道德)完善的(说明мужи)。

第六篇

Слово о полку Игореве (Конец XII века)

这是俄国古代文学中一部最优秀的作品，被称为爱国主义的史诗，甚至被赞颂为英雄主义史诗作品等等。它描述1185年春夏之交几位俄罗斯王公在诺夫哥罗德—塞维尔公伊戈尔·斯维亚托斯拉维奇（基辅大公斯维亚托斯拉夫之宗亲——堂弟）率领下征战波罗夫人（十一至十三世纪南部草原地带的一支突厥部落）并惨遭失败的经过。作品中不仅对事件过程做了生动具体的描述，而且对事件的前因后果作了一定程度的剖析和评论，反映作者对罗斯命运的忧思。马克思在评价这部作品时写道："这部史诗的要点是号召俄罗斯王公们在一大帮真正的蒙古军的进犯面前团结起来。"（《马克思恩格斯全集》第29卷第23页）

据考，作品为十二世纪（1187年前后）某无名氏（有人认为是当时一位博学之士或王公近侍）所作。但传至今日的抄本并非直接来自原作，而是由某一较古的抄本重抄的抄本。从十二世纪晚期起到十六世纪的三百多年中有许多抄本。十八世纪末期由俄国古籍和古文物收藏家Мусин-Пушкин首次发表的《出征记》是十六世纪的一个抄本。据认为，它是唯一留下来的，而且是晚期的抄本。但即使是这样的抄本，也于1812年拿破仑攻占莫斯科时被焚。目前我们使用的是1800年Мусин-Пушкин据后来被焚毁的抄本重抄本和为叶卡捷琳娜二世复印的（又称《叶卡切琳娜复制本》）的第一个"印刷本"。其中许多文字和符号等都经过人为的加工。尽管如此，"文"中仍有个别晦涩难懂的地方。

《伊戈尔出征记》的语言被当作古罗斯语言的典范，被认为是用当时活的言语写成。但必须指出，其中仍有许多古斯拉夫—教会斯拉夫语的词语和形式——这多为后期抄书人的"手迹"。十五六世纪在所谓的第二次"南部斯拉夫语的影响"下，当时有一种时尚：使用"斯拉夫词语"会使文章"生辉"（如полкъ/пълкъ写成плъкъ，волкъ/вълкъ写成влькъ等）。另一方面，可以见到诺夫哥罗德地区的方言痕迹（如с与ш，ч与ц混淆：шизыи代сизыи，русици代русичи等）——因一些抄本是在诺夫哥罗德重抄的，反映了抄书人的口语特点。

在俄国文学和文学史上，《伊戈尔出征记》有其重要的地位。甚至可以说，它的主题和创作意义影响了整个俄罗斯文学。正如俄国著名诗人叶赛宁所说："我的意象主义是从《伊戈尔出征记》开始的。"

《伊戈尔出征记》的语言，它的文学创作及其意义，在俄国国内外的学术界有大量的研究，而且在俄国仅它的现代俄语"译本"（散文体的、诗歌体的等）就达百种以上（因不同译者对古文理解不完全相同而互有差异）。在我国，有北京大学魏真教授的中文译本和黑龙江大学李锡胤教授的译本（汉语——古俄语的双语对照本）。

根据С.П.Обнорский院士和С.Г.Бархударов教授编选的《Хрестоматия по истории русскожго языка》(Часть 1, издание 2-е, 1952г., Москва)，《Слово о полку Игореве》共有328行，本篇全部选用，使这部俄罗斯人民的最优秀的古代文学作品保持其完整性，使读者充分了解其全部意义。

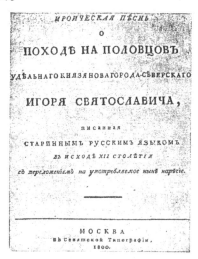

《Слово о полку Игореве》1800年版的扉页

ТЕКСТ

1   Не лѣпо ли ны бяшетъ, братіе, начяти старыми словесы трудныхъ повѣстій о пълку Игоревѣ, Игоря Святъславлича! начати же ся тъй пѣсни по былинамъ сего времени, а не по замышленію Бояню. Боянъ бо вѣщій, аще кому хотяше
5   пѣснь творити, то растѣкашется мыслію по древу, сѣрымъ вълкомъ по земли, шизымъ орломъ подъ облакы. Помняшеть бо речь първыхъ временъ усобіцѣ; тогда пущашеть і соколовь на стадо лебедѣй, который дотечаше, та преди пѣсь пояше, старому Ярослову, храброму Мстиславу, иже зарѣза Редедю
10 предъ пълкы Касожьскыми, красному Романови Святъславличю. Боянъ же, братіе, не і соколовь на стадо лебедѣй пущаше, нъ своя вѣщіа пръсты на живая струны въскладаше; они же сами Княземъ славу рокотаху.

    Почнемъ же, братіе, повѣсть сію отъ стараго Владимера
15 до нынѣшняго Игоря; иже истягну умь крѣпостію своею, и поостри сердца своего мужествомъ, наплънився ратнаго духа, наведе своя храбрыя плъкы на землю Половецькую за землю Руськую. Тогда Игорь възрѣ на свѣтлое солнце и видѣ отъ него тьмою вся своя воя прикрыты, и рече
20 Игорь къ дружинѣ своей: братіе и дружино! луцежъ бы потяту быти, неже полонену быти: а всядемъ, братіе, на свои бръзыя комони да позримъ синего Дону. Спала Князю умь похоти, и жалость ему знаменіе заступи, искусити Дону великаго. Хощу бо, рече, копіе приломити конець поля
25 Половецкаго съ вами, Русици, хощу главу свою приложити, а любо испити шеломомь Дону. О Бояне, соловію стараго времени! абы ты сіа плъкы ущекоталъ, скача славію по мыслену древу, летая умомъ подъ облакы, свивая славы оба полы сего времени, рища въ тропу Трояню чресъ поля
30 на горы.

    Пѣти было пѣсь Игореви, того (Олга) внуку. Не буря соколы занесе чресъ поля широкая; галици стады бѣжать къ Дону великому; чили въспѣти было вѣщей Бояне, Велесовь внуче: Комони ржуть за Сулою; звенить слава въ Кы-
35 евѣ; трубы трубять въ Новѣградѣ; стоять стязи въ Путивлѣ; Игорь ждеть мила брата Всеволода.

    И рече ему Буй Туръ Всеволодъ: одинъ братъ, одинъ

свѣтъ свѣтлый ты Игорю, оба есвѣ Святъславличя; сѣдлаи, брате, свои бръзыи комони, а мои ти готови, осѣдлани у
40 Курьска на переди; а мои ти Куряни свѣдоми къ мети, подъ трубами повити, подъ шеломы възлелѣяны, конець копія въскръмлени, пути имъ вѣдоми, яругы имъ знаеми, луци у нихъ напряжени, тули отворени, сабли изъострени, сами скачють акы сѣрыи влъци въ полѣ, ищучи себе чти, а Князю
45 славѣ. Тогда въступи Игорь Князь въ златъ стремень, и поѣха по чистому полю. Солнце ему тъмою путь заступаше; нощь стонущи ему грозою птичь убуди; свистъ звѣринъ въ стазби; дивъ кличетъ връху древа, велитъ послушати земли незнаемѣ, влъзѣ, и по морію, и по Сулію, и Сурожу, и Кор-
50 суню, и тебѣ Тьмутораканьскый блъванъ. А Половци неготовами дорогами побѣгоша къ Дону Великому; крычатъ тѣлѣгы полунощы, рци лебеди роспущени. Игорь къ Дону вои ведетъ; уже бо бѣды его пасетъ птиць; подобію влъци грозу въсрожатъ, по яругамъ; орли клектомъ на кости звѣри зовутъ,
55 лисици брешутъ на чръленыя щиты. О руская земле! уже за Шеломянемъ еси. Длъго. Ночь мркнетъ, заря свѣтъ запала, мъгла поля покрыла, щекотъ славій успе, говоръ галичь убуди. Русичи великая поля чрълеными щиты прегородиша, ищучи себѣ чти, а Князю славы.

60 Съ заранія въ пятъкъ потопташа поганыя плъкы Половецкыя; и рассушясь стрѣлами по полю, помчаша красныя дѣвкы Половецкыя, а съ ними злато и паволокы и драгыя оксамиты; орьтъмами и япончицами, и кожухы начаша мосты мостити по болотомъ и грязивымъ мѣстомъ, и всякыми узорочьи
65 Половецкыми. Чръленъ стягъ, бѣла хорюговь, чръшена чолка, сребрено стружіе храброму Святъславличю. Дремлетъ въ полѣ Ольгово хороброе гнѣздо далече залетѣло; небылонъ обидѣ порождено, ни соколу, ни кречету, ни тебѣ чръный воронъ, поганый Половчине. Гзакъ бѣжитъ сѣрымъ влъкомъ;
70 Кончакъ ему с л ѣ д ъ правитъ къ Дону великому.

Другаго дни велми рано кровавыя зори свѣтъ повѣдаютъ; чръныя тучя съморя идутъ, хотятъ п р и к р ы т и д солнца: а въ нихъ трепещутъ синіи млъніи, быти грому великому, итти дождю стрѣлами съ Дону великаго: ту ся копіемъ
75 приламати, ту ся саблямъ потручяти о шеломы Половецкыя, на рѣцѣ на Каялѣ, у Дону великаго. О Руская земле! уже не Шеломянемъ еси. Се вѣтри, Стрибожи внуци, вѣютъ

съморя стрѣлами на храбрыя плъкы Игоревы! земля тутнетъ, рѣкы мутно текуть; пороси поля прикрываютъ; стязи гла-
80 голютъ, Половци идуть отъ Дона, и отъ моря, и отъ всѣхъ странъ. Рускыя плъкы отступиша. Дѣти бѣсови кликомъ поля прегородиша, а храбріи Русици преградиша чрълеными щиты. Яръ туре Всеволодѣ! стоиши на борони, прыщеши на вои стрѣлами, гремлеши о шеломы мечи харалуж-
85 ными. Камо Туръ поскочяше, своимъ златымъ шеломомъ посвѣчивая, тамо лежатъ поганыя головы Половецкыя; поскепаны саблями калеными шеломы Оварьскыя отъ тебе Яръ Туре Всеволоде. Кая раны дорога, братіе, забывъ чти и живота, и града Чрънигова, отня злата стола, и своя
90 милыя хоти красныя Глѣбовны свычая и обычая? Были вѣчи Трояни, минула лѣта Ярославля; были плъци Олговы, Ольга Святьславличя. Тъй бо Олегъ мечемъ крамолу коваше, и стрѣлы по земли сѣяше. Ступаетъ въ златъ стремень въ градѣ Тьмутороканѣ. Тоже звонъ слыша давный великый
95 Ярославъ сынъ Всеволожь: а Владиміръ по вся утра уши закладаше въ Черниговѣ; Бориса же Вячеславлича слава на судъ приведе, и на канину зелену паполому постла, за обиду Олгову храбра и млада Князя. Съ тояже Каялы Святоплъкъ повелѣя отца своего междю Угорьскими иноходьцы ко Свя-
100 тѣй Софіи къ Кіеву. Тогда при Олзѣ Гориславличи сѣяшется и растяшеть усобицами; погибашеть жизнь Даждь-Божа внука, въ Княжихъ крамолахъ вѣци человѣкомъ скратишась. Тогда по Руской земли рѣтко ратаевѣ кикахуть: нъ часто врани граяхуть, трупіа себѣ дѣляче; а галици свою
105 рѣчь говоряхуть, хотять полетѣти на уедіе. То было въ ты рати, и въ ты плъкы; а сице и рати не слышано: съ заранія до вечера, съ вечера до свѣта летятъ стрѣлы каленыя; гримлютъ сабли о шеломы; трещатъ копіа харалужныя, въ полѣ незнаемѣ среди земли Половецкый. Чръна земля подъ
110 копыты, костьми была посѣяна, а кровію польяна; тугою взыдоша по Руской земли. Что ми шумить, что ми звенить давечя рано предъ зорями? Игорь плъкы заворочаетъ; жаль бо ему мила брата Всеволода. Бишася день, бишася другый: третьяго дни къ полудню падоша стязи Игоревы. Ту
115 ся брата разлучиста на брезѣ быстрой Каялы. Ту кроваваго вина недоста; ту пиръ докончаша храбріи Русичи: сваты попоиша, а сами полегоша за землю Рускую. Ничить трава

жалощами, а древо стугою къ земли преклонилось. Уже бо,
братіе, не веселая година въстала, уже пустыни силу при-
120 крыла. Въстала обида въ силахъ Дажь-Божа внука. Вступилъ
дѣвою на землю Трояню; въсплескала лебедиными крылы
на синѣмъ море у Дону плещучи, убуди жирня времена.
Усобица Княземъ на поганыя погыбе, рекоста бо братъ
брату: се мое, а то моеже; и начяша Князи про малое, се
125 великое млъвити, а сами на себѣ крамолу ковати: а поганіи
съ всѣхъ странъ прихождаху съ побѣдами на землю Рускую.
О! далече зайде соколъ, птиць бья къ морю: а Игорева
храбраго плъку не крѣсити. За нимъ кликну Карна и Жля,
по скочи по Руской земли, смагу мычючи въ пламянѣ розѣ.
130 Жены Рускія въсплакашась аркучи: уже намъ своихъ ми-
лыхъ ладъ ни мыслію смыслити, ни думою сдумати, ни
очима съглядати, а злата и сребра ни мало того потрепати.
А въстона бо, братіе, Кіевъ тугою, а Черниговъ напастьми;
тоска разліяся по Руской земли; печаль жирна тече средь
135 земли Рускый; а Князи сами на себе крамолу коваху; а
поганіи сами побѣдами нарищуще на Рускую землю, емляху
дань по бѣлѣ отъ двора. Тіи бо два храбрая Святъславлича,
Игорь и Всеволодъ уже лжу убуди, которую то бяше
успилъ отецъ ихъ Святъславь грозный Великый Кіевскый.
140 Грозою бяшеть; притрепеталъ своими сильными плъкы и
харалужными мечи; наступи на землю Половецкую; при-
топта хлъми и яругы; взмути рѣки и озеры; иссуши потоки
и болота, а поганаго Кобяка изъ луку моря отъ желѣзныхъ
великихъ плъковъ Половецкихъ, яко вихръ выторже: и па-
145 деся Кобякъ въ градѣ Кіевѣ, въ гридницѣ Святъславли. Ту
Нѣмци и Венедици, ту Греци и Морава поютъ славу Святъ-
славлю, каютъ Князя Игоря, иже погрузи жиръ во днѣ
Каялы рѣкы Половецкія, Рускаго злата насыпаша. Ту Игорь
Князь высѣдѣ изъ сѣдла злата, а въ сѣдло Кощіево; уныша
150 бо градомъ забралы, а веселіе пониче. А Святъславь мутенъ
сонъ видѣ: въ Кіевѣ на горахъ си ночь съ вечера одѣвахъте
мя, рече, чръною паполомою, на кроваты тисовѣ. Чрьпахуть
ми синее вино съ трудомь смѣшено; сыпахутьми тъщими
тулы поганыхъ тльковинъ великый женчюгъ на лоно, и
155 нѣгуютъ мя; уже дъскы безъ кнѣса в моемъ теремѣ злато-
връсѣмъ. Всю ночь съ вечера босуви врани възграяху, у
Плѣсньска на болони бѣша дебрь Кисаню, и не сошлю къ

синему морю. И ркоша бояре Князю: уже Княже туга умь полонила; се бо два сокола слѣтѣста съ отня стола злата,
160 поискати града Тьмутороканя, а любо испити шеломомь Дону. Уже соколома крильца припѣшали поганыхъ саблями, а самаю опустоша въ путины желѣзны. Темно бо бѣ въ г день: два солнца помѣркоста, оба багряная стлъпа погасоста, и съ нимъ молодая мѣсяца, Олегъ и Святъславъ
165 тъмою ся поволокоста. На рѣцѣ на Каялѣ тьма свѣтъ покрыла: по Руской земли простроишася Половци, аки пардуже гнѣздо, и въ морѣ погрузиста, и великое буйство подасть Хинови. Уже снесеся хула на хвалу; уже тресну нужда на волю; уже връжеса дивь на землю. Се бо Готскія красныя
170 дѣвы въспѣша на брезѣ синему морю. Звоня Рускымъ златомъ, поютъ время Бусово, лелѣютъ месть Шароканю. А мы уже дружина жадни веселія. Тогда Великій Святславъ изрони злато слово слезами смѣшено, и рече: о моя сыновчя Игорю и Всеволоде! рано еста начала Половецкую землю
175 мечи цвѣлити, а себѣ славы искати. Нъ нечестно одолѣсте: нечестно бо кровь поганую проліясте. Ваю храбрая сердца въ жестоцемъ харалузѣ скована, а въ буести закалена. Се ли створисте моей сребреней сѣдинѣ! А уже не вижду власти сильнаго, и богатаго и многовои брата моего Яро-
180 слава съ Черниговьскими былями, съ Могуты и съ Татраны и съ Шельбиры, и съ Топчакы, и съ Ревугы, и съ Ольберы. Тіи бо бес щитовъ съ засапожникы кликомъ плъкы побѣждаютъ, звонячи въ прадѣднюю славу. Нъ рекосте му жа имѣся сами, преднюю славу сами похитимъ, а заднюю ся
185 сами подѣлимъ. А чи диво ся братіе стару помолодити? Коли соколъ въ мытехъ бываетъ, высоко птицъ възбиваетъ; не дастъ гнѣзда своего въ обиду. Нъ се зло Княже ми не пособіе; на ниче ся годины обратиша. Се Уримъ кричатъ подъ саблями Половецкыми, а Володимиръ подъ ранами.
190 Туга и тоска сыну Глѣбову. Великый Княже Всеволоде! не мыслію ти прелетѣти издалеча, отня злата стола поблюсти? Ты бо можеши Волгу веслы раскропити, а Донъ шеломы выльяти. Аже бы ты былъ, то была бы Чага по ногатѣ, а Кощей по резанѣ. Ты бо можеши посуху живыми шере-
195 ширы стрѣляти удалыми сыны Глѣбовы. Ты буй Рюриче и Давыде, не ваю ли злачеными шеломы по крови плаваша? Не ваю ли храбрая дружина рыкаютъ акы тури, ранены

саблями калеными, на полѣ незнаемѣ? Вступита Господина
въ злата стремень за обиду сего времени, за землю Рус-
200 скую, за раны Игоревы, буего Святславлича! Галичкы
Осмомыслѣ Ярославе высоко сѣдиши на своемъ златокован-
нѣмъ столѣ. Подперъ горы Угорскыи своими желѣзными
плъки, заступивъ Королеви путь, затвори въ Дунаю ворота,
меча времены чрезъ облакы, суды рядя до Дуная. Грозы
205 твоя по землямъ текутъ; оттворяеши Кіеву врата; стрѣляеши
съ отня злата стола Салтани за землями. Стрѣляй Госпо-
дине Кончака, поганого Кощея за землю Рускую, за раны
Игоревы буего Святславлича. А ты буй Романе и
Мстиславе храбрая мысль носитъ васъ умъ на дѣло. Высоко
210 плаваеши на дѣло въ буести, яко соколъ на вѣтрехъ ширя-
яся, хотя птицю въ буйствѣ одолѣти. Суть бо у ваю желѣз-
ныи папорзи подъ шеломы латинскими. Тѣми тресну
земля, и многи страны, Хинова, Литва, Ятвязи, Деремела,
и Половци сулици своя повръгоща, а главы своя поклониша
215 подъ тыи мечи харалужныи. Нъ уже Княже Игорю, утрпѣ
солнцю свѣтъ, а древо не бологомъ листвіе срони: по Рсіи,
по Сули гради подѣлиша; а Игорева храбраго плъку не
крѣсити. Донъ ти Княже кличетъ, и зоветъ Князи на по-
бѣду. Олговичи храбрыи Князи доспѣли на брань. Инъгварь
220 и Всеволодъ, и вси три Мстиславичи, не худа гнѣзда шесто-
крилци, непобѣдными жребіи собѣ власти расхытисте? Кое
ваши златыи шеломы и сулицы Ляцкіи и щиты! Загородите
полю ворота своими острыми стрѣлами за землю Русскую,
за раны Игоревы буего Святъславлича. Уже бо Сула не
225 течетъ сребреными струями къ граду Переяславлю, и Двина
болотомъ течетъ онымъ грознымъ Полочаномъ подъ кликомъ
поганыхъ. Единъ же Изяславъ сынъ Васильковъ позвони
своими острыми мечи о шеломы Литовскія; притрепа славу
дѣду своему Всеславу, а самъ подъ чрълеными щиты на
230 кровавѣ травѣ притрепанъ Литовскыми мечи. И схоти ю на
кровать, и рекъ: дружину твою, Княже, птиць крилы пріодѣ,
а звѣри кровь полизаша. Не бысь ту брата Брячяслава, ни
другаго Всеволода; единъ же изрони жемчюжну душу изъ
храбра тѣла, чресъ злато ожереліе. Унылы голоси, пониче
235 веселіе. Трубы трубятъ Городеньскіи. Ярославе, и вси
внуце Всеславли уже понизить стязи свои, вонзить свои
мечи врежени; уже бо выскочисте изъ дѣдней славѣ. Вы

бо своими крамолами начясте наводити поганыя на землю Рускую, на жизнь Всеславлю. Которое бо бѣше насиліе
240 отъ земли Половецкыи! На седьмомъ вѣцѣ Трояни връже Всеславъ жребій о дѣвицу себѣ любу. Тъй клюками подпръся о кони, и скочи къ граду Кыеву, и дотчеся стружіемъ злата стола Кіевскаго. Скочи отъ нихъ лютымъ звѣремъ въ плъночи изъ Бѣла-града, обѣсися синѣ мыглѣ, утръ же
245 воззни стрикусы оттвори врата Нову-граду, разшибе славу Ярославу, скочи влъкомъ до Немиги съ Дудутокъ. На Немизѣ снопы стелютъ головами, молотятъ чепи харалужными, на тоцѣ животъ кладутъ, вѣютъ душу отъ тѣла. Немизѣ кровави брезѣ не бологомъ бяхуть посѣяни, посѣяни
250 костьми Рускихъ сыновъ. Всеславъ Князь людемъ судяше, Княземъ грады рядяше, а самъ въ ночь влъкомъ рыскаше; изъ Кыева дорискаше, до Куръ Тмутороканя; великому хръсови влъкомъ путь прерыскаше. Тому въ Полотскѣ позвониша заутренюю рано у Святыя Софеи въ колоколы: а онъ въ Кыевѣ
255 звонъ слыша. Аще и вѣща душа въ друзѣ тѣлѣ, нъ часто бѣды страдаше. Тому вѣщеи Боянъ и пръвое припѣвку смысленый рече: ни хытру, ни горазду, ни птицю горазду, суда Божіа не минути. О! стонати Руской земли, помянувше пръвую годину, и пръвыхъ Князей. Того стараго Владиміра не
260 льзѣ бѣ пригвоздити къ горамъ Кіевскимъ: сего бо нынѣ сташа стязи Рюриковы, а друзіи Давидовы; нъ рози нося имъ хоботы пашутъ, копіа поютъ на Дунаи.

Ярославнынъ гласъ слышитъ: зегзицею незнаемь, рано кычеть: полечю, рече, зегзицею по Дунаеви; омочю бебрянъ
265 рукавъ въ Каялѣ рѣцѣ, утру Князю кровавыя его раны на жестоцѣмъ его тѣлѣ. Ярославна рано плачетъ въ Путивлѣ на забралѣ, аркучи: о вѣтрѣ! вѣтрило! чему Господине насильно вѣеши? Чему мычеши Хиновьскыя стрѣлки на своею нетрудною крилцю на моея лады вои? Мало ли ти
270 бяшетъ горъ подъ облакы вѣяти, лелѣючи корабли на синѣ морѣ? Чему Господине мое веселіе по ковылію развѣя? Ярославна рано плачетъ Путивлю городу на заборолѣ, аркучи: о Днепре словутицю! ты пробилъ еси каменныя горы сквозѣ землю Половецкую. Ты лелѣялъ еси на себѣ Свято-
275 славли носады до плъку Кобякова: възлелѣй господине мою ладу къ мнѣ, а быхъ не слала къ нему слезъ на море рано. Ярославна рано плачетъ къ Путивлѣ на забралѣ, аркучи:

свѣтлое и тресвѣтлое слънце! всѣмъ тепло и красно еси:
чему господине простре горячюю свою лучю на ладѣ вои?
280 въ полѣ безводнѣ жаждею имь лучи съпряже, тугою имъ
тули затче.

Прысну море полунощи; идутъ сморци мьглами; Игореви
Князю Богъ путь кажетъ изъ земли Половецкой на землю
Рускую къ отню злату столу. Погасоша вечеру зари: Игорь
285 спитъ, Игорь бдитъ, Игорь мыслію поля мѣритъ отъ вели-
каго Дону до малаго Донца. Комонь въ полуночи. Овлуръ
свисну за рѣкою; велить Князю разумѣти. Князю Игорю не
быть: кликну стукну земля; въшумѣ трава. Вежи ся Поло-
вецкіи подвизашася; а Игорь Князь поскочи горнастаемъ къ
290 тростію, и бѣлымъ гоголемъ на воду; въвръжеся на бръзъ
комонь, и скочи съ него босымъ влъкомъ, и потече къ лугу
Донца, и полетѣ соколомъ подъ мьглами избивая гуси и
лебеди, завтроку, и обѣду и ужинѣ. Коли Игорь соколомъ
полетѣ, тогда Влуръ влъкомъ потече, труся собою студе-
295 ную росу; претръгоста бо своя бръзая комоня. Донецъ рече:
Княже Игорю! не мало ти величия, а Кончаку нелюбія, а
Руской земли веселіа. Игорь рече, о Донче! не мало ти
величія? лелѣявшу Князя на влънахъ, стлавшу ему зелѣну
траву на своихъ сребреныхъ брезѣхъ, одѣвавшу его теп-
300 лыми мъглами подъ сѣнію зелену древу; стрежаше е гого-
лемъ на водѣ, чайцами на струяхъ, Чрьнядьми на ветрѣхъ.
Не тако ли, рече, рѣка Стугна худу струю имѣя, пожръши
чужи ручьи, и стругы ростре на кусту? Уношу Князю
Ростиславу затвори Днѣпрь темнѣ березѣ. Плачется мати
305 Ростиславя по уноши Князи Ростиславѣ. Уныша цвѣты
жалобою, и древо стугою къ земли прѣклонило, а не сорокы
втроскоташа. На слѣду Игоревѣ ѣздитъ Гзакъ съ Кончакомъ.
Тогда врани не граахуть, галици помлъкоша, сорокы не
троскоташа, полозію ползоша только, дятлове тектомъ путь
310 къ рѣцѣ кажутъ, соловіи веселыми пѣсьми свѣтъ повѣдаютъ.
Млъвитъ Гзакъ Кончакови: аже соколъ къ гнѣзду летитъ,
соколича рострѣляевѣ своими злачеными стрѣлами. Рече
Кончакъ ко Гзѣ: аже соколъ къ гнѣзду летитъ, а вѣ соко-
лца опутаевѣ красною дѣвицею. И рече Гзакъ къ Кончакови:
315 аще его опутаевѣ красною дѣвицею, ни нама будетъ со-
кольца, ни нама красны дѣвице, то почнутъ наю птици бити
въ полѣ Половецкомъ.

　　　　Рекъ Боянъ и ходы на Святъславля пѣстворца стараго
　　　　времени Ярославля Ольгова Коганя хоти: тяжко ти головы,
320　кромѣ плечю; зло ти тѣлу, кромѣ головы: Руской земли
　　　　безъ Игоря. Солнце свѣтится на небесѣ, Игорь Князь въ
　　　　Руской земли. Дѣвици поютъ на Дунаи. Вьются голоси
　　　　чрезъ море до Кіева. Игорь ѣдетъ по Боричеву къ Святѣй
　　　　Богородици Пирогощей. Страны ради, гради весели, пѣвше
325　пѣснь старымъ Княземъ, а по томъ молодымъ. Пѣти слава
　　　　Игорю Святъславличя. Буй туру Всеволодѣ, Владиміру
　　　　Игоревичу. Здрави Князи и дружина, побарая за христьяны
　　　　на поганыя плъки. Княземъ слава, а дружинѣ Аминь.

〈单词和语法注释〉

1. лѣпо〔副〕——由лѣпыи, 好的, 美的, 适宜的。

   ны——мы的第三格（简式）。

   бяшеть〔或бяше〕——быти的过未单三。

   братіе〔或братия〕——братия〔集名〕的呼格。

   словесы〔中复五〕——由слово。братіе〔或братие〕——братия

2. трудныхъ〔形复二〕——充满悲伤的, 痛苦的, 凄惨的。

   повѣстій〔或повѣстии, 阴复二〕——故事；叙述（повествование之意）此处用二格可能是因不（лѣпо ли бяшеть）начати否定结构之故。

   1—2行在Н. К. Гудзий 编本中为疑问句。但也可以理解为肯定句, 即нам пора (было) иачать...

3. тый〔指示代阴单三〕——或той, 此处为этой意义。

   пѣсни〔阴单三〕——由пѣснь, 歌曲；歌唱。

   былинамъ〔阴复三〕——由былина, 壮士歌；往事；传说。

4. Бояню〔物主形中单三〕——由人名Боянъ构成。

   вѣщій〔或вѣщии, 形长阳单一, 名词化〕——先知, 未卜先知者, 有预见者。

   аще〔连〕——если。

   хотяше〔过未单三〕——由хотѣти, 想, 要。

5. растѣкашется〔过未单三或разътѣкаше(ть)ся〕——由разътѣкатися, 漫流；扩散；〈转〉长篇大论地讲, 滔滔不绝地说。

мыслію〔阴单五〕——许多学者认为应读如мысію(мысью)，由мысь，（一种）松鼠；作行为方式状语。

6. земли〔阴单三〕——大地。

   шизымъ〔形长阳单五〕 ——文语为сизым（诺夫哥罗德方言с与ш相混）瓦灰色的。

   облакы〔阳复五〕——由原阳名облакъ，云端，云彩。

   помняшеть〔过未单三〕——由помнити，记得，记住。

7. речь〔本为рече，过完单三〕——说；据说（говорят）。

   първыхъ〔本为пьрвыхъ，形复二〕——第一的；早期的，过去的，说明временъ，一起作усобицѣ的非一致定语。

   усобицѣ〔或усобицѣ，阴单六〕——由усобица，内讧；无前置词（о）结构，помняшеть要求。

   пущашеть〔过未单三〕——由пущати，即пускать。同5、6行的动词谓语，其主语为歌手Боян。

   7—8行是一种形象的表现："放出10只鹰去追逐一群天鹅"，10只鹰指十个手指，天鹅指乐器的琴弦。

8. который〔阳单一〕——指один из соколов。

   дотечаше〔过未单三〕——由дотечи，赶上，追上。

   та〔阴单一〕——指одна из лебедей. Лебедь，原为阴性名词，现代俄语为阳性。

   преди〔或прѣди，副〕——在前；从前；首先。

   пѣсь〔пѣснь之误，阴单四〕——歌曲；声响。

   пояше〔过未单三〕——由пѣти，唱。

9. Ярослову〔Ярославу之误，单三〕——指基辅大公Ярослав (Мудрый) Владимирович。

   Мстиславу〔Мьстиславу单三〕——Ярослав之兄弟。曾为Тьмутаракань和Черниговъ两分封地的大公。

   иже〔关系代阳单一〕——相当于который。

   зарѣза〔过完单三〕——由зарѣзати，宰杀，杀死。

   Редедю〔人名，阳单四〕——。Касожский князь. 在与Мстислав将对将的交锋中被杀。在《Повесть временных лет》中描述了他们的"единоборство"。

10. пълкы〔阳复五〕——军队；在本篇中也写成плъкы——古斯拉夫语的词语特点（见17行等）。

Романови Святъславличю〔人名，阳单三〕——也写成Роману Святославичю；与Ярославу, Мстиславу并列，为пояше的间接客体。他是Ярослав Владирович之孙。

12. нъ〔连，即но〕——与а同义。

пръсты〔阳复四〕——古斯拉夫语写法（пръсть），手指；古俄语为пьрстъ>перст。本篇中的词在两辅音之间为-рь-, -лъ-, -ль-者系古斯拉夫语词，而-ър-, -ър-, -ъл-, -ьр-为古俄语词，比较пълкъ—плъкъ；再如16行напльнився, 22行的бръзыя（比较борзый<бързыи）等。

вѣщія〔形阳复四〕——古斯拉夫语词尾，古俄语词尾为-иѣ(іѣ)：有预见的；〈转〉灵（巧）的，见4行。

живая〔形长中复四〕——本应为живыя〔阴复四〕。

струны〔阴复四〕——琴弦。

въскладаше〔过未单三〕——由въскладати, 置放。

13. княземъ〔阳复三〕——王公们（指上面几位大公）。

рокотаху〔过未复三〕——由рокотати, 响起，奏出。

14. почнемъ〔将复一〕——由почати, 开始（此处为命令复一）

Владимера〔人名，阳单二，或владимира〕——此处指Ярослав Мудрый之孙 Владимир Мономах大公（1053—1125年），故用стараго, 而Игорь Святославич（1151—1202年），用了нынѣшняго。-аго, -яго为古斯拉夫语形容词阳单二格词尾。

15. иже——同9行иже。但这里的иже前为分号——可见为后人所加的不规范的标点符号。

истягну〔过完单三〕——由истягнути, 拉紧；加强，加固。

крѣпостію〔阴单五〕——坚定性，坚固性。

16. поостри〔过完单三〕——由поострити, 磨快，使锐利；使更灵敏。

сердца〔中单二〕——心胸；意志，胆识；意图。这里（及下面）二格具有行为及于事物部分或"短暂时间"意义。按古俄语句法解释，这种二格称为"不完全客体化"的第二格。

напльнився〔过完单〕——由напльнитися或напълнити ся, 充满；要求二格。

ратнаго〔形长阳单二〕——战斗的，勇武的。

17. наведе〔过完单三〕——由навести, 率领，引导。

18. възрѣ〔过完单三〕——由възрѣти<възьрѣти, （抬头）望一眼，看了看。

19. видѣ〔过完单三〕——由видѣти，看见。

отъ него——即от солнца。古俄语中被动结构的行为主体常用от (чего-кого)表示，比较现代俄语的被动行为主体用第五格。

тьмою〔阴单五〕——黑暗；表示行为工具。

воя〔本应为воѣ阳复四〕——军队，战士。其限定词вся своя本应вьсѣ своѣ。-я为古斯拉夫语阳性复数四格词尾A的写法。

прикрыты〔过被短阳复四〕——由прикрыти，罩住，盖住，遮住；与воя一致，为видѣ的双重四格补语。它本身又有被动行为的主体отъ него。全句的内容是指1185年发生的日食现象。

рече〔过完单三〕——由речи说；带къ кому结构。

20. дружино〔集名阴单呼格〕——由дружина，武士们。

луцежь〔副，由луце жъ〕——即лучше же。这里反映方言中ц与ч混淆。

21. потяту〔过被短阳单三〕——由потяти，杀死；打击。与быти连用为动词不定式句，相当于быть убитым。

неже〔连〕——等于чем。

полонену〔过被短阳单三〕——由полонити，俘房，抓获；古俄语词，比较古斯拉夫语词плѣнити。

всядемъ〔命令复一〕——由въсѣсти，骑上，坐上。

22. бръзыя〔形长阳复四〕——古俄语为бързыѣ迅速的，快捷的。

комони〔阳复四〕——即кони。

позримъ〔命令复一〕——由позьрѣти，看看，瞧瞧。

синего Дону——蓝色的顿河。表示"部分" "时间"意义的第二格。见16行的сердца своего。

спала〔过完单三〕——由съпалати，燃起；勃然产生。

князю〔阳单三〕——指Игорь，属性三格。

23. умь〔或умъ阳单四〕——头脑；智慧。

похоти〔应为похоть，阴单一〕——强烈的欲望，愿望；任性的要求。

жалость〔阴单一〕——渴望；忌妒心。

знаменiе〔中单四〕——征兆，预兆。

заступи〔过完单三〕——由заступити，顶替，替换。

искусити〔动〕——品尝，喝些；〈转〉喝干。动词不定式作жалость的非一致定语。

24. рече〔过完单三〕——指Игорь говорил。

приломити〔动〕——прѣломити之误。折断。

конець〔<коньць，阳单四〕——（行为发生的地点的边沿地区）地界，尽头。作地点状语，相当于на границе, на краях；~поля指половецкие степи的尽头。

25. Русици〔文语为Русичи，阳复五〕——罗斯人，作вами的同位语。

главу〔阴单四，古斯拉夫语词〕——即голову。

приложити〔动〕——与главу连用意为"献出生命"，"阵亡"。

26. а любо〔连〕——与上行一起为любо…, любо…, 即либо…либо…。

испити〔动〕——喝；喝尽。

шеломомь〔阳单五〕——由шеломъ，头盔；古斯拉夫语为шлѣмъ。

соловію〔阳单呼格〕——由соловии，夜莺；〈转〉歌手。

27. абы〔连〕——чтобы, дабы, лишь бы；但愿。

сia〔指示代阳复四〕——古斯拉夫语的сим, сьи变体；古俄语为сиѣ；сьѣ这些。

ущекоталъ〔<ущекоталъ еси复过单二〕——讴歌，颂扬；（用夜莺婉转的歌喉）歌唱。

скача〔现主短阳单一〕——由скакати，跳跃。

славію〔阳单呼格〕——由славии，即соловію（26行）。

28. мыслену〔形短中单三〕——由мысленъ—мыслити的过被形，沉思的，思索的；构思的，独出心裁的。

свивая〔现主短阳单一〕——由свивати，编织，编成；拧在一起。

славы〔славію之误〕——见27行。

29. полы〔阳复四〕——由полъ一半，与оба连用本为双数пола，试比较обѣ половинѣ（双数一、四格）。

рища〔现主短阳单一〕——由ристати，奔驰；赛跑。

Трояню〔物主形阴单四〕——由人名Троянъ构成。Тропа Трояня（特罗扬之路）——可能指罗马皇帝特罗扬经过的胜利之路；也可能指特罗扬在公元二世纪为保卫罗马帝国而修筑的所谓特罗扬城墙，此城堡位于通向黑海的多瑙河口。

чресъ〔前〕——古斯拉夫语词，即чересъ<черезъ。

31. Игореви——Игорь的三格。

Олга——即Олега；此词乃后期加入，故用括号。

32. соколы〔阳复四〕——由соколъ，鹰。

занесе〔过完单三〕——由занести，带到，抛到。

галици〔阴复一〕——慈鸟，寒鸦。现代俄语用галка。

стады〔中复五〕——由стадо，一群一群（地）。

бѣжать〔现复三〕——旧变位，现用бегут。

33. чили〔连〕——или。

было〔或бѣ〕与动词不定式连用有слѣдует, предстоит, случается; можно等意义（见31行）。

вѣщей〔古俄语形容词阳单一词尾-ей〕——即вѣщии，说明呼格Бояне。形容词没有呼格形式，用一格代替。

33—34. Велесовь〔物主形阳单呼格——同一格〕——由Велесъ(Волосъ)——据斯拉夫神话为"牲畜庇护神"。说明呼格внуче——由внукъ，作Бояне的同位语。

34. Сулою〔河名，阴单五〕——是Днепр河的支流Сула。

35. стязи〔阳复一〕——由стягъ，战旗，旌旗。

37. буй〔形阳单一〕——勇敢的，强有力的；野的。

Туръ〔阳单一〕——原牛，野牛。буй туръ是Всеволодъ大公的绰号。

38. есвѣ〔быти的双数第一人称〕——我俩都是……

Святьславлича〔阳双一〕——сыновья Свягослава。

сѣдлаи〔命令单二〕——由сѣдлати，备鞍，给马备鞍。

39. комони〔应为комонь，阳单四〕，свои брьзыи是комонь的一致定语。

ти〔指示代阳复一〕——те，名词化，指кони。

готови〔形短阳复一〕——由готовъ。

осѣдлани〔过被短阳复一〕——由осѣдлати，备好了鞍。与гогови一起为并列谓语。

40. на переди〔应为напереди副〕——早已；从前。

Куряни〔阳复一〕——库尔斯克人。口语为куряки，курчане为旧词。

свѣдоми〔形短阳复一〕——著名的，受过考验的。

къмети〔应为къмети，阳复一〕——久经沙场的战士。

41. повити〔过被短阳复一〕——由повити，包好，裹好。

възлелѣяны〔词尾应为и，过被短阳复一〕——由възлелѣяти，培养，喂养大。

конець〔<коньць阳单一〕——此处可能用于в конце (копия)意义，在矛尖上，用矛尖。

42. въскръмлени〔过被短阳复一〕——由въскръмити，或въскръмити喂大。

以上三个过被短阳形式都作мои куряни的谓语。

вѣдоми〔形短复一〕——已知，通晓；熟悉。

яругы〔阴复一〕——由яруга，山谷，沟壑。

луци〔阳复一〕——由лукъ，弓（箭）。

43. напряжени〔过被短阳复一〕——由напрячи，拉紧。

тули〔阳复一〕——由туль，箭袋，箭囊。

изъострени〔过被短阴复一〕——由изъострити，磨快。

44. акы〔连〕——как, будто。

влъци〔古俄语为вълци<вълкъ，阳复一〕——由влькъ, вылкъ, 狼。

ищучи〔古俄语后缀-уч-，现主短阳复一〕——由искати。

чти〔阴单二〕——由чьсть，荣光，尊严。

45. славѣ〔阴单二，方言形式，文语为славы〕——光荣，显赫名声。

въступи〔过完单三〕——由въступити，踏入，踏上。

златъ〔古俄语为золотъ，形短阳单四〕——金的，黄金的。

стремень〔阳单四〕——马镫。此词另一形式是стремя〔中〕。

46. тьмою〔阴单五〕——由тьма，符ъ替ь，由于弱元音ь脱落，辅音т'硬化为т。

заступаше〔过未单三〕——由заступати，~путь拦路，阻断路。

47. нощь〔阴单一〕——古俄语为ночь。

стонущи〔现主短阴单一〕——由стонати，呻吟，发出鸣咽声，与нощь一致。

птичь〔阳单四〕——由птиць<пътиць（ц被ч代）鸟；此处可能有集合意义，比较дичь野禽。

убуди〔过完单三〕——由убудити，唤醒，叫醒。

47—48. въстазби〔两词连写，应读如въста зби〕въста〔过完单三〕——由въстати，起来，升起；发出。зби——对此解释不一：认为是близ。还认为来自зби<збися（由събитися构成的过完单三）相遇；交战，厮杀。或来自забис(забился)隐藏，藏入；堵住，塞满。

48. дивъ〔阳单一〕——神话的不祥之鸟；戴胜（对此词的解释不一，有学者认为是敌视罗斯人的报信鸟，它提醒波洛夫人预防伊戈尔军队的进犯）。因形状怪异而有人译为"怪状鸟"。

кличеть〔现单三〕——由кликати，啼叫，鸣叫。

врьху〔古俄语为вьрху，阳单六〕——无前置词（на）结构，意为на верхушках (дерева)，树梢上，树顶上。

48—49. земли〔阴单三〕——由земля，地方；国度；大地。
49. незнаемѣ〔形短阴单三〕——陌生的；不熟悉的。
вльзѣ〔古俄语为вълзѣ，阴单三〕——由вълга(即Волга)。
по морію〔应为поморію，中单三〕——由поморие，指沿（黑海和亚速海）海一带的地方。
по сулію〔应为посулію，中单三〕——由посулие，指Сула河（Днепр河的支流）沿岸地带。
сурожу〔阳单三〕——由地名Сурожь，今Судак（在克里米亚）。
49—50. корсуню〔阳单三〕——由地名Корсунь，今Херсон（同上）。
50. Тьмутораканьский〔或Тмутороканьский，形阳单一〕——由地名Тьмуторокань——塔曼半岛上的一个罗斯公国，十一世纪时受Чернигов大公统治，后被波洛夫人侵占。现写成Тмутаракань。
бльванъ〔古俄语为бъльванъ，阳单一〕——偶像，神像。指Тмутаракань附近的为波洛夫人崇敬的《石头女神像》；另解释为"石柱"。
50—51. неготовами〔形阴复五，应为неготовыми〕——无人走过的，没有踩过的；不习惯的。
51. побегоша〔过完复三〕——由побѣжати，奔驰，跑。
крычатъ〔现复三〕——由кричати（р和词末т硬化）。
52. полунощы〔阴复四，无前置词结构〕——深夜，半夜；即в полуночи(нощь这是古斯拉夫语词）。
рци〔рьци命令单三〕——由речи，说；但这一形式用于比较连接词словно，точно等意义。
роспущени〔过被短阴复一〕——由роспустити，放出；驱散；文中有"受惊吓而四处逃散"之意。рци лебеди роспущени "犹如惊弓之鸟"。
53. бѣды〔阴复四〕——由бѣда，不幸，灾难；灾祸。
пасетъ〔现单三〕——由пасти，放牧；看守，伺守；关心地注视。
подобію〔应分写по добію——中单三〕——добіе可能是дубие之误，是дубъ（柞树，橡树）的集名。作为"地点状语"，应与分号前的пасетъ发生关系。
53—54. въсрожатъ〔现复三〕——由въсрожати，掀起，唤起，惊起。
54. клектомъ〔阳单五〕——由клекътъ，鸣叫声。
звери〔阳复四〕——由зверь，复四本为зверѣ。
55. брешутъ〔现复三〕——由брехати，狂吠，吠叫。

чрьленыя〔古俄语为чьрвленыѣ——形长阳复四〕——红色的。此词也写成черьвленыи, червленыи。

руская земле〔呼格〕——也指Русь。

56. Шеломянемъ〔地名，阳单五〕，此词来自шеломя山岗，山岭。某些版本作普通名词，小写。

еси〔быти的现单二〕——意为находишься。

длъго〔古俄语为дълго，副〕——долго；与句点后的句子发生关系。

мркнетъ〔现单三〕——由мьркнути，渐渐暗淡，昏暗，变黑。

запала〔复过单三，由запала есть〕——由запасти，熊熊燃烧；使发红光。

57. щекотъ〔阳单一〕——啼叫。

славiй〔阳复二〕——古俄语为соловии>соловéй，见26，27行。

успе〔过完单三〕——由успѣти，这里替代动词въспѣти唱起，响。〔文献中有时把前缀в(ъ)-写成у-。〕

галичь〔阴复二〕——由галица（ч与ц混淆），见32行。

убуди〔过完单三〕——有的版本写成убуди ся，发出（传来）鸟的啼叫声。

58. великая поля〔中复四〕——意为обширные степи。

щиты〔阳复五〕——盾牌。

прегородиша〔过完复三〕——本应为перегородиша，试比较古斯拉夫语词преградити，阻断，隔断，切断，堵住。

60. заранiя〔中单二〕——由зарание，即рассвет，утро。

пяткъ〔阳单四〕——星期五。

потопташа〔过完复三〕——由потоптати，踏，踩，践踏。从上下文看，它的主语是上段提到的русичи。

поганыя〔古俄语为поганыѣ，形长阳复四〕——异教的，不信基督的；（从宗教观点看）不洁净的。

61. рассушась〔过完复三〕——由рассутися，散播，散落，散开。

помчаша〔过完复三〕——由помчати，追逐，追赶。

62. паволокы〔阳复四〕——由паволока，绫罗绸缎。

драгыя〔古俄语为дорогыѣ，形长阳复四〕——珍贵的。

оксамиты〔阳复四〕——由оксамитъ，丝绒，天鹅绒。

63. орьтъмами〔阳复五〕——由орьтьма，盖布。罩单。

япончицами〔阴复五〕——由япончица，上衣，披风。

кожухы〔阳复五〕——由кожухъ, 羊皮袄。
64. болотомъ〔中复三〕——由болото, 沼泽。
грязивымъ〔形长中复三〕——由грязивыи=грязный。
узорочьи〔中复五〕——由узорочье, 贵重物品。
65. хорюговь〔阴单一〕——战旗。
чолка〔чолька, 阴单一〕——马尾, 马鬃（缚于旗杆上的）。
66. стружіе〔中单一〕——同чолка(чёлка)。
67. Ольгово〔物主形中单一〕——由Олег构成。
хороброе〔古斯拉夫语为храброе〕——勇敢的。
гнѣздо〔中单一〕——巢；〈转〉家族。
далече〔副〕——далеко的意义。
67—68. небыло-нъ——应分开：не было оно。
68. обидѣ〔阴单三〕——由обида, 意为на обиду。
порожедено〔过被短中单一〕——即рождено。
кречету〔阳单三〕——猛禽；隼；鹘。
чрьный〔古俄语为чьрныи形长阳单一〕——即чёрный。
69. Половчине〔集名，地名，阳单呼格〕——意为половцы（俄语中某些地名用作表示该地居民的名称，如Русь可用作русичи, Литва——литовцы等。）
Гзакъ〔阳单一〕——本为гза, 指波洛夫人的首领, 酋长。
70. Кончакъ〔阳单一〕——同上。
править〔现单三〕——由правити, 指出, 引导。
слѣдъ〔阳单四〕——脚印；记号；标明特征。
71. другаго дни〔表示时间意义的第二格〕——第二天。
велми〔或вельми, 副〕——等于весьма, очень。
повѣдають〔现复三〕——由повѣдати, 说出；显示, 显出。
72. тучя〔古俄语本应为тучѣ, 阴复一；因受古斯拉夫语影响, 用я（<ѧ）代ѣ〕——乌云。
съморя——应分写：съ моря（78行同此）。
ԁ солнца——四个太阳、指参加此次征伐的四位罗斯王公——除Игорь, 其弟Всеволод外, 还有其侄Святослав, 其子Владимир。
73. нихъ——指в черных тучах。
трепещуть〔现复三〕——由трепетати, 若隐若现, 时明时暗；闪动；颤动。

мльніи〔古俄语为мълнии，阴复一〕——由мълния，闪电。
быти〔чему〕和74行итти(чему)均表示某现象（某事件）不可避免地要出现（或降临），比较быть дождю! 等动词不定式句。

74. ту〔副〕——即тут, там。
копіємъ〔中复三〕——长矛（用于动词不定式句中）。

75. ся приламати〔应为приломати〕——折断。
ся потручати〔动〕——碰，撞；打击，敲打。

76. Каялѣ〔阴单六〕——由Каяла，河名，但至今未弄清哪条河与此相符。在此河一带Игорь大军惨败，考虑到此词与каяти（忏悔，悲伤）相近，可译为"伤心河"。

77. се〔语〕——意为вот，это。
Стрибожи〔物主形阳复一〕——由Стрибогъ，（斯拉夫神话中神名之一）风神。
внуци〔阳复一〕——由внукъ，孙（子）。

78. тутнетъ〔现单三〕——由тутнути，鸣响，轰鸣。

79. пороси〔阳复一〕——由порохъ，烟尘，尘土。

79—80. глаголютъ〔现复三〕——由глаголати，说；〈转〉哗哗响。

81. странъ〔古俄语为сторонъ阳复二〕——отъ всехъ～——со всех сторон。
бѣсови〔物主形阳复一〕——由бѣсъ（魔鬼）构成。

83. яръ туре Всеволодѣ〔呼格，应为Вьсеволоде〕比较88行。
борони〔古斯拉夫语为брань阴单六〕——战斗。

83—84. прыщеши〔现单二〕——由прыскати，抛，洒；射出。

84. гремлеши〔现单二〕——由гремѣти，发出响声；撞击发出声音（此词在现代俄语中为第二变位法）。
ошеломы〔应为о шеломы阳复四〕——头盔。见26行。
мечи〔阳复五〕——由мечь，长剑，宝剑。

84—85. харалужньми〔形长阳复五〕——由харалугъ，（突厥语）优质钢；另解为"炽热的"。亦解为欧洲某地锻造的钢。

85. поскочяше〔过未单三〕——由поскочити，奔驰。

85—86. Камо..., тамо...——与现代俄语的主从复合句所用куда..., там...同义。

86—87. поскепаны〔过被短阳复一〕——由поскепати，劈开，劈裂，砍断。

87. Оварьскыя〔形长阳复一〕——由авары（高加索一部落名称，早为古代突厥族一部落名，"阿瓦尔人"）构成。

от тебе〔二格〕——被动行为（поскепаны）的主体。

88. кая раны дорога, братiе, забывъ...有不同解释：С. П. Обнорский等认为：кая〔过完单三〕——由каяти, 责备，指摘；дорога——逗号在前，братiе后无逗号；Н. К. Гудзий把кая解为какая，把забывъ（看作дорога〈昂贵〉的客体）解释为забывшему...（名词化）；И. П. Еремин则把句子译成Что тому раны, братья, кто забыл...

    раны——由рана, 伤，伤口；殴打的伤痕；惩罚，征讨；失败。

    дорога〔在于重音，有不同词义〕——дорогой的短阴单一；或者为путь的词义。

    чти〔阴单二〕——由чьсть, 光荣的头衔，荣耀的地位。

89. живота〔阳单二〕——由животъ, 财富；生命。

    Чрънигова〔古俄语为Чьрнигова，二格〕——城名Чернигов。

    отня〔物主形阳单二〕——由отьнь, 父亲的，父辈的。

    стола〔阳单二〕——由столъ, 王位（=престол）。

90. хоти〔阴单二〕——由хоть, 妻子，内人；夫人。

    Глѣбовны〔单二〕——由Глѣбовна, Всеволод Святославич的妻子叫Ольга Глебовна。

    свычая〔阳单二〕——由съвычаи, 风俗习惯，常与обычая〔阳单二〕——风俗习惯，祖训祖制——连用。从88行чти到90行обычая用第二格，是забывъ所要求。在本句末（обычая）后为疑问号，其他文本为感叹号。

    вѣчи〔应为вѣци阳复一〕——由вѣкъ, 时代。

91. Ярославля〔物主形中复一〕——由Ярославъ构成。

    Олговы〔物主形阳复一〕——由Олегъ构成。

92. Тъй бо——тот же; то же。

    крамолу〔阴单四〕——由крамола, 纷争，纠纷。

    коваше〔过未单三〕——由ковати, 铸造，制造。

93. сѣяше〔过未单三〕——由сѣяти, 散播，扩散。

94. тоже——分开то же; тот же。

    звонъ——声音；铃声。

    давный——老的，过去的；昔日的。

95. Ярославъ сынъ Всеволожь——应为Ярославль сынъ Всеволодъ雅罗斯拉夫的儿子符谢沃洛德。

по вся утра〔中复四〕——即по утрам。

95—96. закладаше〔过未单三〕——由закладати，闭上，堵住，塞住。主语Владимиръ指Мономах。

96. Бориса же Вячеславлича〔阳单四〕——Олег Святославич（Игорь的祖父）的堂兄弟，也是Ярослав Мудрый的孙子。

слава——光荣、荣耀；伟大；家族的荣誉。

97. приведе〔过完单三〕——由привести。

канину〔阴单四〕——由Канина，河名（Чернигов城以南）。

паполому〔阴单四〕——由папалома，罩布，罩单，盖布。

постла〔过完单三〕——由постлати<постьлати，铺上。

98. храбра и млада князя〔阳单四〕——指Борис Вячеславич。

97—98行指Олег和Борис被其叔伯Изяслав，Всеволод等打败，Борис被杀，故有"Канина河边铺上绿色的盖布"（表示"陈尸河畔"之意）。

Святоплъкъ〔古俄语为Святопълкъ——Святополк——人名，Изяслав Ярославич之子。〕

99. повелѣя〔应为полелѣя，过完单三〕——由полелѣяти，小心护送。

междю〔古俄语为межю，前〕——即между。

угорьскими〔由угорьский〕——乌戈尔人的（喀尔巴阡山麓一带居民。但угорьские иноходьцы在这里是指匈牙利种的溜蹄马。见202行注。）

междю...иноходьцы〔复五〕按当时习俗，战死的王公是用担架——用两长杆系在两匹并排跑的马身上，这里指Святополк把父亲（一说是其岳父）的尸体运送回基辅安葬于圣索菲亚教堂。

99—100. святѣй〔另一为святои，形长阴单三〕Софіи〔阴单三〕——由София圣索菲亚教堂。

100. Олзѣ〔阳单六〕——由Олег；Гориславличи，或Гориславичи〔阳单六〕——是Олег Святославич的绰号。

101. растяшеть〔过未单三〕——由расти，生长，长出。

сбяшется и растяшеть用于无人称动词意义。~усобицами指奥列格时期兄弟叔侄之间为争夺权势而不断纷争、内讧以至兵戎相见。

погибашеть〔过未单三〕——由погибати，断送，死亡。

101—102. Даждь-божа〔物主形阳单二，也写成дажьбожь——见120行〕——由Даждь-бог—（斯拉夫神话中的）太阳神。文中所谓"太阳神孙子的生命"形象地指王公家族的生存。但даждь-божии внукъ也指罗斯人民。
102. человѣкомь〔阳复三〕——属性三格。вѣци~人们的生命，寿命。вѣци是вѣкъ 的复一形式。
102—103. скратишась〔过完复三〕——由съкратитися，缩减，变短。
103. рѣтко〔副〕——由рѣдъко（元音ъ脱落，д清音化为т），即редко。
ратаевѣ〔本为ратаеве，阳复一〕——由ратаи，庄稼汉，农夫。
кикахуть〔过未复三〕——由кикати<кихати（或кыхати），现用чихать打喷嚏；〈转〉叫喊，惊呼。
104. врани〔古俄语为ворони阳复一〕——由вранъ，大乌鸦。
граяхуть〔过未复三〕——由граяти，哇哇叫。
трупіа〔集名，中单二〕——由трупие，死尸。
деляче〔现主短阳复一〕——由делити，分，瓜分。
105. говоряхуть〔过未复三〕——由говорити，说。
уедіе〔中单四〕——уѣдіе食物，饲料。
ты〔指示代阴复四〕——即те。
106. рати〔阴复四〕——由рать，军队；战争；战斗；敌军。
ты〔指示代阳复四〕——即те。
плъкы〔或пълкъ〕——由плъкъ，军队；战争；战斗；征伐，出征。
105—106. въ ты рати, и въ ты плъкы表示时间意义。
сице и〔应为сицеи，形长阴单二〕——即такой。
108. гримлють〔现复三〕——由гримати，即греметь，见84行。
трещать〔现复三〕——由трескати，劈啪响着拍断，发生。折裂声，喀嚓声。
109. полѣ〔中单六，本为поли〕——由поле，田野，原野；草原。
незнаемѣ〔形短中单六〕——由незнаемо，陌生的；异国的。
земли〔本为землѣ，阴单二〕——由земля。
Половецкыи〔本为Половецкои，形阴单二〕——由Половецкая。
чръна〔古俄语为чьрна，形短阴单一〕——即черна。
110. копыты〔中复五〕——由копыто，蹄；马蹄。
полѣяна〔过被短阴单一〕——由полити，流，流淌。与посѣяна并列作земля 的谓语。古俄语动词的词根为-и-ти的过被形动词的构成与现代俄语的不同。比较полит(ый), убить-убит(ый)/убити—убиен(ыи)等。
тугою〔阴单五〕——由туга，悲伤，伤心；忧愁。

111. взыдоша〔过完复三〕——由възити(възыти)，即взойти升起；出现。
ми—мне。
112. давече〔或давечя，副〕——即вчера。
заворочаетъ〔现单三〕——由заворочати，调转，收回。
113. ему〔因жаль之故〕——指Игорь。
бишася〔过完复三〕——由битися，打仗，厮杀。
114. третьяго дни〔时间二格，古斯拉夫语词尾-яго，或-аго〕——即на третии день。
падоша〔过完复三〕——由пасти，倒下；阵亡。
ту〔副〕——там, тут, в то время之意。
115. брата〔阳双一〕——两兄弟。
ся разлучиста〔过完双三〕——由разлучити ся，分手，分开；
брезѣ〔古俄语为березѣ，阳单六〕——由берегъ，岸。
116. недоста〔或не доста，过完单三〕——由недостати，不够，缺少。要求二格。
пиръ——酒宴，宴席。
сваты〔阳复一〕——由сватъ，亲家，儿女亲家。据史载，罗斯的一些王公（如Святополк Изяславич, Ярополк等）曾娶波洛夫大公或酋长的女儿为妻。
117. попоиша〔过完复三〕——由попоити，把……灌醉。
полегоша〔过完复三〕——由полечи，躺下。
ничить〔现单三〕——由ничати，向后倒下；弯下，俯下。
118. жалощами〔阴复五〕——由жалость，悲哀，悲伤；此处为原因第五格，相当于от жалости, от горя。
стугою〔应为съ тугою〕——见111行тугою。
119. година〔阴单一〕——意为время, час。
въстала〔<въстала есть复过单三〕——由въстати，来临，降临。
пустыни〔或пустыня阴单一〕——空旷，荒野；草原。
120. вступиль〔应为въступила<въступила есть，复过单三〕——由въступити，进入，踏上。
121. дѣвою〔阴单五〕——由дѣва，姑娘，处女。
въсплескала〔въсплескала есть，复过单三〕——由възплескати，响起拍击声，拍击水面发出声响。
крылы〔中复五〕——由крыло，翅膀。

122. плещучи〔现主短阴单一〕——由плескати，发出激溅声，拍击声。
　　убуди——见47行。唤起，引起；使人想起。А. Потебня建议此词义解为прогнала。
　　жирня〔形短中复四〕——由жирьне<жирьнии，也写成жирьныи丰富的，富饶的，富裕的。
123. усобица——内讧；战争。~на кого-что对……的战争，对……攻击。
　　княземъ〔阳复三〕——属性三格。
　　поганыя〔形长阳复四，名词化〕——异教徒，非基督教徒；古俄语写成поганыѣ。
　　погыбе〔可能погыба，过完单三；或者погыбала есть，复过单三〕——由погыбати，停止，停息；结束；死亡。
　　рекоста〔过完双三〕——由речи，（他俩就）说。
123—124. братъ брату——相当于друг другу。
124. се〔指示代中单一〕——即это。
　　моеже〔应为мое же〕——тоже мое。
125. млъвити〔古俄语为мълвити〕——说，与начяша一起构成合成谓语，~про малое, про великое。
　　крамолу ковати——见92行，与Начяша构成合成谓语。
　　на себе〔第四格〕——即на себя。
　　поганіи〔形长阳复一，或погании，名词化〕——同123行。
126. съ всѣхъ странъ——со всех сторон；比较80—81行отъ всѣхъ странъ。
　　прихождаху〔古俄语为приходяху，过未复三〕——由приходити，来到，涌来。
127. зайде〔过完单三〕——由зайти，远走，远离。
　　бья〔现主短阳单一〕——由бити，打击，驱赶。
　　птиць〔集名，阳单四〕——鸟群（见47行）。
128. крѣсити——使再生，复活；挽救。
　　кликну〔或кликнуть，现复三〕——鸣叫，啼；叫唤。
　　карна——哭丧妇，与карити（哭丧）类同。
　　жля——即желя，悲痛，哀伤，此处"拟人化"表示哀号者。
129. по скочи〔应поскочи，过完单三〕——由поскочити，奔跑；迅速扩散，散布。
　　смагу〔阴单四〕——由смага，火，火焰；烈火。
　　мычючи〔现主短阴单一〕——由мыкати，投掷，卷动。

пламянѣ〔形短阳单六〕——由пламенъ，火焰的，冒火焰的。
розѣ〔阳单六〕——由рогъ，角，号角；管子，管（筒）状物。
（以上指用装有火药、火种或冒着火苗的管状物到处投掷。当年希腊人和波洛夫人曾用此法进攻敌人）。

130. аркучи〔应分写为а ркучи，现主短阴单一，本应为рькучѣ阴复一〕——由речи(рьчи)

въсплакашась〔过完复三〕——由въсплакатися，哭叫起来。

131. ладъ〔阳复二〕——心爱的人，丈夫。
132. очима〔中双五〕——由око/очи，眼睛。
съглядати〔或соглядати〕——看见，识出。
потрепати——遭受损失；破损。

133. въстона〔过完单三〕——由въстонати，呻吟，哀叹。
тугою〔阴单五〕——由туга，悲痛，不幸，悲伤。
напастьми〔阴复五〕——由напасть，灾难，不幸。

134. жирна〔形短阴单一〕——由жирьнъ，丰富的；沉重的。
тече〔现单三、过完单三〕——由течи，流淌，流动；流。

135. крамолу——由крамола，内讧，纷争。
коваху〔过未复三，或ковахуть〕——由ковати，制造；锻造。

136. нарищуще〔现主短阳复一，或нарищуче〕——由нарискати，进攻，奔袭。
емляху〔过未复三〕——由емляти，拿，取；掠夺，掳走。

137. бѣлѣ〔阴单三〕——由бѣла，松鼠；灰鼠皮。
138. лжу〔阴单四〕——由лъжа，欺骗；争斗；战争；幽灵。
убуди〔应为убудиста过完双三〕——由убудити，平息，缓和，解除；制服。

138—139. бяше успилъ〔久过单三〕——由усъпити，使和解。
139. Святьславъ——Святославъ在文中被叫作他们的父亲，但指的是王公首领，实际上他是Игорь的堂兄弟。
139—140. 这两行在不同编选本中的标点不同：Обнорский的书如本选编；Гудзий编是：...великый кiевскый: грозою бяшеть притрепеталъ...；Лихачев等编是：...великый киевский грозою: бяшеть притрепеталъ...后一种较合理，即...лжу киевский князь Святославъ бяше(ть) успилъ (своею) грозою и бяшеть притрепеталъ своими сильными плъкы(即полками)。

140. притрепеталъ〔复过单三〕——притрепетати，压倒，压制；打破，粉碎。

141. харалужными——见108行注释。
142. взмути〔过完单三〕——由въмутити，搅乱，搅动（水）。
    озеры——〔由озеро，本应为озéра〕中复四新形式。
    потоки〔阳复四〕——由потокъ，河流，溪流；坑洼。
143. Кобяка〔人名，阳单四〕——由Кобякъ，波洛夫人的一首领。在句中作为动词谓语выторже的直接补语。这里说的是1184年基辅大公Святослав Всеволодич攻打波洛夫人时生擒Кобяк及其子们。
    изъ луку моря〔应为изъ лукоморья〕——лукоморье。海湾，海湾的岸边。在Лаврентьевский список中写成лука моря，如果是这样，则应为изъ лукы моря。
144. выторже〔过完单三〕——由выторгнути，拔出，拖出，揪出；扫出。
144—145. падеся〔过完单三，这里带-ся形式等于无-ся形式паде〕——由пасти，倒下；阵亡；（城池）陷落。
145. гридницѣ〔阳单六〕——由гридница，（古罗斯王公的）卫队室，客厅。
    Святъславли〔物主形阴单六〕——由Святославъ构成。
    ту〔地点状语〕——意为тут。
146. венедици——现称венецанцы威尼斯人，当时泛指意大利人。
    морава〔集名〕——摩拉维亚，摩拉维亚人。
147. кають〔现复三〕——由каяти，责备，指责，斥责。
    иже〔关系代阳单一〕——相当于который。
    погрузи〔过完单三〕——由погрузити，使……浸入，沉入，陷入。
    жиръ〔阳单四〕——财富。
148. Каялы рѣкы половецкія, рускаго злата насыпаша. ——Каялы——Каяла的二格，河名，但рѣкы是单二还是复一？如为单二，则рѣкы половецкія作Каялы的同位语。Обнорский认为在половецкія后要用句点；但如果联系下文和上文，这里рѣкы половецкія则为复一，其前用逗号，作谓语насыпаша的主语，половецкія本应为половецкыѣ（形长阴复一），而不是половецкоя（<половецкоѣ——形长阴单二）。这里рѣкы〔复一〕与（рѣка）Каяла相呼应，它们一起也可有泛指земля Половецкая（рускаго злата насыпаша）的意义。意为：波洛夫人掳获掠夺罗斯的大量金银财宝。
    насыпаша〔过完复三〕——由насыпати，倒入，装入，堆集。
149. кощiево〔或кощiиево，物主形中单四〕——用于раб（奴隶），пленник（俘

房）意义。见194行кощей。

  уныша〔过完复三〕——由уныти，泄气，丧气，沮丧。

150. градомъ〔阳复三——属性三格〕——城池。

  забралы〔中复一，本应为забрала〕——由забрало，城墙，墙垛（古俄语为заборолo）见142行озеры（代озера）<озеро。

  пониче〔过完单三〕——由поникати，低落，消失。

  мутенъ〔мутьнъ，形短阳单一〕——混浊的；令人惶惑不安的。

151. видъ后的冒号是多余的，在на горахъ后用句号，从си ночь起为152行рече的直接引语。

  си ночь〔阴单四〕——即в эту ночь。

  одѣвахъте〔此词在不同版本中写法不同，如写成одѣвахъ те；应为одѣвахуть过未复三〕——由одѣвати，此处意为покрывать。

152. паноломою〔阴单五〕——由паполома，盖布，罩单。

  кроваты——应为кровати〔и/ы混淆〕——由кровать。

  тисовъ〔形短阴单六〕——雪松的，红松木的。

  чрьпахуть〔过未复三〕——由чрьпати，古俄语为чьрпати，черпати，倒上，灌，注。

153. смѣшено〔过被短中单一〕——由смѣсити，混合，搅混，掺合；与съ трудомъ一起构成形动词短语，说明синее вино。

  с трудомъ——意为съ горем，съ скорбью。

  сыпахутьми〔应分写сыпахуть (ми)，过未复三〕——由сыпати，撒上，倒上；大量地给予。

  тъщими〔形长阳复五〕——由тъщии（或тощии）空空的。

154. тулы〔阳复五〕——由тулъ，箭筒，箭囊。

  тльковинъ〔阳复二〕——帮手，共谋者；异族人。

  женчюгъ——即жемчугъ，据拜占庭和旧俄的观念，梦中所见的珍珠意为泪珠。

  лоно——胸，怀抱。

155. нѣгують〔现复三〕——由нѣговати，爱抚，使高兴、愉快，但这里应用"过未复三" нѣговахуть。

  дьскы〔或дъскы，доскы〕——由дьска——доска。用于"房顶"意义。

  кнѣса〔阳单二〕——（两面坡屋顶的）屋脊，梁木。

вмоемъ——应为въ моемъ。

155—156. златовръсѣмъ〔形长阳单六〕——应来自златовърхыи或златоверхыи（或златоврьхыи，златовръхыи，比较златоврьхнии）金顶的。

156. босуви——应为босови〔物主形阳复一〕——由босъ构成，魔鬼的，不吉祥物的。Обнорский的书中认为此词应读如бусови；但现代俄语无此词。

157. Пльсньска〔阳复二〕——由Плѣсньскъ，城名，у前的逗号应移至此词后面。
болони〔阴单六〕——由болонь，沿河低处长满草的地方，低洼处。
бѣша〔古俄语为быша〕——быти的过完复三。
дебрь Кисаню——应为дебрьски сани，前者由дебрь〔或дьбрь〕构成。山坡，峡谷；此处为象征说法：指"林中草蛇"。
не сошлю——有错，有人认为是несоша(?)е。е<ѣ〔阳复四〕，即несли их (къ синему морю)。直接引语到此为止。

158. ркоша〔或рькоша, рекоша过完复三〕——由речи, 其后为直接引语。

159. полонила〔полонила есть复过单三，古斯拉夫语为плѣнила〕——由полонити俘虏，擒获。
слѣтѣста〔过完双三〕——由слѣтѣти，飞走，飞离。

161. соколома〔阳双三，属性三格〕——由соколъ。
крильца〔或крыльца, ы/и混淆, 中复四〕——由крыльцо<крыло（翅膀）构成。
припѣшали〔<припѣшали суть复过复三〕——由припѣшати, 折断，吹断。

162. самаю〔应为самою〕——由самъ——сама。
опустоша〔应为опуташа, 过完复三〕——由опутати, 捆上，禁锢。
путины〔复四, 常用复数〕——绳索；束缚。比较путы。

162—163. въ г̃ день——即в третий день, 比较на третий день。

163. два солнца与159行два сокола, 形象地指Игорь和Всеволод两位王公。
помѣркоста〔过完双三〕——由помѣркнути<померкнути, 暗淡无光，昏暗。
стлъпа〔阳双一，古俄语为стълпа〕——由стлъпъ, 柱，柱子，柱石，顶梁柱，形象地指Игорь和Всеволод。

163—164. погасоста〔过完双三〕——由погаснути, 熄灭，〈转〉坍塌。

164. молодая мѣсяца〔阳双一〕——两轮新月，形象地指Игорь之子Олег〔也有人认为当时Олег尚年幼，可能指其随父出征的长子Владимир〕和侄子Святослав。

165. тьмою〔应为тьмою，阴单五，ъ/ь混淆〕——由тьма。

ся поволокоста〔过完双三〕——由ся поволочи, 被……拖着走。

166. прострошася〔无此词, 可能是прострѣшася, 过完复三〕——由прострѣтися, 四散, 散布。

пардуже〔形短中单一〕——猎豹的。

167. гнѣздо〔中单一〕——巢穴；家族；氏族；一群群。

погрузиста〔过完双三〕——由погрузити, 沉入, 淹没。

буиство〔中单四〕——勇气, 勇敢精神。

подасть〔应为подаста, 过完双三〕——由подати。

168. хинови〔阳单三〕——由хинъ, 集名, 泛指所有信奉多神教或异教的民族、部落, 此处意指поганые。见268行注。

从167行的и въ морѣ погрузиста到168行的хинови应（根据上下文及其语法联系）放在165行поволкоста的后面, 几个以-ста结尾的过完双三形式为并列谓语。

снесеся〔过完单三〕——由сънестися, 扑向, 冲……而去；压倒, 超过。

хула〔阴单一〕——诽谤, 辱骂, 责难。

хвалу〔阴单四〕——由хвала, 赞美, 颂扬。

тресну〔过完单三〕——由треснути, 撞上；压倒。

нужда〔阴单一〕——古俄语为нужа暴力。

169. волю〔阴单四〕——由воля——意志；自由。

връжеса〔应为връже ся, 过完单三〕——由врыгнутися或выргнути ся, 扑向, 扑到, 投入, 冲向。

дивь〔阴单一〕某种怪物；怪状鸟。（见本篇注48）

готскія〔阴复一〕——哥特人的（哥特人是古日耳曼部族之一。此处指居住在黑海和亚述海沿岸的部分哥特人。他们自古以来对于罗斯人的每次失败都十分高兴, 因为他们中的商贾可以弄到奴隶和各种掳获物。本句的意思就说明这点。

170. въспѣша〔过完复三〕——由въспѣти, 唱起歌来。

брезѣ〔古俄语为березѣ, 阳单六〕——由брегъ, 岸。

синему морю〔属性三格〕——指黑海和亚述海。句中готскія красьныя дѣвы——泛指（此时）被波洛夫人征服的哥特人。

171. бусово〔物主形中单四〕——由бусъ构成, 指波洛夫人的某一统治者。即"人们歌颂бусъ的时代"。有人认为бусъ是安特人的大公Бос或Боус。"安特人"——对东斯拉夫人曾称为"анты"。

лелѣютъ〔现复三〕——由лелѣяти, 对……感到开心, 喜悦。

Шароканю〔人名, 单三〕——由Шарокань——波洛夫人的酋长之名, 他多次被俄罗斯人打败; 此处指为他报仇雪恨, 相当于现代俄语的(месть)за Шароканя。

172. жадни〔形短阳复一〕——由жадьнъ, 渴求, 贪图。

173. изрони〔过完单三〕——由изронити, 发出, 说出。

злато〔形短中单四〕——由златъ, 黄金的; 珍贵的。

слезми〔<съ слезами〕——因смѣшено с чем, 作为形动词短语说明злато слово。

рече〔过完单三〕——由речи, 其后为直接引语。

сыновчя〔<сыновьца, 阳双呼格, 同一格〕——由сыновьць子侄, 子弟（本文Святослав对Игорь和Всеволод本为叔伯兄弟）。

174. еста начала〔复过双二〕——由начати。

175. цвѣлити——招惹, 刺激; 耍弄; 折腾。

мечи〔阳复五〕——由мечь, 剑, 宝剑。

нечестно〔副, нечьстьно〕——不光彩地, 不正派地。

одолѣсте〔过完复二〕——由одолѣти, 战胜, 显示武力。

176. проліясте〔过完复二, 可能是пролисте〕——由пролити。

ваю——вы的双数第二格, 属性二格, 译成汉语则是"你俩的……"。

177. жестоцемъ〔形长阳单六, 后为жестокомъ〕——由жестокии, 强健的, 坚硬的。（见266行）。

харалузѣ〔阳单六〕——由харалугъ, (突厥语)宝剑, 一种优质钢。

буести〔阴单六〕——由буесть, 虚荣, 虚荣心; 勇敢, 无畏〔与буиство同义, 两者由буи（见37行注）构成〕。

178. створисте〔сътвористе, 过完复二〕——由сътворити, 做成, 制造; 带来; 完成。

ли〔语〕——这里相当于же; се ли——意为这个么或什么么…!

〔сѣдинѣ阴单三〕——由сѣдина, 白发苍苍, 灰白头发。

вижду〔<виждю, 古俄语为вижю〕——由видѣти, 看见。

179. власти〔阴单二〕——由власть, 力量, 强大; 权力, 统治。

многовои〔阳复五, богатаго(чем)要求〕——兵多将广; 很多武士, 此词前的

и似乎多余。

Ярослава〔阳二〕——他是基辅大公Святослав的亲兄弟，为Чернигов地区的王公。

180. былями〔阳复五〕——由быль，达官显贵。

могуты〔阳复五〕——武士。

Татраны〔阳复五〕——居住在Чернигов地区的，效忠于Чернигов王公的人数较少的非罗斯部落 的名称。

181. Шельбиры, Топчакы, Ревугы, Ольберы〔阳复五〕——同上Татраны，均非罗斯的部落居民的名称。这些词来自突厥语；有人解释这些名称是在Чернигов王公军队中效力的突厥人官佐的称号、官职。

182. бес<безъ〔前〕——ъ消失，词末辅音з清化为с。

тіи〔<тии。тъ的复一〕——意为те，они。

засапожникы〔阳复五〕——由засапожьникъ，掖在靴子里的匕首。

кликомъ〔阳单五〕——由кликъ，呐喊，叫喊声。

183. звонячи〔现主短阴单一，应为звоняче，阳复一〕——由звонити，敲响，敲钟。

прадѣдную〔形长阴单四〕——由прадѣдьнии，祖辈的，祖先的。

рекосте〔过完复二〕——由речи，其后为直接引语。

183—184. мужаимѣся〔应连写мужаимѣся〕——моужатися的复一命令式，但这是当时方言形式，实际上应为моужаимъся，让我们鼓起勇气，振奋精神。

184. преднюю〔形长阴单四〕——由предьни/прѣдьнии，从前的，以往的。

похитимъ〔命令复一〕——由похытити，攫走，取走，窃走。

заднюю〔形长阴单四〕——由задьнии，未来的，以后的。

185. чи〔语〕——相当于разве。

диво〔中单一〕——奇迹，怪事；咄咄怪事。

братіе〔呼格〕——由братья（集名）。

стару〔形短阳单三，名词化〕——由старъ，老年人，老人。

ся помолодити〔应为помолодѣти〕——变年轻。

186. коли〔连〕——意为когда；有时相当于если。

мытехъ〔<мытьхъ阴单六〕——由мыть鸟类换羽毛的时间。

бываеть与въ мытьхъ连用表示"常换羽毛"。

възбиваеть〔再单三〕——由възбивати，攻打，攻下。

187. зло〔<зъло 中单一〕——灾难，不幸；罪孽。
188. пособіе〔中单一〕——支持，支助；帮助。
    ниче〔或ничь〕——即ничто（<ничъто），на ниче——ни во что；на ниче——Н.С. Тихонравов 在《Памятники отречений русской литературы》（1862）读如наниче（连写）——意为иным образом，иначе。
    годины〔阴复一〕——由година 岁月，时光。
    ся обратиша〔过完复三〕——由ся обратити，倒转，回来；改正。从173行и рече 起到188行обратиша 止是Великий Святослав 说的话，但他的话中还引用了"但是你们却说：《……》的直接引语（183行—185行）"
    уримъ〔分写 у Римъ〕——Римъ 是波洛夫人打败Игорь 后摧毁的"город Рим"（或称Римов，Ромен 的旧称），此城在Сула 河畔。
189. Володимиръ——指Переятлавль 公Владимир Глебович。波洛夫人打败Игорь 后向罗斯大举进犯，先进攻Посемье 城，接着攻打Переяславль 城，Владимпр Глебович 在保卫战中受重伤（死于1187年）。
190. Глѣбову〔物主形阳单三〕——由Глѣбъ 构成，此处还是指Владимир Глебович。句子的意思是：由于Игорь 和Всеволод 攻打波洛夫人失利，招致波洛夫人的报复，而未"参战"的Переяславль 等城池的王公和百姓却遭到连累，以致死伤甚众。
    Великыи княже Всеволоде〔呼格〕——当时罗斯王公中同名者甚多。这里的Всеволод 是指Всеволод Юрьевич，绰号Большое Гнездо（死于1212年），是Юрий Долгорукий 之子，Владимир Мономах 之孙，为Владимир 城大公。
191. мыслію〔阴单五〕——由мысль。句中可能省略同根动词мыслити(мыслью)，试比较думать думу。
    ти——ты 的第三格，或тебѣ，тобѣ。动词不定式句的主体。
    прелетѣти〔应为прилетѣти〕——飞来，赶来。
    издалеча〔副，俗语、方言〕——即издалека。
    отня〔物主形阳单二〕——由отьнь 父亲的，父辈的。
    поблюсти〔要求 чего〕——捍卫，保护。
192. веслы〔中复五〕——由весло，桨（比较142行的озеро-озеры 和150行забрало-забралы）。
    раскропити——溅起，泼出；荡起。
193. выльяти〔或вылияти〕——即выливати 倒出，舀出。

第一类文选——语言（词汇语法）注释篇　223

аже(бы)——即если(бы)；Аже бы ты былъ假如（这里）有了你……

чага——女奴，女囚。

ногать〔阴单三〕——由ногата，古代罗斯小的货币单位，小钱。

194. кощей〔或кощий，阳单一〕——男奴，男囚，俘虏。见149行кощіево。

резань〔阴单三〕——由рьзана，古代罗斯小的货币单位，小钱。

пóсуху〔副〕走陆路，走旱路。

194—195. шереширы〔阳复五〕——由шереширъ，箭，长矛，живыми шереширы 意为"借助有生武装力量"。

195. удалыми сыны〔复五〕Глѣбовы〔物主形阳复五〕——（借助）格列布的剽悍勇猛的子弟，作живыми шереширы的同位语。这里指Глеб Ростиславич的儿子——梁赞诸公侯（即Роман，Игорь，Володимир，Всеволод，Святослав），他们于1180年受Всеволод大公分封并藩属于他。

Рюриче〔呼格〕——由Рюрикъ。Рюрик Ростиславич是Белгород的大公。

196. Давыде〔呼格〕——由Давыдъ。Рюрик之兄弟，Смоленск公。两人都是Мстислав Владимирович的孙子。

Ваю——见第176行注。

плаваша〔过完复三〕——但应用"过完双二"плаваста——由плавати，因主体（主语）是Рюрик和Давыд两位。

197. рыкають〔现复三〕——由рыкати，咆哮，吼叫，主语为集名（дружина），谓语用复数。

тури〔阳复一〕——由туръ，公牛，野牛。

198. вступита〔命令双二〕——由вступити。

Господина〔呼格，同双一〕——由господинъ。

199. стремень〔应为стремена，中复四〕——由стремя。

200. буего〔形阳单二〕——由буй，勇敢的，буего Святославлича与Игоревы "同位"，说明раны。

галичкы〔应为галицкъ形短阳单一，此处用为呼格〕——即галицкий——Галич(ь)（地名）的形容词。

201. Осмомыслѣ Ярославе〔应为Осмомысле，呼格〕——Галич的大公。

202. подперъ〔<подперъ еси，复过单二〕——由подперти，顶住，支住；挡住，拦住。

горы Угорскыи——指горы Карпатские，Угорьскыи也指венгерский。见99行注。

203. заступивъ〔过主短阳单一〕——由заступити，挡住，拦住（путь кому）。
    корольви〔阳单三〕——由король，此处指当时的匈牙利国王。
    затвори〔过完单二〕——由затворити，关上，闭上。
    Дунаю〔阳单六，本应为въ Дунаи〕——多瑙河。但此处Дунаю可能为"单三"，其前的въ乃多余词。
204. меча〔现主短阳单一〕——由метати，抛，掷，投。
    времены〔应为бремены，中复五〕——由бремя。
    облаки〔阳复四〕——由облакъ。现代俄语为облако облака́。
    суды〔阳复四〕——由судъ船。现代俄语为судно-суда。
    рядя〔现主短阳单一〕——由рядити，安排，安置。
205. оттворяеши〔应为отворяеши，现单二〕——由отворяти，打开。
    Киеву〔属性三格〕——或Киеву，Кыеву。
206. Салтани〔阳复四〕——由салтанъ，现султан；此词有两意：1）苏丹；2）帽缨。此处意为前者，指土耳其苏丹，（异族）首领。
    стрѣляй〔стрѣляи命令单二〕——由стрѣляти，用作及物动词。比较现代俄语стрелять в（кого-что）。
207. Кончака〔阳单四〕——人名，波洛夫人的一首领。
208. Романе〔呼格〕——Романъ(Мстиславич)是Владимир-Волынь的大公，Андрей Боголюбский的兄弟。
209. Мстиславе〔呼格〕——Мстиславъ(Ярославич)是Луцк的大公，与Роман Мстиславич为叔伯兄弟。
    васъ〔应为ваю〕——ты的双二格，指上两人。
    на дѣло——建功立业，相当于на подвиг建立战功。
210. буести〔阴单六〕——由буесть勇气。
    плаваеши〔现单二〕——主语为ты，Роман；此动词直义为"游"，但此处与高高连用转义为"翱翔"。
    ширяяся〔现主短阳单一〕——由ширятися，伸展（翅膀），〈转〉展翅飞翔，翱翔。
211. хотя〔现主短阳单一〕——由хотѣти。
212. папорзи〔阳复一〕——由папорзъ，肩饰，（古代甲胄的）护肩；护胸，铠甲。
    тѣми〔тъ的复五〕——有原因意义，相当于от тех—от них（指代железные папорзи等）。

тресну〔过完单三〕——由треснути，作咔嚓声，发噼啪声，作拆裂声，〈转〉战栗，发抖。

213. многи страны〔мънози страны〕——многие страны，其后的名词作同位语。

Хинова——集合名词，表示与罗斯敌对的各个东方国家和部落的统称。

Литва——立陶宛，立陶宛人，用于"集合"意义。

Ятвязи——立陶宛的地区和部落名称，用于"集合"意义。

Деремела——同上。

214. сулици〔阴复四〕——由сулица，古时的金属尖头长矛。

повръгоща〔应为повръгоша，过完复三〕——由повръщи（повръщи），古俄语为повърчи抛掉，丢弃，放弃。сулици повърчи，丢盔弃甲。

своя〔古俄语为своѣ，阴复四〕——即свои。

главы——即головы。

поклониша〔过完复三〕由поклонити，即склонить。

215. тыи〔指示代阳复四〕——即тѣ>те〔见概说四有关部分〕。

княже〔呼格〕——此处是对Роман Мстиславич的称呼。

утрпѣ〔过完单三〕——由утьрпѣти，忍得住，受得了；但也可能由утьрпнути/утьрпати衰弱，缩小；暗淡。

Игорю——间接客体（三格），相当于для Игоря。

216. солнцю〔属性三格〕——(свет) солнца。

бологомъ〔古斯拉夫语为благомъ，中单五〕——由болог，好事，善事；好结果；не бологомъ意为не к добру。

листвіе〔集名，中单四〕——即листва，листья。

срони〔过完单三〕——由съронити，落掉，失落。

Рсіи〔应为Роси阴三〕——由Рось，罗西河——第聂伯河的一支流。

217. Сули〔<Сулѣ阴三〕——由Сула，苏拉河。

гради〔阳复四〕——由градъ，俄语为городъ。指敌人沿罗西河和苏拉河把罗斯城池瓜分。

218. ти〔ты的单三〕——即тебе（<тебѣ）。

князи〔阳复四〕——本应为князеи。

219. Олговичи——Олег的子孙们，这里指Святослав，Игорь和Всеволод，还有Святослав的儿子Олег和Владимир。

доспѣли〔<доспѣли суть复过复三〕——由доспѣти，来到，赶上。

брань〔古俄语为боронь，阴单四〕——战斗，斗争，战争。

219—220. Инъгварь и Всеволодъ, и все три Мстиславичи——这里指Волынь地区的王公们。Инъгварь（又为Игварь）和Всеволодъ是兄弟，所谓"Все три Мстиславичи"——是Мстислав Изяславич（即Владимир Мономах的长子）的三个儿子Роман，Святослав和Всеволод。

220. худа〔形短中单二〕——由худъ；худой——意为плохой, не худа гнѣзда——即не худой семьи。

220—221. шестокрилци〔阳复一〕——由шестокрильць有六只翅膀的雄鹰〔此处指Ингварь, Всеволодъ和他们的兄弟Мстислав, 三个雄鹰-王公有六只翅膀〕。

221. непобѣдными——应分写为не побѣдными。

жребии〔阳复五〕——由жребии, 签；〈转〉命运, 作用。

расхытисте〔过完复二〕——由расхитити, 陆续夺得；分别窃取；陆续弄到手。

кое〔副〕——这里意为где...！

222. ляцкiи——польские的旧称。

223. полю〔属性三格〕——这里指"草原"（степь），即草原上的游牧民，也指波洛夫人的地方。

225. Двина——德维纳河。

226. болотомъ〔中单五〕——"比喻五格"，像沼泽地的污泥浊水般地，浑浊地。

онымъ〔指示代长复三〕——由оныи（<онъ-и），相当于тѣмъ。

полочаномъ〔<половчаномъ, 阳复三〕——由половьчанинъ/复一половьчане, 即половец/половцы。

течеть...поло(в)чаномъ——无前置词（к）结构。

227. Изяславъ сынъ Васильковъ——应为Изяславъ, сынъ Васильковъ逗号后为同位语。Изясав是波洛茨克大公Всеслав的孙子（王公）之一，也是波洛茨克（Городно城的）王公；另一说是"著名的Всеслав曾孙，1183年在与立陶宛人战斗中阵亡"（见Обнорский的《Хрестоматия》220页）。

228. притрепа〔过完单三〕——由притрепати, 粉碎, 打破, 击倒；〈转〉征服, 折服。

230. и схоти ю на кровать——学者们认为这句意义晦涩不清，尽管试图作各种"解释"，均难"自圆其说"，可能在"辗转"抄写过程中遗漏或另加了一些词，或改动，错写了一些词。

231. крилы〔中复五〕——由крило/крыло，即крыльями。
    пріодѣ〔过完单三〕——由пріодѣти，挡住，遮住，覆盖。此处птицѣ（集名）作主语，谓语本应为复三пріодѣша。
232. полизаша〔过完复三〕——由полизати，舔，舔干。
    бысь〔应为бысть或写成бы——быти的过完单三。〕
    Брячяслава〔人名，否定二格〕——应为Брячислава，他是Витеб的王公Брячислав Василькович。
233. Всеволода〔人名，否定二格〕——是Брячислав和Мстислав的兄弟；另一说是Всеслав的兄弟（见Гудзий编，第67页）。
    единъ〔古俄语为одинъ〕——用作副词одиноко单独地，独自一人地。
    изрони〔过完单三〕——由изронити。见173行注。
    жемчюжну〔形短阴单四〕——由жемчюжьнъ，珍珠的；珍珠般的。在中世纪的观念中灵魂等同于明亮纯净的珍珠。
234. злато ожереліе〔中单四〕——指大公及其左右近臣挂在颈部胸前的金项链以示其特殊地位。
    унылы〔或уныли，形短阳复一，ы/и混淆〕——由унылъ，凄凉的，单调的，沉闷的。
    пониче——见150行注。
235. Городеньскіи〔地名形容词阴复一〕——由地名Городно构成（见227行注），曾是Изяслав Василькович大公的分封地，在今白俄罗斯明斯克州Стырь市和Горынь之间。
    Ярославе〔呼格〕——此处指Чернигов的王公Ярослав Всеволодовичь（即Мстислав Великий之孙，一说是Олег王公之孙）另说是Всеслав之孙（之一），亦为波洛茨克的王公之一。
235—236. вси внуце Всеславли——呼格。внуце应为внуци，即внуки；Всеславли是Всеслав构成的物主形阳复一。
236. понизить〔应为понизите，命令复二〕——扎入、插入（剑鞘）。
237. вережени〔过被短阳复四〕——由вередити，损坏，破损，损伤。
    выскочисте〔过完复二〕——由выскочити，跳出；掉出，〈转〉离开，背离。
    дѣдней〔形长阴单二〕——由дѣдьнии，祖父的、祖辈的。
    славѣ〔方言形式，应为славы，阴单二〕——由слава。
238. начясте〔过完复二〕——由начяти/начати。

наводити——引向，引到。

поганыя〔应为поганыѣ，阳复四，名词化〕——异教徒。

239. жизнь——此处意为"财产，产业"。

которое〔应为которою阴单五——表示原因〕——意为из-за этого(из-за того)，这里指因罗斯诸王公兄弟叔侄之间的内讧和纷争（而引来波洛夫人的武力侵犯）。

бѣше〔古俄语为бяше，过未单三〕——由быти。

240. На седьмомъ вѣцѣ Трояни——指遥远的过去，седьмой在此是个"约定数"。

вѣцѣ——由вѣкъ（век）。

Трояни〔物主形阳单六〕——由Троянь。见29行注。

връже〔古俄语为вьрже，过完单三〕——由вьргнуть<врьчи（古俄语为врьчи）——变位（单一）:вьргу（或врьгу，вергу。）抛，丢；врьщи жребии 抽签。〈转〉决定自己的命运，定下决心；孤注一掷。

241. Всеславъ——即Всеслав Брячиславич，波洛茨克大公，波洛茨克"王朝"的创始人，他曾与Ярослав Мудрый的儿子们为敌。

дѣвицю〔阴单四〕——由дѣвица姑娘。这里是形象说法，意为"基辅的王位"。

о〔前置词〕——要求第四格和第六格，有同样意义——表示"有关"，"相关"（意为относительно，в отношении）。

любу〔形短阴单四〕——由любыи，心爱的，心上的。

тъй〔指示代阳单一〕——即тот（=он），指Всеслав公。

клюками〔阴复五〕——由клюка，欺骗，狡猾；欺名盗世。

241—242. подпръся〔过完单三〕——由подъпьрѣтися，靠着，倚着，〈转〉加强，支持，有靠山。

242. о кони〔应连写окони（ся），过完单三〕——由оконитися，骑上马，跨上骏马。

дотчеся〔过完单三〕——由дотечися，到达，触及到。

стружіемъ〔中单五〕——由стружие，额发，额鬃。此处指战马的额鬃或长矛上的用马尾做的缨。

244. плъночи〔应为полночи〕——但въ полночь在半夜，子夜。

Бѣла-града〔复合词两部都变格〕——即离基辅四十俄里的Белгородок。

обѣсися〔过完单三〕——由обѣситися，蒙上，笼罩，遮盖，包围；悬吊。

синѣ мьглѣ〔阴单六〕——由синя мьгла，沉沉的黑色。本应为сини мьглѣ，无前置词（в）的结构。

утрь〔应为утрѣ中单六〕——即утром，в утро这里是无前置词（в）的结构。

245. воззни стрикусы——两词均不见于古今词典中，后者可能是突厥语词（一种兵器），前者可能"抄错"，因此意义不明（可能是возъстани之误）。但Гудзий对此解释为"утром же ударил секирами"。секира斧，钺。即"一清早他（指Всеславъ率兵在基辅起义民众的支持下）就率领军士（挥舞刀枪）"。十二世纪在基辅发生的"起义"较大者有两次，分别在1113年和1146年。这里指的可能与《Слово о полку Игореве》创作年代相距不远的时间——即后一次。

расшибе〔过完单三〕——由расшибити，摧毁，破坏。

246. Ярославу与上行的Новуграду均为属性三格。

влъкомь〔古俄语为вълкомь或вълкомъ，比喻第五格，与现代俄语的用法相同〕——像狼一般地。

Немига——地名，基辅城郊的地方。

Дудутокъ〔复二〕——由Дудутки，地名，离基辅不远处。

247. снопы〔阳复四〕——由снопъ，捆，束，串。

стелютъ〔现复三〕——由стьлати，铺，铺上，铺成；与以下动词"现复三"形式一起用于不定人称句。

молотятъ〔现复三〕——由молотити，敲，打。

чепи〔应为цепи，阳复五〕——由цепъ，（农家）连枷。

248. тоцѣ〔阳单六〕——由токъ，打谷场，场院。

животъ〔阳单四〕——生命；财产。

249. Немизѣ〔同246行，阴单六〕——无前置词〔на〕结构。

кровави〔行短阳复一〕——由кровавъ，鲜血的，血红的。

брезѣ〔应为брези，古俄语为берези，阳复一〕——由брѣгъ(берегъ)岸。

бяхуть〔быти的过未复三〕——与посѣяни一起作谓语。посѣяни〔过被短阳复一〕——由посѣяти散布。

бологомъ〔古斯拉夫语为благомъ中单五〕——由благо，即добро。

250. людемъ〔复三〕——作судяше的补语。

судяше〔过未单三〕——由судити，谴责；判罪，定罪。

251. грады〔阳复四〕——即городá。

рядяше〔过未单三〕——由рядити，管理，控制，支配。

рыскаше〔过未单三〕——由рыскати，四处搜索，搜寻。
252. дорискаше〔过未单三〕——由дорискати，搜索到，搜查到。与上一词同根，但在辅音р后元音ы/и混淆。

до Куръ〔应小写до куръ，阳复二〕——由куръ，公鸡，比较до петухов，到鸡叫（到天明）。

хръсови〔阳单三〕——由хръсъ或хръсъ=хъросъ，或хорсъ，古代斯拉夫人敬奉的神灵之一：太阳神。可能指当时当地还保存的太阳神庙。

253. прерыскаше〔过完单三〕——由прерыскати，急匆匆跑过，穿过；乱窜。

тому——Всеславу（226行тому亦同）。

Полотскѣ〔本应为Полотсцѣ，阳单六〕——由Полотскъ或Полоцк，波洛茨克，地名。

253—254. заутренюю〔形长阴单四〕——由заутреняя（或заутрьняя），或用заутреня(заутрьня)晨祷。

254. Святыя Софея〔或Святыѣ Софеѣ，阴单二〕——圣索菲娅教堂。

255. аще(и)〔连〕——相当于хотя；если等。

вѣща〔形短阴单一〕——或вѣщая<вѣщии，先知的，聪慧的。

друзѣ〔应为дръзѣ，形短中单六〕——由дьрзъ，дрьзъ，дръзъ，дерзъ，勇敢的。试比较现代俄语的дерзкий。

нъ〔连〕——即но。

256. страдаше〔过未单三〕——由страдати，经受，遭受，忍受。

пръвое——或пьрвое，прьвое，первое，首先。

припѣвку〔阴单四〕——由припѣвъка，赞歌，怨歌。

смысленый〔形长阳单一〕相当于单独用的独立一致定语，说明前面的вѣщей Боянъ——大智大勇的，天才的，智慧高超的。

257. горазду〔形短阳单三，与其前的хытру一样，名词化〕——由гораздъ，灵巧的（人），机灵的（人）。

ни хытру, ни горазду, ни птицю〔阳单三〕горазду суда Божiа не минути（=миновать）是否定的动词不定式句，表示"无论（什么人）都逃不脱上帝的惩罚"。

259. Владимiра〔单四〕——Старьи Владимир，见14行注；即Владимир Мономах（Владимир Всеволодович）。

260. льзѣ〔副〕——можно, следует; не льзѣ——нельзя。

пригвоздити——钉在……，钉住。
сего〔副〕——因此。

261. сташа〔过完复三〕——由стати，竖立，站立，挺立。
Рюриковы〔物主形阳复一〕——由Рюрикъ构成。
друзіи〔形长阳复一〕——由другъи，其他的，另外的。
давидовы〔或Давыдовы，物主形阳复四〕——由Давыдъ构成，指Давидовы стяги大卫的战旗。
整句是"(У одних〔князей〕)ныне стали стяги Рюриковы, а у других стяги Давидовы"，指出罗斯王公各自打出旗帜，四分五裂，占城为王，各自为政，彼此敌对。
рози нося——各抄本不同，有写成розно ся; розно<розьно，古斯拉夫语为разьно〔副〕——в разные стороны, отдельно; розьно себе——врозь, порознь; ся与пашутъ组成一词，见262行。

262. имъ〔属性三格〕——等于их。
хоботы〔хоботи阳复一〕——由хоботъ，权杖。
ся...пашутъ〔现复三〕——由ся пахати，飘扬，飞舞。
на Дунаи〔阳单六〕——在на前应用句号，这两词属于下行（下段），是句子……гласъ слышитъ的组成部分。在民间诗歌中经常见到用Дунай表示事件活动地点的一个诗体名称，见322行注。

263. слышитъ——应为ся слышитъ，其后冒号应为逗号。
Ярославнынъ（阳单一）——Ярославна的物主形容词，这里ы/и混淆，应为Ярославнинъ, Евфросиния Ярославна是Игорь公的第二位妻子。
зегзицею〔阴单五〕——由зегзица，杜鹃，布谷。
незнаемь〔有误，Обнорский认为应读如незнаемѣ或作为副词незнаемо；Еремин则用незнаема〕——考虑到зегзицею这一形式有两种理解：被动行为（не знаемъ）的主体，那么незнаемь则说明гласъ，应为"现被短阳单一"незнаемъ（即"连杜鹃也不知道〔也没有〕的声音"）；如果把зегзицею理解为"比喻五格"（как зегзица），则应为"现被短阴单五"незнаемою〔即"像不知名的鸟儿一样"〕。见本行的зегзицею。

264. кычеть〔现单三〕——由кыкати(кикати)，咕咕叫。
полечю〔现/将单一〕——由полетѣти，从此词到266行тѣлѣ为рече的直接引语。

Дунаеви〔三格〕——即(по) Дунаю。

омочю〔现/将单一〕——由омочити，浸湿，弄湿。

бебрянъ〔形短阳单四〕——据Н. А. Мещерский "К толкованию лексики 《Слова о полку Игореве》……" 解释，此词有两个意义：海狸的，海狸皮的；白色的，白丝绸缝制的。

265. утру〔现/将单一〕——由утьрети，擦去，擦干，擦净。

Князю——这里指Ярославна的夫君Игорь。

266. жестоцѣмъ〔形长中单六，后为жестокомъ〕——由жестокии，强健的，饱经风霜的。见177行。

267. аркучи〔分写а ркучи，以下均同此〕——речи的现主短阴单一。

вѣтрѣ, вѣтрило——均为呼格，但前者应为вѣтре；后者在古俄语中有两义：风；帆，风帆。

чему〔用作疑问副词〕——почему。

268. мычещи〔现单二〕——由мыкати，投掷，扔。

Хиновьскыя (Хиновьскыѣ，形阴复四)——由专名Хинъ。在本文中泛指"东方（各民族）的"，异族的，突厥的。见168行注。

269. крилцю〔或крильцю, крыльцю中双六〕——由крильце，两翅。на нетрудною крилцю，乘着轻盈的双翅。

моея〔моеѣ，阴单二〕——说明лады。

лады〔阳单二〕——由лада，丈夫，夫君。以-а结尾的阳性名词有说明词时，后者应为阳性同格，但本文моея与лады只在"形式上一致"（见275-276行мою ладу），不考虑在意义上的一致关系。

вои〔阳复四〕——由вои，武士，战士。

270. горѣ〔也写成горь, горѣ〕——由гора，此处为горѣ，无前置词（на）结构。用作副词状语，意为"在高处""在上空"。

облакы〔阳复五〕——由облакъ，后为облако（中性）。

лелѣючи〔现主短阴单一，本应为阳单三лелѣючю，说明ти（指вѣтру），比较200行лелѣявшу，说明ти（指Донцу）〕轻摇，晃动，爱抚。

270—271. на синѣ морѣ〔中单六，新形式〕——本来为на сини мори，即на синем море。

271. ковылію〔中单三〕——由ковыліе，（集名）针茅草。

развѣя〔过完单二〕——由развѣяти，吹散，吹开。

272. Путивлю городу——属性三格。Путивль——城名。
 заборолѣ〔中单六，比较267行古斯拉夫语забралѣ〕——城墙。
273. словутичю〔应为словутицю，ч/ц混淆，呼格〕——由Словутиць，是第聂伯河的古名。
 каменныя горы〔阴复四〕——指第聂伯河中的许多石滩，急流险滩。
274. сквозѣ〔前，或写成скозѣ，后为сквозь〕——через。
275. носады〔或写成насады，阳复四〕——（一种）船；船队。
 до плъку Кобякова〔物主形阳单二〕——全句通过对第聂伯河的呼喊来表达作者认为1184年Святослав攻打波洛夫汗Кобяк时取得的胜利，是靠这条河的帮助而侥幸成功——"直捣Кобяк的大本营"。
 възлелѣй〔命令单二〕——由възлелѣяти，吹动，吹来。
276. быхъ не слала〔假定阴单一〕——由сълати，送去。
277. къ Путивль——应为въ Путивлѣ（<Путивли），由Путивль。见272行。
278. тресветлое——由тре（<три）+светлое构成的复合词，比较трисвятыи，即трижды святой。此处意为самое светлое。
 слънце〔古俄语为сълньце〕——此处为呼格солнце。
279. простре〔过完单二〕——由простьрети，伸向，伸展；朝向；扩及。
 лучю〔阴单四〕——由луча〔集合义〕，同луч/лучи。
280. въ полѣ〔本为въ поли〕——在（干涸无水的）草原上。
 жаждею〔阴单五，"原因五格"，意为от жажды〕——由жаждя>жажда，比较古俄语жажа，口渴，干渴，想喝水。
 лучи〔阳复四，应为луци，ц/ч混淆，但复四为лукы〕——由лукъ，弓。
 съпряже〔过完单二〕——由съпрячи，绷紧（拉不开）；使弯曲。
281. тули〔阳复四，本为тулы〕——由тулъ，箭袋，箭囊。
 затче〔过完单二〕——由затечи，流入，灌满，注入。
 整个280—281行的意思是В безводной степи воины от жажды и печали не могли стрелять(сражаться)。
282. прысну〔过完单三〕——由прыснути，起波涛，波浪翻滚。
 полунощи〔无前置词时间四格〕——в полуночи。
 сморци〔смърчи，另一为смьрчь>смерчь，阳复一〕——旋风，龙卷风；水柱。
 мьглами〔阳复五"比喻五格"〕——黑压压一片；雾蒙蒙地。见292行подъ

мьглами 在夜雾中，在夜雾笼罩下。

283. кажеть〔现单三〕——由казати，指出，指引。

284. погасоша〔过完复三〕——由погаснути，熄灭，消失。
вечеру〔属性三格〕——意为вечерние(зори)，晚霞。

285. бдить〔现单三〕——由бъдѣти（比较будити），醒来。
мыслію〔阴单五，"行为方式五格"〕——意为въ мыслях，在思想上，心里暗暗地。

286. комонь〔阳单一〕——即конь（现乌克兰语仍用комонь）。此处意义可能为комонем或сѣвъ на комонь。指计划从波洛夫草原逃走时骑马从半夜出发。
Овлуръ〔阳单一〕——一位被Игорь收买并一起逃往罗斯的波洛夫人的名字。

287. свисну〔过完单三〕——由свиснути<свистнути，吹口哨（作为联络信号）。
разумѣти——明白，理解，注意；清醒，别瞌睡。

287—288. князю Игорю не быть〔быти〕——否定的动词不定式句，意为князя Игоря нет——他本该在约定处等候（听喊声）而因某客观原因其人不在。

288. кликну〔过完单三〕——由кликнути，〔他〕喊叫（一声）。
стукну〔过完单三〕——由стукнути，〔大地〕轰鸣（一下）。
въшумѣ〔过完单三〕——由въшумѣти，〔草儿〕发出响声。
вежи〔阴复一〕——由вежа帐篷。

289. подвизашася〔过完复三，前有ся，本词的ся多余〕——由подвизатися〔或ся подвизати〕，移动起来，动弹。
горнастáемъ〔或горностаемъ，阳单五"比喻五格"〕——由горнастáй〔горностáй〕，白鼬。

290. гоголемъ〔阳单五，"比喻五格"〕——由гоголь，鹊鸭。
въвръжеся〔过完单三〕——由въвръчися〔或въвьръчися〕，比较现代俄语ввергнуть/ввергать，闯入，摔倒……里，陷入。本文的意义为"一步跨上"。
бръзъ〔古俄语为бързъ——борзый，形短阳单四〕——迅速的，轻快的，~комонь快马。

291. босымъ〔形长阳单五〕——灰色的，~влькомъ像灰狼一样，敏捷地。
скочи〔过完单三〕——由скочити，跳下。
потече〔过完单三〕——由потечь，流；游；奔驰。
лугу〔阳单三〕——由лугъ，草地。

293. завтроку〔阳单三〕——即завтраку。

ужинѣ〔阴单三〕——由ужина，中午小吃，此词的词义与后来的ужинъ（晚餐）混淆并由后者取代。

завтроку, обѣду и ужинѣ 为无置词（къ）结构。

коли〔连〕——意为когда。

294. Влуръ——即Овлуръ，见286行注。

труся〔现主短阳单一〕——由трусити，抖落，抖掉。

собою——此处用于с себя（从身上）意义。

295. претръгоста〔过完双三〕——由прѣтъргнути，损坏，累坏；伤害。

своя бръзая комоня〔均为阳双四〕——两匹快骑。

296. нелюбія〔下行的веселія等为中单二，由мало ли要求〕——不愉快的事，倒霉的事。

298. лелѣявшу〔过主短阳单三〕——由лелѣявъ<лелѣяти。这里的形式与上行的ти〔阳单三〕一致，以下的形动词（短尾）阳性单数三格均同此。

влънахъ〔古俄语为вълнахъ，阴复六〕——即волнах。

299. брезѣхъ〔古俄语为березѣхъ，阳复六〕——即берегах。

300. сѣнию〔阴单五〕——由сень，即тень树荫，阴影。

зелену древу〔中单三，属性三格〕——绿树。

стрежаще〔应为стрегшу，过主短阳单三，与лелѣявшу等并列〕——由стрѣщи（或стречи，古俄语为стеречи），警卫，保护，守护。

е〔应为и，人称代阳单四〕——即его。

301. чайцами〔阴复五〕——由чайца，一种水鸟。

струяхъ〔阴复六〕——由струя，水流，流水。

чрьнядьми〔古俄语为чърнядьми，阴复五〕——由чрьнядь(чърнядь)，一种野鸭，句中几个名词五格形式用于"工具五格"意义。

302. Стугна——河名，第聂伯河的一支流。

худу〔形短阴单四〕——由худъ(худыи)，坏的，糟的；细小的，贫弱的；普通的。худу струю имѣя，虽然水流不大。

пожръши〔过主短阴单一〕——由пожрѣти，吃掉，吞食，吞噬。

303. стругы〔阳得四〕——由стругъ，船。

ростре〔过完单三〕——由рострѣти，夹住，挤住；使……走不过去。

кусту〔阳单六〕——由куст，灌木丛，草丛。

уношу〔阳单四，古斯拉夫语为юношу〕——由уноша/юноша。

303—304. Княжю Ростиславу〔作уношу的同位语，应用阳单四князя Ростислава〕——Ростиславъ Всеволодичь是Владимир Мономах的兄弟，1093年因波洛夫人追逐在渡Стугна河时淹死，时年仅22岁，故用уноша一词。

304. затвори〔过完单三〕——由затворити，关闭，禁锢。

    Днѣпрь——或为Днѣпръ。

    темнѣ березѣ〔阴单六〕——由тьмьнъ брѣгъ（或берегъ），在其后的句点应移至Днѣпрь之后。

305. Ростислава〔应为Ростиславля〕——物主形阴单一，说明мати。

    уноши〔阳单六〕，князи Ростиславѣ〔阳单六〕——同上。

    уныша〔过完复三〕——由уныти，泄气；忧郁；萎靡。

306. жалобою〔阴单五，"原因五格"〕——由жалоба，悲伤，哀痛。

    стугою〔应为съ тугою〕——悲痛地，伤心地。

    прѣклонило〔可能是прѣкони>прѣклони ся——过完单三，与前面的уныша同一时间形式〕——由прѣклонитися，低垂，弯下，俯身。

    сорокы〔阴复一〕——由сорока，喜鹊。

307. втроскоташа〔应为въстрокоташа，过完复三〕——由въстрокотати，吱吱叫了起来，比较309行троскоташа啼，叫。

    Гзакъ——即Гза，见69行注。

308. граахуть〔过未复三〕——由граяти，呱呱叫，哇哇叫。（граахуть<граяхуть，因元音a在另一元音后失去j）。

    помлъкоша〔古俄语为помълкоша，过完复三〕——由помлъкнути，不作声，沉默下来。

309. полозію〔应为полозие，集名，中单一，比较полозъ〕——游蛇，爬行类动物（但Обнорский认为应读如по лозію）。

    ползоша〔过完复三，与полозие意义上一致〕——由ползти，爬行。

    дятлове〔阳复一，比较сынъ/сынове, сыны〕——由дятлъ，啄木鸟。

    тектомъ〔阳单五"方式五格"〕——由текътъ，敲击声，啄木声。

310. пѣсьми〔阴复五，"方式五格"〕——本应为пѣсньми，由пѣснь，歌曲。

    повѣдають〔现复三〕——由повѣдати，说出，表明，报告。

311. млъвитъ〔现单三〕——由млъвити（古俄语为мълвити），说，其后为直接引语。

    Кончакови〔阳单三，或Кончаку〕——由波洛夫汗Кончакъ（人名）。

第一类文选——语言（词汇语法）注释篇   237

аже〔连〕——即если。

соколъ——此处指Игорь。

312. соколича〔阳单四〕——由соколич小鹰, 此处指Игорь的儿子Владимир〔另说是Олег〕。

рострѣляевѣ〔现/将双一〕——由рострѣляти, 射杀。

313. вѣ——第一人称双数第一格, 即мы оба。

314. опутаевѣ〔现/将双一〕——由опутати缠上；禁锢, 控制, 使……受束缚。

315. нама——第一人称双数第三格ни нама будет(кого-чего)相应于现代俄语у нас(обоих) не будет (ни)..., ни...

316. красны дѣвице〔阴单二, <красны дѣвицѣ〕——由красьна дѣвица。后来证实：Игорь的儿子Владимпр于1187年带上波洛茨克汗Кончак的女儿逃了出来。

наю第一人称双数第二格, 相当于нас обоих。

птици〔阴复一〕——由птица, 整句有："众叛亲离"的意味。

318—319. 从Рекъ Боянъ……到хоти——因抄本多处破损以致文字晦涩不明, 虽经众多注释家努力"解读", 仍不得要领。下面仅据Еремин解释：Сказал Боянъ, песнотворец старого времени, Ярославова и Олегова...显然其中有些词未作诠释。

318. ходы——语义不清。

на——语义不明。

Святъславля〔物主形阳单四〕——由Святъславль。

пѣстворца〔<пѣснотворьца, 阳单四〕——由пѣснотворьць, 歌手, 编歌手。

319. Ярославля Ольгова——物主形单二, 有的材料上分开：...времени Ярославля, Ольгова коганя...

коганя〔阳单二〕——词义不清。是否为каганъ（可汗、汗, 相当于государь, царь等）之误。

хоти〔格?〕: хоть〔阳〕——爱人, 情人；хоть=хоти〔阴〕亲爱者, 妻子；хоть相当于желание。хоти后面冒号为Рекъ Боянъ的直接引语。

тяжко〔<тяжько副〕——沉重地, 昏沉沉地, 艰难地。

ти〔ты的单三格〕——即тебе, 作属性三格, 有泛指的意义。

головы〔阴单二?似乎应用голове, 单三, 因与谓语副词тяжко连用。比较тяжко у тебя в голове。〕

320. кромѣ〔前〕——意为без。

плечю〔中双二〕——由плечé〔单一〕——плечи〔双一〕双肩。

зло〔<зъло副〕——坏，糟；灾难，不幸；凶险。

русской земли〔阴单三〕——与上句тѣлу同格，因此可理解为省去了Тяжко и зло (Русской земли Игоря)或者Так и Русской земле без Игоря。

321. небесѣ〔中单六〕——由небо（<нѣбо），见概说之四的名词变格法，比较现代俄语的на небе或на небесах——两者同义，后者用于诗体语中。

322. Дунаи〔单六〕——见262行注。泛指一般河流——罗斯的地方。此词经常作为"史诗性的河流"名称。自古以来（从Владимир Мономах时代起）在多瑙河下游分布着罗斯的村落。因此本句所指的是罗斯姑娘（人民）对Игорь回到罗斯感到喜悦。

голоси〔阳复一〕——由голосъ，声音，欢呼声；消息。

323. Боричеву〔物主形阳单三，由地名Боричь构成〕——指по Боричеву спуску（或взвозу）顺着Боричь的陡坡——这是从第聂伯河码头出发直通基辅的路。

323—324. Святѣй Богородици〔阴单三〕——圣母大教堂，святѣй（或святой）——святая的三格。

324. Пирогощей〔阴单三〕——说明Святѣй Богородици，此教堂为Мстислав大公于1131年所建。之所以称为Пирогоща（译自希腊语，意为"塔楼的"）是因为教堂内供奉由君士坦丁堡运来的"塔楼（内）的"圣母神像。

ради〔形短阴复一，本为рады〕——由радъ，高兴。страны在这里指各个地区，意为"举国欢腾"。

гради〔阳复一〕——即города。

325. а по томъ——即а после того或после этого。

молодымъ〔形长阳复三〕——指молодым княземъ。

слава〔阴单四，同一格〕——古俄语句法中以-а结尾的阴性单数名词在及物动词不定式后作直接补语时第四格或同第一格。

但也可把句子断句成...а по томъ молодымъ пѣти. Слава Игорю...

326. Святъславлича——应为Святославличю〔单三〕。

Всеволодъ——应为Всеволоду〔与туру同格〕，即слава туру Всеволоду。

буй（<буи）——作为形容词短尾阳性，本应变格为бую，与туру一致。试比较...уподобитися мужу бую...；...за раны игоревы, буего Святъславлича。

327. здрави〔形短阳复一〕——由здравъ，古俄语为здоровъ。此处有"表示祝愿"的第三人称命令式意味，即да будут здоровы或здравы。比较现代俄语用于招呼的感叹词：здорово！

побарая〔现主短阳单一，本应为побараюче阳复一〕——由побарати，打败，击溃，战胜。

хрьстьяны〔阳复四〕——由хрьстиянинъ，基督徒。

328. a〔连〕——用于联合意义，相当于连接词и。

дружинѣ〔阴单三，集名〕——即и (слава) дружине。

Аминь〔或Аминъ 语〕——阿门（基督教祈祷的结尾语，表示"心愿如此"）。俄语古文献中在文末也常用，尤其见于宗教性文献中。见第一篇末句。

第七篇

Из «Слова Даниила Заточника» (XII-XIII вв.)

这是十二三世纪罗斯文学中一部极有特色的重要作品，文献有两个版本：十二世纪版本和十三世纪版本；但这部作品的名称在文献的一个版本中亦称为《Моление Даниила Заточника》或《Послание》，是作者上书给佩列雅斯拉夫里大公（Ярослав Всеволодович）的，近似于"申诉书"或"陈情表"，但两者有本质的不同。作者在文中对于社会的不公、贫富的差异以及个人遭遇（特别是怀才不遇、穷途潦倒）做了陈述，希冀得到大公和朝廷的恩赐；作者还对教会神职人员和贵族阶层的特权进行了抨击（但后来其文经人改动，使其中不少牢骚和不满言论有所"缓和"）。作者自称Даниил Заточник，是化名还是真名实姓现无定论。许多研究人员对于其人身世也莫衷一是。本文传世的最古抄本属十六世纪，而现在采用的抄本属十七世纪（注：两个版本的抄本有十几种之多）。作者在文风和语言上极具特色，他在陈述的文字中旁征博引，喻义甚多，显示作者有极大的才华和广博的知识。学者专家认为此文用纯俄语书就，是研究俄语史极重要的书面文献。本篇只引用其前面部分。

顺便指出，我国出版的某些有关俄国文化的书籍或文章中，此作品名称中的"Заточник"有音译的："扎托奇（契）尼克"，也有按"字面"形式意译的，如错译为"磨刀匠"；我们认为，此处的实际意义是："囚徒"——《囚徒丹尼尔的求告书》〔被监禁的丹尼尔向当时的

Даиила Заточника Моление К своему князю Ярославу Всеолодовичю

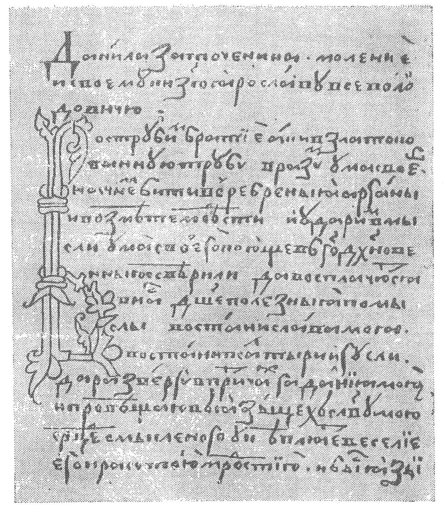

«Моление Даниила Заточника» 的手写本十六世纪抄本的第一页

统治者（罗斯大公）上书求得宽待并希望受到启用］。

Слово данила заточеника· е̃ написа̀, своє́
мѹ кнѕю ѩрославѹ, володи́меровичю,
Въстрѫ́бимъ ѩ́ко во зла́токованыѧ трѹ
бы· в разѫмъ оу́ма своєго· и̇ начне́мъ би
5 ти в сребреныѧ арга́ны· возвитіє мр҃ѡ
сти своєа̀· въста́ни слава моѧ· въста́
ни въ псалтыри и в гѹ́сле· востанѹ̀ ра́но и̇
спове́мъ ти сѧ· да разверзѫ въ прича т҃г҃а х
данїа моѧ и̇ прове́щаю въ ѧ̇зыцѣ̀ сла́вѫ
10 мою· срдце бо смы́сленаго оу̇крѣпля́єтсѧ
в телеси єго· красотою и̇ мѹ́ростїю бы ѧ҃
зыкъ мо́и тро́сть кни́жника скоропи́сца·
и̇ оу̇вѣтли́ва оу̇ста аки рѣчна́ѧ быстро
сть· сего рад покѹ́шасѧ написа́ти всѧкъ
15 съоузъ срдца моєго· и̇ разби злѐ аки древ
ныѧ млдньца о ка́мень· но бою́сѧ г҃не похѹ́лє
нїа твоєго на мѧ· а̇зъ бо є̇смь аки о̇на см
ко́вница проклѧ́таѧ· не и̇мѣ́ю плода̀ по
каа̇нїю· и̇мѣ́ю бо срдце аки лицѐ безъ ѡ̇чїю·
20 и̇ бы оу̇мъ мо́и аки нощны́и вра́нъ на ны́ри
щи забдѣх· и̇ расы́пасѧ живо́тъ мо́и аки
ханаонскы́и цр҃ь бж҃єстїю· и̇ покры́и мѧ ни
щета аки чермноє море фараона· се же бѣ
25 написах бѣжа ѿ лица хѹ́дожества моєго· а̇

ки а́га́рь раби́ни ѿ са́рры гжа́ свое́ѧ· но́ ви́ди
гне твое́ доброс́ерд́їе к соб́ѣ. и́ прите́ко́ къ о
бы́чнеи твое́и любв́и· глть бо в пи́са́нїи пр
с̑ащемѹ́ оу́ тебе́ да́и толкѹ́щемѹ ѿве́рзи·

30 да не лише́нъ бѹ́деши црс̑твїа̀ нбна̑го· пи̑са
но бо є҆ возверзи на́ га печа́ль свою, и́ то́и та́
препита́етъ въ в́ѣки· а́зъ бо є҆смь кнже
гне а́ки тра́ва блеще́на· раста́ще на заст́ѣ
нїи· на ню же ни слнце сїа́етъ ни до́ждь иде̑·

35 та́ко и́ а́зъ всѣ́мъ ѿби́димъ єсмь· зане́ о
гражѐнъ єсмь стра́хо грозы тное́ѧ ꙗ́ко пло
до́мъ тве́рды· но не въ̀зри́ на мѧ гне а́ки во́
лкъ на ꙗ́гна, но́ зри на́ мѧ а́ки мти на млнцъ·
возри́ на пти́ца нбныѧ́ ꙗ́ко тїи ни ѡ҆рю́тъ

40 ни сѣ́ютъ, но оу҆пова́ютъ на млть бж҇їю·
та́ко и́ мы гне жала́е млти твое́ѧ· зане́
гне комѹ бголюби́во, а мн́ѣ го́ре лю́тое· ‖
и кому бѣ́ло ѡ҆зеро, а мн́ѣ черн́ѣи смолы́· ко
мѹ ла́че о́зеро а мн́ѣ на не́ сѣдѧ пла́чь горкїи·

45 и комѹ ти є но́въ горо, а мн́ѣ и оу҆глы ѡ҆па
дали. зане́ не процвите ча́сть моѧ́. дрѹ́
зи же мои и ближнїи мои. и тїи ѿврыго́ш
сѧ мене́. зане не поста́ви пред ними тре
пезы многоразли́чны браше́нъ. мнози бо

50 дрѹжа́тсѧ со мно́ю. погнѣта́юще рѫка̑

со мно́ю в соли́ло. а̀ при напа́сти а́ки вра́зи
обрѣта́ютсѧ. и̇ па́ки помага́юще подра
зи́ти но́зи мои̇̀. очи́ма бо пла́чютсѧ со мно́
ю, а̀ срцемъ смѣ́ю̇т ми сѧ. тѣ́мже не и̇ми

55 дрꙋ́гꙋ вѣ́ры ни надѣ́исѧ на бра́та. не лга́л бо
ми ростисла́въ кнѧ́зь. лѣ́пше бы ми сь́мрть
ни́же кꙋ́рское кнѧже́нїе. та́ко же и̇ мꙋ́же
ви лѣ́пше сь́мрть ни́же продо́лженъ живо́тъ
в нищетѝ. ꙗ̇́ко же бо соломо́нъ ре҃, ни бога́

60 тества ми ни оу̇божества ги҃ не дай же ми·
а̇ще ли бꙋ́дꙋ бога́тъ го́рдость воспрїимꙋ̇·
а̇ще ли бꙋ́дꙋ оу̇бо́гъ помышлѧ́ю на татбꙋ́,
и̇ на разбо́и. а̀ жены на бл҇ѧ́днию. тѣ́мже
вопїю́ к тобѣ̀ о̇держи́мъ нището́ю помѝ

65 лоу̇и мѧ. сї҇е велика́го цр҃ѧ владимѣра. да
не воспла́чю сѧ рыда́ѧ, а́ки а̇да́мъ ра́ѧ·
пꙋ́сти тꙋ́чю на зе́млю хꙋ́дожества мое҃·
Занѐ ги҃е бога мꙋ́жь везде знае҃ е҃, и на чю
жеи странѣ дрꙋ́зи держи́ть. а̀ оу̇бо́гъ во

70 свое́и ненави́ли҃ хо́ди҃ть. бога возгле҃ть
всиⷮ молча, и вознесеⷮ слово е̇го до ӧблакъ·
а̇ оу̇боги́и̇ возгле҃ть вси на нь кли́кнꙋ̇ть·
И҇ иⷯ же ри̇зы свѣ́тлы тѣ́ⷯ рѣ́чь чт҇на. кн҇же
мо́и ги҃е и̇зба́ви мѧ ѿ нищеты сеѧ̀. ꙗ̇ко се҃

75 рнꙋ ѿ те́нета, а́ки птенца ѿ кла́пци·

ꙗко оута ѿ ногти носимаго ꙗстреба.

ꙗко ѻвца ѿ оустъ лвовъ. азъ бо єсмь
княже аки древо при пути, мнозїи бо посѣ
кають єго и на ѻгнь мечють. тако и азъ
80 всѣ ѻбидимъ єсмь, зане ѻграженъ єсмь
страхѡ^м грозы твоєа. ꙗко же бо ѡлово
гинеть часто разливаємо, тако и члкъ
приемла многа бѣды. никто же може^т
соли зобати ни оу печали смыслити. вса
85 къ^{бо} члкъ хитрить и м^арить ѻ чюжеи бѣди
а ѻ своєи не можеть смыслити. злато съ
крушаєтса ѻгнемъ, а члкъ напастьми.
пшеница бо много мучима чистъ хлѣбъ
ꙗвлаєть, а в печали члкъ ѻбрѣтаєть
90 оум свр̃ъшенъ. молеве княжи ризы ѣ

дать а печаль члка, печалну̃ бо мужу засы
шють кости. аще кто в печали члка призри^т
какъ студеною водою напоить во знойныи
днь. птица бо радуєтса весни а мл̃нць мт̃е
95 ри. весна оукрашаеть цвѣты землю, а ты
ѻживлаєши вса члкы млтїю своєю. сироты
и вдовици ѿ велможь погружаємы. княже

мои гн҃е ѩви ми зракъ лица своего· ꙗко гл҃съ
твои сладокъ и ѡбра(з) твои красенъ· ме(д) иста
100 чають оустнѣ твои· и посланїе твое аки ра
и с плодо(м)· но егда веселишисѧ многими бра
шны, а мене помѧни с(у)хъ хлѣбъ ꙗдуща· или ||
|| пїеши слакое питїе а мене помѧни теплу воду
пїюща ѿ мѣста незавѣтрена· егда лежи
105 ши на мѧккы(х) постела(х) по собольными одѣ
лы, а мене помѧни по(д) едины(м) плато(м) лежаща
и зимою оумирающа, и каплѧми дождевы
ми аки стрѣлами с(е)рце пронизающе.

ТЕКСТ

<单词和语法注释>

1. еж〔关系代中单四〕—— которое 的意义
2. кнзю ярославу володимеровичю〔阳单三〕—— 是北佩列雅斯拉夫里的王公。
3. Въструбимъ〔命令复一〕—— 由въструбити，吹起，吹响。
   златокованыя本为златокованыѣ〔形长阴复四〕——金铸的。
   трубы——由труба，吹奏乐器，喇叭，小号。
4. разумъ〔阳单四〕——智慧、理智；理解，认识；въ ~ 为了（让人）认识，为了显示。
   начнемъ〔命令复一〕——由начати。
5. сребреныя〔本为сребреныѣ，形长阳复四〕——银（子）的。
   арганы〔即органы，阳复四〕——管风琴。
   возвитіе〔中一/四〕—— възвитіе —— 增长，提高；其前应有前置词въ，其用法同4行въ разумъ。
   мрости〔阴单二〕——即мудрости。
6. своеа〔本为свое，古俄语为своеѣ，阴单二〕—— своей。

въстани〔命令单三〕——即Пусть встанет。

7. Псалтыри〔阴单六〕——〔圣经《旧约》中的诗篇〕；《圣经选集》。
гуслех〔густлехъ，应为гусляхъ，阴复六〕——由гусли〔复〕，古斯里琴（俄国古时一种多弦乐器）。
Востану〔同въстану，将单一〕——由востати，站起；复活；再生；〈转〉发迹，出头。

8. сповѣм〔将单一〕——由съповѣдѣти，叙述，转述。
ти——即тебе。
ся——即себя，此处有о себе之意。
разверзу〔将单一〕——由разврѣсти，揭示，打开，解释清楚。
притчахъ〔阴复六〕——由притча，格言，醒世警句。

8—9. гаданiа〔中复四〕——由гадание，谜，谜语。

9. провѣщаю〔将单一〕——由провѣщати，庄严宣告。
языцѣхъ〔阳复六〕——в ~ = на языках。
славу〔阴单四〕——слава荣誉；受尊崇；夸奖；赞誉。此处有"高见""看法"的意义。

10. бо〔连〕——ибо，так как。
смысленаго〔形长阳单二，名词化〕——智者，有思想者。

11. телеси本为телесе，〔中单六〕——由тѣло，身体，肉体。
бы͂〔或бы，бысть——быти的过完单三〕——即был。

12. трость〔阴单一〕——芦苇；笔杆；长杖；
книжника〔阳单二〕——由кънижьникъ，知书达理者；有学识的人；写书（抄写）人。

13. увѣтлива〔形短复一〕——亲切的，殷勤的，彬彬有礼的。
уста〔复一〕——嘴，〈转〉口中说出的话。
аки〔连〕——как，与系动词бы(сть)，есть等（быти）形式连用。见17行есмь аки（我好比）等。

13—14. рѣчная быстрость——奔腾的河水滔滔不绝。

14. сего рад——即сего ради——для этого.
покушася〔过未单一〕——由покуситися，存心，决意，蓄意，企图。
всякъ〔вьсякъ形短阳单四〕——各种各样的。

15. съоузъ（съузъ，阳单四）——束缚，羁绊；疙瘩，块垒，烦闷。

разбихъ〔过完单一〕——由разбити，打碎，粉碎。

злѣ〔副〕——由зълыи，狠狠地，无情地。

15—16. древяныя〔形长阳复四〕——木制的，树木的。但此词与其所说明的 младенца〔阳单四〕不一致，因此此词形及词义可能为древьнии>древьность古老的；古时，相当于в древности。

16. младнца〔<младенца，阳单四〕——由младьньць，幼儿，孩童。在аки这个比较短语中，意味着略去与前一动词谓语相同的词разъбяхуть（разбивали）кого о что（以下的比较短语也如此）。这一典故出自圣经故事。被摔在石头上的幼儿是一象征，表示人民（当时希伯来人）的极大不幸。

гн̃се〔呼格〕——即господине。

похуленia〔中单二〕——由похуление，责备。

17. она〔指示代阴单一〕——意为та。

18—19. покаянiю〔中单三，属性三格〕——由покаяние，忏悔，后悔，悔罪。

19. лице〔中单一〕——即лицо脸。

очiю〔中双二〕——由око—очи，眼睛。

20. нощныи〔古俄语为ночьныи〕——夜晚的，黑夜的。

вранъ〔古俄语为воронъ，阳单一〕——乌鸦。

20—21. нырищи〔中单六〕——由нырище，坍塌的塔，塔的废墟。

21. забдѣхъ〔过完单一〕——由забъдѣти，不眠；警觉起来，此词应为забдѣ〔过完单三〕，与оумъ мои（或аки...вранъ）一致。

расыпася〔过完单三〕——由разсыпатися（рассыпати ся）——崩溃，倒塌；完结。

животъ〔阳单一〕——即жизнь。

22. ханаонскыи〔形长阳单一〕——现为ханаанский，伽南的（伽南——公元前两千年位于巴勒斯坦和腓尼基之间地区的古称）。这句的典故出自圣经：以色列军围攻伽南王的耶利哥城不下，后以军吹号角并大声呐喊，城墙坍塌，城陷落。

буестiю〔阴单五〕——由буесть，虚荣心；名声不好。原因五格，相当于от тщеславия。

покрыи〔应为покры过完单三〕——由покрыти。

22—23. нищета——贫穷，穷困，生活潦倒。

23. чермное〔或чьрмное，чрьмьное等，形长中单一〕——红色的，~море即今

Красное море。

Фараона〔阳单四〕——（埃及）法老；作为省略的动词谓语покры的直接补语。这一典故出自圣经：以色列人从埃及逃出，红海的海水退至两边给他们留出一路通过；时法老带兵追赶，当法老等走到海底时海水合上，将其淹没。

се жи〔应为се же〕——意为（всё）это же。

бѣ〔本为быти构成的过完单三，或бы，бысть，此处有误〕——可能是语气词бо——意为ведь。

25. бѣжа〔有误，应为бѣжахъ过完单一〕——由бѣжати，逃脱，逃避，句中含有目的（从句）意味。

от лица（чего）〔前〕——等于от（чего）。

художества〔中单二〕——此词为多义词，与худой同根。文中有худые дела之意，转义为бедность，нищета；худый的意义之一是бедный，скудный等。

26. агарь〔人名，阴单一〕——女奴Агарь。

рабыни〔阴单一，或рабыня〕——与Агарь作同位语。

сарры〔人名，阴单二〕——女主人Сарра。这里的典故出自圣经：亚伯拉罕之妻Сарра不孕，劝其夫收使女Агарь为妾。不久Агарь有孕，遂开始尊大。Сарра在亚伯拉罕同意下欲"制服"Агарь。Агарь逃命，路遇天使，被天使送回亚伯拉罕身边。

гж҃са своея〔阴单二〕——另写成госпожы своеѣ。

видих〔过完单一〕——由видѣти，（我）看到。

27. добросердіе〔中单四〕——好心肠，善意；慈悲。

К собѣ〔к себе〕——此处指ко мне（即对Даниил）。

притекох〔过完单一〕——由притечи，求助于，诉诸，向……祈求。

27—28. обычнеи〔本应为обычьнои，形长阴单三〕——由обычьныи，经常的；习以为常的。

28. гл҃ть〔即глаголеть，现单三〕——由глаголати，说。

писаніи〔中单六〕——由писание信札；文章；文告。

28—29. просящему〔现主长阳单三〕——由просити，请求，求助；名词化——请求者，向（у кого）请求者，求告者。

29. толкущему〔现主长阳单三〕——由толочи，敲，打，推；名词化——敲门者，登门求助者。

отверзи〔命令单二〕——由отверзти（отъвьрзти），打开，开门。

30. црствїѧ нбнаго——即небесного царства 天国。
31. се〔中单一〕——это。
    возверзи〔或възврьзи, 命令单二〕——由возврѣщи（възвьрѣщи）, 上呈,（转）致。
    на ѓа——即на бога,（例如：вьсю печаль нашу възврьзѣмъ на бога. 让我们把自己的全部悲痛上告天主吧）。
    тои〔或тьи, тьи < тъ 指示代阳单一〕——即тот, 此处代он, 指бог。
32. препитаеть〔将单三〕——由препитати, 支持, 加强。
    въ вѣки——永远, 经常, 比较现代俄语的 навек, навеки。
33. блещена〔应为блещана, 过被短阴单一〕——由блещаныи, 由бльщати 构成, 意为"亮晶晶的""闪闪发光的"。
    растѧще〔现主短阳单一〕——由расти ти, 生长, 成长。
33—34. застѣнїи〔中单六〕——由застѣние, 城墙脚下的地方, 城墙外的地方。
34. ню〔人称代阴单四〕——即на неё。
    сїаеть〔现单三〕——即сияет, 由сияти, 照耀, 照射。
35. всѣмъ〔应为всѣми, вьсѣ的第五格〕——被动行为的主体。
    обидимъ〔与есмь连用, 现被短阳单一〕——由обидѣти, 构成。
    зане〔连〕——因为; 因此, 见41行。
35—36. огражень〔与есмь连用, 过被短阳单一〕——由оградити 围住, 挡住, 隔开。
36. страхомъ〔阳单五〕——由страхъ, 敬畏, 害怕。
    грозы〔阴单二〕——暴风雨; 威胁; 威严; 雷霆。
36—37. плодомъ〔阳单五〕——由плодъ; 与страхомъ同格, 被动行为огражень的主体。也有人认为这词是оплотомъ（围墙, 壁垒）之误。
37. възри〔命令单二〕——由възьрѣти, 看, 看待, 比较39行 возри——由възрѣти。
38. ягнѧ〔中单四〕——即 ягненок——ягненка,
    зри〔命令单二〕——由зьрѣти, 看, 看作。
    мти〔阴单一〕——即мать（< мати）。
    млднцъ〔阴复四或阳单四〕——由младьньць。
39. птица нбсныѧ〔古俄语写法为птицѣ небесьныѣ, 阴复四〕——天鸟。
    яко〔连〕——потому что。
    тїи〔指示代复一〕——即те, 指они（即天鸟）

орють〔现复三〕——由орати，耕耘。

40. уповають〔现复三〕——由уповати，指望，指望得到。

мłсть〔阴单四〕——由милость，恩惠，仁慈，宠爱。

42. кому〔43，44，45行相同〕——用于кто-то，кое-кто意义。

бголюбива〔боголюбиво形短中单一〕——由боголюбивыи——即любящий бога；但Л.С.Лихачев解为Боголюбово，作为一表示地名（村名）的专有名词。

лютое〔形中单一〕——野蛮的，凶险的，险恶的，不洁净的，有害的。

43. бѣло озеро——白湖；但Л.С.Лихачев把它当作专有名词。可能此处转译为"清净的湖水"，以对比чернѣи смолы。

чернѣи〔形比短阳单一〕——由чьрныи，黑的，此处若作省略的озеро(оно)的谓语，则应用中性чернѣе。

смолы〔阴单二〕——由смола，树脂，焦油；沥青。

44. лаче озеро——指诺夫哥罗德北部的拉切湖。

сѣдя〔现主短阳单一〕——由сѣдѣти(сидеть)。

горкіи——即горький。

45. ти——在此作指示和加强语气词，或用ть。

ес——быти的单三形式есть——他（它）是。

углы〔阳复一〕——由угль——угъль角落，栖身的一隅之地。

45—46. опадали〔<опадали суть，复过复三〕——由опадати，倒塌，陷落，毁成瓦砾。

46. процвите〔过完三〕——由процвести（或процвѣсти，процвѣсти），开花结果，成功，有效果。

часть〔阴单二〕——命运，比较现代俄语的участь幸福；遗产。

47. тіи——те，代они，重复主语друзи и ближніи，相当于现代的"复指结构"。

отвръгошася〔过完三〕——由отъвьрѣчися（古斯拉夫语отъвръщися），抛弃，离开；赶出。

48—49. трепезы〔或трапеза，阴复四〕——由трѣпеза，食品；祭台，祭祀，祭品。поставити ~ перед кем给……上贡。

49. брашенъ〔中复二〕——由брашьно，食物，食品。

50. погнѣтающе〔现主短阳复一〕——由погнѣтати放下，松开；塞入，勉强插入。

51. солило〔中单四〕——菜食，一盘菜；盐罐；〈转〉进餐。

напасти〔阴单六〕——由напасть，时运不济，倒霉。

врази〔阳复一〕——由врагъ，敌人。

52. обрѣтаются〔现复三〕——由обрѣтатися，显露出来，现出原形。

паки〔或пакы，пако，副，连〕——又，再次；然后；相反；而且。

52—53. подразити——подъразити，轻轻地从后边推；暗中使绊子。

53. нози〔或нози，阴复四〕——由нога，脚。

очима〔中双五〕——由око-очи，双眼，两眼。

54. смѣют ми ся——即смеются над мной。

тѣмже〔副〕——потому之意。

ими〔命令单二〕——由имати，有；не ими веры ни надѣися на...两命令式形式在此有"泛指意义"，"既不要相信……也不要指望……"。

56. рославъ〔人名，阳单一〕——罗斯季斯拉夫大公——作者在此指Юрий Долгорукий之子Ростислав Юрьевич。

лѣпше(бы)——лучше (бы)，从这里起至57行为直接引语。

57. ниже——чем，нежели。

57—58. мужеви〔阳单三〕——由мужь，男子汉。

58. продолженъ〔过被短阳单一〕——由продолжити。

59. нищети〔本应为нищетѣ，阴单六〕——由нищета，贫困，穷途潦倒。

соломонъ〔人名，阳单一〕——（犹太国王）所罗门。

59—60. богатества〔богатьства，中单二〕——富有，财富。

60. убожества〔убожьства，中单二〕——贫穷。

ми...ми——即мне，此处重复使用。

61. аще ли〔=аще〕——即если。

воспріиму〔将单一〕——由въсприяти，具有；承受，变得。

62. помышляю〔将单一〕——由помышляти，打算，图谋，计划。

татбу〔татьбу，阴单四〕——盗窃，偷。

63. разбои〔阳单四〕——抢劫。

блядню〔阴单四〕——由блядьня，奸淫，通奸。~ жены (此处意为женщины)。

64. вопію〔现单一〕——由въпити，вопити，呼号，呼喊。

одержимъ〔одержимъ есмь现被短阳单一〕——одържати，控制，扼制；主宰。

64-65. помилуи〔命令单二〕——由помиловати，宽恕，怜悯。

65. сн̃е——即сыне〔呼格〕。

第一类文选——语言（词汇语法）注释篇 253

66. восплачюся〔将单一〕——由въсплакатися，哭泣起来。
    рыдая〔现主短阳单一〕——由рыдати，号啕大哭。
    адамъ〔人名，阳单一〕——亚当。
    рая〔应为раю，阳单三〕——由раи，天堂，天国，全句意为аки адамъ (рыдаеть) о рае。

67. пусти〔命令单二〕——由пустити，放出，施放，送来；И. И. Срезневский认为пусти тучю на землю художества моего句义不详。Туча的词义在古俄语中有"乌云""雨云""雷雨""雨"等意义。художество在此意为худые дела（即плохие дела）。这里可能是作者哭请大公利用其影响和权力来改变他的地位和周围不良现象（联系下句来看）："用一场大雷雨来洗涤我周围出现的种种劣行。"

68. знаемъ ё〔<есть，现被短阳单一〕——知名，闻名。

68—69. чюжеи——即чужой。

69. убогъ〔形短阳单一〕——后省略мужь，见60行同根词。

70. своеи〔物主代阴单六〕——后省略странѣ。
    ненавидимъ〔现被短阳单一〕——由ненавидѣти，仇视；轻视，瞧不起；与ходить一起作谓语。
    возгл̃еть〔将—现单三〕——由възглаголати，说起话来。

71. вознесутъ〔将—现复三〕——由възнести，吹捧，捧上。

72. убогіи〔形长阳单一，名词化〕——穷人，比较69行убогъ。
    нь〔人称代阳单四〕——即него。

73. ризы〔阴复一〕——由риза，衣服，衣着。
    тѣхъ——即ихъ（见前面）。
    ч̃стна〔形短阳单一〕——честьна<чьстьныи，受尊敬的，珍贵的，值得称道的。

74. сея〔古俄语为сеѣ，指示代阴单二〕——即этой。

74—75. серну〔阴单四〕——由серна (сьрна)，野山羊。

75. тенета〔中单二〕——由тенето，网，捕兽网，圈套。
    птенца〔<пътеньца，阳单四〕——由пътеньць，小鸟。
    кляпци〔阴单二〕——由кляпца，捕鸟网，套绳。

76. утя〔中单四〕——即утенка (утенок) 小鸭。
    носимаго〔在本文中此词用法和意义均不详，似乎多余；但也可能指被"豢养

的"（鹞鹰））

77. львовъ〔物主形阳复二〕——由львъ，构成，狮子的。

78. древо——俄语为дерево。

78—79. посѣкают〔现复三〕——由посѣкати，砍，伐。

79. огнь〔阳单四〕——后来出现增音о，为огонь。

мечють〔现复三〕——由метати，抛，丢进，从80行всѣмъ到81行твоеа见35—36行解。

81. олово〔中单一〕——锡，锡块。

82. гинеть〔现单三〕——由гинути（гынути）=гибнуть，易于消亡，消失，覆灭。

разливаемо〔现被短中单一〕——由разливати，倒出四溢，分灌，分浇。

83. приемля〔现主短阳单一〕——由прияти，接受，承受，经受。

никто же можеть... 句中有否定词ни（никто）或带否定词ни的句中，常省去否定词не，比较现代俄语никто не может...。

84. соли〔阴单二〕——由соль，盐。

обати〔动〕——吃，咀嚼。

оу печали——即о печали。

85. хитрить〔现单三〕——由хытрити，想象，设想，想出。

мудрить〔现单三〕——由мудрити，推论，判断，思考。

бѣди〔本为бѣдѣ，阴单六〕——由бѣда，不幸，灾难。

86—87. съкрушается〔现单三〕——由съкрушатися，摧毁，烧化；有被动行为的主体огнемъ。

88. мучима〔现被短阴单一〕——由мучити，磨（面），磨碎。

89. обрѣтаеть〔现单三〕——由обрѣтати，获得，得到，找到。

90. свръшенъ〔形容阳单四〕——由съвършьныи，完全的，成熟的。

молеве〔阳复一〕——由моль，小鱼仔，小虫子。

90—91. ѣдять〔现复三〕——由ѣсти，吃。

91—92. засышють〔现复三〕——由засыхати（засъхати），干枯，憔悴，~ кости（кому或кого）骨瘦如柴。

92. кто——用于кто-либо意义。

призрить〔现单三〕——由призьрѣти，关心，关照，发慈悲，同情。

93. студеною водою——由студеная вода，甘泉，冰水。

94. весни〔应为веснѣ，阴单三〕——由весна。

94—95. мѓери〔阴单三〕——由мати。

95. цвѣты〔阳复五〕——由цвѣтъ，花朵。

96. оживляеши〔现单二〕——由оживляти，振奋，使获得生机。

  вся〔应为вьсѣ，阳复四〕——由вьси，所有的。

  ёлкы〔阳复四〕——由человѣкъ（человекъ）。

  мл̃тію〔阴单五〕——由милость，恩惠，仁慈。

97. вдовици〔阴复四〕——由вдовица，即вдова；同сироты并列，与вся человѣкы同格，作оживляеши的补语。

  от вельможь〔阳复二，由вельможа〕——作为погружаемы（被动行为）的主体。

  погружаемы〔现被短阴复四，说明сироты和вдовицы〕——由погружати，使……受压，受累，使……为难。

98. яви〔命令单二〕——由явити，显现，显示，露出。явити зракъ лица своего显出自己的容颜，〈转〉让人一睹尊容。

  зракъ〔阳单四〕——样子，形象；目光。

  яко〔连〕——相当于ведь；так как。

  гл̃съ〔阳单一〕——由гласъ（古斯拉夫语）或голосъ（古俄语）。

99. образ——即形象。

99—100. истачають〔现复三，本应用истачаета—现双三〕——由истачати，溢出，洋溢；胜过，驱赶。

100. устнѣ〔双一〕——由устьнѣ，即уста嘴，双唇。

  посланіе〔中一〕——诏书，文告；信件。

100—101. раи〔阳单一〕——天堂，乐土，乐园。

101. егда〔连〕——即когда。

  веселишися〔现单二〕——由веселитися（чем），以……而喜悦；享受。

101—102. брашны〔中复五〕——由брашьно，食物，食品；美味佳肴。

102. помяни〔命令单二〕——由помянути，想起，记住。

  сух〔形短阳单四〕——由сухъ，即сухой干的。

  ядуща〔古俄语为ѣдячѣ，现主短阳单四〕——由ясти（ѣс-ти），吃；与сухъ хлѣбъ一起构成形动词短语，说明мене（я的第四格），按古俄语句法，也可理解为与мене一起作为помяни的双重第四格补语，以下几个形动词〔104行піюща，106行лежаща，107行умирающа和108行пронизающе（应为

пронизающа ）〕均与ядуща的用法一样。

или〔连〕——在其后应有егда。

104. незавѣтрена〔形短中单二，说明мѣста〕——由незавѣтрьнъ，下风的，背风的。

105. мяккых〔形长阴复六〕——由мягъкыи（元音ъ脱落，其前的г被清化为к），柔软的，软绵绵的。

соболими〔形长中复五〕——由соболии，紫貂的，貂皮的。

105—106. одѣялы〔中复五〕——由одѣяло。

106. единым〔形长阳单五〕——由едьныи，单一的，单薄的。

платом〔阳单五〕——由платъ，一块布料，碎布头，碎皮子。

107. каплями дождевы〔复五〕——上行подъ要求。

108. стрѣлами〔阴复五〕——与каплями同格。

пронизающе——由пронизати/пронизывати打穿，射穿，穿入，刺入；这个形动词形式可能与前面的形动词一样，词末为-юща（阳单四），说明мене，见102行注。

第八篇

Из «Повести о разорении Рязани Батыем в 1237 г.»

梁赞城在俄国历史上占有特殊地位。本篇的梁赞（Рязань）曾是梁赞公国（Рязанское княжество）（十二三世纪）的都城，是古代罗斯较大的手工业和商业中心。位于莫斯科以南。十二世纪上半期（称Муромо-рязанское княжество）独立于基辅公国。1237年被蒙古鞑靼大军攻占。十三世纪成吉思汗之孙拔都（Батый）统帅的大军进攻东欧和中欧时，梁赞城首当其冲。拔都大军席卷伏尔加河流域，1240年陷基辅。

梁赞城被毁后，地位一落千丈，在地理学上称为"梁赞遗址"（或"旧梁赞"）。在十四世纪初梁赞公国的都城迁往离旧梁赞约50公里对岸位于同一河（Ока河）上的Переяславль城（也称Переяславль-Рязанский）——即今日的Рязань（1778年Переяславль改名为Рязань）。1520年梁赞公国合并于莫斯科中央集权国家。

本篇即叙述梁赞城被拔都大军摧毁和梁赞军民奋起抵抗这一悲壮过程的史实。此故事主要依据当时流传的军旅传说创作而成。作品表现出梁赞军民"宁死不屈"的意志和气概；因其思想内容，悲壮的主题和创作的艺术技巧，被文学界评为古代俄罗斯军事文学的优秀著作之一。本篇最早期的抄本属于十六世纪。

拔都攻占梁赞的故事。——十六世纪沃洛科拉姆抄本
(Волоколамский список) 第248—249页（缩版）

ТЕКСТ

Въ лѣто ҂ѕ҃·ч҃·м҃·е҃· Въ второе на десѧт лѣто по принесенїи
чюдотворнаго ѡбраза николина прииде безбожный цр҃ь батый
на роусскоую землю со множество вой татарскыми и ста на
рѣцѣ на воронеже близ резанскїа земли. и присла на резань
5 к великомоу кн҃зю юрью ингоревичю резанскомоу послы бездѣлны
просѧща десѧтины въ всем во кн҃зех и во всѧких людех и во
всем. и оуслыша великїй кн҃зь юрьи ингоревич резанскїи приход
безбожнаго цр҃ѧ батыа и вскорѣ посла въ град владимер к бл҃го-
вѣрномоу к великомоу кн҃зю геѡргїю всеволодовичю влад(и)мер-
10 скомѹ просѧ помощи оу него на безбожнаго цр҃ѧ батыа или бы
сам пошел. кн҃зь великїй геѡргїй всеволодович владим(е)р-
скои сам не пошел и на помощь не послал хотѧ ѡ собѣ сам со-
творити брань з батыем. и оуслыша великїй кн҃зь юрьи ингоре-
вич резанскїй что нѣсть емѹ помощи ѿ великаго кн҃зѧ геѡргїѧ
15 всеволодовича владимерьскаго и вскорѣ посла по братью свою
по кн҃зѧ дв҃да ингоревича моуромского и по кн҃зѧ глѣба ингоре-
вича коломенского и по кн҃зѧ олга краснаго и по всеволода
проньского и по прочїи кн҃зи и начаша совѣщевати ꙗко нечсти-
ваго подобает оутолѧти дары. и посла сн҃а своего кн҃зѧ ѳедора
20 юрьевича резаньского к безбожномоу цр҃ю батыю з дары и моле-
нїи великими чтобы не воевал резанскїѧ земли. кн҃зь ѳедор
юрьевич прїиде на рекѹ на воронеже к цр҃ю батыю и принесе
емѹ дары и моли цр҃ѧ чтобы не воевал резанскїѧ земли. безбож-
ный цр҃ь батый летив бо и немл҃срд прїа дары и ѡхаписѧ ле-
25 стїю не воевати резанскїа земли. и ꙗрѧсѧ хвалѧсѧ воевати роус-
скоую землю. и нача просити у резаньских кн҃зей дщерей¹ или
сестры собѣ на ложе. и нѣкїй ѿ велмож резанских завистїю
насочи безбожномоу цр҃ю батыю на кн҃зѧ ѳедора юрьевича резан-
ского ꙗко имѣет у собѣ кн҃гиню ѿ цр҃ьска рода и лѣпотою
30 тѣлом красна бѣ ѕѣло. цр҃ь батый лоукав есть и немл҃стив в не-
вѣрїи своем поревнѣѧ в похоти плоти своеѧ и рече кн҃зю ѳедо-
роу юрьевичю дай мнѣ кн҃же вѣдѣти жены твоеи красотѹ. бл҃го-

вѣрный кнѕь ѳедоръ юрьевичь резанской и посмѣѧсѧ и рече црю
не полезно бо есть намъ хрестїѧномъ тобѣ нечестивомоу црю водити
35 жены своѧ на блоуд. аще насъ приѡдолѣеши то и женами нашими
владѣти начнеши. безбожный црь батый возѧрисѧ и ѡгорчисѧ и
повелѣ вскорѣ оубити блгоговѣрнаго кнѕѧ ѳедора юрьевичѧ а тѣло
его повелѣ поврещи зверемъ и птицамъ на разтерзаніе инѣхъ кнѕей
парочитыхъ людей воинньскихъ побилъ. и единъ ѿ пѣстоунъ кнѕѧ
40 ѳедора юрьевичѧ оукрысѧ именемъ апоница зрѧ на блженое тѣло
чстнаго своего гсдина горко плачющисѧ и видѧ его никимъ бре-
гома і взѧ возлюбленаго своего гсдрѧ и тайно сохрани его. и
оускори к блгоговѣрной княгне соупраксѣѣ и сказа ей ѩко нечести-
вый црь батый оуби блгоговѣрнаго кнѕѧ ѳедора юрьевичѧ. блго-
45 вѣрнаѧ кнѧгинѧ соупраксѣѧ стоѧше в превысокомъ храме своемъ
и держа любезное чадо свое кнѕѧ ивана ѳедоровичѧ и оуслыша
таковыѧ смртоносныѧ глы и горести исполнены и абїе ринусѧ
из превысокаго храма своего с сномъ своимъ со кнѕемъ иваномъ на
средоу земли и заразисѧ до смрти. и оуслыша великїй кнѕь
50 юры ингоревичь оубиеніе возлюбленаго сна своего блженаго кнѕѧ
ѳедора и инѣхъ кнѕей парочитыхъ людей многѡ побито ѿ без-
божнаго црѧ и нача плакатисѧ и с великою кнгнею и со прочими
кнгинеми и з братею. и плакашесѧ весь градъ на мнѡгъ час. и
едва ѿдохнувъ ѿ великаго того плача и рыданіа и начаша
55 совокоуплѧти воинство свое и оучредиша. кнѕь великїй юри ин-
горевичь видѧ братю свою и болѧръ своихъ и вое(во)де храбры и
моужественны ѣздѧще и возде роуцѣ на небо со слезами и рече
измі насъ ѿ врагъ нашихъ бже и ѿ востающихъ нань избави насъ
и покры насъ ѿ сонма лоукавноующихъ и ѿ мнѡжества творѧ-
60 щихъ безаконіе. боуди поут(ь) ихъ тма и ползокъ. и рече братни
своей о господня и братіа моа аще ѿ руки гсдня благаѧ при-
ѧхомъ то злаѧ ли не потерпимъ. лоутче намъ смртїю живота коу-
пити нежели в поганой воли быти. се бо ѩ братъ вашъ напредъ
васъ изопью чашоу смртноую за стыѧ бжїа црквы и за вѣру

65 хр͠стьѩнскоую и за о(т)чину о͠ца н͠шего великаго кн͠зя ингоря
стославича. и поидоша в цр͠квь в пр͠стыя влдчцы б͠дци ч͠стнаго
ея оуспенїа. и плакася мно͠го пред ѡбразом пр͠ч͠стыа б͠дци и
великомоу чюдотворцу николе и сродником своим борисоу и
глѣбоу. и дас(ть) последнее целованїе великой кн͠гни агрепѣне
70 ростиславне и прїем бл͠госвенїе ѿ еп͠спа и ѿ всего сщ͠еннаго
собора. и поидоша против нечстиваго цр͠я батыя и срѣтоша его
близ придел резанских. и нападоша нань и начаша битися крепко
и моужествено и быс͠ть сѣча зла и оужасна мно͠зи бо силнїи
полки падоша батыеви. цр͠ь батый и видивше что господству ре-
75 заньское крѣпко и моужествено бьшеся и возбояся. да противу
глѣвоу бїю хто постоит. а батыеве бо и силе велице и тяжце
един бьшеся с тысящей а два со тмою. видя кн͠зь великїй
убїенїе брата своего кн͠зя д͠вда ингоревича и. воскричаша о бра-
тїе моя милая. кн͠зь д͠вдъ брат наш напередъ нас чашоу испил
80 а мы ли сея чаши не пьем и преседоша с коня на конь и на-
чаша битися прилѣжно. мно͠гїа силныя полки батыевы просѣзжая
храбро и моужествено бьшеся яко всѣм полком татарьскым
подивитися крѣпко и моужествоу резанскому господствоу и
едва удолѣша их силныя полки тартарскыа. тоу оубиен быс͠ть
85 бл͠говѣрный кн͠зь великий георгїй ингоревич брата его кн͠зь
д͠вдъ ингоревич му͠ромской брат его кн͠зь глѣбъ ингоревич ко-
ломенской брат их всеволод проньской и мно͠гїа кн͠зи мѣсныа и
воеводы крѣпкыа и воинство оудалцы и резвецы резанския. вси
равно оумроша и единоу чашу с͠мртноую пиша ни един ѿ них
90 возратися вспять вси вкоупе мр͠твїи лежаше. сїа бо наведе б͠ъ
грех ради наших. а кн͠зя ѡлга ингоревича яша еле жива соуща.
цр͠ь же видя свои полки мно͠зии падоша и нача велми скрубѣти
и оужасатися видя своея силы татарскыя мно͠жество побьеных.
и начаша воевати резанскую землю и веля бити и сѣчи и жещи
95 без м͠л͠сти. и град прънескъ и град бѣл и ижеславець разари до
ѡс͠нованїа и всѣ люди побиша без м͠л͠сти. и течаше кровь хр͠сть-

第一类文选——语言（词汇语法）注释篇 261

мпская мко река сильная грѣх ради иншихъ црь батыи и видя княѕ ѡлга иигоревича велми красна и храбра и изнемогающи ѿ
великыхъ ран и хотя его извречевати ѿ великых ран и на свою
100 прелесть возвратити. княз(ь) ѡлег игоревич оукори цря батыа
и нарек его безбожна и врага хрстьанска. окаѩный батый дохнꙋ
ѡгнем ѿ мирскаго¹ срдца своего и вскоре повелѣ ѡлга ножи
на части раздробити. сій бо ес(ть) вторый страстоположник
стеѳан пріа венец своего страданіа ѿ всемлстиваго ба и испи
105 чашоу смртнꙋю своею братею ровно. црь батый окаѩный нача
воевати резанскоую землю и поидоша ко градꙋ к резани. и
ѡбьстоупиша град и начаша битися неѿстоупно пят(ь) дней.
батыево бо войско премѣниша ся а гражане непремѣно бьюшеся.
и мнѡгих гражан побиша а инѣх оуазвиша а иніи ѿ великих
110 тродов² изнемогша. а въ шестый днь рано придоша поганіи ко
градꙋ ѡвии с огни а ини с пороки а инѣи с тмочислеными
лѣствицами и взяша град резань мсца декабря. каꙟ днь. и при-
идоша в црквь собрѣноую прстыя бдци и великоую кнгню агре-
пѣноу мтрь великаго княз и снохами и с прочими кнгнеми мечи
115 исекоша а епспа и сщеннический чин ѡгню предаша во стѣй
цркве пожгоша а инѣи мнѡзи ѿ рꙋжіа падоша а во градѣ
мнѡгих людей и жены и дѣти мечи исекоша и ины в рѣцѣ
потопиша и ереи черноризца до ѡстанка исекоша и весь град
пожгоша и все оузорочіе нарочитое богатство резанское и срод-
120 ник их киевское и черъниговское поимаша. а храмы бжіа разо-
риша и во стых ѡлтарех мнѡго крови проліаша. и не ѡста во
градѣ ні единъ живых вси равно оумроша и единꙋ чашоу
смртнꙋю пиша. вѣс(ть) бо тоу ни стонюща ни плачюща и ни
ѡтцоу и мтри ѡ чадех или чадом ѡ отци и ѡ мтри ни братоу
125 ѡ братс ни ближнемоу родꙋ но вси вкоупѣ мртви лежаща.

<单词和语法注释>

1. въ лѣто 6745——即公元1237年。

    въ второе на десят лѣто по...——在……之后的第12年，本应为На десяте〔六

格〕，古俄语的"复合数词（11—19）"本为合成数词：由数量数词 одинъ，дъва(дъвѣ)，три(трие)等＋前置词на＋名词десять的第六格组合而成。这里是表顺序的"合成数词"。

2. чюдотворнаго〔形长阳单二〕——有灵的，显灵的。
образа〔阳单二〕——圣像（＝икона），指 Никола圣像。
искорсоня〔＜изъ корсуня〕，Корсунь——地名，今Херсон（在克里米亚）。
прииде〔过完单三〕——由придти，来到，进入。
безбожный——不信上帝的，不信神的；反宗教（东正教——基督教）的。
Батый——拔都（成吉思汗之孙）；有些书上写成Бату。

3. вой〔阳复二〕——意为воинов, солдат；войска。
татарскыми〔形长复五〕——与множеством вой 同位，其后有вои（复五）。
ста〔过完单三〕——由стати，停在，驻扎。

4. воронеже〔河名，阳单六〕——由воронежь。
резанскіа〔形长阴单二〕——即Рязанской。本文中 я常写成 е：Резань，词尾-ia, -а 为无"й音化"，古俄语形容词阴性单数二格词尾为-ой（硬）或-ей（软）——比较33行резанской。
присла〔过完单三〕——由присълати，派遣，派人。

5. юрью〔或юрию，人名，阳单三〕——由юрии〔或юрьи〕。
послы〔阳复四〕——由посълъ，使臣，使节。
бездѣлны〔形短阳复四〕——由бездѣлнъ (或бездѣльны)，无所事事的；流里流气的，放荡的。

6. просяща〔现主短阳复四，本为просящѣ，古俄语为просячѣ〕——由просить，要求，请求。
десятины〔阴单二〕——由десятина，十分之一；（十分之一的）税收。
въ всем〔＜въ вьсемъ〕——在这里起"总括词"的作用，其后为并列成分。

7. (во) всем〔同上〕——意义相当于и во многих других вещах（如в конях等）。

8. град владимер——即город Владимир。

8—9. благовѣрному〔形长阳单三〕——贤良的，品行高尚的。

9—10. владимерскому〔形长阳单三〕——由地名Владимер构成，比较11行владимерьской——本文 владимерьской，ь 脱落，р硬化，故写成ръ，但不统一，比较15行владимерьскаго。

10. прося〔现主短阳单一〕——比较6行просяща。прося помощи у (кого) на (кого)

向……请求支援抵御……

10—11. бы пошел〔假定单三〕——语气词бы 原为быть (бы)，在此有 (прося)，чтобы…意义。

12. хотя〔现主短阳单一〕——由хотѣти(хотеть)。

　　о себе——意为сам собою，самостоятельно。

13. сотворити брань——交战。

　　з батыем——来自съ батыемъ，ъ脱落，с浊音化为з。

14. нѣсть——来自не есть，即нет 或не будет。

15. по братью〔人名，阴单四〕——即за братьями(своими)。16—18行的五个по作为并列成分均说明此词。

16. два〔人名，阳单四〕——由давыдъ。

17. olгa〔人名，阳单四〕——由олегъ。

18. проньского〔地名形，阳单四〕——由проньскъ。

　　прочіи〔形长阳复四〕——其他的。

　　совещевати——意为совещаться，советоваться。

　　нечестиваго〔形长阳单四，名词化〕——由нечестивый（нечьстивыи），渎神的，有罪的，造孽的；罪人。此处指 Батый。

19. подобает〔现单三，用作无人称助动词〕——应当，该。

　　утоляти——平息，安抚；说服。

　　дары〔阳复五〕——由даръ，贡品，赠品。

　　посла〔过完单三〕——其主语是князь Юрий。由послати。

　　ѳедора——即Федора。

20. з дары——即с дарами，见13行з батыемъ。

20—21. моленіи〔过完单三〕——由моление，请求，祈求，恳请。

21. воевал——由воевати（作及物动词）攻打，破坏，毁坏。

　　резанскія земли〔阴单二〕——本为резаньскои землѣ. 此处指Рязанское княжество。

23. моли〔过完单三〕——由молити，祈求，恳求（与прииде，принесе一起为并列谓语）。

24. листив〔形短阳单一〕——由льстивь，说谎的，虚伪的，口是心非的，假仁假义的。

　　немлс̃дръ〔形短阳单一〕——由немилосердыи，残忍的，无道的，太厉害的。

приа〔现主短阳单一〕——或прия，由прияти，收下，接受。

охапися〔过完单三〕——由охапитися，拥抱；充满；~ лестию〔阴单五〕虚假地答应。

яряся〔现主短阳单一〕——由яритися，生气，发脾气；发出威胁。

хваляся〔现主短阳单一〕——由хвалитися，夸口，自夸，吹嘘。

26. тщерей〔<дъщерей，阴复四/二，古俄语为дъчереи〕——女儿。

27. сестры〔阴复四〕——姐妹。

ложе〔中单四〕——床，榻。

нѣкый〔不定代阳单一〕——意为кто-то，~ от вельмож——即кто-то из вельмож，какой-то вельможа。

завистию〔阴单五〕——由зависть（原因五格），由于忌妒。

28. насочи〔过完单三〕——由насочити，刺激，激起；诱使，唆使。

29. имѣет у собе——此处指князь Федор〔имеет у себя〕。

ц̑рьска〔形短阳单二〕——由царьскъ，皇家的，王族的。

лѣпотою〔阴单五〕——由лѣпота，美丽，美貌。

30. бѣ〔或бы〕——由быти，此处为была。

красна〔形短阴单一〕——（要求五格）美丽的，从29行имѣте到зело是яко（=что）连接的两个不同主语的从句，即Федор имеет... и она, княгиня, красива...

лукав〔形短阳单一〕——狡诈的；（名词化）恶棍，恶魔。

немлствъ〔形短阳单一〕——由немилостивъ，残忍的。

30—31. невѣрiи〔中单六〕——不信神，不信教。въ（невѣрiи）——前置词в与某些抽象名词连用可能表示原因，或者表示性质特征。

31. пореваем〔现被短阳单一〕——由порѣвати，推，趋向；~ в похоти纵欲，喜好女色。

похоти〔阴单六〕——由похоть，淫欲。

плоти〔阴单二〕——由плоть，肉体，身体。

32. дай... красоту为рече的直接引语。

вѣдети——即повидать，смотреть，видеть。

34—36. не... начнеши为рече的直接引语（以下许多对话均如此）。

34. полезно〔谓语副词〕——由полѣзьныи（或полезный），有好处的，有利的；не ~ 不恰当，不合适

хрстiяном〔阳复三〕——由хрѣстиянинъ，基督徒。

35. жены〔阴复四〕，своя〔阴复四〕——古俄语为своѣ。
блуд〔阳单四〕——淫乱，淫荡。
приодолѣеши〔现—将单二〕——由преодолѣти，战胜，克服。

36. владѣти начнеши〔将单二〕——начати的变位形式与动词不定式组合，构成复合将来时，начну...用于буду...的意义（见概说四有关部分）。
возярися〔过完单三〕——由възъяритися，勃然大怒，大发雷霆。
огорчися〔过完单三〕——由огорчитися，十分气恼。

38. поврещи〔动词不定式，由поврѣщи，古俄语为поврѣчи〕——抛给，丢给。
зверем〔阳复三〕——由зверь。
растерзанiе〔中单四〕——撕碎，撕烂，撕成碎块。
инех〔形阳复二，古俄语为иныхъ〕——其他的。

39. побиль〔复过单三，由побилъ есть〕——重责，——重打；打杀。
единь〔古俄语为одинъ, одьнъ〕от...——即один из...
пѣстун〔阳复二〕——教养者，抚育者；门客。

40. апоница〔阳单一〕——此词意义不详，可能是"化名"。
зря〔现主短阳单一〕——由зьрѣти看，看见。
бл҃женое〔形长中单四〕——由блаженыи，怡然自得的，幸福的。～тѣло遗体，遗容。

41. го҃дина〔阳单二〕——由господинъ，主人。
плачющися〔本应为плачася现主短阳单一〕——由плакатися，哭。
вiдя——即видя〔вѣдя，现主短阳单一〕——看到。
его〔单四〕——指князя Федора。
 никим〔否定代词五格〕——由никъ（=никто）。

41.—42. брегома〔现被短阳单四〕——由брещи, 古俄语为беречи看守，保护；与его一起为双重四格意为"看见它（指尸体）无人看守"。否定代词第五格никим作被动行为（брегома）的主体。此处брегома本为брегомъ（第四格同第一格）。

42. взя〔过完单三〕——由възяти（взять）。
возлюбленаго〔形长阳单四〕——心爱的，有深情的，在本篇中反映出动物名词——主要是指人，特别是有地位者——在第四格时同第二格，不仅如此，其一致定语也是第四格同第二格，见有关例子。

гс̃дря〔阳单四〕——即государя，主君。

43. ускори〔过完单三〕——由ускорити，有поспешить意义。

   еупраксѣе〔即Евпраксия，阴单三〕——人名，与княгине同位。

44. убии〔应为уби，过完单三〕——由убити。

45. стоаше〔文语为стояше，过未单三〕——由стояти。

46. чадо〔中单四〕——孩子（=дитя），其后的князя Ивана Федоровича为чадо的同位语。

47. таковыа〔应为таковыѣ，指示代词阳复四〕——即такие。

   смьртноносныя〔形长阳复四〕——带来死亡的，致死的。

   гл̃ы〔阳复四〕——由глаголъ，话，说话。此处转义，意为"消息"。

   горести〔阴单二，исполнены要求〕——悲伤，悲哀。

   исполнены〔过被短阳复四〕——由исполнити<изъпълнити，充满；这一形式可看作"长尾"，作глаголы的独立定语，也可看省去的они（指глаголы）的谓语，因为有и在其间。

   абiе〔或абие，副〕——立即，立刻。

   ринуся〔过完单三〕——由ринутися，投身，纵身跳下。

49. среду〔阴单四〕——由срѣда，意为середина。

   заразися〔过完单三〕——由заразитися，摔伤，碰伤。

51. князей... людей〔复二〕——因与много连用。

52. великою кн̃гнею〔阴单五〕——由великая княгиня——指Юрий大公之母。

53. братею〔<братьею，集名单五〕——由братья或братiя。

   плакашеся〔过未单三〕——由плакатися。

   многъ〔或形短阳单四/一，或много〕——许多。

   час〔<часъ，或阳单四/一，或复二〕——因此，与многъ组合有双重理解，此处应为много часов，意为很长久。

54. начаша〔过完复三〕——此处用于不定人称句中。

55. воинство〔中单四〕——即войско。

   учредиша〔过完复三〕——由учрьдити，作出安排，进行布置；其作用同上начаша。

   юри〔<юрьи〕——人名юрии（或юрьи）。因ь脱落，р为软辅音，在此书面上不能表现，因此是错误写法。

56. братю〔братью〕——与53行братею同，其写法与юри同。

болярѣ〔本为боляръ，阳复四/二〕——由боляринъ，或бояринъ——бояре，
бояръ，（大）贵族。

воеводе〔应为воеводы阳复四〕——由воевода。

храбры〔形短阳复四〕——说明воеводы。

57. ѣздяще〔现主短阳复四，古俄语为ѣздиче〕——由ѣздити（ездити）。这里与其前的四格名词一起作видя的双重四格补语。

воздѣ〔过完单三〕——由въздѣти（воздѣти），举起，抬起。

руцѣ〔阴双四〕——由рука。此处指"双手"（обе руки）。

58. изми〔изьми，命令单二〕——由изяти，取出，放出；〈转〉挽救，拯救。

нань〔可能是на ны之误〕——即востающих на нас，反对我们的人，攻击我们的敌人；见72行。

59. покры〔покрои之误，命令单二〕——由покрыти，掩护；保护，庇佑。

сонма〔阳单二〕——由сонмъ，一大群，一大伙。

лукавнующих〔现主阳复二，名词化〕——由лукавьновати，搞阴谋诡计，狡猾，奸诈。

60. буди〔будь，命令单三〕——相当于да будет...

тма〔тьма，阴单一〕——用作形容词темен（<тьмьнъ）。

ползок〔形短阳单二〕——由ползыки（пълзъкыи），滑的，难行的。

61. господия и братіа——在此用作呼语。

моа——即моя。

гс̇дня〔形短阴单二〕——应为гс̇днѣ，由господьнии，说明руки〔阴单二〕。

благая〔形长中复四，名词化〕——由благое，好事，善举。

61—62. прияхом〔过完复一〕——由прияти（принять）。

62. злая〔形长中复四，名词化〕——由зълое，坏事，恶行。

лутче——即лучше。

живота〔阳单二〕——由животъ，即жизнь。

63. в поганой воли〔阴单六〕——受制于异教徒，听命于凶神恶煞。

напред〔<напрѣдъ或наперед副，前〕——首先；先于（见79行）。

64. изопью〔将单一〕——由изъпити，饮干，喝完。

чашу см́ртную〔阴单四〕——由чаша сьмьртьная，决死酒。

ст̇ыа бж̇їа цркви〔阴复四〕——古俄语为святыѣ божиѣ церькви（църкви）神圣的东正教会，神圣的宗教信仰。

65. отчину〔阴单四〕——由отьчина（或очина），祖国。

ингоря с͠тославича〔阳单四〕——由ингорь святославич，Юрий Ингоревич之父，直接引语：61行—66行。

66. прс͠тыя влч͠цы бд͠ци〔阴单二〕——由пречестьная владычица богородица，至高无上的圣母。

чс͠тнаго〔形长中单二〕——由честьныи，说明успѣнія。

67. ея〔古俄语为еѣ，阴单二〕——由第三人称代词я（она）。

оуспенія〔中单二〕——由оуспѣніе，意为кончина逝世，升天，永世；与честьнаго ея一起和пречестыя бд͠ци同位，第二格——因其前有(въ) церквь。这里指的是1187—1207年建的梁赞城著名的（后被毁的）圣母升天大教堂（Успенский собор）。

68. чюдотворцу〔阳单三〕——有灵者，显灵者。

николе〔阳单三〕——由Никола（人名）。

сродником〔阳复三〕——由съродьникъ，亲属，亲戚；此处指Борис和Глеб两兄弟。两人均被其同父异母兄长基辅大公Святополк所杀。《编年史》有记述。68—69两行中的第三格为属性三格，其前省去与богородицы〔属性二格〕连用的相同词образы〔复五〕——见2行чюдотворнаго образа——即образа чюдотворца николы圣灵尼古拉的神像。

69. дас(ть)〔或да，дасть，过完单三〕——由дати，~ целованіе（кому）吻别……

кн͠гни〔阴单三〕——由кънягини（княгиня）。

агрепѣне〔人名，阴单三〕——由агрепѣна，指Юрий大公之母Агриппина Ростиславовна（比较下行ростиславне）。

70. пріем〔应为прия（或приа），过完单三〕——由прияти（或приняти，приати），这一形式可能错用另一词根同义动词приемляти（即принимать）。

еп͠спа〔阳单二〕——由епископъ主教。

сщ͠ннаго〔形长阳单二〕——由свящьньныи，圣的，神圣的。~ собор——指Успенский собор，这里指大教堂全体神职人员。

71. сретоша〔过完复三〕——由сърѣсти，相遇，碰上。

72. придел〔阳复二〕——由предѣлъ，边界、边境（此词前缀本为пре-，古俄语为пере-，передѣлъ意为предѣлъ或область〔地区〕。

нападоша〔过完复三〕——由напасти，攻击，进攻。

нань〔不同于58行нань，应为на нь...第三人称代词四格〕——即на него（指Батыи——Батыи部）。

битися——战斗，打击。

73. бысть〔或бы，过完单三〕——此处意为была。
сѣча〔阴单一〕——砍杀，拼搏，肉搏。
мнози〔形短阳复一〕——由мъногъ＝многие, много。
силныи〔形长阳复一〕——由сильныи。

74. полки〔原为пълки，阳复一〕——由пълкъ, 战士；军队。
падоша〔过完复三〕——由пасти, 倒下，阵亡。
батыеви〔物主形阳复一〕——由батыи, 说明полки。
господство——国君尊号，大公殿下；统帅；统率之师。

75. бьяшеся〔过未单三〕——由битися, 战斗。
возбояся〔过完单三〕——由възбоятися, 害怕起来。
противу〔前〕——或противъ，противо；要求二格或三格，都有"反对，对抗，抗击"等意义。

76. бїю〔形长阳单三〕——由божий。
хто——由кто＜къто，从十四世纪开始使用хто，疑问代词，故本句为疑问句。
батыеве〔物主形阴单三〕——由батыи, 说明силе（武力，军队）。
велице〔形短阴单三〕——由велицѣ（自великъ）。
тяжце〔形短阴单三〕——由тяжькѣ。
句子本应为батыевѣ бо и силѣ велицѣ и тяжьцѣ——独立三格，加之有бо，整个短语起原因从句作用。

77. един〔古俄语为одинъ或одьнъ〕——一个人，单独。
два〔дъва〕——两个人；现代俄语用двое。
тмою〔＜тьмою, 阴单五〕——一（万人）。

78. двда——即давыда，двдъ——давыдь（人名）。
воскричаша〔恐为воскричаше之误，过未单三〕——由въскричати, 大叫起来，高喊，其后为直接引语。

78—79. братие моя милая——全为呼格，名词单数呼格братие＜集合名词（阴）братия, 物主代词、形容词的呼格同第一格。

80. сея〔指示代阴单二，古俄语为сеѣ〕——即этой。
преседоша〔或пересѣдоша, 过完复三〕——由пресѣсти, 移坐；改乘。

81. прилѣжно〔＜прилѣжьно, 副〕——意为упорно, усердно。
многіа силныя полкы батыевы〔阳复四〕——古俄语为многиѣ сильныѣ полкы батыевы。

проеждяа〔应为проѣзжая现主短阳单一〕——由проѣзжати, 要求四格（或连 черезъ要求四格）穿过; 突破。

82. бьяшея〔过未单三〕——由битися。它和проеждяа的行为者（主语）为Юрий大公及其所率部。
    яко〔连〕——так что之意。
    полком〔阳复三〕——всѣм ~ 所有将士; 句子为动词不定式句, 含有"不得不"意义。

83. подивитися——удивиться, 都要求三格。
    крѣпко и мужеству〔应为крѣпъкости и мужству, 三格〕——顽强勇敢。
    резанскому господству〔属性三格〕——梁赞的将士, 梁赞大公统率的部队。

84. одолѣша〔过完复三〕——одолѣти, 克敌, 战胜。
    едва〔<едьва, 副〕——勉强, 好不容易; 刚一。
    ту〔副〕——тут, там, 指в этой сѣчи "在这场厮杀中"。
    убиен бысть〔过被短阳单一〕——был убит, 其后省略相同的谓语убиен(ы) бысть(быша)。

86—87. коломенской——由地名Коломна构成。

87. мѣсныа〔<мѣстьныѣ, ь脱落, -стн-中т不发音, 故如此写〕——当地的, 各地方的。

88. воинство——将士, 军队。
    удалцы〔阳复一〕——由удальць, 勇士, 好汉。
    резвецы〔阳复一〕——由рѣзвьць, 英雄好汉, 勇猛者。

89. равно〔<равьно, 古俄语为ровьно, 副〕——同样地。
    ні един от них——ни один из них не...

90. вспять〔<въспять, воспять, 副〕——обратно, назад之意。
    вкупе〔<въкупѣ, 副〕——вместе之意。
    мр̃твіи〔<мьртвии, 形长复一〕——与лежаше组成合成谓语, 但лежаше为过未单三——主语вси（阳复一）, 本应用лежаху(ть)——过未复三。
    сіа〔сия, 指示代中复四〕——意为всё это。
    наведе〔过完单三〕——由навести, 领来, 引来。

91. грех〔<грѣхъ, 阳复二〕——罪孽。
    ради〔前, 要求二格〕——за ради грѣхъ нашихъ——за наши грехи
    яша〔过完复三〕——由яти, 即взять, поймать。

жива〔形短阳单四/二〕——由живъ，与Князя Олега构成双重四/二格，句子意思为"几乎被活捉"。

суща〔быти构成的现主短阳单四/二〕——与жива连用。

92. царь (же)〔阳单一〕——这里指царь Батый。

92—93. видя... видя... 两句（短语）的内容相同，都要求双重四格；полкы... мнозии (падоша)和 ... силы ... множество (побьеных)；最后一своея应为своѣ，之所以写成своея可能是受вьсея〔古俄语为вьсеѣ〕影响。

падоша〔过完复三〕——由пасти，倒下，阵亡；与мнозии（<мъногии）一致，这里мнозии既作主语，又作为双重四格之一；比较现代俄语видя, что многие свои полки пали смертью。

побьеных〔过被长阳复二〕——由побити，打坏，打伤；比较51行...людей много побито。

94. начаша〔过完复三〕——这里应为（царь... нача вельми (=очень) скръбѣти...）и нача〔过完单三〕воевати...

жещи〔古俄语为жечи<жьчи〕——烧。

95. без мл̃сти——без милости无情地。

прънескъ——即проньскъ（地名）（见18行）。

бѣл〔地名，与градъ同位〕——指梁赞公国的Белгород；今Белгородище，与Ижеславль隔河（即Проня河）相望。

ижеславец——地名，即Ижеславль（городъ）。

разари〔即разори，过完单三〕——由разорити，破坏，毁坏。

96. люди〔复四〕——与всѣ（вьсѣ阳/阴复四）连用，作不定人称句谓语побиша的直接补语。

течаше〔过未单三〕——由течи，流，流淌。

98. красна и храбра〔形短阳单四/二〕——与князя Олега一起作为видя的双重四格补语。

изнемогающи〔现主短阳单四，古俄语本应为низнемогаючь〕——由изнемогати 精疲力竭，丧失力气。

99. великых ран〔阴复二〕——即тяжелых ран，重伤。

хотя〔现主短阳单一〕——由хотѣти，想要。

изврачевати——治好，治愈。

100. укори〔过完单三〕——由укорити，羞辱，指责。

101. нарек〔过完单三〕——由наречи, 称……为……, 把……叫做……。

безбожна и врага хрстьянская〔阳单四/二〕——与его一起组成双重四格补语。

окаяныи〔形长阳单一〕——可怜的; 罪大恶极的, 该诅咒的; 被羞辱的。

дохну〔过完单三〕——由дохнути, дъхнути 吸（吐）一口气; ~ огнем 怒火中烧, 火冒三丈。

102. ми́рскаго〔或мерскаго, 形长中单二〕——由мерзьскии（>мерзкий）, 卑鄙的, 可恶的, 坏透了的, 黑的。不要与мирьско'й "世俗的"等混淆。

ножи〔阳复五〕——由ножь, 刀子。

103. раздробити——把……砸碎, 切成, 分裂。

страстоположник 受难者, 殉教者。

104. Стефан——指公元一世纪因捍卫基督教而被乱石打死的圣徒。本文所谓"第二个殉教者"是指被拔都碎尸的Олег Ингоревич公。

прiа〔即прия, 过完单三〕——由прияти——принять.

венец〔阳单四〕——由вѣньць, 花冠, 花环; 冠, 冕; 〈转〉圆满成功。

всемилостиваго〔形长阳单二〕——大慈大悲的, 至仁至爱的。

105. братею〔<братьею, 阴单五〕——比较五格意义, 即如свои братья。

107. объступиша〔过完复三〕——由объступити, 包围。

неотступно〔<неотъступно, 副〕——连续不停地。

108. пременишася〔过完复三〕——古俄语为переменишася, 替换, 更换; 其主语为用于集合意义的войско。

непремѣно〔副〕——不更换地, 不停地。

бьюшеся〔本为бьяшеся, 过未单三〕——由битися, 但句子主语为гражане（市民, 城市居民）——复一, 因此应为бьяхуть〔过未复三〕——即бились。

109. уазвиша〔即оуязвиша, 过完复三〕——由уязвити, 打伤, 杀伤。

инiи〔代词复一〕——由иныи, 意为некоторые。

110. тродов〔本为трудовъ, 阳复二〕——劳作; 困境; 不停的砍杀。

приидоша〔过完复三〕——由прийти, ~ ко граду, 意为подошли к городу。

111. овии…инi（<инии）…〔代词复一〕——由овъ…инъ…, 即одни…другие…。

огни〔阳复五〕——由огнь——即огнями。

пороки〔阳复五〕——由порокъ, 攻城武器。

инѣи〔本应инии, 代词复一〕——由инъ, 在句中相当于третьи。

第一类文选——语言（词汇语法）注释篇　273

тмочислеными〔<тьмочислеными, 形长阴复五〕——意为многочисленными。

112. лѣствицами〔阴复五〕——由лѣствица（也写成лѣствича）——即лестница，此处指"云梯"。

мсца декабря ка днь——十二月二十一日。

113. собръную〔古俄语为събърную, собьрную〕——由соборъ（<събърь）大教堂的。

агрепѣну〔人名〕——由агрепѣна, 见69行。

114. мтрь〔матерь, 阴单四〕——由мати。

снохами〔<съ снохами, ъ脱落，两с合一, 阴复五〕——儿媳妇。

кнгнеми〔<应为кнгнями, 阴复五〕——由кънягиня。

мечи〔阳复五〕——由мечь宝剑。

115. исекоша〔<изъсѣкоша, 过完复三〕——由изъсѣчи, 杀, 砍。

сщенический〔形长阳单一〕——即священический, 司祭的，神甫的。

чин〔阳单四〕——官员，官吏；священический чин（集名）——神职人员（司祭、助祭、神甫等）。

предаша〔过完复三〕——由предати, ～огню投入火海，用火烧死。

стый〔形长阴单六〕——由святыи, 或者为святой。

116. пожегоша〔或пож(ь)гоша——见119行, 过完复三〕——由пожьчи, 焚烧。

инѣи（见111行）мнози——即многие другие。

ружiа〔中单二〕——有集合意义，意为оружие。

117. жены〔阴复四〕——женщины的意义。

118. потопиша〔过完复三〕——由потопити, 淹死。

ерѣи〔或ереи, ѣреи, иереи, 阳单四/一〕——神甫。

черноризца〔或чьрноризица, 阳单四/一〕——修女；古俄语中一些阴性动物名词在及物动词要求时仍保留原（一）格，这通常为某些方言所有，如купити корова等。这一语法现象在文献中较少见到。

до останка〔二格〕——由останкъ, 同остатькъ, 词组意为без остатка一个不剩地，全部地。

119. узорочiе〔中单四〕——贵重物品（指金银珠宝、绫罗绸缎等）。

119—120. сродник〔<сродникъ, 阳复二〕——指рязанские князи的亲属，即киевские和черниговские князи。

120. их——指рязанские князи。

киевское и черъниговские〔＜черниговьское〕——它们不仅说明省略其前的名词богатство〔中单四〕，而且有богатство киевских и черниговских князей之意义。

поимаша〔过完复三〕——由поимати，掠夺，抢走，掳掠。

121. олтарех〔或（本用）олтарихъ，阳复六〕——由олътарь，祭坛，供台，（教堂内）圣堂，现代俄语为алтарь。

много крови〔阴单二〕——与现代用法相同。

проліша〔或проліяша，应为проліяше，过未单三〕——由пролити，流；因主语为много крови。

оста〔过完单三〕——由остати，用于остатися意义，не ~ 即не осталось——用于否定意义的无人称句中。

ні един〔＜ни единъ，单一〕живых〔复二〕——相当于现代俄语ни одного живого或ни одного из живых。

123. стонюща〔现主短阳单二，古俄语为стонюча〕——由стонати，呻吟，哀怨，悲泣，此处用于名词化意义，即Тут нет ни стонущего, ни плачущего。

124. отцу，м͞три，чадом，брату和125行 ближнему роду（亲人，亲族）等均为三格，句中省略动词不定式стонати 和плакати，属于用不定式表示的否定意义的无人称句。比较现代俄语 Им не о ком плакать。

125. лежаща〔应为лежаще，现过短阳复一〕——与м͞ртви〔形短阳复一〕一起作谓语：(Все) ... лежали мертвые（或мертвыми）。

附带说明：阅读本篇时可参考本书第二类文选的第二篇的俄文和汉语译文。这两类文选的"印刷字体"很不相同，尤其本篇中没有明确的标点符号。

第九篇

Из «Хождения за три моря Афанасия Никитина» (1466—1472 гг.)

对于俄罗斯文学和文学史来说，"游记"（包括早期的"朝圣记""巡礼记"等）也像"史记"和"传记"等一样，是一个重要方面，一个重要的组成部分。在罗斯-俄罗斯的文学著作中，阿法纳西·尼基京的《三海游记》（标题是后人所加）占有特别的地位。此游记被评为欧洲最早描写印度（印度斯坦）的著作之一，而尼基京本人则是第一个抵达印度的俄罗斯人。

《游记》描述了作者在1466—1472年这六年间的经历和所见所闻。它以"日记"（一种札记）形式出现。全书"手稿"由三个主要部分组成：第一部分叙述他于1466年从特维尔（Тверь，莫斯科以北不远处）出发，作为商人，他主要目的是外出经商。他沿伏尔加河顺流而下进入里海，从海路抵达海边城市杰尔宾特（Дербент，故里海在书中又称Дербентское море），然后转到巴库，接着穿过里海进入波斯（今伊朗）。在波斯住了一年左右，1469年春他来到了波斯湾边的Ормуз城（今称Хормуз——霍尔木兹城），然后经过阿拉伯海（印度洋北部海域之称）到达印度（也称"印度斯坦"）；第二部分记述他在印度的三年经历所见所闻，对印度（他从西到东经过多处地方）的风土人情、风俗习惯、宗教信仰、自然风光等作了生动有趣的描述；第三部分记载了他从印度启程回国（途径印度洋、波斯、黑海、克里米亚等地）的经过。1472年抵达俄国的Кафа，本想北上Смоленск，经基辅返回莫斯科，但因病在途中去世。他的这本"旅途见闻录"也未来得及进行文学加工，其手稿由其同行者于1475年带到莫斯科，并被收入第二部索菲亚编年史（Софийская летопись）。保留至今的有十六七世纪的几种抄本。本篇依据保存在圣彼得堡萨尔蒂科夫-谢德林图书馆的十六世纪抄本，取《游记》的前几个片断（启程、沿途经历、印度见闻等）。作为商人，作者属世俗阶层，因此其语言受教会斯拉夫语的影响较少，是用当时的纯俄语书写，但用了不少波斯语、阿拉伯语和突厥语的词汇。

ТЕКСТ

Се написах свое грѣшное хоженіе за три морѧ
а҃ — е море дербеньское дорїа хвалитсѧ[1]. в҃ — е
море индѣиское дорѧ гоунджстанскаа. г҃ — е море
черное дорїа стебольскаа

Поидох ѿ спса стго златоверхаго и съ его милостїю ѿ гдрѧ
своего ѿ великаго кнѕѧ михаила борисовича тверскаг(о). и ѿ
влдкы генадїа тверскаг(о). и бориса захарича. и поидох вниз
волгою. и прїидох в манастыр(ь) колазин ко стѣи троицы живо-
5 началнои. и къ стым мчнком борисѧ и глѣбѧ и оу игѫмена с(ѧ)
блвив. оу макарїа ‖ и оу стыа брат(ь)и. и ис колазина поидох
на оуглеч. и с ѫглеча ѿпѫстили мѧ доброволно. и ѿтоудоу
поидох с ѫглеча. и прїѣхалъ есми на костромоу. ко кнзю але-
ксандроу. с ыною грамотою. великог(о) кнзѧ. и ѿпоустил мѧ
10 доброволно. и на плесо прїѣхал есми доброволно. и прїѣхал
есми в новгород в нижнеи. к михаило х киселевоу и к пошлин-
никѫ к ываноу к сараевоу. и ѡни мѧ ѿпѫстили доброволно.
а василеи папин проѣхал мимо город двѣ ндли. и из ждал в новѣ-
городе в нижнем две ндли посла татарскаг(о) ширваншина. асан-
15 бега. а ѣхал с кречаты ѿ великог(о) кнзѧ ивана. а кречатов оу
него деванѡсто. и прїѣхал есми с ними на низ волгою и казан
есмѧ проѣхали доброволно не видали никог(о). и ѡрдоу есмѧ
проѣхали. и сараи есмѧ проѣхали. и въѣхали есмѧ в бѫзанъ. тѫ
наѣхали на нас три татарины поганые. и сказали нам лживые
20 вѣсти. каисым салтан стережет гостеи в бѫзани. а с ним три
тысѧщи татар. и посол ширваншин. асанбѣгъ дал им по ѡдно-
ратке. да по полотноу. чтобы провели мимо хазтарахан, а ѡны
поганые татарове. по ѡдноратке взѧли. да вѣсть дали в хаз-
тараханъ црю. и из свое сѫдно покиноул да полѣз есми на соудно

25 на послово. и с това‖рищи своими. поѣхали есма мимо хазтарахан. а мⷭць свѣтит и црⷭь нас видел. и татарове к нам кликали. качма не бѣгаите. а мы тог(о) не слыхали иичего. а бежали есма пароусом. по ншим грехом. црⷭь послал за нами всю свою wрдоу. и (о)ни нас постигли на богⷤнѣ. и оучали нас стрелати. и оу
30 нас застрелили чⷧка. а оу них двоу татаринов застрѣлили. и соудно нше стало на ѣзоу. и wни нас взали. да того часоу разграбили. а моа была мѣлкаа рⷤхлад(ь) вса в меншем соудне. а в болшом сⷤднѣ есма дошли до морⷤ. ино стало на оусть волги на мели и wни нас тⷤто взали. да сⷤдно есма взад велѣли
35 таноути вверхъ по ѣзоу. и тⷤт соудно наше меншее пограбили. и четыре головы взали рⷤские. а нас wтпоустили голыми головами за море. а вверхъ нас не пропоустили. вѣсти дѣлⷶ. и пошли есма в дербенть заплакавші двема соуды. в одном сⷤднⷷ посол. асанбѣгъ. да тезики. да роусаков нас десет головами. а в дрⷤ-
40 гом сⷤдне ·s· москвич. да шесть тверич. да коровы. да кормъ нашь. а вⷦстала фⷤртовина на море. да сⷤдно меншое разбило w берег. а тоу есть городок тархи. а люди вышли на берегⷶ. и пришли каитакы. да людеи поимали всѣх. и пришли есма‖ в дербенть. и тⷤ василеи поздоровⷤ пришел, а мы пограблени.
45 а били есма челом. василію папиноу. да послоу ширваншиноу. асанбѣгоу. что есма с ними пришли чтобы сⷶ печаловал w людех. что их поимали под тархи. каитаки. и асанбѣгъ печаловал сⷶ. и ѣздил на горⷤ к боулатоубегоу. и бⷤлатбегъ послал скорохода. ко вершибегⷤ.¹ что гⷣсⷯне сⷤдно рⷤское розбило под тархи.
50 и каитаки пришед люди поимали. а товар их розграбили. и ширваншабегъ того ж часа послал посла. к шⷤриноу своемоу алильбегⷤ. каитачевскомоу кнзю. что сⷤдно сⷶ розбило под тархи. и твои люди пришед людеи поимали. а товарⷶ их пограбили. и ты чтобы мена дѣлⷶ люди ко мнѣ прислал. и товар их собрал.
55 занже тѣ люди посланы на мое имⷶ. а что бⷤдет тебѣ надобе оу мена. и ты ко мнѣ пришли. и иⷥ тебѣ своемоу братоу не бороню. а тѣ люди пошли на мое имⷶ. и ты бы их wтпоустил ко мнѣ доброволно. мена дѣлⷶ. и алильбегъ того часа люди wтслал...

60 и тоут есть индииская страна и люди ходат всѣ наги. а голова непокрыта. а гроуди голы. а власы в одноу косоу заплетены. а всѣ ходат брюхаты. а дѣти родатса на всакыи год. а детси оу них много. а моужики и жонкы всѣ наги. а всѣ черны из коуды хожоу. ино за мною люди и мног(о). да ди-
65 воуютса бѣломоу члкоу. а кназ ихъ фота на головѣ. а дргаа на гжзнѣ. а боаре оу них фота на плещѣ. а дргаа на гжзнѣ. кнѧини ходат. ѳота на плещѣ. ѡбогноута. а дргаа на гжзнѣ. а слоуги кнжие. и боарьскые. ѳота на гжзнѣ ѡбогноута. да щит. да меч. в ржках. а иные с сѫлицами. а иные с ножи а иные
70 с саблами. а иные с лоуки и стрелами. а всѣ наги да босы. да болкаты. а волосовъ не бреют. а жонки ходат голова непокрыта. || а сосцы голы. а паропки да девочки ходат наги. до семи лѣт соромъ непокрытъ...

и из грѣшныи привезлъ жеребца. в ындѣискоую землю. и
75 дошелъ есми до чюнера. бгъ далъ поздоровоу все. а стал ми во сто роублев. зима же оу них стала с троицына дни. а зимовали есма в чюнерѣ жили есма два мсца. ежеднь и нощь д мсцы. всюда вода. да граз. в тѣ же дни оу них ѡрют да сѣют пшеницоу. да тоутоурган. да ногоут. да все сьѣстное. вино ж
80 оу них чинат в великых || ѡрѣхех. кози гоундоустанскаа. а брагоу чинат в татноу. кони ж кормат ноѳоутом да варат кичирисъ с сахаром да кормат кони. да с маслом. пораноу же дают имъ. шешни. в ындѣнскои ж земли кони с(я) оу них не родат. въ их землѣ родатса волы. да боуиволы. на тѣх же ѣздат. и товар
85 возат все дѣлают. чюнереи ж град есть на ѡстровоу на каменом не ѡдѣланъ ничѣм. бгом сотворен. а ходат на горѫ днь по ѡдномоу члкоу дорога тесна. а двема поити нелзѣ. в ындѣискои земли гости с(я) стават по подворьем. а ѣсти варат на гости гсдрни. и постелю стелют на гости...

90 зимѣ же оу них ходит. любо фота на гжзнѣ. а дргаа по плечем. а трета на головѣ. а кнзи и боаре толды на себа въздѣвают тортки [1]. да сорочицу. да кафтан. да ѳота по плечем. да дргою с(я) ѡполшет. а третею головѫ оувертит. а се ѡло ѡло абрь. ѡло акъ. ѡлло керем. ѡлло рагим. а в том в чюнерѣ

第一类文选——语言（词汇语法）注释篇　279

95　ханъ оу меня взял жеребца. а оувѣдал что аз не бесерменинн
ръсинъ. и ѡн молвит жеребца дам да тысящоу златых дам.
а стан(ь) в вѣроу ншоу. ‖в махмет дени. а не станеш в вѣроу
ншоу в махмат дени. и жеребца возмоу. и тысячю златых на
головѣ твоеи возмоу. а срок оучинил на четыре дни. в оспо-
100 жино говѣино на спсов днь. и гь бъ смиловался на свои чстныи
праздникъ. не ѡставил млсти своеа ѿ меня грѣшнаго. и не ве-
лѣлъ погибноути в чюперѣ. с нечестивыми. и каноун спсова
дни. приѣхал хозаинчи махмет. хоросанець. и бил есми емоу
челом. чтобы ся ѡ мнѣ печаловал. и ѡн ѣздил к ханоу в город.
105 да меня ѿпросил. чтобы ма в вѣроу не поставили. да и жеребца
моег(о) оу него взал. таково ѡсподарево чюдо на спасовъ день.

〈正文前四行的单词〉

се〔语〕——вот, это。
написах〔过完单一〕——即я написал。
хоженіе〔古斯拉夫语хождение, 中单四〕——意为путешествие。
а—е, в—е, г—е——即первое, второе, третье。
дербеньское〔或дербентское〕（море）——由Дербентъ构成的地名形容词，指Каспийское море（里海）。
доріа〔或дория, 或дорья——见以下〕——波斯语词，意为море。
хвалится〔хвалитьская之误——地名形容词〕——或称Хвалынское（море），指Каспийское море。作者在此对同一个"地方"名称既用俄语相称，又用另一语（多指波斯语）的名称。
индѣиское——即индийское，在作者眼中把今名Индийский океан称为Индѣйское море。
гоундустанская——由гоундустан，波斯人对Индия的称呼。
стебольская——即Стамбульская，由Стамбул构成（即土耳其的伊斯坦布尔）。

⟨单词和语法注释⟩

1. сп̃са〔即спаса，阳单二〕——由спасъ，此处指圣救寺（奉献给救世主耶稣基督的教堂）。此处指作者离开Тверь城，该城因有金顶圣救寺而著名。

   златоверхаго〔应为златовьрхняго，形长阳单二〕——金顶的。

   гд̃ря〔即государя，阳单二〕——君主，国君。

2. тверскаго〔<тверьскаго，阳单二〕——由地名Тверь构成。

3. вл̃дкы〔即владыки，阳单二〕——统治者；大主教。

4. колязин——地名，монастырь колязин科里亚津修道院（亦称монастырь Троицкий "三圣修道院"或译为"三一修道院"）作为代表该城Тверь名称。

   Троицы〔或троици，阴单三〕——由Троица，三位一体（包含圣父、圣子、圣灵三位的唯一神上帝），此处指"三圣修道院"，也译为"三一修道院"。

   живоначальной〔阴单三〕——生命之源的，造物主的。

5. мч̃ником〔<мученикомъ，阳复三〕——蒙难者，殉教者。

   борису и глѣбу〔阴单三〕——指колязин的修道院中有纪念两圣的教堂，那里供奉殉教者Борис和Глеб。

   игумена〔阳单二〕——修道院院长，住持。

5—6. ся бл̃вив〔<ся благословивъ，过主短阳单一〕——由благословитися，得到……祝福；蒙……的恩准。

6. макарія〔阳单二〕——由人名макарии，作为игумена的同位语，前置词у重复。

   ст̃ыа〔<стыя，古俄语为святое=брат(ь)и〔<братѣ，阴单二〕——指修道院中诸僧侣修士，师兄师弟。

   ис〔<изъ，前〕——即из。7行的и с应为ис（<изъ）。

7. углеч〔城名〕——即Угличь；на углеч=в Угличь。

   оттуду〔副〕——оттуда。

8. приѣхалъ есми〔应为есмь，复过单一〕——即я приехал。

9. с ыною〔<съ иною〕——即с другой грамотой。指每经一地（公国或王国）都须"换文"，便于通行。

10. плесо〔地名〕——作为普名指含江湖岛屿间广阔水面的地区。

11. в новгород в нижнеи——即в Нижний Новгород，今Горький市。

    к Михаило х Киселеву——к Михаило Киселеву。Михаило在此未变格，但也可以к Михаилу；前置词х是к(ъ)在К(иселеву)前的音变所致，试比较мягькыи>

мяккый——мягкий（读如мяхкий）。

11—12. пошлиннику〔阳单三〕——税务官，收（关税）税员。

12. к ывану〔<къ ивану〕——见8行；比较现代俄语的с иваном（读如сываньм），比较сыграть<съиграти。

13. василеи——即василии。古俄语中音组（词尾）ии写成-еи，见11行нижнеи。Папин是其姓。

двѣ ндли（<дъвѣ недѣли）——这里指"两周前"。

14. ширваншина〔阳单二〕——鞑靼国名称，这里为物主形容词，其后可能省去государства，因此它由ширванша构成。

14—15. асанбега〔人名，阳单二〕——作посла的同位语。

15. ѣхал——指я ехал。本篇中的复合过去完成时形式，除个别外，均省去быти构成的现在时形式есмь，еси，есть，……而只留下以–л（ъ，а，о，и）结尾的形式。

кречаты〔阳复五〕——帆船。

16. приѣхал есми〔<есмь，复过单一〕——я поехал。

на низ——比较3行вниз，均表示"往下游"。

казан〔地名〕——即Казань，此处无前置词(в)结构。

17. есмя приѣхали〔<есмъ，复过复一〕——мы поехали。

орду——由орда<Золотая Орда，金帐汗国。

18. сараи〔地名〕——金帐汗国的都城。

бузанъ〔地名〕——鞑靼国的河名，伏尔加河下游的一条支流。

ту——即там。

19. татарины〔形阳复一〕——татаръ构成的物主形容词。

20. каисым〔人名〕——指Астрахань城的汗（王）。

салтан——即султан，苏丹。

стережет〔将单三〕——由стеречи，埋伏着等待，暗中窥伺。

гостеи〔阳复四〕——客商；商人。

21. по〔前，要求三格〕——表示分配意义。дал имъ по однорятке给他们每人一件无领上衣。

21—22. однорятке〔阴单三〕——由однорятька，无领上衣。

22. полотну〔中单三〕——由полотьно，亚麻布；一块布料。

хазтарахан〔或Азьтарханъ，地名〕——即Астрахань。

мимо〔前，要求四格；副〕——要求四格，意为через。

оны〔人称代阴复四，本应阳复四они〕——они。

23. татарове〔阳复一〕——由татаръ。

24. полѣз есми〔复过单一，本应为есмь〕——я полез我坐上了。

25. послово——由посълъ构成的物主形容词。使臣，使节的。

товарищи〔阳复五〕——伙伴们。

26. м҃сць〔<мѣсяць，阳单一〕——月亮。

27. качма——鞑靼语"别跑！"作为кликали的直接引语。

того... ничего——双重（否定）二格。

28. парусом〔阳单五〕——意为полным парусом或полным ходом。

по н҃шим грехом——或грѣхъ нашихъ ради，即За наши грехи。

29. постигли〔复过复三，用于过完复三〕——由постигнути，遭遇，碰上，赶上。

богунѣ〔或бугунѣ，阳单六〕——由богунъ，地名，指伏尔加河河口处的某一浅滩。

учали〔复过复三，即начали〕——由учати，意为начати, стати。

30. дву〔<дъву，本为数词дъва/дъвѣ的二、六格〕

татариновъ〔物主形阳复二，名词化〕——由татаринъ构成，现代俄语的татарин（单）和татары（复）为两种词形的错合，二格为татарина（单）和татар（复）。

31. ѣзу〔阳单六〕——由ѣзъ（或езъ），河中捕鱼的地方，栅栏，围桩。

того часу〔二格〕——即тотчас (же)，сейчас же。

32. рухлядь〔阴单一〕——东西，什物。

меншем〔中单六〕——由меньшее，即маленькое。

33. болшом〔中单六〕——由большое。

есма дошли〔复过复一〕——即мы дошли。

ино〔关系代中单一〕——相当于которое，指代судно。

усть〔单四〕——河口；现用устье，на усть意为при устье。

34. мели〔阴单六〕——由мель，浅滩。

туто〔或ту, тут, 副〕——在那里。

35. вверх〔副〕——往上游。

36. головы〔阴复四〕——人，人头；четыре головы руские——即(взяли) четырех русских。

36—37. голыми головами——固定词组，作状语，意为"被剥夺一切地""一无所有""扫地出门"。

37. дѣля〔前〕——相当于по причине；для，ради等；вѣсти〔阴单二〕дѣля——"去通风报信"。

38. дербентъ〔地名〕——见前面дербеньское море。

   заплакавши〔错，应为заплативъше，过主短阳复一〕——由заплатити，买（了）；定购（了）。

   двема〔<двѣма，双三/五格〕——由дъва（дъвѣ）。

   суды〔阳复五〕——由судъ，船。试比较现代俄语的судно（<судьно）〔单〕——суда〔复〕。

39. тезикы〔阳复一〕——由тезикъ，指伊朗人。

   русаков〔阳复二〕——由русакъ，〔口语〕典型俄罗斯人。

   десет——即десять。

   головами〔复五〕——голова/головы用作计算人数的单位量词，现代俄语用человек。如нас русских десять человек, людей двадцать человек等。

40. москвич〔阳复二〕——由москъвичь。

   тверич〔阳复二〕——由тверичь，特维尔人。

41. фуртовина——风暴，狂风大浪。

42. тархи——小城名。

43. каитакы〔复一〕——地名，部落集团的名称，或该居民点的人，或他们的聚居地。

44. поздорову〔副〕——由по здорову（<здоровъ，здорово），平安无事地，安然无恙地，完整地。

45. били есмя челом〔复过复一〕——叩首（表示敬意、感谢），请安；恳求，请求；呈上，呈文。

46. ся печаловал〔复过单三〕——由печаловатися，关照，关心，句子主语为Василий Панин。

47. тархи，каитаки——见42、43行，под ~ 在……近郊。

48. булатубегу〔人名，阳单三〕——由булатубегъ（或булатбегъ），当地鞑靼人首领。

48—49. скорохода〔阳单二〕——信使，报信人。

49. вершибегу〔人名，阳单三〕——当地鞑靼人首领。

гд҃сне〔或гд҃не，物主形中单一〕——阳单一为господьнь，长尾为господьнии，此处表示尊敬的称谓。

розбило〔古斯拉夫语前缀раз-(било)，复过单三〕——由розбити (разбити)，碰碎，损坏。

50. пришед〔过主短阳单一，本应为пришедъше，阳复一〕——与поимали发生关系，其主体未出现，可能表示твои люди, пришедше, поимали（их, людей），见53行相同词语。

люди〔复四〕——即людей（指船上的人）。

51. ширваншабегъ〔或写成ширваншебегъ，人名〕——此处可能指вершибегъ，同一人。

шурину〔阳单三〕——由шуринъ，内兄，内弟。

52. алильбегу〔阳单三，人名〕——由алильбегъ。

каитачевскому——由каитаки（见43行）构成的形容词。

54. меня дѣля——意为"看在我的面上"。

люди——同50行люди。

55. заиже〔或занеже，зане же，连〕——因为。

На мое имя——意为"以我的名义""代表我"。

надобе〔谓语副〕——надо, надобно。

56. пришли〔命令单二〕——由прислати。

57. бороню〔现单一〕——由боронити（古斯拉夫语为бранити），责怪，妨碍，禁止。

从49行至58行是所派信使报告的内容——也是直接引语。

59. отслал〔过复单三〕——由отъсылати，或отослати放走，送走，驱逐。

60. индииска〔形短阴单一〕——比较индѣиское (море)。

ходят наги——赤身裸体。

61. груди голы——祖胸露腹。

власы（古斯拉夫语词）——即волосы。

62. а〔连〕——意为и。

ходят брюхаты——此处指женщины怀孕。

на всякыи год——即каждый год。

63. мужики и жонкы——即мужчины и женщины。

64. куды хожу——有куда я ни хожу的意义。

第一类文选——语言（词汇语法）注释篇　285

ино〔连〕——相当于но，то。
за мною люди и много——即ходят（或следуют）за мною люди и людей много。

64—65. дивуются〔现复三〕——由дивоватися，=удивляться。

65. княз——即князь〔阳单一〕。
фота〔或写成ѳота，阴单一〕——一块布料。
княз ихъ фота на головѣ相当于у князя их фота на голове，或者князь их / у него фота на голове。这种结构相当于现代口语的"外位一格"。试比较：Люда/у нее все в чистоте。见66行бояре, у них...

66. гузнѣ〔中单六〕——由гузно，后面，后脑勺。
плещѣ〔俄语为плечѣ，中单六〕——由плеще, плече。>плечо。

66—67. княини〔应为княгини，阴复一〕——王公夫人。

67. обогнута〔过被短阴单一〕——由объгнути，缠绕，盘绕。

68. кн̃жие〔形长复一〕——由къняжии。

69. иные〔形长复一〕——由иные слуги。
сулицами〔阴复五〕——由сулица，长矛。

70. босы〔形短复一〕——赤着脚。

71. болкаты〔形短复一〕——由болкатыи，身强力壮的。

72. сосцы〔阳复一〕——由съсьць（或сьсьць），乳房，奶头。
пароки〔阳复一〕——由парокъ，小伙子，青年男子。
до семи лѣт——七岁以前。

73. соромъ〔古斯拉夫语为срамѣ阳单一〕——耻辱，丢人的事；~ непокрыт 不遮羞，穿开裆裤；不穿裤子。

74. привелзъ〔复过单一〕——由привезти，带来，运来。这一形式照当时（十五世纪）写法本该为привезъ<привезлъ，因词末弱化元音ъ早已脱落，处于词末的辅音л也随即不发音，比较л后有元音（а, о, и）的形式。

75. чюнеря〔地名，阳单二〕——джунейр，印度古城，孟买以东。
поздорову〔见44行〕——богъ далъ поздорову все 上帝让大家平安无事。
сталъ〔复过单三〕——意为обойтись，стоить价值，给……卖了（多少钱）。此句主语为жеребец。
ми——即мнѣ<мънѣ（三格）。

76. во сто рублев——有的版本无前置词въ，即сталъ（=стоил）съто рублевъ；

рублевъ——由 рубль——复二本为рубль（或рубль），变格受第三变格法影响（复二为-ов）。

стала〔复过单三〕——意为началась，начинается。

троицынъ дьнь——圣灵降临节（复活节后50天）；троицын——由троица构成的物主形容词。

зимовали есмя〔есмъ，есми复过复一〕——我们在……过冬。

ежеднь и нощь〔四格作时间状语〕——即каждый день и каждую ночь，或дни и ночи，день и ночь。

78. всюда〔副〕——即везде и всюду。

грязь〔грязь阴单一〕——污泥浊水；肮脏。

79. тутурган〔阳单四〕——可能指"黍，稷"（鞑靼语）。

ногут〔阳单四〕——（波斯语）豌豆。

съѣстное〔<съѣстьное，形长中单四，名词化〕——吃的东西。

80. чинят〔现复三〕——由чинить，相当于делать，приготовлять等。

орѣхех〔阳复六〕——由орѣхъ，带壳的果实；核桃，花生，榛子。

кози гундустаньская——即кокосовые орехи椰子，二词为第一格，解释въ великых орѣхех。

брагу〔阴单四〕——由брага，（俄罗斯人的一种）家酿啤酒。

81. татну〔阳单六，词尾为-у〕——由татьнъ，指某种"容器"。

кони〔конѣ阳复四〕——作кормят的直接补语。

нофутом〔阳单五〕——由нофутъ，或ногутъ，нохоть豌豆（的一种）。

кичирисъ〔阳单四〕——可能是кичири——胡萝卜。

82. порану〔副〕——意为рано утром。

83. шешни〔阳复四〕——由шьшень，稻米，稻草。

ся родят〔现—将复三〕——由родитися，繁殖，生育，出现，发生。

84. волы〔阳复一〕——犍牛，黄牛。

буйволы〔阳复一〕——水牛。

тѣх〔指示代词复六〕——由тъ，代替они，指代"牛"。

84—85. и товар возят все дѣлают——省略主语тъ（они）——即волы и буйволы，人称句，不同于前句на тѣх же ѣздят。

85. чюнереи〔阳复二〕——由地名чюнерь，即чюнерь人（的）。

острову〔阳单六，本为островѣ〕——由островъ。

86. одѣланъ〔过被短阳单一〕——由одѣлати，在周围建筑，环绕，包围。
   сотворен〔过被短阳单一〕——由сътворити，建筑，造出。
   днь〔阳单四〕——意为днем。
87. двема——дъва的三格，名词化，意为двоим。
   нелзѣ〔<нельзѣ，副〕——后演变为нельзя。
88. ся ставят〔现复三〕——由ставитися，安置，分配。
   подворьем〔中复三〕——由подворье，客店，客栈。
   ѣсти〔动〕——这里用于名词еда，ества，кушанье意义。
   на〔前〕——для的意义，比较现代的работать на купца。
   гости〔阳复四〕——客商，商人。
89. гс̃дрни〔阴复四〕——由господарыни，此词有женщины，девушки意义；гости (гостьи) ～意为女客商，女宾。
90. зимѣ〔阴单六〕——意为зимой。
   ходит——有есть意义。
91. плечем〔中复三〕——由плече，по плечем——双肩。
   тогды〔副〕——тогда，в это время。
92. въздевают〔现复三〕——由въздѣвати，即надевать。
   тортки〔代替портки，阳复四〕——由пъртькъ，портокъ〔单〕一块布料，〔复〕裤子，衬裤。
   сорочицу〔阴单四〕——由сорочица，内衣，衬衫。
   кафтан——长衣，长衫。
93. ся опояшет〔现单三〕——由опоясати ся，系于腰上，围在腰上，缠绕于腰际。
   третею〔третьею，阴单五〕——与前面другою一起用，其后省略фотою。
   увертит〔现单三〕——由увертѣти<увьртѣти，包着，裹着。
   оло〔或олло〕——作者在当地（印度穆斯林聚居地）学到的对бог的称呼，试比较在现代俄语中用的Алла〔阳，不变〕或Аллах（安拉，真主，上帝）。
94. оло абрь——真主（最）伟大（本词及以下三词均作者不正确的阿拉伯语发音，但我们均按意思译成汉语）。
   олло акъ——真主（最）崇高，至高无上。
   олло керем——真主（最）慷慨，慷慨大方。
   олло рагим——真主（最）仁慈，至仁至慈。
95. увѣдал〔复过单三〕——知道，打听到。

бесерменянин——即мусульманин穆斯林。
96. русинъ——罗斯人，罗辛人（见第三篇18行注）。
   тысящу〔古俄语为тысячу，阴单四〕——一千。
   златых〔古俄语为золотыхъ，形长阳复二，名词化〕——金币。
97. стань〔стани命令单二〕——由стати，~ въ вѣру，信……教，接受……宗教。
   махмет（махмат）——穆罕穆德，махмет-дени意为махметова вера，магометанская вера（религия）或者ислам。
98—99. на головѣ твоеи возму——即возьму у（或от）тебя。
99. учинил〔复过单三〕——由учинити，做成，作出；规定，施行。
   молвит的直接引语从96行到99行возму。
99—100. оспожино〔物主形中单一/四〕——由госпожино，名词госпожа（圣母）构成。
100. говѣино〔中单四〕——斋戒（现为говенье）。оспожино говѣино——即Успенский пост圣母升天节的斋戒。
   сп̃сов днь（Спасовъ дьнь）——救主节。
   смиловался〔复过单三〕——由смиловатися，发慈悲，怜悯，宽恕。
102. нечестивыми〔阳复五，名词化〕——渎神者，造孽者。
   канун〔阳单四〕——无前置词в结构，即в канун或накануне。
103. хозяиочи〔或写成хозиночи阳单一〕——可能两者都不正确表达阿拉伯—突厥语的хозиначи 地方的财务官；修道院中管财务的修士。

第十篇

Из «Жития Протопопа Аввакума» (Житие протопопа Аввакума, им самим написанное 1671—1673 гг.)

"传记"是俄国文学的一个重要组成部分。东正教大司祭阿瓦库姆于十七世纪后半期(可能在1672—1673年)写成的"自传"不仅可看作是俄国文学中第一部自传体著作的尝试，而且是这类作品的杰出代表，被誉为十七世纪"珍贵的历史和文学的篇章"。高尔基说："这部传记著作是'战士般热情和激昂的高超语言的典范'"。作者不仅是当时的高级神职人员，而且是大学问家，在国内颇负盛名，著作甚多（苏联古籍委员会曾整理出版了《大司祭阿瓦库姆文集》）。十七世纪的俄国，教会分裂，阿瓦库姆成了分裂派的首领之一，他极力反对当时大牧首尼康(Никон，《传记》中有"谈教会分裂的始因"的论述），因而不断遭到政教当局的迫害，1667年被拘禁（在Пустозерская тюрьма）。许多著作(包括本"自传")写于狱中，后被流放。后又因"毁谤朝廷"，于1682年根据沙皇Федор Алексеевич的旨意被处死（烧死）。本篇取其传记的前几部分（包括前言、幼年—青年时期、担任教职期间等）。本传记也是用道地的大俄罗斯语言写成；当时正处于俄罗斯民族语言开始形成的阶段，因此它与现代俄罗斯文学语言的关系更为密切。

《Житие протопопа Аввакума》
作者墨迹

ТЕКСТ

Житіе протопопа Аввакума, имъ самимъ написанное
(1672—1673 гг.)

По благословенію отца моего, старца Епифанія, писано моею рукою грѣшною протопопа Аввакума, и аще что реченно просто, и вы, господа ради, чтущіи и слышащіи, не позазрите просторѣчію нашему, понеже люблю свой русской природной
5 языкъ, виршами филосовскими не обыкъ рѣчи красить, понеже не словесъ красныхъ богъ слушаетъ, но дѣлъ нашихъ хощетъ.

И Павелъ пишетъ: аще языки человѣческими глаголю и ангельскими, любви же не имамъ — ничто же есмь. Вотъ что много разсуждать: не латинскимъ языкомъ, ни греческимъ, ни еврей-
10 скимъ, ниже инымъ коимъ ищетъ отъ насъ говоры господь, но любви с прочими добродѣтелями хощетъ; того ради я и небрегу о красноречіи, и не уничижаю своего языка русскаго, но простите же меня грѣшнаго, а васъ всѣхъ рабовъ Христовыхъ богъ проститъ и благословитъ. Аминь.

15 ... Рожденіе же мое в Нижегороцкихъ предѣлехъ, за Кудмою рекою, в селѣ Григоровѣ. Отецъ ми бысть священникъ Петръ, мати — Марія, инока Мароа. Отецъ же мой прилежаше питія хмельнова; мати же моя постница и молитвенница бысть, всегда учаше мя страху божію. Азъ же нѣкогда видѣвъ у сосѣда ско-
20 тину умершу, и той нощи, возставше, предъ образомъ плакався доволно о душе своей, поминая смерть, яко и мнѣ умереть; и с тѣхъ мѣстъ обыкохъ по вся нощи молитися. Потомъ мати моя овдовѣла, а я осиротѣлъ молодъ, и отъ своихъ соплеменникъ во изгнаніи быхомъ. Изволила мати меня женить. Азъ же
25 пресвя || тѣй богородице молихся, да дастъ ми жену помощницу ко спасенію. И в томъ же селѣ девица, сиротина-жъ, безпрестанно обыкла ходить во церковь, — имя ей Анастасія. Отецъ ея былъ кузнецъ, именемъ Марко, богатъ гораздо; а егда умре, послѣ ево вся истощилось. Она же в скудости живяше и моля-
30 шеся богу, даже сочетается за меня совокупленіемъ брачнымъ; и бысть, по воли божіи, тако. Посемъ мати моя отъиде к богу в подвизѣ велице. Азъ же отъ изгнанія преселихся во ино мѣсто.

Рукоположенъ во діаконы двадесяти лѣтъ з годомъ, и по дву лѣтехъ в попы поставленъ; живый в попѣхъ осмъ лѣтъ, и потомъ совершенъ в протопопы православными епископы, — тому двадесеть лѣтъ минуло; и всего тридесять лѣтъ какъ имѣю священъство.

А егда въ попахъ былъ, тогда имѣлъ у себя дѣтей духовныхъ много, — по се время сотъ с пять или с шесть будетъ. Не почивая, азъ, грѣшный, прилежа во церквахъ, и в домѣхъ и на распутіяхъ, по градомъ и селамъ, еще же и в царствующемъ градѣ, и во странѣ Сибирьской проповѣдуя и уча слову божію, — годовъ будетъ тому с полтретьятцетъ.

Егда еще былъ в попѣхъ, пріиде ко мнѣ исповѣдатися дѣвица, многими грѣхми обременення, блудному дѣлу и малакіи всякой повинна; нача мнѣ, плакавшеся, подробну возвѣщати во церкви, предъ евангеліемъ стоя. Азъ же, треокаянный врачъ, самъ разболѣлъся, || внутрь жгомъ огнемъ блуднымъ, и горко мнѣ бысть в той часъ: зажегъ три свѣщи и прилепилъ к налою, и возложилъ руку правую на пламя, и держалъ, дондеже во мнѣ угасло злое разженіе, и, отпустя дѣвицу, сложа ризы, помоляся, пошелъ в домъ свой зѣло скорбенъ. Время же, яко полнощи, и пришедъ во свою избу, плакався предъ образомъ господнимъ, яко и очи опухли, и моляся прилѣжно, даже отлучитъ мя богъ отъ дѣтей духовныхъ: понеже бремя тяшко, неудобь носимо. И падохъ на землю на лицы своемъ; рыдаше горце и забыхся, лежа; не вѣмъ, какъ плачю; а очи сердечніи при рекѣ Волгѣ. Вижу: пловутъ стройно два корабля златы, и весла на нихъ златы, и шесты златы, и все злато; по единому кормщику на нихъ сидѣлцовъ. И я спросилъ: «чье корабли»? И онѣ отвѣщали: «Лукинъ и Лаврентіевъ». Сіи быша ми духовныя дѣти, меня и домъ мой наставили на путь спасенія, и скончалися богоугодне. А се потомъ вижу третей корабль, не златомъ украшенъ, но разными пестротами, — красно, и бѣло, и сине, и черно, и пепелесо — его же умъ человѣчь не вмѣсти красоты его и доброты; юноша свѣтелъ, на кормѣ сидя, правитъ; бѣжитъ ко мнѣ из-за Волъги, яко пожрати мя хощетъ. И я вскричалъ: «чей корабль»? И сидяй на немъ отвѣщалъ: «твой корабль! на, плавай на немъ з женою

и детми, коли докучаешь»! И я вострепетахъ, и сѣдше разсуж-
70 даю: что се видимое? и что будетъ плаваніе? ǁ ... У вдовы
начальникъ отнялъ дочерь, и азъ молихъ его, даже сиротину
возвратитъ к матери: и онъ, презрѣвъ моленіе наше, и воздвигъ
на мя бурю, и у церкви, пришедъ сонмомъ, до смерти меня
задавили. И азъ лежа мертвъ полчаса и болши, и паки оживе
75 божіимъ мановеніемъ. И он, устрашася, отступился мнѣ дѣвицы.
Потомъ научилъ ево дьяволъ: пришедъ во церковь, билъ и воло-
чилъ меня за ноги по землѣ в ризахъ, а я молитву говорю в то
время.

Таже инъ начальникъ, во ино время, на мя разсвирепѣлъ,—
80 прибѣжалъ ко мнѣ в домъ, бивъ меня, и у руки огрызъ персты,
яко песъ, зубами. И егда наполнилась гортань ево крови, тогда
руку мою испустилъ изъ зубовъ своихъ и, покиня меня, пошелъ
в домъ свой. Азъ же, поблагодаря бога, завертѣвъ руку пла-
томъ, пошелъ к вечернѣ. И егда шелъ путемъ, наскочилъ на
85 меня онъ же паки со двема малыми пищальми и, близъ меня
бывъ, запалилъ ис пистоли, и, божіею волею, на полкѣ порохъ
пыхнулъ, а пищаль не стрѣлила. Онъ же бросилъ ея на землю,
и из другія паки запалилъ такъ же, и божія воля учинила такъ
же,— и та пищаль не стрѣлила. Азъ же прилѣжно, идучи,
90 молюсь богу, единою рукою осенилъ ево и поклонился ему.
Онъ ǁ меня лаетъ; а я ему реклъ: «благодать во устнѣхъ твоихъ,
Иванъ Родіоновичъ, да будетъ». Посемъ дворъ у меня отнялъ,
а меня выбилъ, всего ограбя, и на дорогу хлѣба не далъ.

〈单词和语法注释〉

житие——生平，传记；生活，生活方式。

протопоп——(东正教的)大司祭；现还用протоиерей。

1. благословеніе——祝福，良好祝愿。
2. что реченно——что-то сказанное。
3. господа ради——для (во имя) 看在主的份上。

чтущіи и слышаціи〔现主长阳复一，名词化〕——意为читатели и слушатели。

позазрите〔命令复二〕——由позазрѣти，指摘，见怪。

4. просторѣчию〔中单三〕——俗语，俗语词；词语粗率。

понеже〔连〕——意为потому что。

русской природной〔形长阳单四/一,词尾-ой(无重音)为旧俄语的特点〕—— 即родной русский язык。

5. виршами〔复五〕——由вирши，音节(体)诗(只求诗行末尾押韵，当时流行于俄罗斯)。

философскими富有哲理的;明哲的。

обык〔过主短阳单一〕—— 由обыкнути,即привыкнуть。

6. словесъ〔中复二〕—— слово的旧复二格。

красныхъ —— красивых。

7. Павелъ——福音书中的圣徒保罗；或泛指圣徒。

языки〔阳复五〕—— 即языками。

глаголю〔现单一〕——由глаголати，说。

8. имамъ〔现单一〕—— 由имати，即иметь (<имѣти)。

ничто ж есмь——я ничто(名词化)，意为гроша ломаного не стою 我是一钱不值的人。

9. разсуждать〔<разъсуждати〕——议论，谈论；争辩。

10. ниже ——应分写ни же (иным，другим)...

коимъ〔疑问代—不定代кой的单五〕——即каким-нибудь; 其后省去языком。

ищетъ〔现单三〕——意为требует (от кого)。

говоры〔阳复四〕——谈话，对话。

господь〔阳单一〕——指богъ（见6行）。

11. добродѣтельми〔阴复五〕——由добродѣтель, 美德, 高尚品德。词尾-ьми见现代某些词, 如людьми, лошадьми, 当时以-ь结尾的阴性名词复五格较常用。

небрегу ——应分写为не брегу〔现单一〕——由брѣчи/брѣщи，关心；带否定词не брѣчи (брѣ-щи) 意为пренебрегать。

12. уничижаю〔现单一〕——由уничижать, 贬低, 污辱。

13. Христовыхъ——由Христъ构成的物主形容词（阳复四）。

15. Нижегороцких——即нижегородских，由Нижний городъ。

предѣлехъ〔阳复六〕——范围，区域，地方。

Кудмою〔阴单五〕——由Кудма, 河名。

16. Григоровѣ〔中单六〕——由Григорово, 村名。

ми〔я的属性三格〕——相当于мой。

бысть〔或бы〕быти的过完单三，相当于был。

17. инока〔阴单一〕——修女，文语为инокиня。

прилежаше〔过未单三〕——由прилежати，爱好，嗜好，有……癖好。

питія〔中单二〕——由питіе(питие)，饮料；酒类。

18. хмельнова〔形长中单二〕——由хмельной，~питіе 酒类，醉酒。形二格词尾-ова即ого(写按读音)。

постница〔阴单一〕：严格的守斋者。

молитвенница〔阴单一〕——虔诚的祈祷者。

19. учаше〔过未单三〕——由учити。

страху божію〔阳单三〕——敬畏上帝。

видѣвъ〔过主短阳单一〕——由видѣти，作谓语。以下的这类形式(即现代俄语副动词)都用作谓语。

19—20. скотину умершу〔阴单四〕——双重四格，作видѣвъ的补语。умершу——即умершей〔阴单五〕。

20. той нощи〔时间二格〕——意为той ночью, в ту ночь。

возставше〔过主短阳复一，应为возставъ〕——由възставъ > въставъ，意为встав 或встал。

образомъ〔阳单五〕——圣像。

21. довольно〔副〕——意为много。

поминая〔现主短阳单一〕——记住，想到。

яко〔连〕——ведь，потому что, так как。

22. с тѣхъ мѣсть——意为с тех пор，с того времеми。

обыкохъ〔过完单一〕——由обыкнути，见5行。

по вся нощи〔阴复四，вся为古斯拉夫语形式，古俄语为вьсѣ〕——即по ночам，каждую ночь。

23. овдовѣла〔复过单三〕——即стала вдовой。与前几篇一样，以下动词谓语以-л(ъ, а, о, и)结尾者本来同由быти的现在时形式组成，但都没有用它们。我们仍注以"复过……"字样，不再加上есмь，еси，есть 等。

осиротѣлъ〔复过单一〕——即стал сиротой。~ молодъ—起作谓语，意为"少年丧父"。

соплеменникъ〔阳复二〕——同族人；同村人。

24. во изгнаніи быхомъ——意为 мы были изгнаны (своими соплеменниками)。
быхомъ〔быти 的过完复一〕——意为 мы были。
изволила〔复过单三〕——希望，很想。
25. пресвя‖тѣй〔应连写 пресвятѣй，本为 пресвятей，阴单三〕——由 пресвятая，~ богородица，至高无上的圣母。
молихся〔过完单一〕——由 молитися。
да〔连〕——意为 да будет...，чтобы。
помощницу〔阴单四〕——内助；护卫者，庇护者。
26. спасенію〔中单三〕——拯救，挽救；使灵魂得以安息。ко ~ 意为 для спасения (моей) души。
сиротина-жъ——тоже сирота（此处为阴性）。
26—27. безпрестанно〔<безъпрѣстанно，副〕——经常地。
27. ей〔人称代 она 的三格〕——用于物主代词 её 的意义。
28. ея〔人称代 она 的二格，古俄语为 еѣ〕——即 её。
егда〔连〕——意为 когда, после того как...
29. ево 即 его（见76，81行），послѣ ево——即 после него，после его смерти，进一步明确 Егда(он) умре〔过完单三〕。
вся〔中复一〕——用于 вьсе〔中单一〕意义，因谓语为单数中性。
истощилось〔复过单三〕——枯竭，耗尽，贫瘠。
скудости〔阴单六〕——贫困，贫穷。
живяше〔过未单三〕——由 жити。
30. даже〔连〕——用于 чтобы 意义(见25行)。
сочетается〔将单三〕——由 съчетатися 或 сочьтатися，за меня——со ммой（可能作者把 сочетатися со мной 与 выйти за меня 错合一起）。
совокупление брачное——即 брачный союз 婚姻。
31. по воли божіи〔阴单三，本为 по воли божіей〕——用作插入语。即 по божьей воле。
посемъ——即 после этого 或 потом。
отъиде〔过完单三〕——由 отъити，离去，远离。~ к богу，仙逝，死去。
32. подвизе〔阳单六，本为 подвизѣ〕——由 подвигъ，в ~ велице〔由 великъ，阳单六——велицѣ〕极度疲惫，身心交瘁。
преселихся〔或 переселихся，过完单一〕——由 преселитися，转移，搬家，迁移。

33. рукоположенъ〔过被短阳单一〕——由 рукоположити,(教会中神职人员的)擢升,选拔为。原意为"为……(定为某神职)而举行的按手仪式。"

двадесяти〔本分写为 дъва десяти (双一)〕——~ (двадцать) лѣтъ з годомъ (<съ годомъ)二十又一年,在21岁时。

33-34. по дву лѣтехъ ——после двух лет 或 через два года。

дву〔<дьву〕——六格,лѣтехъ〔<лѣтѣхъ中复六〕——由 лѣто。

34. поставленъ〔过被短阳单一〕——由поставити,提升为。

живый〔形阳单一〕——即живой。现常用жив, 在此相当于现代的жить в ком(表示职务、职业等的名词复数第六格)жил в попах。当了(几年)神甫。

осмь〔由осмь, 或восмь〕——восемь(读如восем)。

35. совершенъ〔过被短阳单一〕——由совершити,提升;举荐;施行。

епископы〔阳复五〕——主教。

тому〔43行同,指示代中单三〕——意为этому。与现代俄语表示"年龄"的用法相同,"数词+ годъ (лѣтъ)"连用,主体用第三格,谓语用быти的单三(中性)形式或其他动词(如минуло等),指"担任大司祭一职有20年"。

35—36. двадесеть——即двадцять(或два десяти), 见33行。

36. тридесять——由три десяте(десять 的复一), 现为тридцать。

36—37. священство〔中单四〕——神职、司祭、神甫职位。

38. дѣтей духовныхъ〔复二〕——由дети духовьные, 教民,信徒。

39. по се время——до сих пор。

сотъ〔中复二〕——由съто,原为名词,与现代 сотня用法相同; пять сътъ(пять сот)>пятьсот, 但пять сотен。

с〔前〕——表示约数(要求四格)。

будетъ——用于现在时意义(见43行), 这一用法见于现代俄语的 Кто вы будете? Чья она будет?句型。

40. почивая〔现主短阳单一〕——由 почивати—почити 停息、休息、安息。

прилежа〔现主短阳单一〕——由прилежати, 奉献,竭诚工作,诚心诚意作出。

41. распутіяхъ〔中复六〕——由распутие, 路途,大街小巷。

градомъ〔阳复三〕——由градъ(городъ)。

царствующий градъ ——皇城,京都(=столица)。

42. страна Сибирьская〔原为 сибирьская〕——西伯利亚地区(十五世纪有以Тюмень为都城的Сибирское ханство,十六世纪八十年代被Ермак占领,后归并

于Русское государство。因此这里 страна 意为 область, край。

проповѣдуя〔现主短阳单一〕——由 проповѣдовати, 传教, 布道, 讲道, 说教。

слову божію〔中三〕——由 слово божье, 神学, 圣训, 圣经。

43. полтретьятцеть〔复合数词〕——由 полтретья (两个半, 2.5) 和 тцеть(或 тцать)<дцать<десять——即25。试比较 пол(в)тора (一个半, 1.5), втора, третья 等为顺序数词短尾二格, 再如 полпята (4.5), полшеста(5.5)等。

44. пріиде〔过完单三〕——由 придти, прити, приити。

исповѣдатися——忏悔; 坦白, 吐露心声。

45. обремененна〔过被短阴单一〕——由 обремемити, 使受重负。многими грѣхами ~ (相当于形动词独立短语)罪孽深重的。

блудному дѣлу〔中三〕——淫荡, 浪荡。

малакіи〔阴三〕——由 малакия, 诱人淫荡; 腐化, 道德败坏。

46. повинна〔形短阴单一〕——犯有……罪过, 参与……, 与……有关。此词的接格关系在现代俄语中为 в чём。

плакавшеся〔应为 плакавьшися, 过主短阴单一〕——哭着, 或意为 со слезами。

подробну〔副〕——即 подробно。

возвѣщати——说明, 陈述; 告诉。

47. треокаянный——复合词, 由 тре(表示"三倍地""更加的" 等加强意义)和 окаянный(天地不容的, 罪大恶极的, 罪孽深重的)组成, 意为"罪该万死"。

врачь〔阳单一〕——医生, 医治心灵的人。

47—48. разболѣлься〔复过单一〕——由 разболѣтися, 生病, 病入膏肓。

48. внутрь〔<вънутрь 副〕——内心, 在内心深处。

жгомъ〔<жьгомъ, 现被短阳单一〕——由 жечи(<жьчи), 燃烧, 焚烧。

горко〔<горько, 谓语副〕——痛苦, 难受。

49. свѣщи〔古斯拉夫语词, 古俄语为 свѣчи, 阴复一〕——蜡烛。

прилепилъ〔复过单一〕——由 прилѣпити, 贴近, 紧靠, 固定在。

налою〔阳单三〕——由 налои(教会斯拉夫语词), 俄语为 аналой(教堂中的)通经台, 读经桌。

49—50. возложилъ〔复过单1〕——由 възложити, 把……放在; 敬献, 献上。

50. дондеже〔<доньдеже, 连〕——пока, до тех пор, пока (не)。

51. разженіе〔<разъжьніе, 中单一〕——点着, 点燃; злое ~ 邪火, 邪念。

ризы〔阴复四〕——衣服; 〔复〕法衣, 道袍。

помоляся〔现主短阳单一〕——由помолитися, 祈祷。

52. зѣло〔副〕——очень, весьма。

скорбенъ〔形短阳单一〕——由скорбьнъ(скърбьнъ), 悲痛, 悲哀; 心情沉重的。与пошелъ 一起作谓语, 相当于现代俄语的 пошел ... очень скорбным。

яко〔连〕——как, (как)будто。

полнощи〔或 полночи〕——句中有 в полночь 之意。

53. яко〔连〕——так что。

54. даже〔连〕——чтобы(见30行)。

отлучить〔将单三〕——把……与……隔离开来, 革除。

55. понеже〔连〕——потому что。

тяшко〔形短中单一〕——由тяжько, 沉重。

неудобь〔副〕——等于 неудобно, 有 с трудом, трудно, невозможмо 等意义。

носимо〔现被短中单一〕——由носити。

падохъ〔过完单一〕——由пасти, 倒下, 扑倒。

56. лицы〔本为лици, 中单六, 因ц硬化, 其后元音写成ы〕——由лице (后为лицо), 脸, 面。пасти на лицы своемь 向前倒下, 意为кинуться ничком 扑倒。

рыдаше〔应为рыдавъ过主短阳单一〕——由рыдати, 大哭, 号啕痛哭。

горце〔<горьце〕——горько 的比较级。

забыхся〔过完单一〕——由забытися, 昏迷, 失去知觉。

вѣмъ〔现单一〕——由вѣдѣти, 知道, 明白。

57. сердечнii<сърдьчьнии, сърдечнии,本应为сърдечнѣи, 形长中双一(与очи〔中双一〕<око 一致)。心灵的; 有灵气的。~ очи 心明眼亮; 大彻大悟。试比较:Сърдьчьныма очима〔双五〕прозьря "用一双有灵气的眼睛预见……"(自《Несторово житие Феодосия》)。

при〔前〕——在……附近。

пловуть〔现复三〕——由плути, 即плыти——плывуть。

58. стройно〔副〕——整齐地, 排列有序地。

корабля〔阳双一〕——两只大船。

златы(应为злата, 形短阳双一）——золотые。

шесты〔阳复一, 应为шести〕——篙, 竿。

59. кормщику〔阳单三〕——舵手; 坐船头的人。

сидѣлцовъ〔<сидѣльцевъ,阳复二, 数量二格〕——坐船人, 乘客。句子 по

едному кормщику на них сидѣльцовъ 的意义为："船上各有一名舵手，几名乘客"。

60. чье〔应为чьи，阳复一〕——谁的。

оnъ〔应为они，阳复一〕——他们。

отвѣщали〔复过复三〕——即отвечали。

Лукинъ и Лаврентиевъ——Лука 和 Лаврентии 构成的物主形容词。

61. сіи——即эти，这里指эти оба 或 они оба。

быша〔过完复三〕——由быти。

ми〔я的属性三格〕——用于мои的意义。

61—62. наставили〔复过复三〕——由наставити，使……走上，劝导……走（道儿）。

63. скончалися〔复过复三〕——由съконьчатися，结束，消亡，沉沦，坍塌，毁灭。

богоугодне〔或богоугодьно，副〕——合乎上帝心愿，合乎神意地。

64. третей〔旧俄语不带重音的阳单一词尾写成-ей(软)或-ой(硬)，见有关形容词〕——即третий。

украшенъ〔过被短阳单一〕——用于украшенный(形动词短语)意义。

разными пестротами——用五颜六色。

65. красно... и пепелесо〔灰色〕——均为副词，作为总括词разными пестротами的并列说明成分。

66. человѣчь——человѣкъ的物主形短，现用其长尾человечий (человѣчь+и)，或человеческий。

вмѣсти〔将单三〕——由вмѣстити。否定结构 не вмѣстити——не может вместить。

свѣтелъ〔形短阳单一〕——由свѣтълъ，свѣтлыи，光彩照人，穿着华丽。

вольги〔本为волгы，阴单二〕——由Волга，из-за Волги——即с реки Волги。

яко〔连〕——будто。

67. пожрати 或 пожрѣти(<пожьрѣти)——吃掉，吞吃。

сидяй〔现主长阳单一，由сѣдя+и，名词化〕——坐……的人。

68. на〔语〕——或нате，给你，拿去吧。

з〔<съ>前〕——з женою и детми 带上妻儿子女。

69. коли〔连〕——когда，если。

докучаешь〔现单二〕——纠缠，令人厌烦。

вострепетахъ〔过完单一〕——由въстрепетати, 战栗, 颤抖。

сѣдше〔本应为сѣдъ, 过主短阳单一〕——由сѣсти, 坐下。

разсуждаю〔或 рассуждаю, 现单一〕——由разсуждати 思考, 判断; 决断。

70. что се видимое?——这些见到的东西究竟是什么?

что будет плаваніе?——今后的航行会是怎样?

71. дочерь〔阴单四〕——由дочи (或 дъчи), 即 dochь。

72. презрѣвъ〔презьрѣвъ, 过主短阳单一〕——置之不理, 不予理睬。

воздвигъ〔过主短阳单一〕——由въздвигнути, 掀起, 搞出, 制造。

73. сонмомъ〔阳单五〕——由сонмъ, 一大群, 一大伙。пришедъ～, до смерти меня задавили〔不定人称句〕——来了一伙子人, 把我揍得要死。

74. полчаса и болши〔болши〕半小时或者半小时多点。

паки〔副〕——опять

оживе〔本应为ожихъ, 过完单一〕——由ожити, 活过来。

75. мановеніемъ〔中单五〕——一点头, 一挥手, 一个手势。

устрашася〔过完单三〕——由устрашатися, 害怕, 胆怯。

отступился〔复过单三〕——放弃, 让给, 退还; 用于отказаться意义时其所支配的词用第二格, 如Отступися Степанъ...тыхъ (техъ) земель——"斯杰潘放弃了那些土地"; 用于уступить意义时其所支配的词用第二格或第四格(如Отступилъ ти (=тебе) ся треть Москвы——见《Договорная грамога Василия Дмитриевича 1389 г.》。

дѣвицы〔阴单二〕——由дѣвица。

76. научилъ〔复过单三〕——教会; 教唆, 唆使, 诱使。

77—78. волочилъ〔复过单三〕——拖, 拉, 曳。

79. таже〔或 та же, 起连接词作用〕——意为 и, а, и такъ或者потом, затем 等。

инъ〔形短阳单一〕——即 иной, другой。

ино〔中四〕——同上。

разсвирепѣлъ〔复过单三〕——大发雷霆, 咆哮, 发火。

80. огрызъ〔<огрызлъ, 复过单三〕——由огрызть, 咬, 啃。

персты〔阳复四〕——由перстъ (<пьрстъ) 手指。

81. песъ〔<пьсъ〕——狗。

гортань〔<гъртань 阴单一〕——喉。

82. покиня〔本为покинувъ, 过主短阳单一〕——由покинути, 放开, 离开, 抛开。

83—84. платомъ〔阳单五〕——由плать，零布，碎布；比较платок<платькъ。

84. вечернѣ〔阴单三〕——由вечерня，晚祷。

путемъ——由путь，意为по пути,по дороге。

85. двема——дъва/дъвѣ的第五格。

пищальми〔阴单五，本应用阴双五пищальма〕——由пищаль，火器，短枪，旧式手枪。

86. бывъ〔过主短阳单一〕——由быти，意为стоя。запалилѣ〔复过单三〕——开始射击，放枪。

ис<изъ——在清辅音п（пистоли）之前з读с。

пистоли〔阴单二〕——由пистоль或пистоля 手枪；比较пистолет。

божіею волею——插入语，意为"苍天保佑"，相当于к большому счастью。

полкѣ〔阴单六〕——由полка(пълка)，(旧时火枪枪膛旁边的）火药池。

порохъ——火药。

86. пыхнулъ〔复过单三〕——由пыхнути，冒出，放出，喷出；迸出火星，冒火。

ея〔古俄语为еѣ,人称代(она)阴单二〕——这里代替第四格ю，即её。

87. другія〔古俄语为другыѣ或другоѣ,阴单二〕——即из другой пистоли。

88. учинилъ〔复过单三〕——由учинити，意为сделал。

89. осѣнилъ〔осѣнилъ，复过单一〕——由осенити，庇护，保佑；~ его(指 иной начальник) 有осенил его крестом 意义："对他划十字"（表示请求或祝愿的意思）。

90. реклъ〔或рек，复过单一〕——由речи，说。

благодать〔阴单一〕——天惠，神赐；平安，幸福，顺遂。

устнѣхъ〔阴复六〕——由устна，嘴，唇；устнѣ〔双一〕双唇，口；复一为устьны，比较现用уста〔复一，复二旧式为устен<устьнъ〕。但这里六格本为устьну〔阴双六〕或устьнах〔阴复六〕。

91. твоихъ——情形同上：阴双一为твоѣ，阴双六为твоею;阴复一为твоѣ,复六为твоѣхъ。这里的твоихъ为晚期形式。

92. да будетъ〔命令单三〕——但愿(见25行等)。

посемъ——即потом，после этого。

93. выбилъ〔复过单三〕——由выбити，逐出，驱逐;敲打出去。

ограбя——由ограбити，抢劫，掠夺；勒索。古俄语中一些表示"使某物离去、排除"等意义的动词要求的客体可用第二格，如всего ограбя；比较75行的отступилъ(мнѣ)девицы。

第二类文选——
双语（古俄语—汉语）对照篇

对第二类文选的几点说明：

1) 第二类文选实为九篇：因其中第三篇（即谢拉皮昂主教的布道文）包括两次"布道宣讲"——"1-e слово"和"3-e слово"；此外，"补充篇"选了四个短篇。

2) 第二类文选中除第一篇（李锡胤译）和"补充"（出自《圣经》）的两个短篇外，其他各篇均为本书编著者所译，其中有几篇（译文和评述）已在国内相关期刊上发表。

3) 第一、第二两类文选中有几篇出自相同作品（如 «Повесть о разорении Рязани Батыем в 1237 г.» 和 «Житие протопопа Аввакума» 等），但有的篇幅与选段不同。

4) 我们之所以将俄语古文分为两类，一是为了充实材料，增加阅读量，扩大知识面；二是为教学科研提供些许实用或实证材料。

5) 新世纪一开始，商务印书馆就先后出版了双语（古俄语—汉语）对照俄语古籍《伊戈尔出征记》（李锡胤译，2003年）和《古史纪年》（即《往年纪事》，王松亭译，2010年），2013年北京大学出版社出版了左少兴编译注的双语（十七世纪俄语—汉语）对照的《十七世纪俄国文学作品选读》。我们在本书中增加"第二类文选——双语（古俄语—汉语）对照篇"，实际上也可以认为，我们这样做一是便于读者使用，二是承继新世纪开始的"编著"俄语古籍的一个"传统"。

6) 所译译文和所有注释均谨供读者参考，其中难免有错讹和不妥之处，在此，诚请读者和专家学者批评指正。

第一篇 Повесть о походе Игоря Святославича на половцев
(по Киевской летописи, вошедшей в Ипатьевский список)

В лѣто 6693. В то же время Святославичь Игорь, внукъ Олговъ, поѣха из Новагорода мѣсяца априля въ 23 день, во вторникъ, поимяи со собою брата Всеволода ис Трубечка, и Святослава Олговича, сыновця своего изъ Рыльска и Володимѣра, сына своего, ис Путивля. И у Ярослава испроси помочь — Ольстина Олексича, Прохорова внука, с коуи черниговьскими. И тако идяхуть тихо, сбираюче дружину свою, бяхуть бо и у нихъ кони тучни велми. Идущимъ же имъ к Донцю рѣкы в годъ вечерний, Игорь жь возрѣвъ на небо и видѣ солнце стояще яко мѣсяць. И рече бояромъ своимъ и дружинѣ своей: «Видите ли? Что есть знамение се?». Они же узрѣвше и видиша вси и понигоша главами, и рекоша мужи: «Княже! Се есть не на добро знамение се». Игорь же рече: «Братья и дружино! Тайны Божия никтоже не вѣсть, а знамению творѣць Богъ и всему миру своему. А намъ что створить Богъ или на добро, или на наше зло, а то же намъ видити».

И то рекъ, перебреде Донѣць, и тако прииде ко Осколу, и жда два дни брата своего Всеволода: тотъ бяше шелъ инемь путем ис Курьска. И оттуда поидоша к Салницѣ. Ту же к нимь и сторожеви приѣхаша, ихже бяхуть послалѣ языка ловитъ, и рекоша, приѣхавше: «Видихомся с ратными, ратници ваши со... доспѣхомъ ѣздять, да или поѣдете борзо, или возворотимся домовь, яко не наше есть веремя». Игорь же рече с братьею своею: «Оже ны будеть не бившися возворотитися, то соромъ ны будеть пуще и смерти; но како ны Богъ дасть». И тако угадавше, и ѣхаша чересъ ночь.

Заутра же, пятьку наставшу, во обѣднее веремя, усрѣтоша полкы половѣцькиѣ, бяхуть бо до нихъ доспѣлѣ — вежѣ своѣ пустили за ся, а сами собравшеся от мала и до велика, стояхуть на оной сторонѣ рѣкы Сюурлия. И ти изрядиша полковъ: Игоревъ полкъ середѣ, а по праву брата его — Всеволожь, а по лѣву — Святославль, сыновця его, на передѣ ему, сынъ Володимѣрь и другий полкъ Ярославль, иже бяху с Ольстиномъ коуеве, а третий полкъ напереди же — стрѣлци, иже бяхуть от всихъ князий выведени. И тако изрядиша полкы своя. И рече Игорь ко братьи своей:

«Братья! Сего есмы искалѣ, а потягнемь!». И тако поидоша к нимъ, положаче на Бозѣ упование свое. И яко быша к рѣцѣ ко Сюурлию, и выѣхаша ис половѣцькихъ полковъ стрѣлци и пустивше по стрѣлѣ на русь, и тако поскочиша. Русь же бяхуть не переѣхалѣ еще рѣкѣ Сюрлия, поскочиша же и ти полци силы половѣцькии, которіѣ же далече рѣкы стояхуть.

Святослав же Олговичь, и Володимѣрь Игоревичь, и Ольстинъ с коуи стрѣлци поткоша по нихъ, а Игорь и Всеволодъ помалу идяста, не роспустяста полку своего. Переднии же ти русь биша ѣ, имаша. Половцѣ же пробѣгоша вежѣ, и русь же дошедше вежь и ополонишася. Друзии же ночь приѣхаша к полкомъ с полономъ. И яко собрашася полци вси, и рече Игорь ко братома и к мужемь своим: «Се Богъ силою своею возложилъ на врагы наша побѣду, а на нас честь и слава. Се же видихомъ полки половѣцькии, оже мнози суть, ту же ци вся си суть совокупили. Нынѣ же поѣдемы чересъ ночь, а кто поѣдеть заутра по насъ, то ци вси поѣдуть, но лучшии коньници переберуться, а самѣми как ны Богъ дасть». И рече Святославъ Олговичь строема своима: «Далече есмь гонилъ по половцехъ, а кони мои не могуть, аже ми будеть нынѣ поѣхати, то толико ми будеть на дорозѣ остати». И поможе ему Всеволодъ, якоже облечи ту. И рече Игорь: «Да не дивно есть разумѣющи, братья, умрети». И облегоша ту.

Свѣтающи же суботѣ, начаша выступати полци половецкии, акъ боровѣ. Изумѣшася князи рускии, кому ихъ которому поѣхати: бысть бо ихъ бещисленое множество. И рече Игорь: «Се вѣдающе, собрахомъ на ся землю всю — Кончака, и Козу Бурновича, и Токсобича, Колобича, и Етебича и Терьтробича». И тако угадавше, вси сосѣдоша с коний, хотяхуть бо бьющеся доити рѣкы Донця; молвяхуть бо, оже побѣгнемь — утечемь сами, а черныя люди оставимъ, то от Бога ны будеть грѣхъ: сихъ выдавше, поидемь. Но или умремь, или живи будемь на единомь мѣстѣ». И та рекше, вси сосѣдоша с коней и поидоша бьючеся. И тако Божиимъ попущениемь уязвиша Игоря в руку и умртвиша шюицю его. И бысть печаль велика в полку его. И воеводу имяхуть — тотъ напереди язвенъ бысть. И тако бишася крѣпко ту днину до вечера, и мнози ранени и мертви быша в полкохъ руских.

Наставши же нощи суботнии, и поидоша бьючися. Бысть же свѣтающе недѣлѣ, возмятошася ковуеве в полку, побѣгоша. Игорь же бяшеть в то время на конѣ, зане раненъ бяше, поиде к полку ихъ, хотя возворотити к полкомъ. Уразумѣвъ же, яко далече шелъ есть от людий, и, соимъ шоломъ, погънаше опять к полкомъ, того дѣля, что быша познали князя и возворотилися быша. И тако не возворотися никтоже, но токмо... Михалко Гюргович, познавъ князя, возворотися. Не бяхуть бо добрѣ смялися с ковуи, но мало от простыхъ, или кто от отрокъ боярьскихъ, добри бо вся бьяхуться, идуще пѣши, и посреди ихъ Всеволодъ не мало мужьство показа. И яко приближися Игорь к полкомъ своимъ, и перѣхаша поперекъ и ту яша, единъ перестрѣлъ одале от полку своего. Держимъ же Игорь видѣ брата своего Всеволода крѣпко борющася, и проси души своей смерти, яко дабы не видилъ падения брата своего. Всеволодъ же толма бившеся, яко и оружья в руку его не доста. И бьяху бо ся, идуще в кругъ при езерѣ.

И тако во день Святаго Воскресения наведе на ня Господь гнѣвъ свой, в радости мѣсто наведе на ны плачь, и во веселиа мѣсто желю на рѣцѣ Каялы. Рече бо дѣи Игорь: «Помянухъ азъ грѣхы своя пред Господомъ Богомъ моимъ, яко много убийство, кровопролитье створихъ в землѣ крестьяньстѣй, якоже бо азъ не пощадѣхъ хрестьянъ, но взяхъ на щитъ городъ Глѣбовъ у Переяславля. Тогда бо не мало зло подъяша безвиньнии хрестьяни: отлучаеми — отець от рожений своих, братъ от брата, другъ от друга своего, и жены от подружий своихъ, и дщери от материй своихъ, и подруга от подруги своея. И все смятено плѣномъ и скорбью тогда бывшюю, живии мертвымъ завидять, а мертвии радовахуся, аки мученици святѣи, огнемь от жизни сея искушение приемши. Старцѣ порѣвахуться, уноты же лютыя и немилостивыя раны подъяша, мужи же прѣсѣкаеми и расѣкаеми бывають, жены же оскверняеми. И та вся створивъ азъ, — рече Игорь, — не достойно ми бяшеть жити! И се нынѣ вижу отмѣстье от Господа Бога моего: гдѣ нынѣ возлюбленый мой братъ? гдѣ нынѣ брата моего сынъ? гдѣ чадо рожения моего? гдѣ бояре думающеи? гдѣ мужи храборьствующеи? гдѣ рядъ польчный? гдѣ кони и оружья многоцѣньная? Не ото всего ли того обнажихся! И связана преда мя в рукы безаконьнымъ тѣмъ. Се возда ми Господь по безаконию моему и по злобѣ моей на мя, и снидоша днесь грѣси мои на главу мою. Истиненъ Господь, и прави суди его зѣло. Азъ же убо не имамъ со живыми части. Се нынѣ вижу другая мучения вѣнца приемлюще; почто азъ единъ повиньный не прияхъ страсти за вся си? Но, владыко Господи Боже мой, не отрини мене до конца, но яко воля твоя, Господи, тако и милость намъ, рабомъ твоимъ».

И тогда кончавшюся полку, розведени быша, и поиде кождо во своя вежа. Игоря же бяхуть яли Тарголове, мужь именемь Чилбукъ, а Всеволода, брата его, ялъ Романъ Кзичь, а Святослава Олговича — Елдечюкъ въ Вобурцевичехъ, а Володимера — Копти в Улашевичихъ. Тогда же на полъчищи Кончакъ поручися по свата Игоря, зане бышеть раненъ. От толикихъ же людий мало ихъ избысть нѣкакомъ получениемь, не бяшеть бо лзѣ ни бѣгающимъ утечи, зане, яко стѣнами силнами, огорожени бяху полкы половѣцьскими. Но нашихъ руси съ 15 мужъ утекши, а ковуемь мнѣе, а прочии в морѣ истопоша.

В то же время великий князь Всеволодичь Святославъ шелъ бяшеть в Корачевъ и сбирашеть от Вѣрхнихъ земль вои, хотя ити на половци к Донови на все лѣто. Яко возворотися Святославъ и бысть у Новагорода Сѣверьского, и слыша о братьи своей, оже шли суть на половци, утаившеся его, и не любо бысть ему. Святослав же идяше в лодьяхъ, и яко приде к Чернигову, и во тъ годъ прибѣже Бѣловолодъ Просовичь, и повѣда Святославу бывшее о половцѣхъ. Святослав же, то слышавъ и вельми воздохнувъ, утеръ слезъ своих и рече: «О, люба моя братья, и сыновѣ и мужѣ землѣ Рускоѣ! Дал ми Богъ притомити поганыя, но не воздержавше уности отвориша ворота на Русьскую землю. Воля Господня да будеть о всемь! Да како жаль ми бяшеть на Игоря, тако нынѣ жалую болми по Игорѣ, братѣ моемь».

Посем же Святославъ посла сына своего Олга и Володимера в Посемье. То бо слышавше, возмятошася городи посемьские, и бысть скорбь и туга люта, якоже николиже не бывала во всемь Посемьи и в Новѣгородѣ Сѣверьскомъ и по всей волости Черниговьской: князи изымани и дружина изымана и избита. И мятяхуться, акы в мутви, городи воставахуть, и не мило бяшеть тогда комуждо свое ближнее, но мнозѣ тогда отрѣкахуся душь своих, жалующе по князихъ своихъ. Посем же посла Святославъ ко Давыдови Смоленьску, река: «Рекли бяхомъ поити на половци и лѣтовати на Донѣ, нынѣ же половци се побѣдилѣ Игоря и брата его и съ сыномъ, а поеди, брате, постерези землѣ Рускоиѣ». Давыдъ же приде по Днепру, придоша же ины помочи, и сташа у Треполя, а Ярославъ в Черниговѣ, совокупивъ вои свои, стоящеть.

Поганыи же половци, побѣдивъше Игоря с братьею, и взяша гордость велику и скупиша всь языкъ свой на Рускую землю. И бысть у нихъ котора; молвящеть бо

Кончакъ: «Поидемъ на Киевьскую сторону, гдѣ суть избита братья наша и великый князь нашь Бонякъ», а Кза молвяшеть: «Поидем на Семь, гдѣ ся осталѣ жены и... дѣти: готовъ намъ полонъ собранъ, емлем же городы без опаса». И тако раздѣлишася надвое: Кончакъ поиде к Переяславлю и оступи городъ, и бишася ту всь день. Володимеръ же Глѣбовичь бяше князь в Переяславлѣ, бяше же дерзъ и крѣпокъ к рати, выеха из города и потче к нимъ. И по немь мало дерьзнувъ дружинѣ. И бися с ними крѣпко, и обьступиша мнозии половцѣ. Тогда прочии, видивше князя своего крѣпко бьющеся, выринушася из города и тако отьяша князя своего, язьвена суши треми копьи. Сий же добрый Володимеръ язвенъ, труденъ въѣха во городъ свой, и утре мужественаго поту своего за очину свою... Володимеръ же слашеть ко Святославу и ко Рюрикови и ко Давыдови и рече имъ: «Се половци у мене, а помозите ми». Святослав же слашеть ко Давыдови, а Давыдъ стояшеть у Треполя со смолняны. Смолнянѣ же почаша вѣчѣ дѣяти рекуще: «Мы пошли до Кыева, даже бы была рать, билися быхом, намъ ли иноѣ рати искати, то не можемь, уже ся есмы изнемоглѣ». Святослав же съ Рюрикомъ и со инѣми помочьми влегоша во Днѣпръ противу половцемь, а Давыдъ возвратися опять со смолняны. То слышавше половци и возвратишася от Переяслава. Идущи же мимо, приступиша к Римови. Римовичи же затворишася в городѣ и возлѣзьше на заборолѣ, и тако Божиимъ судомъ летѣста двѣ городници с людми тако к ратнымъ. И на прочая гражаны наиде страх, да которѣи же гражанѣ выидоша изъ града и бьяхуться, ходяще по Римьскому болоту, то тѣ и избыша плѣна, а кто ся осталъ в городе, а тѣ вси взяти быша. Володимеръ же слашеться ко Святославу Всеволодичю и ко Рюрикови Ростиславичю, понуживая ихъ к собѣ, да быша ему помоглѣ. Он же опоздися, сжидающе Давыда с смолняны. И тако князѣ рускиѣ опоздишася и не заѣхаша ихъ. Половци же, вземше городъ Римовъ, и ополонишася полона и поидоша восвояси, князи же возворотишася в домы своя, бяхуть бо печални и со сыномъ своимъ Володимѣромъ Глѣбовичемъ, зане бяшеть раненъ велми язвами смертьными, и хрестьянъ плененыхъ от поганыхъ.

И се Богъ, казня ны грѣхъ ради нашихъ, наведе на ны поганыя, не аки милуя ихъ, но насъ казня и обращая ны к покаянью, да быхом ся востягнули от злыхъ своих дѣл. И симъ казнить ны нахожениемь поганыхъ, да некли смирившеся воспомянемься от злаго пути.

А друзии половцѣ идоша по оной сторонѣ к Путивлю. Кза у... силахъ тяжькихъ и повоевавши волости их и села ихъ пожгоша. Пожгоша же и острогъ у Путивля и возвратишася восвояси.

Игорь же Святославличь тотъ годъ бяшеть в Половцехъ, и глаголаше: «Азъ по достоянью моему восприяхъ побѣду от повеления твоего, владыко Господи, а не поганьская дерзость обломи силу рабъ твоихъ. Не жаль ми есть за свою злобу прияти нужьная вся, ихже есмь приялъ азъ». Половци же, аки стыдящеся воевъдьства его, и не творяхуть ему, но приставиша к нему сторожовъ 15 от сыновъ своихъ, а господичичевъ пять, то тѣхъ всихъ 20, но волю ему даяхуть: гдѣ хочеть, ту ѣздяшеть и ястрябомъ ловяшеть, а своихъ слугъ съ 5 и съ 6 с нимъ ѣздяшеть. Сторожевѣ же тѣ слушахуть его и чьстяхуть его, и гдѣ послашеть кого — бесъ пря творяхуть повелѣное им. Попа же бяшеть привель из Руси к собѣ со святою службою, не вѣдяшеть бо Божия промысла, но творяшеться тамо и долъго быти. Но избави и́ Господь за молитву хрестьяньску, имже мнозѣ печаловахуться и проливахуть же слезы своя за него.

Будущю же ему в половцехъ, тамо... налѣзеся мужъ, родомъ половчинъ, именемъ Лаворъ. И тотъ приимъ мысль благу и рече: «Поиду с тобою в Русь». Игорь же исперва не имяшеть ему вѣры, но держаше мысль высоку своея уности, мышляшеть бо, емше мужь, и бѣжати в Русь, молвяшеть бо: «Азъ славы дѣля не бѣжахъ тогда от дружины, и нынѣ неславнымъ путемъ не имамъ поити». С нимъ бо бяшеть тысячского сынъ и конюший его, и та нудяста и глаголюща: «Поиди, княже, в землю Рускую, аще восхощеть Богъ — избавить тя». И не угодися ему время таково, какого же искашеть. Но якоже преже рекохомъ, возвратишася от Переяславля половци, и рекоша Игореви думци его: «Мысль высоку и не угодну Господеви имѣешь в собѣ: ты ищеши няти мужа и бѣжати с нимъ, а о семь чему не разгадаешь, оже приедуть половци с войны, а се слышахомъ, оже избити им князя и васъ и всю русь. Да не будеть славы тобѣ, ни живота». Князь же Игорь приимъ во сердцѣ свѣтъ их, уполошася приѣзда ихъ, и возиска бѣжати.

Не бяшеть бо ему лзѣ бѣжати в день и в нощь, имъже сторожевѣ стрежахуть его, но токмо и веремя таково обрѣтѣ в заходъ солнца. И посла Игорь к Лаврови конюшого своего, река ему: «Перееди на ону сторону Тора с конемъ поводнымъ», бяшеть бо свѣчалъ с Лавромъ бѣжати в Русь. В то же время половци напилися бяхуть кумыза. А и бы при вечерѣ пришедъ конюший повѣда князю своему

Игореви, яко ждеть его Лаворъ. Се же встав, ужасенъ и трепетенъ, и поклонися образу Божию и кресту честному, глаголя: «Господи сердцевидче! Аще спасеши мя, Владыко, ты недостойнаго!» И возмя на ся крест и икону, и подоима стѣну, и лѣзе вон, сторожем же его играющимъ и веселящимся, а князя творяхуть спяща. Сий же пришедъ ко рѣцѣ, и перебредъ, и всѣде на конь, и тако поидоста сквозѣ вежа.

Се же избавление створи Господь в пятокъ в вечерѣ. И иде пѣшь 11 день до города Донця, и оттолѣ иде во свой Новъгородъ, и обрадовашася ему. Из Новагорода иде ко брату Ярославу к Чернигову, помощи прося на Посемье. Ярослав же обрадовася ему и помощь ему... обѣща. Игорь же оттолѣ ѣха ко Киеву, к великому князю Святославу, и радъ бысть ему Святославъ, такъже и Рюрикъ, сватъ его.

第一篇　译文

伊戈尔·斯维雅托斯拉维奇征伐波洛夫人记事
（据基辅编年史伊帕吉抄本）

《伊帕吉编年史》6693年（即公元1185年）条
Игорь 出征经过
Олег 之孙 Игорь 于四月二十三日（星期二）约弟（特鲁勃契夫斯克之）Всеволод、侄（雷斯克之）Святослав 及子（普季夫尔之）Владимир 离诺夫戈罗德（塞维尔斯克），更从（车尔尼戈夫之）Ярослав 乞得雇佣兵增援，由 Прокоров 之孙 Ольстин 统领同往。队伍缓辔徐行，沿途增募乡勇；又经冬马肥，恐疾驰伤胫。

军次顿涅茨河上，向晚，Игорь 举目望天，见日昏如眉月，顾谓亲兵曰："此兆主何？"众嗫嚅曰："我公阁下，恐非佳兆！"Игорь 曰："诸君，上天之秘，谁能知之？普天之下，莫非主造，祸福吉凶，且俟来日。"言讫，策马渡河。

至奥斯科尔，留二日，俟胞弟 Всеволод 率部从库尔斯克来会。联辔至萨尔尼察河，侦探还报："前方有敌军，武装戒备；或迅击之，或速退；事不宜迟。"Игорь 与众将计议："不战而返，何颜见罗斯父老？惟上帝是凭。"彻宵趱行。

次日（星期五）亭午，遭遇波洛夫军列阵待战：辎重、篷车在后，少长咸集于秀乌利河彼岸。罗斯军分六部：Игорь居中，弟右翼，侄左翼；前方则子Владимир居中，辅以Ольстин统领之雇佣兵；最前方位置从各部精选之弓弩手。

Игорь谓诸将曰："诸君，求战得战，复何憾？"乃前，无反顾。及至秀乌利河之滨，未渡；彼岸波洛夫弩手人发一矢辄退，稍远之敌亦退。Святослав，Владимир，Ольстин率众强渡逐北，Игорь与Всеволод勒部缓随。罗斯前锋痛击敌军，掳掠无算。波洛夫人弃篷车而遁，罗斯士卒掳人劫货，深夜乃止。

Игорь召诸将及亲兵曰："上帝以其威力致敌于溃败，宠我以荣耀。然敌势甚众，我宜乘宵退师。明日随至者亦退。惟强骑兵可涉河。（胤按：此句原文意思不明。）吾等为将者，惟听天由命而已。"Святослав Олеговичь对曰："我部逐北奔走，战马玄黄。如复行军，恐将掉队。"Всеволод亦谓汔可小休。Игорь乃曰："明其缘由，虽死无悔。"遂原地露宿。

星期六之日，晨光初吐，波洛夫军掩至，围如密林。罗斯诸将未辨从何攻击，盖遍野蜂涌，望之无极。Игорь曰："今者波洛夫部落几若举国汇集于此；Кончак，Кза Бурнович，Токсобич，Колобич，Етебич，Тертробич诸酋悉倾巢来矣！"诸将乃下马，且战且走，期近河岸："吾等为将者若身先逃命，置士卒于不顾，是犹委之刀锯，将得罪上帝。不如决战，死则同死，生则同生。"于是步战。事有不幸者，Игорь左臂受伤；主帅失利，全军怃然。如是鏖战终日，至傍晚，罗斯军死伤甚众。

星期六夜，挥戈犹斗。次日黎明，雇佣兵士气沮丧，脱逃；时Игорь因伤据鞍上，见状驰前，欲加劝阻。离队既远，Игорь脱盔为记，俾逃者识其为统帅而随之重返前沿。然而除Михалек Юрьевич一人外，终无响应者。其余部队中无有尾雇佣兵而遁逃之人；有之，亦新募之亲兵中少数小卒而已。众将士且战且走，Всеволод尤骁勇超群。

Игорь驰回，距己部仅一箭之遥，波洛夫人阻断去路，将其生擒。Игорь受缚，目击Всеволод作困兽斗，乃自求速死，庶不见胞弟眼下丧生。当此之际，Всеволод有敌无我，手中剑戟尽折，步步循湖滨相与周旋。此日曜之日，上帝迁怒于我罗斯，于卡亚拉之滨，不赐福禧，反致涕泪；不降欢乐，反令悲戚！

Игорь自怨自艾："回首前尘，吾知罪矣。吾尝虐杀生灵，于基督之国造成流血事件，不恤信士，暴力攻取格列波夫城。吾使无辜教民深蒙祸害：父母失其子女，兄弟友朋相失，夫妻诀别，情侣分飞。民众陷于掳掠之苦而悲啼。生者转羡死者，而临死者暗自庆幸了此殉教者火焰考验之劫；老者填沟壑，少者被重创，男儿碎尸殒命，女子含冤受辱。我实为之！忝吾所生。今日之事，上帝罪我。吾弟何在？吾侄何在？吾儿何在？多谋之近臣何在？勇武之亲兵何在？士卒何在？骏马、宝刀何在？我岂尽失所有而委微命于蛮貊之手？此殆上帝怒我不德而施以惩罚，亦作恶自毙之理也。上帝至公，处事不阿，此间已无容我之地。我目睹他人戴棘冠之苦，何不令我一人代众生戴此棘冠？但求我主，勿终弃我，愿发慈悲，遍护下民。"

波洛夫人胜局已定，分押战俘：Игорь归Чилбук，Всеволод归Роман Кзич，Святослав归Елдечук，Владимир归Копти。而Кончак悯亲翁Игорь之伤，愿负监管之责。

罗斯士卒生还者寥寥。敌军围如铁墙，插翅难飞。幸存者仅得一十五人；而临阵脱逃之雇佣兵全生者尤少，几全溺于海。

Святослав大公巡视卡拉切夫，招募上游兵勇，准备对波洛夫人实施夏季攻势。归次诺夫戈罗德—塞维尔斯克，闻堂弟二人擅自出征，心中不乐。

大公乘船至车尔尼戈夫，适逢Беловолод告知战况，大公太息流涕曰："吾之昆仲乎，犹子乎！罗斯大地之子民乎！上帝曾赐我力量，数胜波洛夫异军；乃汝等少不更事，急功近利，启国门以揖群盗。凭上帝旨意！吾方怨Игорь之鲁莽，今则怜Игорь之败北矣！"

嗣后，大公遣儿辈Олег及Владимир赴帕塞米；因闻该地百姓慌张，悲伤与忧郁，前所未闻；诺夫戈罗德—塞维尔斯克及车尔尼戈夫亦如之。公爵及将士被俘，逃生者狼奔豕突；城镇惊恐，人心惶惶，哀亲人之不幸，悯王公之幽絷。

大公晓谕斯摩棱斯克公Давыд云："本拟今夏与蛮貊从事，消闷暑于顿河之上。今Игорь蹉跌，子、弟同囚；公其来！共图保金瓯而拯罗斯。"Давыд循第聂伯南下，各路诸侯亦稍来会于特里帕叶。Ярослав留驻车尔尼戈夫招集部曲。

波洛夫既胜，跋扈飞扬，不可一世；爰集将士，谋攻罗斯。Кончак曰："宜取基辅，弟兄数辈及大长Боняк均失利于是城。"Кза曰："宜攻塞姆，该地唯留女流少童，束手待擒，我军到日，囊中探物耳。"于是分兵。Кончак兵临别列亚斯拉夫尔城下，围之，日夜攻关。

别列亚斯拉夫尔公Владимир Глебович勇敢善战，启关，纵马入敌阵，惜乎后续无多，寡众势殊，被围。城中守军遥望公爵孤军陷阵，蜂拥而出，夺回公爵。勇武之Владимир，为国忘身，中三戟然后返。

Владимир遣使向Святослав，Рюрик及Давыд告急："波洛夫攻吾急，速驰救！"Святослав大公转咨Давыд，斯时后者率斯摩棱斯克兵勇次于特里帕叶，兵勇集会声称:"吾辈为援基辅而来,基辅有事则战,他处之战,未愿与闻;兵疲马羸矣!"大公偕Рюрик及其他援军沿第聂伯而下。Давыд返防。

围别列亚斯拉夫之波洛夫军闻援至后撤,途经历莫夫。历莫夫闭关固拒,兵、民登城堡之垣而守望焉。然天意难违:城垣塌陷,死伤者众,全城惶恐。少数军民突围,战于沼地,终得生逭;而困于城内者悉沦为俘。

Владимир复请援于Святослав Всеволодович及Рюрик Ростиславич。二人迁延以待Давыд麾下之斯摩棱斯克部,未及邀击于前,坐使波洛夫陷历莫夫,掳掠而去。罗斯诸公乃返本疆,为重伤之Владимир,为被俘之基督子民而痛心疾首。上帝因吾人之罪而祸我罗斯;使异军得胜,非厚彼也,实惩我尤,令我忏悔,不敢为恶。更遣异军侵入我土,俾我自省,永绝罪恶之路。

波洛夫别部溯第聂伯进逼普季夫尔。此即Кза所率之军也;烧杀蹂躏,尽毁沿路村镇及普季夫尔外城而后撤返。

Игорь在絷之日,喟然叹曰:"天帝在上,余罪有应得,此次败北,实由天意,非敌将行阵之能。余自作孽,不可赦也;固应遭此寒屯,岂敢怨尤?"

波洛夫人重Игорь之序爵,不为泰甚。置甲兵十五,并将门子五,总二十人监视之。伊戈尔公仍能自由郊行,或狩猎,仆从五六人相随,听公差遣,悉无异议。Игорь特邀牧师一名,从罗斯来主圣事,盖此际犹天意未明,故作久居计。而上帝感应基督徒之祷告,悯下民因Игорь而悲痛,已有赦之之意。

当是时,名为Лавор之波洛夫人入见,善意相告:"我伴汝偕逃何如?"Игорь初不之信,且出于自尊,誓与部下亲兵留则同囚,去则联袂。因答曰:"荣誉为证,弃亲兵而自遁,贻人笑柄,我不为也。"复有千夫长之子及马僮来说:"公爵乎!首途罗斯,天或垂怜!"然Игорь以为时机未至。

再次,波洛夫酋自别列亚斯拉夫尔退师,将返。亲信谓Игорь曰:"彼之画策,容或未副天意。然公如有心,无妨偕其脱逃,未必不成。吾等窃闻(波洛夫大军行将奏凯归来,)酋长将尽杀诸公及罗斯士卒。君何不早作良图乎?君甘身死异域为天下笑乎?"

Игорь心怦然动,计乃决。然而监视在侧,脱身非易。某日将夕,遣马僮密语Лавор:"备兼马俟我于托尔河彼岸。"盖既有成言,彼此心照。

是夕,波洛夫人痛饮马乳佳酿。夜渐深,马僮来告:Лавор已待于河滨。公爵肃然起,俯首礼圣像及十字架,微祝曰:"上帝实鉴我心。弟子负罪,愿主佑之!"乃挟十字架并圣像,搴帷而逸。熙熙众人,正狂歌痛饮,以为公爵早入梦乡。

Игорь行至河边，涉河而过；两人乘马穿敌营而去。此则金曜日之夜也。公爵徒步行十一日，始抵顿涅茨城；继由顿涅茨返诺夫戈罗德—塞维尔斯克，全城欢腾。复抵车尔尼戈夫，见兄长Ярослав，求援帕塞米，Ярослав喜而许之。Игорь乃至基辅谒Святослав大公。大公及Игорь之亲翁Рюрик皆大欢喜[①]。

---

① 两点说明：

一、本篇原文取自 Н. К. Гудзий 院士编的《Хрестоматия по древней русской литературе XI—XVII веков》，译文借用自李锡胤教授译注的《伊戈尔出征记》（古俄语—汉语对照）"译注者前言"的"历史背景"材料——即《伊帕吉夫编年史》6693 年（公元 1185 年）条记载了 Игорь 出征经过……"。我们的"第二类文选"选用这篇"古文"，也在于用这篇出自"编年史"的材料同我们"第一类文选"中的古代罗斯优秀文学作品之一的《Слово о полку Игореве》（在文体上、故事情节上等）加以比较。

二、李锡胤教授的这个"译注本"（"双语对照本"）不仅表明他的俄语（及古俄语）知识水平高超，而且更表现出他的汉语（特别是古汉语）根基深厚。我们选用的这篇译文充分说明这点。本人曾撰文对此加以评介：《〈伊戈尔出征记〉译注本评介》——载《中国俄语教学》2003 年第 3 期，《〈伊戈尔出征记〉翻译琐事》——载黑龙江大学俄语语言文学研究中心主办《俄语语言文学研究》2010 年第 3 期。

第二篇 Повесть о разорении Рязани Батыем в 1237 г. (часть первая)

Въ лѣто 6745, въ фторое на десять лѣто по принесении чюдотворнаго образа ис Корсуня, прииде безбожный царь Батый на Рускую землю со множеством вой татарскыми и ста на рѣце на Воронеже близ Резанскиа земли. И присла на Резань к великому князю Юрью Ингоревичю Резанскому послы бездѣлны, просяща десятины въ всем: во князех, и во всяких людех, и во всем.

И услыша великий князь Юрьи Ингоревич Резанский приход безбожнаго царя Батыа, и воскоре посла в град Владимер к благоверному и великому князю Георгию Всеволодовичю Владимерскому, прося помощи у него на безбожнаго царя Батыа, или бы сам пошел. Князь великий Георгий Всеволодович Владимръской сам не пошел и на помощь не послал, хотя о собе сам сотворити брань з Батыем. И услыша великий князь Юрьи Ингоревич Резанский, что нѣсть ему помощи от великаго князя Георьгия Всеволодовича Владимерьскаго, и вскоре посла по братью свою: по князя Давыда Ингоревича Муромского, и по князя Глѣба Ингоревича Коломенского, и по князя Олга Краснаго, и по Всеволода Проньского, и по прочии князи.

И начаша совещевати, яко нечестиваго подобает утоляти дары. И посла сына своего князя Федора Юрьевича Резаньскаго к безбожному царю Батыю з дары и молении великиими, чтобы не воевал Резанския земли. Князь Федоръ Юрьевич прииде на реку на Воронеже к царю Батыю, и принесе ему дары и моли царя, чтобы не воевал Резанския земли.

Безбожный царь Батый, льстив бо и немилосердъ, приа дары и охапися лестию не воевати Резанския земли. И яряся хваляся воевати Рускую землю. И нача просити у рязаньских князей тщери или сестры собѣ на ложе.

И нѣкий от велмож резанских завистию насочи безбожному царю Батыю на князя Федора Юрьевича Резанскаго, яко имѣет у собе княгиню от царьска рода, и лѣпотою-тѣлом красна бѣ зело. Царь Батый, лукав есть и немилостивъ в невирии своем, поревам в похоти плоти своея, и рече князю Федору Юрьевичю: «Дай мнѣ, княже, вѣдети жены твоей красоту!»

Благовѣрный князь Федор Юрьевич Резанской и посмѣяся, и рече царю: «Не полезно бо есть нам, христианом, тобѣ, нечестивому царю, водити жены своя на блуд,— аще нас приодолѣеши, то и женами нашими владѣти начнеши».

Безбожный царь Батый возярися и огорчися и повелѣ вскорѣ убити благовѣрнаго князя Федора Юрьевича, а тѣло его повелѣ поврещи зверем и птицам на разтерзание; инех князей, нарочитых людей воиньских побиль.

И единъ от пѣстун князя Федора Юрьевича укрыся, именем Апоница, зря на блаженное тѣло честнаго своего господина и видя его никим брегома, горько плачющися, и взя возлюбленаго своего государя, и тайно сохрани его. И ускори к благовѣрной княгине Еупраксѣе, и сказа ей, яко нечестивый царь Батый убий благовѣрнаго князя Федора Юрьевича.

Благовѣрная княгиня Еупраксѣа стояше в превысоком храме своемъ и держа любезное чадо свое князя Ивана Федоровича. И услыша таковыа смертоносныа глаголы и горести исполнены, и абие ринуся из превысокаго храма своего с сыном своим со князем Иваномъ на среду земли и заразися до смерти.

И услыша великий князь Юрьи Ингоревич убиение возлюбленаго сына своего князя Федора, инех князей, нарочитых людей много побито от безбожнаго царя, и нача плакатися, и с великою княгинею, и со прочими княгинеми, и з братею. И плакашеся весь град на многъ час, и едва отдохнув от великаго того плача и рыдания.

И начаша совокупляти воинство свое и учредиша полки. Князь великий Юри Ингоревич, видя братию свою, и болярь своих, и воевод храбры и мужествены ездяше, и возде руце на небо со слезами и рече: «Изми нас от враг наших, Боже, и от востающих на ны избави нас, и покрый нас от сонма лукавнующих и от множества творящих безаконие. Буди путь их тма и ползок».

И рече братьи своей: «О господия и братиа моа! Аще от руки Господня благая прияхом, то злая ли не потерпим? Лутче нам смертию живота купити, нежели в поганой воли быти. Се бо я, брат ваш, напред вас изопью чашу смертную за святыа Божиа церкви, и за вѣру христьянскую, и за отчину отца нашего, великаго князя Ингоря Святославича!»

И поидоша в церковь — в пресвятыа владычииы Богородици честнаго ея Успениа. И плакася много пред образом пречистыа Богородицы, и великому чюдотворцу Николе, и сродником своим Борису и Глѣбу. И дав последнее целование великой княгини Агрепѣне Ростиславне, и прием благословение от епископа и отъ всего священнаго собора.

И поидоша против нечестиваго царя Батыя и сретоша его близ предел резанских. И нападоша на нь и начаша битися крепко и мужественно. И бысть сѣча зла и ужасна, мнози бо силнии полки падоша Батыеви. Царь Батый и видяше, что господство резанское крѣпко и мужественно бъяшеся, и возбояся.

Да противу гнѣву Божию хто постоит!

А Батыеве бо силе велице и тяжце: един бьяшеся с тысящею, а два — со тмою.

Видя князь великий убиение брата своего князя Давыда Ингоревича и воскричаша: «О братие моя милая! Князь Давыдъ, брат наш, наперед нас чашу испил, а мы ли сея чаши не пьем?!» Преседоша с коня на кони, и начаша битися прилѣжно.

Многиа силныя полки Батыевы проеждяя, а храбро и мужествено бъяшеся, яко всѣм полком татарьскым подивитися крѣпости и мужеству резанскому господству. И едва одолѣша их силныя полки татарскыа.

Ту убиен бысть благовѣрный князь велики Георгий Ингоревич, брат его князь Давыд Ингоревич Муромской, брат его князь Глѣб Ингоревич Коломенской, брат их Всеволод Проньской, и многая князи мѣсныа, и воеводы крѣпкыа, и воинство — удалцы и резвецы резанскии. Вси равно умроша и едину чашу смертную пиша. Ни един от них возратися вспять, вси вкупе мертвии лежаша.

Сиа бо наведе Богъ грех ради наших!

А князя Олга Ингоревича яша еле жива суща. Царь же, видя свои полки мнози падоша, и нача велми скръбѣти и ужасатися, видя своея силы татарскыя множество побьеных. И начаша воевати Резанскую землю, и веля бити, и сѣчи, и жещи без милости. И град Прънеск, и град Бѣл, и Ижеславець розари до основаниа, и всѣ люди побиша без милости. И течаше кровь христьянская, яко река силная, грѣх ради нашихъ.

Царь Батый и видя князя Олга Ингоревича велми красна и храбра и изнемогающи от великых ран, и хотя его изврачевати от великых ран и на свою прелесть возвратити. Князь Олег Ингоревич укори царя Батыа, и нарек его безбожна и врага христьянска. Окааный Батый и дохну огнем от мирскаго сердца своего, и въскоре повелѣ Олга ножи на части раздробити.

Сий бо есть вторый страстоположник Стефан, приа венець своего страданиа от всемилостиваго Бога и испи чашу смертную своею братею ровно.

Царь Батый окояный нача воевати Резанскую землю, и поидоша ко граду к Резани. И обьступиша град, и начаша битися неотступно пять дней. Батыево бо войско применишася, а гражане непремѣно бьяшеся. И многих гражан побиша, а инѣх уазвиша, а ании от великих трудов изнемогша. А в шестый день рано приидоша погании ко граду, овии с огни, а ини с пороки, а инѣи со тмочислеными лѣствицами. И взяша град Резань месяца декабря 21 день.

И приидоша в церковь собръную пресвятыа Богородици, и великую княгиню Агрепѣну, матерь великаго князя, и с снохами, и с прочими княгинеми мечи исекоша, а епископа и священический чин огню предаша — во святѣй церкве пожегоша; а инѣи мнози от оружиа падоша. А во граде многих людей и с жены, и с дѣти мечи исекоша, и иных в рѣцѣ потопиша. И ерѣи, черноризца до останка исекоша. И весь град пожгоша, и все узорочие нарочитое, богатство резанское и сродник их киевское и черьниговское поимаша. А храмы Божиа разориша, и во святых олтарех много крови пролиаша.

И не оста во граде ни един живых, вси равно умроша и едину чашу смертную пиша. Нѣсть бо ту ни стонюща, ни плачюща: и ни отцу и матери о чадех, или чадом о отци и матери, ни брату о брате, ни ближнему роду, но вси вкупѣ мертви лежаща. И сиа вся наиде грех ради наших!

Безбожный царь Батый и видя велие пролитие крови християнскиа, и возярися зело и огорчися. И поиде на град Суздаль и Владимер и желая Рускую землю попленити, и вѣру християнскую искоренити, и церкви Божии до основаниа разорити.

第二篇 译文

1237年拔都摧毁梁赞记事① (第一部分)

6745年②（公元1237年）。奇迹创造者、圣徒尼古拉③的圣像由科尔松城④运往梁赞后的第12个年头，不信上帝的拔都汗带领人数众多的蒙古鞑靼人侵入罗斯国土，并在梁赞公国⑤附近流过的沃罗涅日河畔安营扎寨。拔都派出几个无恶不作的使节去见梁赞大公Юрий Ингоревич⑥，要求王公们和每个百姓缴纳自己全部收入的十分之一⑦。

梁赞大公闻听不信上帝的拔都汗已到达罗斯国土，立即派人去弗拉基米尔城向崇敬的弗拉基米尔公国大公Георгий Всеволодович⑧求援，请求派兵或者他亲自带兵出马攻打不信上帝的拔都汗。但是弗拉基米尔大公Георгий Всеволодович

---

① 《1237年拔都摧毁梁赞记事》译自 Н.К.Гудзий 院士编《Хрестоматия по древней русской литературе XI-XVII веков》(Изд. 6-е, Учпедгиз, М.,1955) 的古文篇《Повесть о разорении Батыем Рязани в 1237 г.》的第一部分（本文是由三个"部分"组成，每个"部分"记述一个事件）。

② 这里的"6745年"(«Въ лето 6745»)是古代罗斯常用的纪年法，从"创世"算起（从"创世"到该年〈此处为1237年〉已过了6745年）。折合"公元"（按基督耶稣降世元年算起）为1237年（即6745减去5508等于1237年）。另见本书其他篇章关于"纪年"的注解。

③ 圣徒尼古拉——基督教早期（约公元345年）小亚细亚米尔城等教区的大主教。生前死后因其保佑教民，创造奇迹而受广大教徒崇敬，在罗斯也负有盛名。

④ 科尔松（城），在克里米亚，现塞瓦斯托波尔附近，当年曾是希腊的殖民地，叫"赫尔松尼斯"(Херсонес)。

⑤ 梁赞公国(Рязанское княжество)，以Рязань城为"国都"，俄语古文献中有时用"Рязанская земля"，也可用"Рязань"一词代称。下面的"弗拉基米尔"（公国、城等）也当与此类似。

⑥ Юрьи Ингоревич (Рязанский) 梁赞大公Юрьи Ингоревич, 编年史上以Юрий Игоревич著称。1237年在与拔都汗的军队交战中战死。

⑦ "全部收入的十分之一"，后来俄国王室和教会"征收"的"什一税"（"Десятина"）也参照此"实行"之。

⑧ Георгий Всеволодович (Владимеръский)——弗拉基米尔大公Георгий Всеволодович, 其名字也写成Юрий。他是Владимир Мономах的曾孙，Юрий Владимирович之孙。在Рязань被攻占之后，在锡季河 (р.Сити) 同拔都军交战中阵亡。

既不亲自出马，也未派出援兵，他一心想要单独同拔都较量。当梁赞大公Юрий Ингоревич听闻他得不到弗拉基米尔大公的援兵时，立即派人去求助自己的众兄弟，他们是：穆罗姆公Давыд Ингоревич，科洛姆纳公Глеб Ингоревич，还有美男子Олег Ингоревич公，普隆斯克公Всеволод①以及其他王公。

诸王公聚集到一起商量对敌之策，讨论是否用一些礼品来缓解拔都汗这位渎神者的苛求。梁赞大公Юрий Ингоревич派自己的儿子梁赞公Федор Юрьевич带着许多礼品来见不信上帝的拔都汗，求他不要攻打梁赞公国。Федор Юрьевич公来到沃罗涅日河畔的敌营，见到了拔都汗，向他献上礼品，恳求他不要同梁赞公国开战。

拔都汗这个不信上帝的、虚伪奸诈和残忍无道的敌酋，收下了礼物，并且假惺惺地答应不进攻梁赞公国，但他接着提出要求：让梁赞公国诸王公献上自己的妻女和姐妹陪他们玩乐。

梁赞城有一显贵，他出于忌妒向拔都汗告密，说梁赞公Федор Юрьевич的妻子出身王族，其美貌和丰姿堪称绝代佳人。拔都汗十分狡诈，为人残忍，他虽不相信所说，但也禁不住心猿意马，情欲难耐。于是他便对Федор公说："王公，久闻尊夫人倾国倾城，让我也欣赏欣赏她的美。"

品德高尚的梁赞公Федор Юрьевич笑了笑，回答拔都汗说："我们基督徒不容许让自己的妻女姐妹供你这位亵渎神灵的敌酋来寻欢作乐。如果你能打败我们，到时你就占有她们。"

不信上帝的拔都汗感觉受到奇耻大辱，不禁勃然大怒，立即下令将品德高尚的Федор Юрьевич公处死，同时命令将其尸体抛在野外任由野兽吞噬和飞鸟啄食，而随行的王公和亲兵也都被杀害。

Федор Юрьевич公有一名亲兵，名叫Апоница，当时他躲了起来。当他见到自己爱戴的主人的尸体时禁不住失声痛哭。他眼见无人看守尸首，于是便将主人的尸体收敛起来，偷偷将其掩埋。然后他便匆忙赶回梁赞城，向贤德的王公夫人Евпраксия汇报。他告诉她：天诛地灭的拔都汗已杀害了她亲爱的夫君、品德高尚的Федор公。

---

① 俄国一些学者（如 Д.С.Лихачев 等）认为，这位普隆斯克公 Всеволод 大概就是Всеволод Глебович Пронский，不过据编年史材料，此公已于 1208 年去世，早在拔都入侵之前。其余王公从其父名可知，多为 Юрий 大公之弟。此外，普隆斯克城 (Пронск) 位于普隆河 (р.Пронь) 畔。

当时，王公夫人Евпраксия正抱着自己的爱子伊万公子，站在王宫的一处高楼上。当她听到自己的丈夫被杀这个令人悲痛欲绝的消息后，抱着自己的儿子伊万公子从高楼跳下——母子坠楼而死。

Юрий Ингоревич大公闻听拔都汗杀死自己的爱子、为人忠厚的Федор公和其他王公，也知道了他的许多优秀的臣民也被杀害，禁不住同大公夫人①、其他王公夫人和众兄弟一起失声痛哭起来。全梁赞城都在哭泣，而且哭了很久。

待Юрий Ингоревич大公从这大声哭泣和哀号中缓过气来，就立即集合自己的将士，布置调遣亲兵武士，准备打仗。Юрий大公见到了众兄弟、大贵族和将士们，他们个个雄赳赳气昂昂骑着战马。大公朝天高举双手，眼含着泪说："主啊，救救我们吧！求你让我们摆脱敌人的淫威，求你解救我们脱离入侵我国的敌人的魔掌，求你庇护我们不受那罪大恶极者的危害，不受那伤天害理的恶徒的侵害②！让这些人穷途末路，天诛地灭③！"

然后大公又对众兄弟说："啊，众位兄弟，我的亲人啦！如果我主上帝赐给我们的是美与善，那我们还能忍受那丑与恶吗！？与其受异教徒的奴役，不如战死疆场而获得永生。为了主的圣殿，为了基督教信仰，为了我们父亲Ингварь Святославич④大公留给我们的领地，我，作为你们的长兄，走在你们的前面，先将这碗决死酒⑤喝干！"

接着Юрий Ингоревич大公来到圣母升天大教堂。他在圣母的神像前哭了很久，同时他也向创造奇迹的圣徒尼古拉和同宗前辈圣鲍里斯及圣格列勃祈祷。后来

---

① 这里说的"大公夫人"（Великая княгиня）是指Юрий Ингоревич大公之母Агриппина Ростиславовна。下面也提到她。不过俄国编年史上未提到她。此外，我们所译的这"部分"也没有提到Юрий大公的妻子——另一"大公夫人"。

② 这里的文字是大公根据《圣经·旧约》的《诗篇》卷中的"求上帝惩罚作恶的人"和"祈求保佑"而说出的。如该卷"58""59"中有："我的上帝啊，求你救我脱离仇敌；求你保护我脱离攻击我的人。""求你救我脱离作恶的人，使我摆脱杀人犯的手"等。

③ 这个句子的俄语原文是："Буди путь ихъ тма и ползокъ"，也出自《圣经·旧约》的《诗篇》卷（见"求助的祷告"等），如"35"的"6.上主的天使去杀他们时，愿他们的路又暗又滑。"我们这里的译文（"……穷途末路，天诛地灭"）是意译。

④ Ингварь Святославич——Лихачев认为，Игорь即Игор；至于这位Игорь Святославич大公是何许人并不清楚。这里更可能是指Ингварь Глебович，即Юрий Ингоревич之父。

⑤ 决死酒——俄语是"чаша смертная"，有人译为"死酒"。这是古代罗斯王公们在与敌交战前表示"决战决死"的决心，一种"视死如归"的誓言和壮举。

他又吻别了自己的母亲、大公老夫人Агриппина Ростиславовна，接受了主教和全体神职人士的祝福。

渎神的拔都汗遭到了罗斯军民的反抗，他在梁赞公国边境一带遇到了抵抗。梁赞军民拿起武器奋起抗敌，英勇顽强打击拔都侵略军。那是一场令人心惊胆战的恶战，拔都的许多强悍的骑士都战死了。蒙古鞑靼汗眼见梁赞城的军民英勇顽强，越战越勇，不免有些胆怯。

看谁胆敢对抗我主上帝的愤怒和意旨！

虽然拔都汗兵力雄厚，所向披靡，但一个梁赞人能同一千敌人作战，两个梁赞人就敢同一万敌人作战。

Юрий大公亲眼见到自己的兄弟Давыд Ингоревич公战死，于是大声喊道："啊，我亲爱的兄弟们，我们的兄弟Давыд公已在我们之前喝下了决死酒，让我们同他一样饮尽自己的决死酒吧！"于是大公调换战马接着再战。

罗斯将士勇敢打击敌人，骑着马奔驰在拔都各军营之间。整个蒙古鞑靼军都惊呼梁赞军民的顽强和勇敢，他们好不容易才打败梁赞的军士和市民。

在这场战役中战死的有：品德高尚的Юрий Ингоревич大公、他的兄弟穆罗姆公Давыд Ингоревич、兄弟科洛姆纳公Глеб Ингоревич、他们的兄弟普隆斯克公Всеволод以及其他许多地方王公、将军与军士们，他们都是梁赞的勇猛武士和神勇骑士。他们全都同样地喝下了自己的决死酒。他们中没有一个人向后退缩，全都战死在疆场上了！

这一切全都是上帝因我们有罪而对我们的惩罚！

Олег Ингоревич公被敌人活捉了。拔都汗看到战场上许多自己人被杀，心中不免有些难受。于是他决心猛攻梁赞公国，下令要无情地杀光烧光抢光。接着公国的普隆斯克城、别尔哥罗德城（简称"别尔城"）、伊热斯拉维茨城等，全都被彻底摧毁，城内所有军民全被无情消灭。由于我们的罪孽，基督徒被屠杀，尸横遍野，血流成河。

拔都汗见到被俘的Олег Ингоревич公。此公本来仪表堂堂，而且十分勇武。但此时他却因伤重而身子虚弱。拔都想让人医治他的创伤，然后使其归顺自己。但是Олег Ингоревич公痛斥敌酋拔都，称他为无耻之徒，是基督徒的死敌。罪大恶极的拔都，心狠手辣，闻听这怒斥声不禁火冒三丈，立即下令将Олег公凌迟处死。

这位Олег公是继殉难圣徒司提反①之后第二位蒙难者，他从仁慈的上帝那里接

---

① 司提反——按《圣经·新约》的译名。俄语是Стефан，所以有时按俄语译音为斯杰

受了受苦受难的花冠，同众兄弟一起饮下了决死酒。

罪大恶极的拔都汗开始猛攻梁赞公国。他来到梁赞城下，命令将全城围得水泄不通，连着五天五夜进攻不止。许多梁赞人战死了，有些人受伤了，还有些人因连续作战过度疲累而倒下了。围城的第六天，一清早，只见那些鞑靼人有的举着火把，有的扛着攻城器械，有的抬着许多云梯，一起朝梁赞城涌来。12月21日，梁赞城陷落。

破城之后，蒙古鞑靼军队冲进圣母大教堂。他们用剑劈死当时躲在教堂内的梁赞大公之母Агриппина Ростиславна大公夫人，同时也杀了王公妻女儿媳等人，然后将主教和教会神职人员推入火中——在神圣的教堂内将他们活活烧死。有很多人死于敌人刀下。全城的许多人——男男女女，老老少少，都被斩尽杀绝。另有一些人被淹死在河中。所有僧侣神甫，无一人幸免于难。然后鞑靼人纵火将全城焚烧殆尽。所有价值连城的东西以及梁赞财宝被掠夺一空，甚至连梁赞王公的亲戚族人，那些来自基辅和切尔尼戈夫等地的王公们，都一同遭此劫难。许多神庙被摧毁，圣堂内，祭台供桌上，都沾满血污。

整个城内没有剩下一个活人，到处是死尸。这些死者喝下了同样的决死酒。没有人哀号，没有人哭泣——没有父母哭自己的子女，没有子女哭自己的父母；没有兄弟哭兄弟，没有亲人哭亲人。人们全都死了，这一切全都是我们罪有应得。

不信上帝的拔都汗见到令他心惊肉跳的鲜血——基督徒流出的血，变得更加狂暴，更加凶残；于是他下令发兵攻打苏兹达里和弗拉基米尔等地。他妄图占领整个罗斯国土，彻底根除基督教，将神圣的教堂庙宇全都摧毁。

凡（斯杰番等）。他因在公元一世纪宣传基督教而被当时的信奉犹太教的同胞用乱石打死。后来基督教成了罗马帝国国教，这位殉教的传教士被教会"追谥"为圣徒。

第三篇 Проповеди преподобнаго отца нашего Серапиона

1-ое слово

Господи, благослови, отче!

Слышасте, братье, самого Господа, глаголяща въ Евангелии: «И въ послѣдняя лѣта будет знаменья въ солнци, и в лунѣ, и въ звѣхдахъ, и труси по мѣстомъ и глади». Тогда реченное Господомь нашимь нынѣ збысться — при насъ, при послѣднихъ людех. Колико видѣхомъ солнца погибша и луну померькъшю, и звѣздное премѣненiе! Нынѣ же земли трясенье своима очима видѣхомъ, земля, от начала оутвержена и неподвижима, повелѣньемъ Божiимь нынѣ движеться, грѣхы нашими колѣблется, безаконья нашего носити не можеть. Не послушахомъ Еуангелья, не послушахомъ Апостола, не послушахомъ пророкъ, не послушахомъ свѣтилъ великихъ, рку: Василья и Григорья Богословца, Иоана Златоуста, инѣхъ святитель святыхъ, ими же вѣра оутвержена бысть, еретици отгнани быша, и Богъ всѣми языкы познанъ бысть, и тѣ оучаще ны беспрестани, а мы — едины безаконья держимся! Се оуже наказаеть ны Богъ знаменьи, земли трясеньемъ его повелѣньемъ: не глаголеть оусты, но дѣлы наказаеть. Всѣмъ казнивъ ны, Богъ не отведеть злаго обычая. Нынѣ землею трясеть и колѣблеть, безаконья грѣхи многiа от земля отрясти хощеть, яко лѣствие от древа. Аще ли кто речеть: «Преже сего потрясения бѣша и рати, и пожары быша же», — рку: «Тако есть, но — что потом бысть намъ? Не гладъ ли? не морови ли? не рати ли многыя? Мы же единако не покаяхомъся, дондеже приде на ны языкъ немилостивъ попустившю Богу; и землю нашу пусту створша, и грады наши плѣниша, и церкви святыя разориша, отца и братью нашю избиша, матери наши и сестры в поруганье быша». Нынѣ же, братье, се вѣдуще, оубоимъся прещенья сего страшнаго и припадемъ Господеви своему исповѣдающесь: да не внидем в болши гнѣвъ Господень, не наведемъ на ся казни болша первое. Еще мало ждеть нашего покаянья, ждеть нашего обращенья. Аще отступимъ сквернъхъ и немилостивыхъ судовъ, аще примѣнимся криваго рѣзоимства и всякого грабленья, татбы, разбоя и нечистаго прелюбодѣиства, отлучающа от Бога, сквернословья, лжѣ, клеветы, клятвы и поклепа, иныхъ дѣлъ сотониныхъ,— аще сихъ премѣнимся, добрѣ вѣдѣ: яко благая приимуть ны не токмо в сии вѣкъ, в будущии, самъ бо Господь рече: «Обратитеся ко мнѣ, обращуся к вамъ, отступите от всѣхъ, аз отступлю, казня вы». Доколѣ не отступимъ от грѣхъ нашихъ? Пощадим себе и чад своихъ: в кое время такы смерти напрасны видѣхомъ? Инии не могоша о дому своемь ряду створити — въсхыщени быша, инии с вечера здрави легъше — на оутрия не всташа: оубоитеся, молю вы, сего напраснаго разлученья! Аще бо поидемъ в воли Господни, всѣмъ оутѣшеньемь оутѣшить ны Богъ небесныи, акы сыны помилует ны, печаль земную отиметь от нас, исходъ миренъ подасть намъ на ону жизнь, идеже радости и веселья бесконечнаго насладимся з добрѣ оугожьшими Богу. Многа же глаголахъ вы, братье и чада, но вижю: мало приемлють, премѣняються наказаньемь нашимь; мнози же не внимають себѣ, акы бесмертны дрѣмлють. Боюся, дабы не збылося о нихъ слово, реченное Господомь: «Аще не быхъ глаголалъ имъ, грѣха не быша имѣли; нынѣ же извѣта не имуть о грѣсѣ своемь». Много бо глаголю вамъ: аще бо не премѣнится, извѣта не имате пред Богомь! Аз бо, грѣшныи вашь пастухъ, повелѣное Господомь створихъ, слово его предаю, вы же вѣсте, како куплю владычню оумножити. Егда бо придеть судить вселенѣи и въздати комуждо по дѣломъ его, тогда истяжеть от васъ — аще будете оумножили талантъ, и прославит вы, в славѣ Отца своего, с Пресвятымь Духомь и нынѣ, присно, вѣкы.

第三篇　译文

我们的教父圣谢拉皮昂的布道文

第一次"布道宣讲"①

主啊，我们在天的父啊，为我们祝福吧！

弟兄们，你们都听到过我主上帝本人的训言，他在《福音书》中说："最近几年，太阳、月亮、星星上将出现异象，多地将发生地震，而且连年饥荒。"②我主当年说的话如今应验了——这些灾祸在我们面前发生，也在当今的人们面前发生。

我们见过多次太阳变黑，月亮无光，星星坠落，天象变幻无常！现在③，我们亲眼见到了大地的震动，自古以来就屹立不动的大地，今天却因主的意旨而震动起来，由于我们的罪孽而地动山摇。我们的大地再也不能承载我们无法无天的罪恶了！

我们不听信福音书，不听信使徒言行，不听信先知的教诲，也不听信伟大教父们的金言。我说的教父是那些在罗斯备受崇敬的人：大巴西勒④、神学家格列高利⑤、

---

① 本文译自俄国网上登载的 "Библиотека литературы Древней Руси"(РАН. ИРЛИ. Под ред. Д.С. Лихачев, Л. А. Дмитриева, А. А. Алексеева, Н. В. Понырко. — СПБ.: Наука, 1997, - Т 5; XIII век.— 527с.) 的 «Слова и Поучения Серапиона Владимирского» 中的第一篇 «Слово Преподобнаго отца нашего Серапиона» (《我们的教父圣谢拉皮昂的布道文》)。"Слово" 在此亦译为 "布道讲话" "训诫辞" 等。这篇布道文的标题在古俄语文献中也写成 «О казняхъ божихъ и ратяхъ»——《上帝的惩罚和兵燹之灾》。

② 在《马可福音》(13.24–25) 中写道："那些灾难的日子过去以后，太阳要变黑，月亮不再发光，星星要从天上坠落，太空的系统也都要摇动……"。在《路加福音》(21.25) 中写道："那时候，太阳、月亮、星星都要显出异象……"。以上选自中国基督教协会印发《圣经》（现代中文译本，南京，1997 年）《新约》第 65 页和第 110 页。

③ 这里的"现在"，是指 1230 年基辅及周边地区发生强烈地震，作者当时在基辅洞窟修道院任修士大司祭一职。

④ "大巴西勒"（Basil the Great，约 330—379 年），古代基督教著名希腊教父之一。俄语是 Василий Великий，因此有人按俄语译成"伟大的瓦西里"。

⑤ 神学家格列高利（Григорий Богослов，约 328—390 年），古代基督教希腊教父之一。公元四世纪，有几位同名的教会人士也叫"格列高利"，均为希腊教父，如尼斯的格列高利（Gregory of Nyssa，约 335—395 年）；纳西盎的格列高利（Gregory of Nazianzene，即上面的"神学家格列高利"）等等。

金口约翰①等其他高僧圣徒，正是他们为我们确立了信仰，是他们维护基督教正统，驱赶各种异端邪说。他们让各国信众认知了上帝这个唯一的真神。他们在不停地教导我们，可是我们却听不进去，而且还坚持为非作歹，继续犯罪造孽。

现在上帝凭自己意志向我们显示地震这个征兆：他不用嘴说，而是用行动来教训我们。尽管上帝对我们大家进行了指责，但他还是没有使我们所有的人摆脱恶劣的风俗习惯②。今天他让大地摇动，他是想像秋风扫落叶一样扫除人世间种种罪孽恶行。

如果有人说："在这以前也曾发生过地震，发生过战争，发生过火灾等天灾人祸……"那么，我要说："在过去，这些灾祸都发生过。但是后来我们又遭遇到了什么呢？没有发生饥荒吗？没有发生瘟疫吗？发生的战争还少吗？……但是我们始终没有忏悔，直到上帝让那些凶恶残暴的异教徒来攻打我们；我们的家园被弄得十室九空，我们的城邑被攻占，神圣的教堂被摧毁，我们的父兄被杀害，我们的母亲和姐妹遭到欺凌侮辱。"

弟兄们，如今我们明白了这点，因此也害怕遭受这场可怕的灾难的惩罚。我们跪在我主的面前表示忏悔：但愿我主不再对我们发怒，我们也不再惹来比上次更严厉的惩罚。但我们光有忏悔还不够，主还期待我们心向着他。

如果我们拒绝那些令人憎恶和冷酷无情的审判，如果我们摒弃那些昧着良心的高利盘剥、抢劫偷盗、敲诈勒索，丑陋的私通私奔；抛弃那些与圣训圣言格格不入的污言秽语、谎话谗言、污蔑诽谤、诬陷告密以及种种阴险毒辣的言行——如果我们改掉了这些劣行，那我们会更好地看到：不仅今世，而且也在来世，我们将过上安宁和谐的日子。

我主亲自说过："你们皈依我，我将心系你们；如果你们背离我，我将抛弃你们，惩罚你们。"

我们要到什么时候才除尽自己身上的罪孽？让我们顾惜自己，也怜惜自己的孩子吧！我们在什么时候见过这么多的无辜屈死的人？

有些人不会收拾自己的家，所以被偷被盗；还有些人从傍晚起就蒙头大睡，到第二天上午还不起床。我恳求你们，你们要抛弃这种散漫生活。如果我们遵循主的意志，那么上帝将给我们大家施以恩德，就像父亲对儿子那样宽恕我们；大地上

---

① 金口约翰（俄名是 Иоанн Златоуст），本名是克里索斯托（Jhon Chrysostom，约350-407），著名希腊教父，在古代罗斯极负盛名。以上几位"教父"的材料参阅了乐峰、文庸著的《基督教千问》（红旗出版社，1995年版）第21—22页。

② 此处说的"风俗习惯"是指在古代罗斯某些教区和一些教民中还残存的一些"多神教"时期遗留的恶俗陋习和过分的"迷信"思想等。

的愁云惨雾——他将为我们一扫而光,他将赐给我们走向永生的安宁之路,在永生的天国,我们将同那些真诚侍主的信徒一样,有幸享受无穷无尽的幸福和欢乐。

我的弟兄们,孩子们!我给你们说了这么多,但是我看到:有些人很少领会,也有些人对我们苦口婆心的话不以为然;很多人不会接受这些训导之言。他们像"古希腊俄林波斯山的诸神"①一样闭目养神,昏昏欲睡。

我担心我主说的这样一些话会成为现实——他说:"如果我不对他们说,他们不会有负罪感;即使到今天,他们也不会明白自己是有罪的。"现在我对你说了很多;如果你们还不改恶从善,你们将得不到上帝的宽恕。

我,一个有罪的人,作为你们的牧师,履行上主下达的命令,我把他的话传达给你们。你们都知道有这么一个故事②,说的是如何增长才干:当我主来临人世审判这个世界时,他将根据每个人的作为而做出赏罚。到时他会要求每个人承担责任。如果你们增长了才干,你们会受到奖励和表扬,你们将生活在圣父和圣灵的荣光之中,今生今世,永生永世!阿门!③

3-е слово ④

Почюдимъ, братье, человѣколюбье Бога нашего. Како ны приводить к себе? Кыми ли словесы не наказеть насъ? Кыми ли запрѣщении не запрѣти нам? Мы же никако же к Нему обратимся!

---

① 这里的古俄语原文是"акы бесмертны дрѣмлють";按《大俄汉词典》解:"Бессмертные"的意思是"永垂不朽的""〈宗〉永生的"等意义,但它的复数(用作名词)形式有本文中的古代希腊俄林波斯山诸神的意义。

② 在《圣经·新约》的《马太福音》(25.15-30:"三个仆人的比喻")和《路加福音》(19.11-27:"仆人和金币的比喻")中都谈到了这个"故事"。

③ "阿门"二字是译者自行加上的。因为基督教(以及其前的犹太教)的教徒(或教士等)在祈祷或布道结束时常用的"结束语",表示"诚心所愿"。

④ 本译文根据尼·康·古济院士的《11—17世纪古代俄罗斯文学选读》(第六版,俄联邦教育部出版社,莫斯科,1955年)的文本译出。俄语原文名是«Слово третье Серапиона Владимирского»,译名是《弗拉基米尔城主教谢拉皮昂的第三次讲话》;此文也名为«Проповедь Серапиона Владимирского» 等。在我国出版的关于"俄罗斯文学史"的书文中,很少谈及这类"布道文";个别出版物中稍有涉及。本文俄语名称有人还译为《符拉基米尔城主教谢拉皮昂的说教》等。这里的所谓《讲话》(«Слова»)——意为在广场上向人群(多为教徒)大声宣讲的布道辞。

Видѣвъ наша безаконья умножившася, видѣв ны заповѣди его отвергъша, много знамении показавъ, много страха пущаше, много рабы своими учаше — и ничим же унше показахомься! Тогда наведе на ны языкъ немилостивъ, языкъ лютъ, языкъ, не щадящь красы уны, немощи старець, младости дѣтии; двигнухомь бо на ся ярость Бога нашего, по Давиду: «Въскорѣ възгорися ярость Его на ны». Разрушены божественныя церкви, осквернены быша ссуди священии и честные кресты и святыя книги, потоптана быша святая мѣста, святители мечю во ядъ быша, плоти преподобныхъ мнихъ птицамъ на снѣдь повержени быша, кровь и отець, и братья нашея, аки вода многа, землю напои, князии нашихъ воеводъ крѣпость ищезе, храбрии наша, страха наполньшеся, бѣжаша, мьножайша же братья и чада наша въ плѣнъ ведени быша, гради мнози опустѣли суть, села наша лядиною поростоша, и величьство наше смѣрися, красота наша погыбе, богатьство наше онѣмъ в користь бысть, трудъ нашь погании наслѣдоваша, земля наша иноплеменикомъ в достояние бысть, в поношение быхомъ живущимъ въскраи земля нашея, в посмѣхъ быхомъ врагомъ нашимъ, ибо сведохомъ собѣ, акы дождь съ небеси, гнѣвъ Господень! Подвигохомъ ярость Его на ся и отвратихомъ велию Его милость — и не дахомъ призирати на ся милосердныма очима. Не бысть казни, кая бы преминула нас, и нынѣ беспрестани казними есмы: не обратихомся к Господу, не покаяхомся о безаконии наших, не отступихомъ злыхъ обычай наших, не оцѣстихомся калу грѣховнаго, забыхомъ казни страшныя на всю землю нашу; мали оставши, велицѣ творимся. Тѣм же не престають злая мучаще ны: завѣсть оумножилася, злоба преможе ны, величанье вънесе оумъ нашь, ненависть на другы вселися въ сердца наша, несытовьство имения поработи ны, не дасть миловати ны сиротъ, не дасть знати человѣчьскаго естьства — но, акы звѣрье жадають насытитися плоть, тако и мы жадаемъ и не престанемъ, абы всѣхъ погубити, а горкое то имѣнье и кровавое к собѣ пограбити; звѣрье ѣдше насыщаются, мы же насытитися не можемъ: того добывше, другаго желаемъ! За праведное богатство Богъ не гнѣвается на насъ, но, еже рече пророкомъ: «С небеси призри Господь видѣти, аще есть кто разумѣвая или взиская Бога, вси уклонишася вкупѣ», и прочее: «Ни ли разумѣвают все творящи безаконье снѣдающе люди моя въ хлѣба мѣсто?» Апостол же Павелъ беспрестани въпиеть, глаголя: «Братье, не прикасайтеся дѣлехъ злыхъ и темныхъ, ибо лихоимци грабители со идолослужители осудяться». Моисѣеви что рече Богъ:

«Аще злобою озлобите вдовицю и сироту, взопьют ко мнѣ, слухом услышю вопль их, и разгнѣваюся яростью, погублю вы мечем». И ныне збысться о нас реченое: не от меча ли падохомъ? не единою ли, ни двожды? Что же подобаеть намъ творити, да злая престануть, яже томять ны? Помяните честно написано въ Божественыхъ книгахъ, еже самого Владыки нашего болшая заповѣдь, еже любити другу друга, еже милость любити ко всякому человѣку, еже любити ближняго своего аки себе, еже тѣло чисто зблюсти, а не осквернено будеть блюдомо, аще ли оскверниши, то очисти е покаяниемь; еже не высокомысли-ти, ни вздати зла противу злу ничего же. Тако ненавидить Господь Богъ насъ, яко злу помятива человѣка. Како речемъ: «Отче нашь, остави нам грѣхи наши», а сами не ставляюще? В ню же бо, рече, мѣру мѣрите, отмѣрит вы ся Богу нашему.

第三次"布道宣讲"

弟兄们，让我们来赞美我主上帝对人的爱吧！

我主上帝是怎样让我们对待自我的？我主上帝用了哪些言辞来教导我们？他用了哪些警醒的话来告诫我们？但是，我们却一点儿也听不进去。他见到我们日复一日地去干那些无法无度的事儿，见到我们不断地违背他的圣训圣言；我主上帝曾向我们显示一个接一个的神迹征兆，他使我们经历一个又一个的凶险厄难；他曾通过他的侍者来教训世人，但是，我们还是一句话也不听！

因此，我主上帝终于让我们遭受凶恶残暴的异族人的入侵和欺凌。这些异邦人异教徒，对我们英俊美丽的男女青年，对我们年迈体衰的老人，对我们天真年幼的儿童，通通毫不留情！

我们惹起了我主上帝的万钧雷霆。用《圣经》大卫"诗篇"的话说，上帝对世人的愤怒很快就有结果了：神圣的寺庙教堂被摧毁，圣物圣器被玷污，圣地圣殿被践踏；神职人士成了刀下之鬼，砧上之肉；我们王公的军队被杀得溃不成军，精兵强将竟然销声匿迹，那些勇夫猛士竟然充满恐惧，临阵时竟然逃之夭夭；我们的村落十室九空，我们的良田杂草丛生；我们众多的子弟被掳走，成了阶下之囚；我们国家的尊严遭受侮辱，我们的大好河山沦落敌手；我们的财富成了他人的囊中物，我们的劳动果实被那些不信上帝的异教徒掠夺一空；我们的土地成了异族人的财产；我们罗斯人成了我国四邻的笑柄，我们国家被昔日的宿敌当成笑料！

我们遭到了报应！我主上帝的愤怒像晴天霹雳一样炸开了，像倾盆大雨一样自天而降。上帝的怒火将把我们烧得遍体鳞伤。

我们失去了我主上帝对我们的仁爱；我们没有恭请上帝用仁慈的双眼来关注

我们。过去没有出现这样的惩罚,而我们也似乎免除了这样的惩罚;可是如今,我们却不断遭受各种各样的惩罚!原因就是:我们背离了万能的上帝我主,我们没有洗净自己身上的罪孽和污浊,我们没有忏悔我们的无法无度,我们没有抛弃我们的陈规陋俗①,我们忘记了一场可怕的灾难正降临在我们的整个国土!

我们避开了小灾小难,但现在却碰上了大灾大难,何况那些使我们受苦受难的邪恶者还没有停止作恶。嫉恨在日积月累,愤恨已积满胸腔。往日那些颂词赞歌依然在蒙蔽我们的心智,我们的心中仍然留有对朋友的仇恨;对财富的贪婪使我们沦为财富的奴隶,贪婪之心使我们既不怜悯孤儿寡母,也不懂得人之常情。像野兽渴望饱餐其他动物的尸骨一样,我们也在渴望并且不停地渴求得到财富;哪怕打家劫舍,杀人放火,也要把那些带泪的钱财和血染的财宝搜刮进自己的囊中。野兽吃饱了还会知足,但我们却总不知足,总是贪得无厌,我们总是见利忘义,得寸进尺。

正义之财如果取之有道,上帝不会对我们发怒。先知有言:我主从天庭俯视着大地,他会看到,所有偏离上主指引的人,总会有人认知他,总会有人求告于他,总会有人归向他。但是,所有无法无天、丧尽天良、干尽坏事的人会认知上帝吗?那些凶恶之徒不是还在屠杀我国人民吗?

使徒保罗一再大声地说:"弟兄们,不要作恶,不要干坏事。因为那些放高利贷的人,打家劫舍拦路抢劫的人,同那些偶像崇拜者②一起,都会受到谴责,受到审判。"上帝对摩西也说过:"如果你们对孤儿寡母欺凌肆虐,他们会向我哭诉,我会听见他们的哀号,我会大发雷霆,怒火中烧,我会用宝剑把作恶者杀死。"今天,上主和圣保罗说的话在我们身上应验了:难道我们不是被刀劈斧砍而倒下了吗?难道仅只是一次两次吗?请你们认认真真地想一想《圣经》中所写的,那是天父自己教导我们的伟大圣训:他教导我们要相互友爱,教导我们对任何人要有仁爱之心,要爱自己的亲人如同爱自己一样,要永远保持身体洁净,不要被那些不洁之物所玷污。如果你受到玷污和玷污他人,那你就用忏悔去洗净它们,你们既不要高傲,更不要以恶报恶。我主上帝的憎恶之心是这样的:他深恶痛绝作恶者的罪恶行径。但我们会怎样说呢:"我们的天父啊,请你把我们自己没有清除的罪孽留给我们吧"?

《圣经》上说:"以德报德,以怨报怨",我主上帝将这样来审断你们。感谢万能的主啊!阿门!

---

① 按古济院士的"选读"的说法是指古代罗斯社会残存的多神教观念和习俗。
② 《圣经·旧约》《出埃及记》载,耶和华授命摩西颁布施行的"十诫"中有一诫是"不许制造和敬拜偶像"。

第四篇   Ледовое побоище в 1242 г. (Из «Жития Александра Невского»)

Во второе жъ лето по возвращение ис победы князя Александра Ярославичя прийдоша отъ западныя страны и возгради градъ во отечествии Александрове. Великий жъ князь Александръ Ярославичь изыде на ня вскоре, изверже градъ изо основаниа, а самихъ избиша, иныхъ съ собою приведе, а иныхъ помилова и отпусти, бе бо милостивъ паче меры. По победе же Александрове, егда победи короля, въ третии жъ годъ, въ зимнее время, пойде на землю Немецкую съ силе велице, да не хвалятся, рекуще: «Укоримъ словенский языкъ». Уже бо взятъ градъ Псковъ, и тиуни у них посажени. Тех же князь великий Александръ Ярославичь изима и градъ Псковъ свободи отъ плена, и землю их повоева и позже и полона взя безъ числап, иных посече, а инии вл градъ совокупишася и реша: «Победимъ князя Александра Ярославичя и имемъ его рукама». Егда приближишася ратнии, и почюша стражи великаго князя Александра Ярославичя. Князь же Александръ ополчився пойде противу ратнымъ, и наступиша море Чюдское. Бысть же обоихъ множество. Отецъ же его Ярославъ послалъ бе ему на помощь брата меншаго князя Андрея во множе дружине. Тако и у князя Александра множество храбрыхъ мужъ, якожь древле у царя Давида, крепцыи, сильнии, тако жъ и мужи Александровы исполнишася духа ратна: бяху сердца ихъ, аки львомъ, и рекоша: «О княже нашъ честный, драгий, ныне приспе время нам положити главы своя за тя». Князь же Александръ Ярославичь воздевъ руце на небо и рече: «Суди, господи, и разсуди прю мою, от языка велиречива избави мя, помози ми, господи, якоже Моисею на Амалика древле и прадеду моему Ярославу на акаянного Святополка». Бе же тогда день суботный, восходящу солнце, сступишася обои, и бысть сеча зла и трускъ отъ копей и ломление и звукъ отъ мечнаго сечениа, якожь морю мерзшу двигнутися; не бе видети леду, покрылося бяше кровию. Се же слышавъ от самовидца, рече: видехомъ полкъ Божий на воздусе, пришедши на помощь Александру Ярославичю. И победи я помощью Божиею, и вдаша ратнии плещи своа. Они же сечахуть и гоняши, яко по яйеру, не бе им ками убежати. Зде же Богъ прослави великаго князя Александра Ярославичя пред всеми полки, яко Исуса Навина во Ерихоне. А иж рек: «Имамъ руками великаго князя Александра Ярославича», сего дастъ ему Богъ въ руце его. И не обретеся никто жъ, противяся ему во брани. И возвратився князь Александръ Ярославичь съ победы съ славою великою. Бысть много множество полону въ полку его, ведяху подле коний, ижъ именуетца рыдели.

Егда прииде князь Александръ Ярославичь ко граду Пскову, и сретоша его со кресты игумены и попове в ризахъ, народъ многъ предъ градомъ, подавающе хвалу Богови, поюще песнь и славу государю, великому князю Александру Ярославичю: «Пособивый, Господи, кроткому Давиду победити иноплеменники и верному князю нашему Александру оружиемъ крестнымъ свободити градъ Псковъ отъ иноязычныхъ рукою Александровою». О невегласи плесковичи, аще забудете князя Александра и мужи новгородцовъ и до правнучатъ Александровыхъ, уподобитеся жыдовомъ, ихъ же Господь препите въ пустыни манною и крастельми печеными, сихъ всехъ забыша Бога своего, изведшаго ихъ отъ работы изъ Египта. И начаша слышати имя великаго князя Александра Ярославича по всемъ странамъ и до моря Египетского и до горъ Аравитскихъ, обону страну Варяжьскаго и до Рима.

第四篇　译文

1242年冰上大战（自《亚历山大·涅夫斯基传》）

亚历山大大公获胜后的第二年，一批来自一个西方国家[①]的人闯入罗斯国土。他们在亚历山大的领地上建城设寨。亚历山大大公立即向这些人兴师问罪，并把所建城寨夷为平地，打死了一些人，还俘虏了一些人，另有一些人受到宽大，被释放回家，因为大公为人特别宽厚仁慈。

亚历山大打败瑞典国王后的第三年[②]冬天，他带领大队人马朝德国国境进发，为的是教训一下德国人，因为他们吹嘘说："我们要让斯拉夫人蒙羞受辱。"德意志条顿骑士占领了普斯科夫城，并在城内派驻自己的法官税吏。亚历山大大公捉住了这些官吏，解放了普斯科夫，并挺进到德国国土，还纵火烧了一些房屋，许多德

[①] 这里说的"西方国家"是指信奉天主教的条顿骑士的德国。
[②] 这里指公元1242年。

国人被俘被杀。

不久，又有一些德国人拥进城内，他们口出狂言："我们一定要打败亚历山大，我们一定会亲手活捉他！"

当德意志骑士接近罗斯国土时，亚历山大大公的探马立即将此事向他禀报。于是他集合军队，出发迎击敌人。交战双方在楚德湖①上相遇了。两军人马都数以万计。

亚历山大的父亲雅罗斯拉夫大公派次子安德烈公率领大队人马来支援。亚历山大大公更加兵多将广了。正如古代大卫王拥有众多勇武之士一样。他们也像大卫王的将士一样，个个身强力壮，人人骁勇善战，充满战斗豪情。将士们的心像雄狮的心一样，他们说："啊，我们光荣的、敬爱的王公啊，现在是我们为您抛头颅洒热血的时候了！"亚历山大大公朝天高举双手，说道："主啊，审判吧，判决我的这场战斗吧！请把我从口吐狂言之徒的威胁下解救出来吧！主啊，帮助我吧②，就像你在古代帮助摩西③攻打亚摩利人，就像你当年帮助我的高祖雅罗斯拉夫攻打那罪大恶极的斯维亚托波尔克一样④。"

那天是礼拜六，太阳刚一升起，双方军队就遭遇上了。刀光剑影，人喊马嘶，血流成河，尸横遍野。真是一场恶战。湖上的冰层松动了，裂开了；湖面上不

---

① "楚德湖"（Чудское озеро）俄语材料上又名"Гдовское озеро"等，位于俄罗斯普斯科夫州和爱沙尼亚共和国交界处。在俄国史上，1242 年冬亚历山大与德国条顿骑士团的战争称为"楚德湖之战"（"Битва на Чудском озере"），又称"冰上大战"（"Ледовое побоище"）。

② 本句俄语古文与前面的"祈祷辞"——引用《圣经·诗篇》的诗句基本相似。按"古济本"是："Суди, господи, и разсуди прю мою, отъ языка велеречива избави мя, помози ми, господи…"（第 159 页）。

③ 摩西——《圣经》故事中古代犹太人的领袖。据《旧约·出埃及记》载，摩西带领在埃及为奴的犹太人逃出埃及，经过红海，回到迦南（巴勒斯坦等地的古称，包括腓尼基）。摩西也被称为"先知之一"。据传《摩西五经》出自于他。《圣经·旧约》的《出埃及记》（共 40 章）、《利未记》（27 章）、《民数记》（36 章）、《申命记》（34 章）都有关于摩西的故事（如"耶和华对摩西说……""耶和华晓谕摩西……"等）。

④ 古代罗斯王公（基辅大公弗拉基米尔一世之子）、杀兄弑弟的斯维亚托波尔克受到世人诅咒，被称为"окаянный"（"天地不容的""天诛地灭的""罪大恶极的"等）。据《往年纪事》载，1019 年派遣在诺夫哥罗德城为"地方行政长官"的贤明的雅罗斯拉夫公（弗拉基米尔的儿子之一）兴兵讨伐斯维亚托波尔克，后者战败。雅罗斯拉夫成了基辅罗斯大公。

见冰水，只有一滩滩的鲜血。

　　这件事我是从一位目击者那里听说的①。他说："当时我们见到天上有神兵神将，他们来援助亚历山大·雅罗斯拉维奇。"亚历山大靠着上帝的帮助，战胜了敌人。敌人后撤了，逃遁了。亚历山大的将士宛如在空中疾飞，追击敌人，斩杀甚众；敌人已无路可逃了。在战场上，上帝在全军将士面前让亚历山大获得了荣耀，正如当年在耶利哥平原上帝让约书亚②得到荣光一样。上帝还把那些狂言"要亲手活捉亚历山大"的德国骑士交给亚历山大处置。再也找不到任何人能在战场上同亚历山大较量的了。

　　亚历山大大公大获全胜，班师回朝。许多德国人当了俘虏；那些被称为"骑士"的德国人，如今却被押解着，走在坐骑的身边③。

　　亚历山大大公一行将抵达普斯科夫城时，各修道院院长、穿着法衣的神甫、许许多多的平民百姓，扶老携幼，手拿十字架，到城门口欢迎他们。人们歌颂上帝和赞美亚历山大大公："主啊，你曾帮助温和的大卫王打败了外邦人，如今又用十字架为武器帮助我们的大公、忠诚于你的亚历山大，并且通过他的手把普斯科夫从异族人④手中解放出来。"

　　啊，不明事理的普斯科夫人啊！倘若你们在亚历山大大公的曾孙玄孙之前就

---

　　① 《传》的作者多次写明自己是从参战的将士那里听说的。我们从《传》中也可以见到作者多处流露出宗教迷信观点，如假借"目击者"之口宣扬"神助"观点。

　　② 这段典故出自《圣经》的《申命记》和《约书亚记》。内中谈到摩西临终前，耶和华对他及其继承人约书亚所说的一番话。在《约书亚记》第四章中写道："……约有四万人，都准备打仗，在耶和华面前过去，到耶利哥平原，等候上阵。当那日，耶和华使约书亚在以色列众人眼前尊大，他平生的日子，百姓敬畏他，像从前敬畏摩西一样……"这里的用语"在……众人眼前尊大"意为"当众表彰他"或"使其获得荣耀"，这用来对比《传》中说的"上帝在全军将士面前让亚历山大获得荣耀"。

　　③ 《传》的作者在这里用幽默的语言嘲笑德国人。当时与亚历山大作战的德国人称为"骑士"——"古济本"为"рыдели"，现用"рыцари"，指中世纪西方信奉天主教的国家（如德国）的僧侣骑士。顾名思义，"骑士"是骑马的军士，由于被亚历山大打败被俘，骑士们不得不与"坐骑"并步而行。

　　④ 这里说的"异族人"是指"德意志人"。1240年德国骑士侵占了普斯科夫。德国十字军骑士团将该城围了一周，最后以该城行政长官特维勒基尔·伊万科维奇为首的某些普斯科夫大贵族投降献城。德国人在普斯科夫设官吏管理。两年后亚历山大率军解放普斯科夫。

把这事①忘了,那你们就会与当年犹太王国的子民②相差无几了。当年主耶和华让犹太人在沙漠中饮甘露食烤鹌鹑。后来,那些犹太人却将此事忘得一干二净,他们也忘记了是主耶和华把他们从埃及人的奴役下解放出来的③。

亚历山大声名远扬,传遍四面八方:远至埃及海④和阿拉伯半岛山麓⑤,远至瓦利亚格海⑥沿岸和古城罗马。

---

① 《传》的作者指责普斯科夫某些贵族投降德国人,另一方面作为"前车之鉴"提醒普斯科夫人今后世世代代不要忘记亚历山大大公的恩德,不要像古代犹太人那样忘记上帝的恩情和率领他们逃出埃及的首领摩西的功劳。

② 同上。

③ 《传》的作者把《圣经》的《出埃及记》中说的以色列人首领摩西带领在埃及为奴的子民们途经红海逃出埃及,写成是"耶和华……解救"他们逃出埃及。

顺便指出,本篇《1242年冰上大战》取自《Житие князя Александра Невского》;此《传记》创作时传主已于1263年去世,但死于其父 великий князь Ярослав Всеволодович(1246年去世)之后。但《传》的作者在谈及亚历山大·雅罗斯拉维奇生前战功时(特别在其父仍在世并称为"大公"时),文中时而称亚历山大为"公"(князь),时而称其为"大公"(вликий князь)。请阅读本篇原文。

④ "古济本"写成"埃及海"(море Египетское),但在有的版本中却是"蓬特海"(море Понтийское)——古名。据历史地理学家的看法,此海(今名)是"黑海"("Чёрное море")。

⑤ "阿拉伯半岛山麓"这个名称是根据"古济本"的"горы Аравитские"译名,但在别的版本上是"горы Араратские"。"阿拉伯半岛"的俄译名是"Аравийский полуостров";在俄语中,"阿拉伯人"有几种写法:"арабы"(现常用),"аравитяне"(旧称)和"аравийцы"(也指"阿拉伯半岛人")。旧形容词"Аравит-ский"可能由"аравит -янии"构成。

⑥ "瓦利亚格海"("море Варяжское"),又译为"瓦良格海",现称"波罗的海"("Балтийское море",口语为"Балтика")。

第五篇 Слово о Куликовской битве Софония рязанца (Задонщина) [отрывки]

Снидемся, братия и друзи и сынове рускии, составим слово к слову, возвѣселим Рускую землю и возвѣрзем печаль на восточную страну в Симов жребий и воздадим поганому Мамаю побѣду, а великому князю Дмитрею Ивановичю похвалу и брату его князю Владимеру Андрѣевичу и рцем таково слово.

…

Похвалим пѣсньми и гусленымн буйными словесы и сего великого князя Дмитреа Ивановича и брата его князя Владимера Ондрѣевича, правнука тѣхъ князей, занеже было мужство их и желание за землю Рускую и за вѣру крестьянскую. Сий бо князь великый Дмитрей Ивановичь и брат его князь Владимер Ондрѣевичь, истезавше умъ свой крѣпостию и поостриша сердца своя мужством и наполнишася ратнаго духа и уставиша себе храбрыа полькы в Руськой земли и помянута прадѣда своего князя Владимера киевьскаго.

О жаворонокъ птица, красных дней утѣха, возлети под синии небеса, посмотри к силному граду Москве, воспой славу великому князю Дмитрею Ивановичу и брату его князю Владимеру Ондрѣсвичю …

Кони ръжут на Москвѣ, звенит слава по всей земли Руской. Трубы трубят на Коломнѣ, в бубны бьют в Серпоховѣ, стоят стязи у Дону у великого на брези. Звонят колоколы вечныа в великом Новегороде …

…

Уже бо яко орлы слетѣшася со всея полунощныя страны. То ти не орли слетѣшася, съѣхалися вси князи руския к великому князю Дмитрею Ивановичу и брату его князю Владимеру Ондрѣевичю …

И рече имъ князь великый Дмитрей Иванович: «Братья и князи руския, гнѣздо есмя великого князя Владимера киевьскаго. Ни в обиди есмя были по рожению ни соколу, ни кречету, ни черному ворону, ни поганому Мамаю».

О соловей лѣтняя птица, что бы ты, соловей, выщекотал славу великому князю Дмитрею Ивановичю и брату его князю Влади меру Андрѣевичю …

…

Уже бо возвеяша силнии вѣтри с моря на усть Дону и Непра, прилѣлѣяша великиа тучи на Рускую землю, из них выступают кровавыя зори, и в них трепещутъ синие молнии. Быти стуку и грому велику на рѣчьки Непрядвѣ меж Дономъ и Непром, пасти трупу человѣчью на полѣ Куликовѣ, пролитися кровѣ на рѣчькы Неирядвѣ.

Уже бо въскрипѣли тслеги меж Дономъ и Непромъ, идут хинове в Рускую землю. И притекоша сѣрые волцы от усть Дону и Непра, ставъши воют на рѣцы на Мечи, хотят нлступати на Рускую землю. То ти было не сѣрые волцы, но прнидоша поганиии татарове, проити хотят воюючи всю Рускую землю.

Тогда гуси возгоготаша на рѣчькы на Мечи, лебеди крилы въсплескаша. То ти ни гуси возгоготаша, ни лебеди крилы въсплескаша, но поганый Мамай на Рускую землю пришел, вои своя привел ...

А уже соколы и кречати, белозерския ястребы рвахуся от златых колодец ис каменнаго града Москвы, возлетѣша под синии небеса, возгремѣша золочеными колоколы на быстром Дону, хотят ударити на многие стады гусиныя и на лебединыя, а богатыри руския удалцы хотят ударити на великия силы поганого царя Мамая. Тогда князь великый въетупи въ златое стремя, взем свой меч въ правую руку свою. Солнце ему ясно на въетоцы сияеть, путь повѣдает.

...

Уже бо те соколе и кречеты, белозерекыя ястреби борзо за Дон перелетѣли и ударилися о многие стада гусиные и лѣбѣдиные. То ти наѣхали рустии сынове на силную рать татарскую, ударишася копи харалужными о доспѣхы татарекыа, възгремѣли мечи булатныя о шеломы хиновския на полѣ Куликовѣ на рѣчки Непрядвѣ.

Черна земля под копыты, костьми татарскими поля насѣяны, а кровью полиано. Силнии полкы съступалися вмѣсто, протопташа холми и лугы, возмутишася рѣки и езера, кликнуло Диво в Руской земли, велит послушати рожнымъ землям, шибла слава к Желѣзнымъ вратомъ, к Риму и к Кафы по морю и к Торнаву, и оттоле к Царюграду на похвалу руским князем. Русь великая. одолѣша Мамая на полѣ Куликовѣ.

...

...

第二类文选——双语(古俄语—汉语)对照篇　339

第五篇　译文

梁赞人索封尼说库利科沃之战(顿河南岸之战)(自第一部分的片段)

梁赞人索封尼说库利科沃之战①(又名顿河南岸②之战)

罗斯的弟兄们,朋友们,子弟们,让我们聚集起来吧!让我们说的说,唱的唱!我们要让罗斯举国上下欢欣鼓舞,一片欢腾!我们要让鞑靼人的土地笼罩着愁云惨雾,一片凄凉!我们要宣告邪恶的马麦③汗已被打败,我们要颂扬德米特里·伊万诺维奇大公及其堂弟弗拉基米尔·安德烈耶维奇④公的显赫战功!下面我们就来说

---

①　我们所译的这个故事的"篇名"是依据苏联科学院通讯院士 В.П. Адрианова-Перетц 主编的"Воинские повести Древней Руси"(Изд. АН СССР, М.-Л.,1949),其中有由她本人精心补缀的本篇的古俄语本所用的"篇名""Слово о Куликовской битве Софония рязанца (Задонщина)"。这个古俄语文本是个"范本"。苏联 Гудзий 院士所编的《Хрестоматия по древней литературе XI-XII веков》(Учпедгиз, Москва, 1955,在本书中我们简称此"文选"为"Гудзий 本")中也用这个文本,但篇名只用"Задонщина"。我们的译文是根据 Адрианова-Перетц 的整理的这个文本,同时也参照"Гудзий"本的文字。必须指出,在我们这个"读本"中的译文只是该文本的前面几个片段,并缩略其中一些词语,因此是"节选节译",仅供阅读古文本时作局部参考。

②　我们俄语界前辈,也是我们的老师和同事,北京大学俄罗斯语言文学系魏荒弩教授,于 1957 年首先将"Задонщина"译为《顿河彼岸之战》(后来附在《伊戈尔远征记》中由人民文学出版社于 2000 年出版),此后国内俄苏文学界的出版物中多用此篇名。考虑到"彼岸"二字所指不明,我们暂用"南岸"代之(还有人用"左岸"),即使"南岸""左岸"也不清楚是指何处(顿河发源于俄国中部高原地带,全长一千多俄里,注入里海),是哪一"河段"的"南岸"(上游、中游或下游)仍不清楚。但"Куликово"这一地方位于 Дон 上游(今图拉州境内)南岸和顿河上游的一条主要支流 Непрядва 河的东岸所"围住"的地带。当时俄军是强渡此段顿河后与北上讨伐莫斯科公国的鞑靼军进行会战的。

③　马麦——本是蒙古鞑靼"金帐汗国"一位军队统领,又是"驸马";1379 年马麦自称为"汗",1380 年统率三十万大军北上讨伐莫斯科大公国等"藩属",与莫斯科大公德米特里·伊万诺维奇统率的全罗斯"联军"在顿河上游的库利科沃原野(顿河上游南岸,其主要支流涅普里亚得瓦河东岸和美恰河北岸之间的地带)会战。战败后南逃至克里米亚一带,不久被部属杀害。

④　弗拉基米尔·安德烈耶维奇是"谢尔普霍夫公"(князь Серпуховский),谢尔普霍夫城在莫斯科以南,位于奥卡河畔。

说这个故事。

让我们用歌声和奔放的古斯里琴声来赞扬我们的大公德米特里·伊万诺维奇和他的堂弟弗拉基米尔·安德烈耶维奇（他也是基辅大公圣弗拉基米尔的后裔），因为他们在保卫罗斯国土和基督教信仰的战斗中表现出英勇无畏的精神和赤诚热切的愿望。这位大公及其堂弟弗拉基米尔公性格坚毅，这砥砺了他们的智慧；他们的英勇无畏，磨炼了他们的内心；让他们充满了战斗豪情，在俄罗斯土地上训练出勇敢善战的队伍，他们俩总是缅怀自己的先祖基辅大公弗拉基米尔及其伟业。

啊，百灵鸟，你这个在美好日子里让人心旷神怡的鸟儿啊！请你飞上蓝天，俯瞰雄壮的莫斯科城，为德米特里·伊万诺维奇大公及其堂弟弗拉基米尔·安德列耶维奇公唱一首光荣的赞歌吧！……

战马在莫斯科河畔①嘶鸣，光荣赞歌在整个罗斯大地响起，号角在科洛姆纳②城楼吹响，战鼓在谢尔普霍夫城内擂响，竖立在大顿河陡岸上的战旗猎猎作响，诺夫哥罗德的卫彻③洪钟被敲得震天响……

似乎是雄鹰从罗斯的整个北方飞聚到一起，但飞聚来的不是鹰，而是所有的罗斯王公奔向德米特里·伊万诺维奇大公和他的堂弟弗拉基米尔·安德烈耶维奇公……

莫斯科大公德米特里对他们说："兄弟们，罗斯的王公们，我们是同祖同宗，都是基辅大公弗拉基米尔一世的后世子孙，我们生来就不受那些鼠辈们的欺负，当然也不受那邪恶的马麦汗的欺辱"。

啊，夜莺，你这南方的鸟啊，但愿你用美妙的歌喉啼啭，为德米特里·伊万诺维奇大公和他的兄弟们唱一首光荣的赞歌……

………

阵阵狂风从海上吹向顿河和第聂伯河的河口，滚滚乌云涌向罗斯大地；乌云

---

① Москва 有两个意思：г. Москва（莫斯科城）和 р. Москва（莫斯科河）（有时写成"Москва-река"）；前者用前置词 в，后者用前置词 на，本原文是"на Москве"。

② Коломна（科洛姆纳）位于莫斯科以南的奥卡（Ока）河畔。当年罗斯军队由莫斯科经过此城南下与马麦之军在库利沃原野会战。

③ 卫彻（Вече）——即市民会议，古罗斯某些北方城市（如 Новгород, Псков 等城）的一种最高权力机构，被当时当地人当作"独立自主""民主"的"象征"。"议事"时敲响卫彻之钟（вечевые колоколы，我们用的原文写成"колоколы вечныя"），这一"举措"后来被征服 Новгород 等北方城镇的伊万三世大公取消，那些"вечевые колоколы"也被搬到莫斯科放置在克里姆林宫内。

中透露出血红色的霞光，蓝色的闪电在乌云中时隐时现，顿河和第聂伯河之间的支流涅普利亚得瓦河①畔，一定会响起金属打击声和巨大雷声，库里科沃原野②上难免会尸横遍野，涅普利亚得瓦河等大小河流上难免会鲜血流淌。

顿河与第聂伯河之间，战车辚辚，战马萧萧，鞑靼大军正进入罗斯国境。一群群灰狼从顿河和第聂伯河的河口奔来，它们停下来朝美恰河③嚎叫。它们想攻入罗斯国土。但那不是一群群灰狼在奔驰，而是邪恶的鞑靼人在入侵，他们想用战火来烧遍罗斯全境。

当时，群雁朝着美恰河咯咯叫，天鹅拍打翅膀溅起水花。但那不是雁在鸣叫，也不是天鹅拍打翅膀溅起水花，而是邪恶的马麦率领自己的军队进入了罗斯国土……

一群群猎鹰，一群群猛隼，还有白湖④地区的鹞鹰，纷纷挣脱了将它们关住的金色栖架，冲出石头城⑤莫斯科，腾空飞起，直抵蓝天白云。它们敲响了河水奔腾的顿河上空镀金的大钟，而罗斯的勇士、壮士则要痛击邪恶的马麦汗的队伍。

就在此时，大公德米特里脚踏金镫，右手握着宝剑，明亮的太阳在东方照耀，给大公指引着道路。

就是这些猎鹰、猛隼和白湖地区的鹞鹰，迅疾地飞渡顿河，痛击那一群群的飞雁和天鹅。这是罗斯的子弟迎击强大的鞑靼军队，罗斯的健儿们在库里科沃原野上和涅普利亚得瓦河畔，用淬火冶炼的钢矛刺穿了鞑靼人的铠甲，用千锤锻造的宝剑砍向鞑靼人的头盔而铿铿作响。

马蹄践踏的泥土成了黑土，鞑靼人的尸首横倒竖歪在原野上，浸泡在血泊中。

---

① 涅普利亚得瓦河（Неприядва）——顿河上游右岸的一条主要支流，今流经俄联邦图拉州。

② 库利科沃原野——Куликово поле，我国也有人译为"库利科沃平原"。它位于顿河上游和顿河右岸两条支流——涅普利亚得瓦河和维霍特卡河——之间的地带。此地地势险要，周围沟壑纵横，树木茂密，有些地方不利于骑兵施展。此地有几个村落名叫Куликово 和 Куликова 等。

③ 美恰河 (река Меча) 当时也称为"река Красивая Меча"，顿河右岸支流，在库里科沃原野以南，今属图拉州。

④ 白湖（Белое озеро）——位于俄罗斯北方地区，此地名的形容词是белозёрский。《俄汉大词典》将其音译为"别洛耶湖"。

⑤ 石头城 (каменный город 或 град) 莫斯科——中世纪时期（十三四世纪及以后）罗斯各地一些城池用石头加固或重修城墙，故而称"石城"或"石头城"。因石头呈"青白色"，有时又称"白石城"。

在同一地区，双方的强大军队相遇了；在此之前，他们踏过了丘陵和草地，搅浑了河水、湖水和溪流。

在罗斯国内，一只怪状鸟①在高声啼叫，它在嘱咐那些遭受鞑靼之祸的地区和国家②聆听，颂扬罗斯王公们的光荣赞歌正飘向铁门③、罗马、卡法④，歌声正飘扬在大海上，飘向托尔纳夫⑤，然后又从此地飘向君士坦丁堡；在库利科沃原野上，伟大的罗斯人民战胜了敌酋马麦汗。

……

---

① "怪状鸟"的原文是диво（也写成дивъ）。某些俄国学者认为它是"妖精""敌视罗斯人民者"。我国著名俄罗斯文学史家魏荒弩先生在《顿河彼岸之战》和《伊戈尔远征记》两译本（合在同一书《伊戈尔远征记》中出版）中都将此词译成"枭妖"，并在"注解"中写道："据传说，这种鸟不吉祥，它预告灾难和不幸。这里警告敌视罗斯的那些国家"（第63页）；魏先生在《伊戈尔远征记》中的注解是"'枭妖'或'枭'（див）是什么还没有得到公认的解释；大多数学者认为'枭'是神话中物（有点像妖精或先知的鸟）……"（第36页）。我们认为，"妖精"和"先知"不可同日而语。此外，李锡胤教授在其译本《伊戈尔出征记》中，把"дивъ"译为"妖枭"（第49页）。俄国十九世纪著名学者И.И.Срезневский所编纂的"Материалы для словаря древнерусского языка"（т.1,с.664）的解释是："Дивъ—чудо, диво…"；"дивъ—gryphus"，同时用"Слово о полку Игореве"中的例句。我们认为，gryphus可能是拉丁语词，它与英语词griffin可能同源，英语词典对此词的解释是："griffin 1.<希腊神话>鹫头飞狮；（大写）the Griffin伦敦鹫头飞狮纪念碑"（《英华大词典》，第663页）。我们据此将其译为"怪状鸟"，至于它是"妖（鸟）"还是"神（鸟）"，且由读者判断。

② 与上一"注"有关的一句是(дивъ) велел послушати рожнымъ землямъ。魏先生认为，"这里是警告敌视罗斯的那些国家"，"好让各地都能听清……"（第55页）。动词"велеть"的意义是"吩咐，命令；托咐，请求；允许，准许"（《大俄汉词典》，第162页）。我们认为，实际上，该鸟叫声是在叮嘱或提醒那些"рожные земли"聆听（罗斯人民的凯歌）。问题在"рожные"这个词上：什么意思？是"敌视罗斯的那些国家"还是"遭受鞑靼兵祸及受其威胁的地区和国家"？俄语词典上未见到此词。Адрианова-Перетц认为此词可能是"Грозный"的一个"变体"（вариант）。而грозный是个多义词，主要是"威严的，严厉的，严酷的；可怕的；残酷的"等等。我们将其引申为"遭受灾难的""遭受兵燹之祸的"等。这里也就可能指"遭受鞑靼兵祸及受其威胁的地区和国家"。

③ 铁门——地名，现名"杰尔宾特"（Дербент），位于里海西岸；当年鞑靼人称此城为捍卫外高加索的大门（铁门）。

④ 卡法（Кафа）——旧名"费奥多西亚"（Феодосия），十四世纪时属热那亚人（意大利居民），是他们的"殖民地"。

⑤ 托尔纳夫（Торнав），后又称"蒂尔诺夫"（Тырнов），原为保加利亚王国都城，1393年被土耳其人攻占。

第六篇　Въ Индѣйской земли (Из «Хожденія за три моря Афанасия Никитина») [отрывки]

И тутъ есть Индѣйская страна, п люди ходятъ нагы всѣ, а голова не покрыта, а груди голы, а волосы в одну косу плетены, а всѣ ходятъ брюхаты, дѣти родятъ на всякый годъ, а дѣтей у нихъ много, а мужи и жены всѣ черны; язъ хожу куды, ино за мною людей много; дивятся бѣлому человеку. А князь ихъ— фота на головѣ, а другаа на бедрахъ; а бояре у них ходятъ—фота на плещѣ, а другыя на бедрахъ; а княгыни ходятъ—фота на плечемъ обогнута, а другаа на бедрахъ; а слугы княжія и боярьскыя — фота на бедрахъ обогнула, да щитъ да мечъ в рукахъ, а иныя с сулицами, а нны с ножи, а иныя о саблями, а иныя с лукы и стрѣламн, а всѣ нагы, да босы, да болкаты, а жонки ходятъ голова не покрыта, а груди голы; а паропкы да дѣвочкы ходятъ нагы до 7 лѣтъ, а соромъ не покрытъ...

Ханъ же ездить на людехъ, а слоновъ у него и коний много добрыхъ, а людей у него много хорозанцевъ, а привозятъ нх изъ хоросаньскыя земли, а иныя из туркменьскыя земли...

Во Индѣйской жо земликони ся у нихъ не родятъ; въ ихъ земли родятся волы да буволы, на тѣхъ же ѣздять и товаръ иное возять, все дѣлають...

......Во Индѣйской земли княжатъ все хоросанци, и бояре все хоросанци; а гундустанци все пѣшиходы, а ходятъ борзо, а все нагы да босы, да щитъ в руцѣ,- а въ другой мечъ, а иныя слугы с великими с прямыми лукы да стрѣлами. А бой ихъ все слоны, да пѣшихъ пускають напередъ, хоросанци на конехъ да в доспѣсехъ, и кони и сами; а.къ слономъ вяжутъ к рылу да к зубомъ великія мечи по кендарю① кованы,

...

Есть въ томъ Аляндѣ и птица гукукъ, летаетъ ночи, а кличетъ гукукъ, а на которой хороминѣ сѣдить, то тутъ человѣкъ умреть, а къто ея хочеть убити, ино у

---

① кендарь, 重量单位, 约等于 2.5 普特。мечи по кендарю——（平均每支）重一肯塔里的长柄剑。

нея изо рта огнь выйдеть.

А мамонъ ходятъ ночи да имають куры, а живуть въ горѣ или в камевъе.

А обезьянъ то тѣ живуть по лесу, да у нихъ есть князь обезьяньскый, да ходить ратпю своею, да кто ихъ заымаеть, и они ся жалують князю своему, п онъ посылаеть на того свою рать, и они прпшедъ на градъ, и дворы разволяють и людей побъють...

И язъ грѣшный привезлъ жеребьца в Ындѣйскую землю, дошелъ есмн до Чюнеря богъ далъ поздорову все, а сталъ ми сто рублевъ...

...А въ томъ Чюнерѣ ханъ у меня взялъ жерепца, а увѣдалъ, что язъ не бесерменинъ, русинъ, и онъ молвитъ: «и жерецца дамъ да тысячю золотыхъ дамъ, а стань в вѣру нашу въ Махметъ дени⁵; а не станешь въ вѣру нашу въ Махметъ дени, и жерепца возму в тысячю золотыхъ на главѣ твоей возму»; а срокъ учинилъ на 4 дни, въ госпожино говѣйно на Спасовъ день. И господь богъ смиловася на свой честный праздникъ, не отстави отъ меня милости своея грѣшнаго и не повелѣ погибнути въ Чюнерѣ с нечестивымі: и канунъ Спасова дни приѣхалъ хозяйочи Махметъ хоросанець, билъ есми челомъ ему, чтобы ся о мнѣ печаловалъ, и онъ ѣздилъ к хану в городъ да мене отпросилъ, чтобы мя в вѣру не поставили, да и жерепца моего у него взялъ. Таково господарево чюдо на Спасовъ день Ино, братья русьстіи христіяме, кто хочет поити въ Ындѣйскую землю, и ты остави вѣру свою на Руси, да въсликнувъ Махмета да поиди в Гундустаньскую землю.

第六篇 译文

在印度国土①上（选自《阿法纳西·尼基京三海游记》）［片段］

这里就是印度的国土了。当地的老百姓都赤着脚，光着头，上身赤裸，头发编成一条辫子；妇女们都挺着个大肚子（怀孕了），每年都生孩子。她们的孩子很多。男男女女都赤身裸体，皮肤黝黑。我无论走到哪里，身后总跟着许多人，他们对我这个白人深感惊奇。

他们的王公头上裹着一块包头布，另一块布系在腰间将下身遮住；但贵族出行，则将包布披在肩上，另一块布围着下身；王公夫人们出门，也将包布斜披在肩上，另一块布用来缠绕大腿下身。王公的仆役随从，只在大腿臀部用一块布围着，他们中一些人全都裸着上身，赤着脚，皮肤呈黑色，他们中一些人手执盾牌和剑，另一些人拿着短标枪，还有人挑着担子，有人扛着大马刀，也有人拿着弓和箭；妇女没有包头，上身露着；男孩女孩在七岁前全身上下一丝不挂。

王（汗）②爷出巡有人抬着，他有许多大象和良马，他的许多佣人是呼罗珊人，来自呼罗珊国③，也有来自土库曼国的。

印度不产马，但产犍牛和水牛。这些牛有的驮人，有的运货，什么都干。④

---

① 关于 Афанасий Никитин 的"三海游记"，可参阅本书"第一类文选"的第九篇。此外，我们对此再作点补充。А. Никитин 于1466年离开俄罗斯 Тверь 城至1472年动身回国，历时六年，历经的"三海"是（现代名称）：里海、地中海和黑海，他居留的地方主要是"波斯"（今伊朗）和印度次大陆的一些城市。Никитин 在其"游记"中对当时的"印度"用了不同的名称［如：Индия, Индея, Индустан, Гундустан（按波斯人叫法）等］，其中一些城市可能（1947年"印巴分治"后）属于今巴基斯坦。尼基京到达印度的时间正好是突厥人在印度半岛（本文中用"Индейская земля"）中南部由伊斯兰王朝——史书上称"巴赫马尼王朝"（1347—1526年）——统治期间，因此他的"记载"中一些名词、称谓等词语多与伊斯兰教和鞑靼突厥语有关。

② 原文中用 Хан（汗），本是蒙古鞑靼人的统治者的称号，后来所有突厥人都称他们的统治者为"汗"。在这里我们按意译为"王爷"。

③ 呼罗珊国（Хоросан, Хоросанская земля）是当时波斯（今伊朗）的东北地区一个国家。在阿富汗也有许多呼罗珊人，他们随同突厥鞑靼人对印度的入侵而进入印度南北各地。

④ 在印度，因历史上不同时期占主导地位的宗教信仰——佛教、印度教、伊斯兰教等——不同（此外，印度次大陆不同地域可能有各自不同的宗教信仰占主导地位），而对家畜（如对黄牛、水牛）的态度也不同。这里说的牛"什么都干"显然是在伊斯兰教在印度统治时期。在佛教等印度传统宗教时期，黄牛被当做"圣物"看待。

在印度国内，当王公的全是呼罗珊人，大贵族也是呼罗珊人，而那些当兵的都是印度本土人；骑着高头大马的呼罗珊人走在步行的士兵前面。但他们全都赤着身，光着脚，有人手执盾牌，有人手拿长剑，还有仆从拿着大弓箭。

他们打仗时依靠大象，让步兵走在前面，呼罗珊人骑着马，身穿铠甲，马匹也用铠甲护身。大象的象鼻和象牙上绑着长柄剑……

……

当地有一种叫咕咕的鸟①，每到夜晚就飞出来，发出咕咕的叫声。如果它停在哪家的房顶上，那这家必定死人，如果谁想打死这种鸟，那它会从嘴里喷出火来。

夜晚，各种蛇会爬出来，它们偷食家禽。平时它们潜伏在山上或者石头缝隙中。

猴子住在树林里，它们有一个猴王，此猴王经常率领猴群去打仗。如果有人惹了它们，它们会向猴王告状。于是猴王便兴师动众攻击此人。有时猴群涌入城内，折腾民居，骚扰居民，让人不得安宁。

印度人不吃肉——不管是小牛肉、羊肉，也不管是鸡肉、鱼肉还是猪肉。那里的猪真多，人们白天吃两顿，夜晚不进餐。他们不喝酒，也不过饱。他们不与穆斯林同饮共餐。

当地居民如有亲人去世，则把死者尸体烧了，然后将骨灰撒入水中。

如果妇女要生孩子，则由丈夫来接生。生了儿子，由父亲取名，生的是女儿；由母亲取名。

……

我这个有罪的人②带了一匹公马来印度，多蒙上帝庇佑我一路顺风抵达楚涅尔③，这匹马我是花了一百卢布才弄到的。

就在楚涅尔城，该地王爷派人强行牵走了我的马，王爷知道我不是穆斯林，是罗斯人。他对我说：“如果你改信我们的教——穆罕默德的教④，我就将马还给你，另外还给你一千金币；如果你不皈依我们的宗教，我就没收你的马，还要罚你一千金币。我给你四天期限，到救主节⑤……"

---

① 在我国这种鸟称"猫头鹰"，俗称"夜猫子"，民间常言"夜猫子进宅准没好事"。

② 东正教徒无论是祈祷还是写什么文书（如"传记"之类），总是自称为"有罪的人"（грешный）等，这可能与基督教的"原罪说"教义有关。

③ 楚涅尔（译音），位于孟买以东的一座古城。俄语有几个"写法"：Чюнерь, Жуннар 和 Джунейр 等。

④ 穆罕默德教——突厥人用的名称（俄语为 Мухаммедд），通常称"伊斯兰教"（Ислам）。

⑤ 救主节——俄国东正教与纪念耶稣基督有关的三个节日（俄历 8 月 1 日、6 日、16 日），有的书上认为是 8 月 19 日。

我主上帝在这个节日大发慈悲,他对我这个有罪的人特别慈悲为怀,没有让我在这个城里同那些有罪孽的人一起丧命:因为就在救主节前夕,一位叫穆罕默德的有身份的呼罗珊人来我住处,我恳求他去王爷那里为我求情。然后他进城去见王爷,请王爷在放我离开此地之前不必要我改信伊斯兰教,还把马还给我。

这是我主上帝在救主节这天的一次显灵!

但是,信奉基督教的罗斯兄弟们,你们中如果有人想来印度的话,那你就要把自己的宗教信仰留在罗斯,然后高呼穆罕默德才踏上印度斯坦的土地[①]!

……

---

① 这里的俄语原文是"Гундустаньская земля",我们按通用的名称"印度斯坦的土地"译出,实际上就是本文"篇名"("Индейская земля")的另一名称。

第七篇 Краткое отвещение князя Андрея Курбского на епистолию великого князя Ивана Васильевича

Широковещательное в многошумящее твое писание приях, вразумех и позвах, иже от неукротимого гнева с ядовитыми словесы отрыгано, еж не токмо цареви, так великому и во вселенней славимому, но и простому, убогому воину сие не достойно, а наипаче так ото многих священных словес хватано, и те со многою яростию и лютостию, ни строками, а ни стихами, яко обычей искусным и ученым, аще о чем случится кому будет писати, в <u>кратких словесех мног разум замыкающе</u>; но зело паче меры преизлишно и звягливо, целыми книгами, и паремьями целыми, и посланьми! Туто же о постелях, о телогреях, и иные безчисленые, вонстинну, яко бы неистовых баб басни; и так варварско, яко не токмо ученым и искусным мужем, но и простым н детем со удивлением и смехом, наипаче же в чюжую землю, идеже некоторые человецы обретаются, не токмо в граматических и риторских, но и в диалектических и философских учениих [искусные].

Но еще к тому, и ко мне человеку смирившемуся уже до зела, во странстве, много оскорбленному и без правды вягнанному, аще л многогрешному, но очи сердечные и язык не неученный имущу, так претительне и книгошумящне, прежде суда божия, претити и грозити! И вместо утешения, в скорбех мнозех бывшему, аки забыв и отступивши пророка — не оскорбляй, рече, мужа в беде его, довольно бо таковому, — яко твое величество меня неповинаго в странстве таковыми, во утешения место, посещаешь. Да будет о сем бог тебе судьею. И сице грызти кусательне за очи неповинного мя мужа, ото юности некогда бывшаго верного слугу твоего! Не верую, иже бы сие было богу угодно.

И уже не разумею, ни чего уже у нас хощеши. Уже не токмо единопленянных княжат, влекомых от роду великого Владвимера, различными смертьми поморил еси, и движимые стяжания и недвижимые, чего еще был дед твой н отец не разграбил, во и последних срачиц, могу рещи со дерзновением, по евангельскому словеси, твоему прегордому и царскому величеству не возброняхом. А хотех на коеждо слово твое отписати, царю, и мог бы избрание, понеже, за благодати Христа моего, в язык маю отеческий, по силе моей наказан аще уже и во староста моей зде приучихся сему; но удержах руку со тростию, сего ради, яко и в прежнем посланию своем написах ти, — возлагаючи все сие на божий суд; и умыслах а лучше рассудпх зде в молчанию пребыти, а тамо глаголати, пред маестатом—Христа моего со дерзновением, вкупе со всеми избиенныма и с гонимыми от тебя, яко и Соломон рече: «тогда, рече, станут праведнии пред лидем мучащих», — тогда, егда Христос приидет судити, и возглаголют со многим дерзновением со мучащими или обидящими их, идеже, яко и сам веси, не будет лицаприятия на суде оном, но кождому человеку правость сердечная и лукавство изъявляемо будет; вместо же свидетелей, самого каждаго свойственно совести вопиюще и свидетельствующс. А к тому еще н то, иже не достоит мужем рыцерским сваритися, аки рабом, паче же и зело срамно самым храстиавом отрыгати глаголы изо уст нечистые и кусательные, яко многажды рех и прежде. Лучше умыслах возложити упованпе мое на всемогущаго бога, в триех лицех славимого и поклоняемого, ибо он есть свидетель на мою душу, иже не чую ся пред тобою винна ни в чесом же. А сего ради пождем мало, понежн верую, иже близ, на самом праге преддверия надежды нашея христианския, господа бога и спаса нашего Исуса Христа пришествие. Аминь.

第七篇 译文

安德烈·库尔勃斯基公爵给伊凡·瓦西里耶维奇大公①的简短回信②

我收到了你的来信——一封自吹自擂、充满鼓噪喧嚣的来信。我看出了，而且也明白了，来信中使用的恶毒语言是由于不可抑制的狂怒而发泄出来的。写出这

---

① 安德烈·库尔勃斯基公爵同伊凡·瓦西里耶维奇（伊凡四世）的通信是在 1563/1564 年和 1577/1579 年之间，一共五封长短不一的书信，其中公爵写有三封，沙皇写有两封：而"万言书信"是伊凡雷帝对流亡国外的安得烈公爵"第一封信"所作的"复信"；而"简短回信"〈即本译文〉是公爵对沙皇伊凡四世这封洋洋洒洒的"万言"信函所作的答复。——译者

② 同上。

种信不仅与沙皇的身份不相称,而且也与大人物、享誉天下的名人的身份不相称,甚至连做一个普普通通、平平常常的军人也不配。尤其是,来信中充斥着引经据典的摘抄,而那些引用之言同样充满着暴怒和仇恨,既不是歌词,也不是诗句。正如平常所见,擅长写作的人和满腹经纶的人——如果他们中有人偶有机会写点什么——总是言简意赅,三言两语便才华横溢。但是,那些摘引摘录整本整本的经书、大段大段的箴言、一封一封的使徒书信①,毕竟是太多了,做得过分了!

在来信中,时而谈什么被子褥子的事,时而谈什么女服女装的事;有时是连篇累牍,喋喋不休,真像发疯的村妇絮叨起来没完没了。

你的这封来信,行文用语十分粗野,这不仅在语法和修辞方面,而且也在辩证法和哲学知识方面。不仅有学问、有文才的人,而且就连那些平民百姓、少年儿童,在读到了你这封信时,都会惊愕不已,忍俊不禁;更何况还把这样的信寄往异国他乡,而客居那里的人都是学识渊博、阅历丰富的人。

但是,更有甚者,来信是给我这样一个安分守己的人,一个受尽屈辱被逐出国外的人,而且还是被不可告人地放逐国外的人(如果我真是有什么罪过的话)。但是,好在我还有一双洞悉心灵的眼睛和一个善于言辞的舌头。

这封来信如此杀气腾腾,威逼恐吓,如此声嘶力竭,喧嚣鼓噪,恐怕在世界末日之前会一直如此恫吓下去。你对像我这样一个多难的人不是宽慰;你忘记了,背离了先知所言。先知说,不要侮辱身处灾难中的人,这种人受的苦难、遭的灾祸,已经够多够受的了,对于像我这样一个流浪异乡的人,一个无辜受难的人,陛下你本来是要给以宽慰和慰问的,但愿此事让上帝来给你审断。背着我,一个无辜受害的自由人,一位从青少年时代起就一直忠诚于你的人,竟然使出如此阴险毒辣的一着。我不相信,上帝对这种做法会感到满意。

我至今还不明白,你还要从我们身上弄到什么。你曾使用各种不同的处决手段,把出自弗拉基米尔大公家族的同宗同族的王公们加以杀害;全国的动产和不动产,直至最后几件内衣,都被你的祖父和父亲②拿走了。

我只能斗胆说一句,用福音书上的话说,对傲视万物的沙皇陛下的所作所为,

---

① 苏联科学院 Гудзий 院士在选编中对此作了注解:"在伊凡四世这封洋洋洒洒的长信中,确实从《圣经》各卷中大量摘引词句,但在某些取自《圣经》的片断中却漏掉了该摘的引文。"(第 297 页)

② 伊凡四世的祖父是伊凡·瓦西里耶维奇三世,当大公时间是 1462—1505 年;伊凡四世的父亲是瓦西里·伊万诺维奇三世,当大公时间是 1505—1533 年。

我们无能为力，限制不了，也制止不了，我本想对你来信的每个词每句话在回信中给陛下你一一作答，但我只能有选择地回答一二。因为，蒙我救主耶稣基督的恩典，我拥有祖国的语言，而且还在尽力学好它，即使老年身处异域我也习惯于使用它；然而，我靠着拿拐杖的手，就像上次给你的信①一样写了这封短笺。我已把一切交付给上帝的末日审判。我已经想好，而且在此作出决定——保持沉默；如果要说话，那就在我救主基督的宝座面前大胆地说，同所有被你打杀和迫害驱逐的人一起来说。

正如所罗门所说："（他说）到时正义的人会来到受难者面前"，也就是说，到时耶稣基督会复临人世进行审判，人们将勇敢无畏地同折磨他们的人或者侮辱他们的人一起大声地宣告：到时在那个审判中不会有徇情枉法，每个人都将本相毕露，或为人正直，或为人狡诈；到时不用证人证物，每个人自己的良心就会大声疾呼并证明一切；此外，到时，那些抱打不平的人也不值得像个奴仆一样吵吵闹闹；何况从嘴里吐出的话不干不净、尖酸刻薄，这对于基督徒本人来说，简直就太丢人现眼了！

正如我以往多次说过的，我心想最好还是把我自己的愿望寄托在万能的我主上帝身上。我主上帝以三位一体而为世人赞美和崇拜，因为上帝见证我的心灵。我深刻感到，我的心在你面前坦坦荡荡。因此，让我们稍候时日，因为我相信，我们的上帝和救世主耶稣基督复临人世已为时不远了，他已经来到我们基督徒的希望大门前的门槛上了！阿们！

---

① 此处指安得烈·库尔勃斯基公爵于1563年从国外（立陶宛）写给伊凡四世沙皇的第一封信。

第八篇 Ссылка в Сибирь [Из «Жития протопопа Аввакума, им самим написанного» (1672—1673 гг.)]

Таже послали меня в Сибирь с женою и детми. И колико дорогою нужды бысть, тово всево много говорить, разве малая часть помянуть. Протопопица младенца родила; болную в телеге и повезли до Тоболска; три тысящи верст недель с тринатцеть волокли телегами и водою и сани половину пути.

Архиепископ в Тоболске к месту устроил меня. Тут у церкви великия беды постигоша меня; в полтора годы пять слов государевых сказывали на меня, и един некто, архиепископля двора дьяк Иван Струна, тот и душею моею потряс. Съехал архиепископ к Москве, а он без ново, дьявольским научением, напал на меня: церкви моея дьяка Антония мучить напрасно захотел. Он же Антон утече у него и прибежал во церковь ко мне. Той же Струна Иван собрался с людьми, во ин день приде ко иве в церковь, — а я вечерню пою, — и вскочил в церковь, ухватил Антона на крылосе за бороду. А я в то время двери церковныя затворил и замкнул и никого не пустил, — один он Струна в церкве вертится, что бес. И я, покиня вечерню, с Антоном посадил ево среди церкви на полу и за церковный мятеж постегал ево ремнем нарочито-таки; а прочий, человек з двадцеть, всеи побегоша, гоними духом святым. И покаяние от Струны приняв, паки отпустил его к себе. Сродницы же Струнины, попы и чернцы, весь возмутили град, да како меня погубят. И в полунощи привезли сани ко двору моему, ломилися в ызбу, хотя меня взять и в воду свести. И божиим страхом отгнани быша и побегоша вспять. Мучился я с месяц, от них бегаючи втай; иное в церкве начую, иное к воеводе уйду, а иное в тюрму просился, — ино не пустят. Провожал меня много Матфей Ломков, иже и Митрофан именуем в червцах, — опосля на Москве у Павла мирополита ризничим был, в соборной церкви в дьяконом Афопасьеи меня стриг; тогда добр был, а ныне дьявол ево поглотил. Потом приехал архиепископ с Москвы и правильною виною ево, Струну, на чепь посадил за сие: некий человек з дочерью кровосмешение сотворил, а он, Струна, полтину взяв и, не наказав мужика, отпустил. И владыко ево сковать приказал и мое дело тут же помянул...

Посем указ пришел: велено меня из Тобольска на Лену вести за сие, что браню от писания и укоряю ересь Никонову...

Таже сел опять на корабль свой, еже и показан ми, что выше сего рекох, — поехал на Лену. А как приехал в Енисейской, другой указ пришел: велено в Дауры вести — дватцеть тысящ и боллш будет от Москвы. И отдали меня Афонасью Пашкову в полк, — людей с ним было 600 человек; и грех ради моих суров человек: беспрестанпо людей жжет, и мучит, и бьет. И я ево много уговаривал, да и сам в руки попал. А с Москвы от Никопа приказано ему мучить меня.

Егда поехали из Енисейска, как будем в большой Тунгуске реке, в воду загрузило бурею дощенник мой совсем: валился среди реки полон воды, и парус изорвало, — одны полубы над водою, а то все в воду ушло. Жепа моя на полубы из воды робят кое-как вытаскала, простоволоса ходя. А я, на небо глядя, кричю: «господи, спаси! господи, помози!» И божиею волею прибило к берегу нас. Много о том говорить! На другом дощеннике двух человек сорвало, и утонули в воде. Посем, оправяся на берегу, и опять поехали вперед.

Егда пріехали на Шаманъской порогъ, на встрѣчю приплыли люди иные к намъ, а с ними двѣ вдовы,— одна лѣтъ в 60, а другая и болши: пловутъ пострищись в монастырь. А онъ, Пашковъ, сталъ ихъ ворочать и хочетъ замужъ отдать. И я ему сталъ говорить: «по правиламъ не подобаетъ таковыхъ замужъ давать». И чемъ бы ему, послушавъ меня, и вдовъ отпустить, а онъ вздумалъ мучить меня, осердясь. На другомъ, Долгомъ, пороге сталъ меня из дощеника выбивать: «для-де тебя дощеникъ худо идетъ; еретикъ-де ты! подиде по горамъ, а с казаками не ходи!» О, горе стало! Горы высокія, дебри непроходимыя; утесь каменной, яко стена стоитъ, и поглядѣть—заломя голову. В горахъ тѣхъ обрѣтаются змеи великіе; в нихъ же витаютъ гуси и утицы—періе красное, вороны черные, а гальки сѣрые; в тѣхъ же горахъ орлы и соколы, и кречаты, и курята инъдейскіе, и бабы, и лебеди, и иные дикіе,—многое множество,— птицы разные. На тѣхъ же горахъ гуляютъ звѣри многие,ч дикие: козы и олени, и зубри, и лоси, и кабаны, волъки, бараны дикіе,— во очію нашу, а взять нельзя! На тѣ горы выбивалъ меня Пашковъ, со звѣрми и со зміями, и со птицами витать. И азъ ему малое писанейце написалъ, сице начало: «Человѣче! убойся бога, сѣдящаго на херувимѣхъ и призирающаго въ безны, его же трепещутъ небесныя силы и вся тварь со человѣки, единъ ты презираешь и неудобьство показуешъ», и прочая; тамъ многонько |писано; и послалъ к нему. А се бегутъ человѣкъ с пятдесятъ: взяли мой дощеникъ и помчали к нему,— версты три от него стоялъ. Я казакамъ каши наварилъ, да кормлю ихъ; и онѣ бедные и едятъ и дрожатъ, а иные глядя плачютъ на меня, жалѣютъ по мнѣ. Привели дощеникъ; взяли меня палачи, привели перед него. Онъ со шпагою стоитъ и дрожитъ; началъ мнѣ говорить: «попъ ли ты, или роспопъ»? И азъ отвѣщалъ: «азъ есмь Аввакумъ протопопъ; говори: что тебѣ дѣло до меня»? Онъ же рыкнулъ, яко дивій звѣрь, и ударилъ меня по щоке, таже по другой, и паки в голову, и збилъ меня съ ногъ и, чеканъ ухватя, лежачева по спинѣ ударилъ трижды и, разболокши, по той же спинѣ семьдесятъ два удара кнутомъ. А я говорю: «господи, Iсусе Христе, сыне божій, помогай мнѣ»! Да то-жъ, да то-жъ безпрестанно говорю. Такъ горко ему, что не говорю: «пощади»! Ко всякому удару молитву говорилъ да осреди побой вскричалъ я к нему: «полно бить-тово»! Такъ онъ велѣлъ перестать. И я промолылъ ему: «за что ты меня бьешь? вѣдаешь ли»? И онъ паки велѣлъ бить по бокамъ, и отпустили. Я задрожалъ, да и упалъ. И онъ велѣлъ меня въ казенной дощеникъ оттащить: сковали руки и ноги, и на беть кинули. Осень была, дождь на меня шелъ, всю нощь подъ капелію лежалъ. Какъ били, такъ не болно было с молитвою тою; а, лежа, на умъ взбрело: «за что ты, сыне божій, попустилъ меня ему таково болно убить тому? Я вѣть за вдовы твои сталъ! Кто дастъ судію между мною и тобою? Когда воровалъ, и ты меня такъ не оскорблялъ; а нынѣ не вѣмъ, чтб согрѣшилъ»!

Посемъ привезли в Брацкой острогъ, и в тюрму кинули, соломки дали. И сидѣлъ до Филипова поста в студеной башне; тамъ зима в тѣ поры живетъ, да богъ грѣлъ и без платья! Что собачка в соломке лежу: коли накормятъ, коли нѣтъ. Мышей много было, я ихъ скуфьею билъ,— и батошка не дадутъ дурачки! Все на брюхе лежалъ: спина гнила. Блохъ да вшей было много. Хотѣлъ на Пашкова кричать: «прости»! да сила божія возбранила, — велено терпѣть. Перевелъ меня в теплую избу, и я тутъ с аманатами и с собаками жилъ скованъ зиму всю. А жена з дѣтый верстъ з дватцеть была сослана от меня. Баба ея Ксенья мучила зиму ту всю, — лаяла да укоряла. Сынъ Иванъ,— невеликъ былъ,—прибрѣлъ ко мнѣ побывать послѣ Христова Рождества, и Пашковъ велѣлъ кинуть в студеную тюрму, гдѣ я сидѣлъ: начевалъ милой и замерзъ было тутъ. И наутро опять велѣлъ к матери протолкать. Я ево и не видалъ. Приволокся к матери,— руки и ноги ознобилъ.

Потом доехали до Иргеня озера: волок тут, — стали зимою ' волочитца. Моих работников отнял, а иным у меня нанятца не велит. А дети маленки были, едоков много, а работать некому: один бедной горемыка-протопоп нарту зделал и зиму всю волочился за волок. Весною на плотах по Ингоде реке поплыли на низ. Четвертое лето от Тобольска плаванию моему. Лес гнали хоромной и городовой. Стало нечева есть: люди учали с голоду мереть и от работныя водяныя бродни. Река мелкая, плоты тяжелые, Приставы немилостивые, падки большие, батори суковатые, кнуты острые, пытки жестокие, — огонь да встряска, — люди голодные: лишо станут мучить — ано и умрет! Ох, времени тому! Не знаю, как ум у него отступился. У протопопицы моей однарятка московская была, не згнила, — по-русскому рублев в полтретьятцеть и болши по тамошнему: дал нам четыре мешка ржи за нея, и мы годдругой тянулися, на Нерче реке живучи, с травою перебиваючися. Все люди з голоду поморил, никуда не отпускал промышлять, — осталось небольшое место; по степям скитающеся и по полям, траву и корение копали, а мы — с ними же; а зимою — сосну; а иное кобылятины бог даст, и кости находили от волков пораженных зверей, и что волк не доест, мы то доедим. А иные и самых озяблых ели волков и лисиц, и чтб получит, — всякую скверну. Кобыла жеребенка родит, а голодные втай и жеребенка и место скверное кобылье съедят. А Пашков, сведав, и кнутом до смерти забьет. И кобыла умерла, — все извод взял, понеже не почину жеребенка тово вытащили из нея: лишо голову появил, а оне и выдернули, да и почали кровь скверную есть. Ох, времени тому! И у меня два сына маленьких умрли в нуждах тех, а с прочими, скитающеся по горам и по острому жамению наги и боси, травою и корением перебиваю- щеся, кое-как мучилися. И сам я, грешной, волею и неволею причастен кобыльим и мертвечьим звериным и птичьим мясам. Увы грешной душе! Кто даст главе моей воду и источник слез, да же оплачю бедную душу свою, юже зле погуби житейскими сластьми? Но помогала нам по Христе боляроня, воеводская сноха, Евдокея Кириловна, да женаево. Афовасьева, Фекла Симеоновна: оне нам от смерти голодной тайно давали отраду, беа ведома ево, — иногда пришлют кусок мясца, иногда колобок, иногда мучки и овсеца, колько сойдется, четверть пуда и гривенку-другую, а иногда н полпудика накопит и передаст, а иногда у коров корму из корыта нагвебет. Дочь моя, бедная горемыка. Огрофена, бродила втай к ней под окно. И горе, и смех! — иногда робенка погонят от окна без ведома бояроппна, а иногда и многонько притащит. Тогда невелика была, а ныне уж ей 27 годов, — девицею, бедная моя, на Мезени, с меншими сестрами перебиваяся кое-как, плачючя живут. А мать и братья в земле гакопаны сидят. Да што же делать? пускай горкие мучатся все ради Христа! Быть тому так за божнею помощию. На том положено, ино мучитца веры ради Христовы. Любил, протопоп, со славными знатца, люби же и терпеть, горемыка, до конца. Писано: «не начный блажен, но скончавый». Полно тово; на первое возвратимся...

第八篇　译文

流放到西伯利亚 [自《大司祭阿瓦库姆亲自写的传记》（1672—1673 年）]

不久，我同妻儿子女全家被送往西伯利亚。一路上受的苦难太多了，多得简直说不完，我只能记下一小部分。

我的妻子刚生完孩子，她的身子很虚，用大车拉到托波尔斯克；三千俄里的路足足走了 13 个星期，其中一半路程是乘船和坐雪橇。

托波尔斯克的修士大司祭把我安排到一个教堂里。在那个地方我也遭受了很大的苦难。在一年半的时间里，我被人告密，说我犯有五桩国事罪①。有一个人，名叫伊凡·斯特鲁纳，他是修士大司祭府邸的书记。此人使我的心灵受到极大的震撼。一天，修士大司祭去莫斯科了。这时，伊凡·斯特鲁纳在魔鬼的唆使下，对我无缘无故地拳打脚踢，他还想对我教堂的记事修士安托尼出其不意地大打出手。安东（即安托尼 — 注）从他那里逃了出来，跑回到我所在的教堂。而那个伊凡·斯特鲁纳集合了一群人，第二天来教堂找我，当时我正在唱晚祷曲。他一冲进教堂就在唱诗班的席位上一把揪住安东的胡子。这时我把教堂的大门关上，不让其他人进，

---

① 罗曼诺夫王朝的沙皇阿列克谢·米哈伊洛维奇统治时期，于 1649 年制定并施行一个包罗众多条款的《国民会议法典》（《Соборное уложение》），其中第一章（共 9 条）涉及"渎神"的治罪条款；第二章（共 22 条）涉及"国事罪"，包括"叛国""危害国家和王室"（以及对国王的人身攻击等）条款，如反对"国王的言行"罪（"Слово и дело государево"）；1682 年阿瓦库姆被沙皇费多尔·阿列克谢耶维奇下令处决，其中一条罪状是"恶毒毁谤皇室"罪（"Злая хула на царский дом"）。

这时斯特鲁纳只一个人，像只疯狗一样，在教堂里转来转去，就是出不去。我做完晚祷，同安东一起，把伊凡·斯特鲁纳按倒在教堂的地上，以扰乱教堂罪用皮带将他狠狠地抽了几下，其他人——伊凡带来的那二十来人，因受到圣灵的驱赶，全都逃之夭夭。后来我接受了斯特鲁纳的忏悔，放他回家；但是斯特鲁纳的亲友同事以及神甫和黑衣修士们，煽动全城的人起来，想方设法把我干掉。半夜里，几辆雪橇来到我住所门口。他们破门而入，想抓住我，然后把我拖到水边淹死。但上帝的威严把他们轰了出去，他们一个个抱头鼠窜。

我受了大约一个月的折磨，然后偷偷地从那里逃离开。我有时在教堂里住宿过夜，有时进城去见都抚，有时恳求让自己进监狱里待着——不过他们不让我进去，马特维·洛姆科夫（他当黑衣修士时名叫米特罗凡）陪我，陪了不少时间；后来他在莫斯科，在都主教保罗那里当过管圣器的修士，当年他在大教堂里同辅祭阿法纳西一起给我剃度。当时他为人忠厚老实，可是今天魔鬼却让他迷了心窍。过了些日子，大主教从莫斯科回来了。

当时发生了这样一件事：某人同自己女儿乱伦，伊凡·斯特鲁纳因收了该人半卢布银币，对他不加惩罚就放了。为了此事，大主教因斯特鲁纳罪证确凿而令人将他戴上手铐。大主教在将他铐起来时也提到了我的案子……

此后不久，来了一道命令：鉴于我责骂尼康在饬令中所写的东西和指责他为异端，命令将我从托波尔斯克押往勒拿河①……

于是我坐上了一条大船（在我看来，此船比我在前面曾说到过的那条船宽大得多）驶往勒拿河。我刚到达叶塞斯克②时，又来了一道命令：将我押往达乌里亚③，一个离莫斯科两万多俄里的地方，到达该地后把我送往阿法纳西·帕什科夫营。帕什科夫管辖着600来人。也是我罪有应得，碰上了他这个凶恶的人。此人以不停地用火烧、用鞭打等各种酷刑折磨人著称，过去我曾多次劝说过他，可是如今我自己却落在他的手上。尼康从莫斯科给他下命令，要他折磨我，虐待我。

我们离开叶尼塞斯克，不久就进入大通古斯河。一阵风暴将我们乘坐的平底帆船侧歪水中，让它灌满了河水，船帆也被风扯烂了。一块块甲板上的厚木板漂浮在水面上，其他所带什物全沉入水中。我的妻子连头巾也没戴，但她还是把几个孩子从水里拉上了甲板。我只能仰望苍天，大声疾呼："主啊，救救我们！主啊，帮

---

① 勒拿河（Лена）在东西伯利亚。
② 叶尼塞斯克（Енисейск）在西伯利亚中部的叶尼塞河畔。
③ 达乌里亚（Даурия）在当年中蒙边境一带，居住着达斡尔族人。

帮我们！"谢天谢地，我们被水冲到岸边。在另一条带帆的平底船上，有两个人被大风刮入河中，淹死了。稍后不久，我们上了岸，休息了一会儿，又接着往前赶路。

当我们到达萨曼河滩时，有些人坐着船朝我们而来。同他们一起的有两位单身妇女，一位年约60，另一位稍大些。可是那个帕什科夫竟然打这两个女人的主意——把她们嫁人。我就对他说："按照教规不应当把这样的妇女嫁人的"。我原以为他听我话要把这两位老妪放了，可是他却大为恼火，而且生出一个折磨我的念头。

在到达另一个名叫"长滩"的石滩时，帕什科夫就开始对我推来挤去，要把我推下船去。他说："就是因为你，这平底船才颠簸得这样厉害：你是个异教徒！走你的山路去吧！别跟哥萨克走在一起！"

啊，太不幸了！我们的面前高山陡峻，悬崖绝壁：山路崎岖难行走，深山密林难穿行！极目望去，令人胆战心惊！

在深山老林中，常见着毒蛇大蟒；那里还栖息着野雁野鸭，他们的羽毛很好看；还有黑乌鸦、灰寒鸦；在这些高山密林中也有山鹰、鸢、隼、鹞、雕、鹈鹕，还有天鹅以及印度野鸡等其他禽鸟，很多很多，各种各样。那些山上还有各种野兽——野山羊、鹿、野牛、麋鹿、驼鹿、野猪、狼等等，两眼望去，数不胜数。

帕什科夫把我赶到这样的崇山峻岭中，同野兽野禽和蛇蝎虫豸住在一起。我给他写了一封很长的信，内中写道："人啦！敬畏上帝吧！因为上帝全能全知，洞察一切。天上的神灵，地上的生物以及人类，在上帝面前诚惶诚恐，战战兢兢；唯有你一个人，趾高气扬，毫不内省内疚。"以及诸如此类的话。信中还写了许多其他的事。后来我请人把信送给了他。

有一回，约有50个人朝我们奔来，然后夺走了我乘坐的平底帆船，朝他^①那里驶去，当时我离他那里约有三俄里。我还给那些哥萨克弄饭吃，让他们吃饱；他们的样子十分可怜，吃饭时身子抖个不停；他们有人圆睁着眼瞧着我，竟然朝着我哭了起来。他们很同情我，可怜我。平底船到达那里后，上来几个打手，他们抓住我两肩，把我押到帕什科夫跟前：他拿着一柄长剑站在那里，也是浑身发抖。他问我："你是神甫还是免去教职的神甫？"我回答说："我是大司祭阿瓦库姆，请你告诉我：我这案子关你什么事？"他像野兽一样咆哮，朝我脸颊左右开弓连打几耳光，接着又朝我脑袋猛击一拳，把我打翻在地：接着他又拿起一个斧子把儿朝我背

---

① 这里的"他"指帕什科夫。由此可见，阿瓦库姆带着妻子儿女流放西伯利亚时曾经与帕什科夫不同船。帕什科夫是根据尼康牧首的教会当局的命令行事。由于古济院士的"选读"是从阿瓦库姆《传记》中摘选的，所以有的地方文章"不连贯"。

连打三下，后又用鞭子在我光着的背上抽了72下。我说："主啊！上帝之子耶稣基督啊！帮帮我吧！"他不停地打，我不停地说这句话；他不停地抽，我不停地说这句话。但是，就算他打我打的手酸了，我也不会说："饶了我吧！"每打我一下我就念一句祈祷辞，在别人鞭打我时我朝他喊了一句："你打够了吧！？"于是他吩咐手下停止鞭打。我又朝他嘟哝了几句你为什么打我？你知道是为什么吗？"一听此话，他就又命令人朝我身子两肋殴打，又把我打倒在地。我浑身哆哆嗦嗦地想爬起身来，但又再一次摔倒下去。他吩咐人把我拖到官船上。我戴上脚镣手铐，被抛在靠船舷的一块板子上。

　　无论他们怎样打我①，因为我念着祈祷辞而不觉得疼痛；我躺倒时，突然心血来潮——心想："上帝之子啊！你为什么纵容他们如此痛打我，要把我置于死地？要知道，我曾站在孤儿寡母这一边！谁给你我之间进行裁判？我小时曾偷邻家的东西，可是你都没有这样侮辱过我；但是今天，我却不知道我究竟犯了什么罪！？"……

　　后来我被拉到布拉茨克寨堡，接着关进了监狱，他们给了我一些干草（作被褥用）。在阴冷的塔楼内我一直待到腓力节②。当时该地已是寒冬，但上帝使我（即使没有穿上冬衣）的身子暖烘烘的。我像一只小狗躺在干草堆里。有时给点饭吃，有时不给。老鼠很多，我曾用僧帽去打它们——就像让瞎猫去抓耗子，不中用！

　　我总是趴着睡，因为后背伤口溃烂。跳蚤虱子太多了。虽然我很想对帕什科夫大声喊叫："饶了我吧！"但是上帝的威力不让我这样喊——上帝命令我忍受、忍耐、忍着，后来我被转到一稍微暖和的房间。在这里我戴着脚镣手铐，同几个犯人和几条狗一起住了整整一个冬天。我的妻子带着几个孩子被送到离我约有20俄里远的地方，在那个地方，整个冬天，她受到一个叫克谢尼娅的娘们儿的折磨、怒喝、叱骂和羞辱。

　　圣诞节后，我们的儿子（当时还很小）被准许来我这里待几天，可是帕什科夫却命令人把孩子也投入我所在的冰冷监狱里。我的爱子只过了一夜，几乎冻死。第二天一早，帕什科夫又命令人把孩子拉回到他母亲那儿。我并没有见着自己的儿

---

① 从"无论他们怎样打我……"到"……究竟我犯了什么罪？"这一段译文我们译自 С.П. 奥布诺尔斯基和 С.Г. 巴尔胡达罗夫合编的《俄语史选读》（《Хрестоматия по истории русского языка》，上册，莫斯科：教育出版社，1952年）第310页。在古济的《选读》中缺这些文字，故我们在这里补上。

② 腓力节 (Филипов день)，也有人译成"菲力浦日"，每年11月4日；从这日起斋戒40天（圣诞节前的斋戒期），叫"Филипов пост"，俄语口语中称"филиповка"。

子。在他被拉到他母亲那儿时,手脚都冻坏了⋯⋯

后来我们一家来到伊尔根湖。那里有一种双轮大车,当地人在冬天时靠这种大车缓慢而吃力地代步和拉载什物。我的几个孩子都小,吃饭的人多,却没有人能干活儿。本来我有个佣人被打发走了,也不准我雇佣其他人干活。我这个贫穷而苦命的大司祭不得不自己做了一架狗拉雪橇,整个冬天就用它来代替双轮大车。春天可以坐着木筏在河上顺流而下:在托波尔斯克(乘船)算起,我在河上漂流已是第四个年头了。顺着河道放着建房用的木料和城镇建筑木材。

后来我们吃的东西越来越少以至没有什么可吃的了。由于饥饿和水上漂流的艰苦生活,人们开始一个接一个地死去。河水浅,木筏沉,码头冷冰冰的,不欢迎你靠岸,加之打人的棍棒又粗又大,答杖带刺儿,鞭子带尖头儿,用刑残酷——火烧,连打带骂,再加上人们饥肠辘辘,只要稍一动刑,人就必死无疑!唉,真是命途多舛,生不逢时啊!我不知道,营管这个人的理智怎么会如此荡然无存!

我的妻子藏有一件莫斯科制作的单排扣无领男衫,还没有破损。按当地价格,值25个俄国卢布;有人用四袋小麦换了我们这件男衫,我们一家在涅尔恰河畔住下,吃糠咽菜,勉强度日,好歹凑合了一两年。帕什科夫用饥饿来折磨所有的人,他也不放走任何人到任何地方去打工谋生,让你留在这一小块地方挣扎。人们在草原上和田地里挖野菜,掘草根;我们也同他们一样。冬天,我们剥树皮充饥。

有时候,上帝赐给我们一些死马肉;我们有时找到一些狼咬死的野兽的骨头——那是狼没有吃尽的东西,我们却捡来把它吃了:还有人吃过冻僵的狼和狐狸的肉。不管弄到什么,哪怕它腐烂了,都拿来充饥果腹。母马生了小马驹,饥饿的人偷偷地把小马驹,甚至连同它的胎衣都吃掉。一旦帕什科夫知道,他会用鞭子把人活活打死。有一匹母马死了——是被人弄死的。因为有人从那母马身上把小马驹硬拽出来:小马驹刚露出一个头,他们就生拉硬拽。而且那些人还喝那脏血水。唉,命途多舛,生不逢时啊!

在那艰难困苦的日子里,我的两个幼子饿死了,其他几个儿女整日光着脚,赤着背,在那崎岖的山路上,在那凹凸不平的石头上走上走下,他们采集树叶草根充饥,勉强度日,受尽了折磨苦难。而我本人,一个有罪的人,也不得不用马肉和死兽死禽的肉来充当自己的圣餐。呜呼哀哉,我这个有罪的灵魂哟!罪恶用日常生活的享受毁了我的灵魂,有谁会使我的眼里①流出泪水和泪泉,让我用泪水哀悼自

---

① 这里的原文(据古济院士的《选读》文本是:"Кто даст главе моей воду и источник слёз"而且用斜体字标明;文本中用"главе моей"("我的头")我们根据全句的内容把它译成"我的眼"。因为按上下文看,不可能在脑袋("我的头")里长出泪泉。

己的灵魂?

除了耶稣基督外,帮助过我们的有督军的儿媳、大贵族小姐叶夫多基娅·基里洛夫娜和督军的妻子费克拉·西蒙诺夫娜·阿法纳西耶娃。她们暗地里(不让督军知道)给了我们各种各样免于饿死的食物:有时送来一块肉,有时是小圆面包,有时是一些大米和燕麦片,有多有少,有时送来四分之一普特①面粉和一两个格里夫纳②。有时托人转来半普特粮食,有时则请人捎来一大木盆马料。我的女儿奥格罗芬娜,一个可怜而苦命的孩子,悄悄地走到贵族夫人家的窗下——真是既可怜又令人可笑——虽然有时大贵族老爷并不知情,她也被人从窗下赶走,但是有时她从那里带许多东西回来。当时她还小,可如今她已经27岁了,是个大姑娘了;我可怜的女儿,在梅津那个地方时,同几个小妹妹一起凄凄惨惨地生活,勉勉强强地过日子,而她们的母亲则带着几个小兄弟待在地牢里。怎么办呢?让所有受苦的人为了耶稣基督而经受磨难吧!要得到上帝的帮助就得这样。我们是注定了要为信仰耶稣基督而蒙受苦难的。

我,作为大司祭,曾经喜欢同名声好的人交往,可是,我苦命的女儿,你要喜欢忍受,那就忍受到底吧!常言道:"笑到最后的人笑得最好"。

够了,让我们回到前面说的地方……

---

① 普特(пуд)——俄国的重量单位,1普特约合16.38公斤;这里"1/4普特"约有4公斤多。

② 格里夫纳(гривна)——古代俄国的货币单位,约1磅重的银锭。据《大俄汉词典》,第368页。

补充篇——
翻译作品

一、译自《圣经》

  1. Моя любимая, моя прекрасная

   Се еси добра, прекрасная моя,

   Се еси добра, любимая моя!

   Очи твои горят, яко пламя огня!

   Зубы твои белы паче млека;

   Зрак лица твоего паче солнечных лучь.

   И вся в красоте сияет,

   Яко день в силе своей.

   （我的爱人，我的美人）；

   我的美人，你多么美丽，

   我的爱人，你多么艳丽！

   你的眼睛闪耀着光辉，像熊熊火焰。

   你的牙齿比牛奶洁白；

   你的容颜比阳光明媚。

   你全身闪射着美的光焰，光彩照人，

   就像白天的阳光展现自己的光辉，光芒四射。

         （译文参考《圣经·旧约》《雅歌》[①]）

  2. Гимн любви

   Аще языки человечьскыми глаголю и ангельскыми

---

  ① 《雅歌》，原名"歌中之歌"，即"最佳歌曲"，是一本关于男女情人（或新郎新娘）彼此倾诉爱慕和赞颂爱情的歌曲集。它在犹太人的希伯来语中注明是"献给所罗门之歌"（或译为"所罗门之歌"等）。此处《圣经》是指中国基督教协会印发的《圣经》（现代中文译本，1997年，南京）一书，包括《旧约》与《新约》（全书）。

Любве же не имам, бык яке медь звенящи или кимвал зѳящая.

И аще имам пророчество и вем тайны вся, и весь разумъ,

И аще имам всю веру, яко и горы представляли.

Любви же не имам, ничтоже есмь.

И аще раздам вся имения моя,

И аще предам тело мое во еже сожещи е,

Любви же не имам, никая польза ми есть.

（爱的颂歌）
我即使会讲人间各种话，甚至于天使的话，
但要是没有爱，我的话就像吵闹的锣或响亮的钹一样。
我即使有讲道的才能，也能洞悉各种知识，各种奥秘，
甚至有坚强的信心能够移山倒海，
但要是没有爱，就算不了什么。
我若将所有的周济穷人，
又舍己身叫人焚烧，
但要是没有爱，仍然与我无益。

（译文自《圣经·新约》：《保罗达哥林多人前书》第 13 章）

二、译自十七世纪俄语译本《伊索寓言》

Лисица и Козелъ

Лисица и Козелъ, жаждущїи, вънидоша въ кладезь, егда же напишася. Козелъ нача помышляти, како изыити от того мѣста, лисица же рече ему, дерзаи, азъ оубо полезное нѣчто измыслих обоимъ нам ко спасенїю, аще ли ты станешъ прямо предними ногами ко стѣнѣ, подобно такожде роги обону страну вложишся егда на рогахъ твоихъ. стану, и от кладязя изыду, потомъ и тебя извлеку ѿсюду. сїе же егда оусердно содѣла козёл, она ѿ кладязя изшедши, окрстъ кладезя съ радостїю бѣгаше, гнѣвася же на ню козёлъ ѕѣло, яко договоръ разорила.

На сїе ѿвѣща ему она, аще бы, рече, толико ты имѣлъ еси въ разумѣ промыслъ. колико въ бородѣ власовъ имѣешъ не съшедл бы ты въ кладязь не помысливши како имашъ изыити.

Прилаганіе

Притча знаменуетъ, разумивому человѣку нужда есть вся намѣренія вещеи разсуждати. и такѡ къ дѣлу приступати.

《狐狸和山羊》

狐狸和山羊都非常口渴，于是一起下到一口水井里。喝足了水之后，山羊才开始想起该怎样才能从井里出去。这时狐狸对山羊说："别担心！我已经想出了一个好主意，我俩都出得去：如果你用两只前脚直接扒住井壁，同时把两只犄角也抵住同一边井壁，那时我就纵身往上跳，接着踩住你的犄角爬上井去，然后我再把你从井里拽出来。山羊诚心诚意地照着狐狸说的那样做了。可是狐狸一出了井就兴高采烈地围着水井跑来跑去。山羊对狐狸这种忘乎所以的行径非常气愤，因为狐狸违背了约言。

狐狸对此回答说："如果你的聪明才智同你的山羊胡子一样多，那你就不会不先想清楚如何出去就下井了！"

附笔：

此寓言告诉我们：智者在采取行动之前总是要对所有情况认真考虑，掛酌再三。

Птичникъ и Змія

Птичникъ пріемши сѣти своя, изыде птицы ловитъ,
егда же оузрѣ птицу на высокомъ древѣ
сѣдящую,
хотяше ю шестом стягнуъ,
и смотряше на высоту очима,
но не вѣдяше, яксо змія спяше подногами,
и наступи на змію, она же,
разярившися гнѣвомъ, оусѣче егѡ вногу.
он же, оумирая рече,
оувы мнѣ,
каянному,
хотящему иных оубити,
самъ насмерт инымъ возхищенъ есмь.

Прилаганіе

 Притча знаменуетъ, техъ которіи прѣседять, въ ловителствѣ на ближняго, не вѣдят множицею, яко сами иных на смерть оуловятся.

《捕鸟人和毒蛇》
捕鸟人弄到几张网，
出门捕鸟把网张。
只见一鸟栖高树，
用根长竿来驱赶。
他只顾眼往高处望，
不知毒蛇在脚旁。
一脚踩着毒蛇身，
毒蛇恼怒将他伤。
捕鸟人不幸被蛇咬，
弥留之际把话讲：
"呜呼哀哉我活该，
恶有恶报终必来。
一门心思害别人，
自己反被他人害。"

附笔：

 此寓言告诉我们：那些设套图谋害人者，自己往往并不知道，他们正被人设套谋害。

附　录

一、简写词及其形式（按字母顺序）

古俄语文献中对一些常见常用的词（及其形式）往往用"缩简"形式书写。所谓"缩简"就是省略词中一个或若干个字母，同时在词上用省略符号⌒或者在省略上方用一个字母，在字母上用⌒这个符号（有时不用）。下面我们把文选中的简写词（及其形式）列出（括号内为原词或其形式，以便查找）。

* * *

ап̃лъ(апостолъ)

б̃а(богъ), б̃а(бога), б̃ъ(богъ), б̃мъ(богомъ)

бж̃ии 或 бж̃iи(божии), б̃iа(божiа——形长阴单二)

бц̃а(богородица), бц̃ею(богородицею)

бд̃ци(богородици——阴单二)

бл̃женое(блаженное)

бл̃ние(благословение)

бл̃те(благословите——命令复二)

бг̃олюбиво(боголюбиво 或 благолюбиво)

бл̃вив ся(благословивъ ся)

богå(богатъ, богатыи)

бы(бысть) 相当于 он был, она была, оно было

вл̃дкы(владыки)

вл̃дчицы(владычицы)

возгл̃ть 或 возглеть(возглаголеть<възглаголати)

г̃ь(господь)——господин

г̃и(господи)——господь 的呼格

г҃жа(госпожа)

г҃не или г҃дне(господине——господинъ 的呼格)

гл҃а(глава) 章

гл҃съ(гласъ, голосъ)

гл҃еть(глаголеть<глаголати)——говорить

гл҃те(глаголѣте——глаголати 的命令复二)

гл҃ще(глаголюще)

гра҃(градъ, городъ)

гр҃внъ(гривенъ, гривьнъ<гривьна 的复二)

гд҃ря или гдря(государя)

гс҃дня(господня)

гс҃дрни(государни, господарыни)

дн҃ь(дьнь), де(дня<дьня)

дв҃да(давыда)——Давыдъ 的二格

дш҃а(душа)

ежедн҃ь(ежедьнь)——каждый демь

ес(есть)—— 由 быти

еу҃лие(евангелие), ев(евангелие)

еп҃спа(епископа)——епископъ 的二格

кн҃зь(князь<кънязь), кзи(князи), кзю(князю)

кн҃жии(княжии)

кн҃же(княже——князь 的呼格或物主形短中一)

кн҃гне(княгине или княгыне)—— 由 княгыня

кр҃щение(крещение)

мл҃сть(милость), мти(милости)мію(милостію)

мл҃нцъ или мнцъ(младеньць)

мр҃твъ(мьртвъ, мертвъ——мьртвыи, мертвыи)

мр̃сть(мудрость), мр̃сти(мудрости)

мри̇ть(мудрить)——мудрити 的单三

мс̃ць(мѣсяць), мс̃ца(мѣсяца)

мт̃и(мати), мт̃ери(матери)

мч̃нкъ(мученик), мч̃нкомъ(мученикомъ)

мое́(моего)

нб̃сьныи(небесьныи), нб̃сьнаго(ньбесьнаго)

нд̃ли(недѣли)

нѣ̃(не есть, нѣсть)

немл̃срдъ(немилосердъ)

немл̃ствъ(немилостивъ)

оц̃ь, wц̃ь(отьць), оц̃а(отьца)

октя(октябрь, октября)

пат(память), памят(память)

праоц̃ь(праотьць)

прс̃тыа(пресвятыа——пресвятои，阴单二）

прч̃стныя(пречестьныя——пречестьнои，阴单二）

ре(рече<речи), рц̃и(<реци——речи 的命令单二、三）

сн̃ъ(сынъ), сн̃оу(сыну), сн̃ви(сынови=сыну), сн̃мъ(сыномъ), сн̃ове(сынове=сыновья)

см̃рть(смьрть, смерть<съмьрть)

ср̃дць(сердець<сърдьць), сц̃а(сердца)

сп̃са(спаса<спасъ), сп̃совъ(спасовъ——спасъ 的物主形）

ст̃ыи(святыи, святои)[ст̃ая, ст̃го, ст̃ымъ, ст̃ыя]

ст̃ославъ(Святославъ)

хс̃а(христоса)——Христосъ 的四 / 二格

хр̃стияня(хрстияне<хрьстияне)

цр̃ь(царь), цр̃ю(царю——царь 的呼格）

ц҃рьска(царьска)

ц҃рствие(царствие)

ц҃ркви 或 ц҃рквы(церкъви)——церковь

ч҃лкъ(человекъ), ч҃лка(человека), ч҃лкы(человеки)

ч҃стыи(честьныи<чьстьныи)

二、语法术语略语

名词 —— 名	独立第三格 —— 独立三格
集合名词 —— 集名	形容词 —— 形
专有名词 —— 专名	物主形容词 —— 物主形
阳性 —— 阳	形容词长尾 —— 形长
阴性 —— 阴	形容词短尾 —— 形短
中性 —— 中	形容词比较级 —— 形比
单数 —— 单	副词比较级 —— 副比
复数 —— 复	数词 —— 数
双数 —— 双	代词 —— 代
第一格 —— 一	人称代词 —— 人称代
第二格 —— 二	疑问代词 —— 疑问代
第三格 —— 三	物主代词 —— 物主代
第四格 —— 四	指示代词 —— 指示代
第五格 —— 五	不定代词 —— 不定代
处所格 —— 六	否定代词 —— 否定代
双重第二（三）格 —— 双重二（三）格	
	确定代词 —— 确定代
关系代词 —— 关系代	过去未完成时 —— 过未
副词 —— 副	过去完成时 —— 过完

副词比较级 —— 副比
复合过去完成时 —— 复过
前过去时 —— 前过 (即久远过去式 —— 久过)
连接词 —— 连
语气词 —— 语
感叹词 —— 感
动词 —— 动
第一人称形式 —— 一
第二人称形式 —— 二
第三人称形式 —— 三
现在时 —— 现，现 — 将
过去时 —— 过
第一复合将来时 —— 将一复
第二复合将来时 —— 将二复

谓语副词 —— 谓语副
前置词 —— 前
[例如：复过单三 —— 即复合过去完成时单数第三人称]
现在时主动形动词 —— 现主
过去时主动形动词 —— 过主
现在时被动形动词 —— 现被
过去时被动形动词 —— 过被
形动词长尾 —— 长
形动词短尾 —— 短
[例如：现主短阳复一 —— 即现在时主动形动词短尾阳性复数第一格]

三、主要参考书目

1. Обнорский С. П. , Бархударов С. Г. : «Хрестоматия по истории русского языка» (Ч. I, изд. 2-е, М. , 1952).

2. Гудзий Н. Г. : «Хрестоматия по древней русской литературе XI——XVII веков» (изд. 6-е, М., 1955).

3. Еремин И. П. , Лихачев Д. С. : «Художественная проза Киевской Руси XI——XIII веков» (М., 1957).

4. Лебедев В. И. , Тихомиров М. Н. , Сыроечковский В. Е. : «Хрестоматия по истории СССР» (Т. I. , изд. 3-е, М. , 1949).

* * *

5. Обнорский С. П. : «Очерки по истории русского литературного языка старшего периода» (М., 1946).

6. Черных П. Я.：«Историческая грамматика русского языка» (М., 1954); 中文译本《俄语历史语法》（商务印书馆，1959，译者：宋玉昇，左佐[即左少兴]，刘晓波，李廷栋）。

7. Кузнецов П. С.：«Историческая грамматика русского языка (морфология)» (Изд-во МГУ, 1953).

8. Якубинский Л. П.：«История древнерусского языка» (Учпедгиз, 1953).

9. Соболевский А. И.：«Лекции по истории русского языка» (М., 1907).

10. Шахматов А. А.：«Историческая морфология русского языка» (М., 1957).

11. Булаховский Л. А.：«Курс русского литературного языка» (Т. II, Киев, 1953).

12. Ломтев Т. П.：«Очерки по историческому синтаксису русского языка» (Изд-во МГУ, 1956).

13. Деметьсв А. А.：«Сборник задач и упражнений по исторической грамматике русского языка» (М., 1954).

14. Василенко И. А.：«Историческая грамматика русского языка(Сборник упражнений)» (Изд. 2-е, М., 1965).

15. 杨隽：《俄语历史语法概论》（Очерк исторической грамматики русского языка）（华中师范大学出版社，1987）。

16. Елкина Н. М.：«Старославянский язык» (Учпедгиз, М., 1960).

17. Беседина-Невзорова В. П.：«Старославянский язык» (Харьков, Изд-во ХГУ, 1962).

* * *

18. Черных П. Я.：«Очерк русской исторической лексикологии (Древнерусский период)» (Изд-во МГУ, 1956).

19. Черепнин Л. В.：«Русская палеография» (М., 1956).

20. Истрин В. А.：«Возникновение и развитие письма» (Изд. 2-е, М., 1965) 中文译本《文字的产生和发展》（北京大学出版社，1987、1989 版，译者：左少兴）。

21. Успенский Л.：«Слово о словах(Очерки о Языке)» («Молодая гвардия», 1957).

22. 佐佐木秀夫编著《ロシヤ古文典》（四卷本，日本国出版，1984——1987年）。

* * *

23. Срезневский И. И.：«Материалы для словаря древнерусского языка» (Томы I, II, III, М., 1958)

24. Преображенский А.：«Этимологический словарь русского языка» (М., 1910—1914).

25. «Словарь языка Пушкина» (в 4-х томах, АН СССР, 1956).

26. Даль В.：«Толковый словарь живого великорусского языка» (Томы 1—4, М., 1955).

27. Зализняк А. А.：«Грамматический словарь русского языка» (Изд. 2-е, М., 1980).

* * *

28. Черных П. Я. : «Историческая грамматика русского языка» (Изд. 4-е, М., Книжный дом «Либроком», 2011).

29. Николай Дурново: «Очерк истории русского языка» (Государственное издательство, М.—Л. , 1924).

30. Винокур Г. О. : «Избранные работы по русскому языку» (Учпедгиз, М., 1959).

31. Винокур Т. Г. : «Древнерусский язык» (Лабиринт, Москва, 2007—филологическая библиотека).

32. Русинов Н. Д. : «Древнерусский язык» (Изд. 4-е, М. , Книжный дом «Либроком», 2013).

后 记

二十世纪五十年代中期（1956—1957）北京大学俄罗斯语言文学系领导让我全脱产学习，先后跟两位来华（在北大任教）的苏联专家（А. И. Клитин 和 И. С. Козырев）专门学习与"古代俄语"有关的课程（如"俄语历史语法""俄罗斯文学语言史""古俄语文选"等），同时大量阅读他们指定的有关学科的书籍（如 А. М. Селищев 的《Старославянский язык》、A. Meillet 的俄文译本《Общеславянский язык》等）。但是长期以来我却从事现代俄语（主要是俄语语法）的教学和研究。从八十年代初起，在给我系俄语研究生开设"现代俄语词法学"的同时，还给他们讲授了"俄语历史语法""古俄语概论"和"俄语古文选读"等课程。

长期来，我有一个想法：结合中国学生和俄语工作者的实际，在他们已有的俄罗斯语言和文学知识的基础上，编选一本能为他们（包括自学者）接受的、适合教学和自学使用的、把几门课程（学科）的基本知识纳入一本书中的课本（即使是一个"入门"）。因此，我在实际工作中一方面使用自己初选的材料，一方面多次对材料进行筛选；与此同时，围绕选材对哪些语言知识和问题必须讲授也加以选择。迄至今日，这项工作才基本告一段落，并且得到了北京大学教材建设委员会的审订和批准。

早在五十年代，我国有大批学生在苏联一些高校学习俄语，同时国内一些高校的青年教师（包括当时的研究生）向来我国教学的苏联专家学习俄语诸多学科，其中包括"古代俄语"（主要是"俄语历史语法"）。然而时过境迁，迄今为止他们中绝大多数或者退休了，或者已作古了（如北大龚维泰、北外刘环宇等老师）。而少数仍留在教学岗位的或另有任务，或早已忘记所学，即使从事这方面的教学，也总感到力不从心。本人自不量力，明知自己势单力薄、"捉襟见肘"，加之资料欠缺，求教无门，但也力图尝试一下，哪怕它极为粗糙。希望它至少能起个抛砖引玉的作用，对我国俄语界的中青年学者多少有点帮助。

虽然自己对编著这样一个"ABC"的指导思想是明确的，但在着手进行具体工作时遇到一系列具体问题：如何编写（规模如何、哪些内容、规格如何、怎样的尺度等），如何选材，如何注解和说明，如何把有关知识与选文配合起来，等等。许多问题都有待解决。既然是《俄语古文读本》，当然就应以"文例"为主。然而当前我国俄语界，尤其是青年学人，恐怕在"文例"面前会"不知所措"。据我所知,他们既没有必要的各类参考书籍(如 И. И. Срезневский 的《Материалы для словаря древнерусского языка》等),也没有阅读"古文"前的必要的语言文字的准备。本人在教学工作中经常遇到同行(从事俄罗斯语言或文学教学研究的教师)提出的有关古代罗斯语言和文学的某些问题,甚至听到一些"似是而非"的说法,例如有人往往把二十世纪初俄国出版的俄文称为"古文",原因就在于其中使用了 1918 年苏维埃文字改革时废止的几个字母:i,ѣ 以及词末硬辅音后的字母 ъ(例如在表现十月革命时期的影片中见到的横幅标语《Вся власть Совѣтамъ!》)其实,这正如我国用繁体字排印的茅盾、巴金的小说不能当作古文一样。纯粹的现代俄语,是完全用现代俄语书写的出版物。因为照俄罗斯学者的普遍看法:现代俄语是"从普希金到今天"("от Пушкина до наших дней")。这些字母的使用甚至在 1918 年后苏俄境外用俄语出版的书籍中也屡见不鲜(如 1940 年在尚未合并到苏联的立陶宛出版的某些俄语小说)。几个即将被废除的字母当然不能"代表"古代语言,因为古代(书面)语言是文字书写、语言结构(语音、词汇、语法、文体等)以及语言所描述的历史事件等多方面的"综合体"。

一方面由于国内在这类教材方面没有先例可循,另一方面尽管俄国有这方面的材料,但他们的实际材料与我们的需要、我们的"口径"和基础相距甚远,因为那些教材是供俄国的大学生或研究生以及俄罗斯语文工作者使用的。例如俄国的文学史家(如 Гудзий,Лихачев 等)从俄国古代文学的角度有自己的"选编",而语言学家(如 Обнорский,Бархударов 等)则从俄语史的角度有自己的"选本"(见本书"主要参考书目")。但他们的选本可以作为供我们再精选的基础。

古代罗斯的语言和文学以及一般古罗斯文化的教学和研究、斯拉夫学的研究等等,并不仅仅限于俄国和一些斯拉夫国家。在欧美不少国家,一些著名学者历来重视这些方面的研究并卓有成效(如法国的 A. Meillet, A. Mazon 等)。在我们的近邻日本,一些高校也有人从事这方面的教学和研究。在这里,我想提一下日本爱知大学佐佐木秀夫教授和他的著作《ロシヤ古文典》(四册,1984—1987 年)。1988 年佐佐木秀夫教授通过北京师范大学钱诚教授把他的这四册书赠送给我,同时希望我能就此写一篇评介文章在日本发表。由于该书用日文编著,而我欠缺日语知识,加之教学科研等工作繁忙,等到我多少能够(正着手准备)学习该书并草写"评介文"时,佐佐木先生竟不幸于九十年代初与世长辞。因此在这里写上几句也算是对同行、一位外国学者的一点纪念。这四册《俄语古文典》由佐佐木秀夫编、著、释和监修。第一册是"文法"和"文例";第二册是"追章"(即"补充");第三册是"音韵考"(即古俄语语音学研究);第四册是"文献注释"。四册共 750 多页。仅从量而言就十分庞大。我们把几册中的"文例"与我们的"文选"作了比较。"文例"

共有25个选编（各册中有的重复），而且宗教性的和世俗性的"作品"几乎各占一半；而我们的"文选"仅11篇（包括补充课文的短诗《Гимн любви》和《Слово о полку Игореве》全文的续编）——主要是能反映古俄语状况并能同俄罗斯文学史"挂钩"的世俗性作品。我们的文选和佐佐木教授的"文例"除一篇（即《Остромирово евангелие》的后记）相同外，其余的因各有侧重和关注的问题不同而彼此不同。如在反映俄国"中世纪"的文献方面，各自的选材就不同："文例"中选了1564年的《Иван IV Грозный 的书简》，而我们的文选中用了1466—1472年 Афанасий Никитин 的《Хождение за три моря》和1672—1673年的《Житие протопопа Аввакума》。此外，我们还从文字、语音、语法（主要是词形变化等）、缩简词以及古俄语文献中的古斯拉夫语成分等方面来襄助"Как читать древнерусские тексты?"。这也可算是我们这个"读本"（注：这里指1997年出版的《俄语古文读本》）的一个特色。但无论如何，佐佐木秀夫教授的书给了我们一些启示和借鉴。

因此，我们在着手编选、注释和说明时先给自己定出几条"规则"以便遵循：1）结合实际（除使用者的实际外，还包括自己开设相关课程的多次教学实践经验，如材料的筛选等）；2）紧扣住与现代俄语和俄罗斯文学的渊源关系；3）在一个"紧缩的框架"（即在有限的时间和空间范围）内提供尽可能多的必要的知识和信息；4）在编选方式和体例上仿效我国的《古文观止》和现代俄语的教科书。

此外，本书在编选、注释和说明等工作中也得益于本人所翻译的几部学术著作：《俄语历史语法》（与人合译 П. Я. Черных 教授著《Историческая грамматика русского языка》，1959，商务印书馆）；《文字的产生和发展》（В. А. Истрин 著《Возникновение и развитие письма》，1987、1989，北京大学出版社）和《俄国史教程》（与北大历史系合译，Ключевский 教授著《Курс русской истории》часть III，1996）。与此同时，本书还得到北京大学俄罗斯语言文学系师生和校外不少同行的鼓励和支持，在此仅向他们致谢。

"泰山不辞抔土，所以成其高；大海不弃涓流，所以成其大。"我们的这个"读本"对于我国俄语界学人来说，只不过提供些许"抔土"和"涓流"而已。但愿它在我国俄语界跨世纪人才的培养中能起到点滴的作用。同时我们希望能得到俄语界诸同行和学者专家们批评指正。

谨以本书献给中国俄语界中青年学者。
谨以本书献给北京大学建校一百周年（1898—1998）。

左少兴
1995年12月26日于北京大学承泽园

增订本（即《古俄语简编》）后记

原《俄语古文读本》（以下简称"读本"）于1995年夏得到北京大学教材建设委员会审订和资助并由北京大学出版社于1997年出版。从该书出版至今，已有二十年了。"读本"出版后，受到一些高校俄语专业师生的重视；如1998年，黑龙江大学资深教授李锡胤先生在《中国俄语教学》（1998年第3期）上发表了《喜读〈俄语古文读本〉》一文，对此书作出了积极反应。他认为，"左少兴教授编著的《俄语古文读本》于1997年问世，填补了空白，正适合有志深造的俄语学者的需要"。同时他也指出了某些"不足之处"（如"关于俄语句法史叙述得不够多"，某些版面"不够清晰"等）。针对这些"不足"，我们在增订本中作了大幅的增补和重印一些"版面"。

2009—2010学年度，北京大学外国语学院俄罗斯语言文学系重聘我开设"Лекционный курс древнерусского языка и литературы"这门课程。时任系主任查晓燕教授带领一些博士生、硕士生和外校进修师生专门选修本课。我们使用"读本"作为辅助教材，听课者"人手一册"，从而使此书受到一次全面检查。

通过校外读者的反应和我们在校内的实践，我们体会到，对此书仍需要充实提高，使之"百尺竿头，更进一步"。我们曾在"读本"的"后记"中谈到自己的一个想法："结合中国学生和俄语工作者的实际，在他们已有的俄罗斯语言和文学知识的基础上，编选一本能为他们（包括自学者）接受的、适合教学和自学使用的、把几门课程（学科）的基本知识纳入一本书中的课本（即使是一个'入门'）……"

这次我们在原书基础上所作的增补工作，就是按这个思路来做的。因此，我们将本书不仅分为"上编"（语言文字）和"下编"（古俄语文选），同时按"教学法"要求将阅读材料也分为"第一类文选"（保留该书原有的选材和语言注释）和"第二类文选"。由于有了"第二类文选——双语对照篇"，本书不仅增加了古文献的阅读量，而且使得我们的"俄国文学史"的教材和教学研究中的语文材料更加实际、更加丰富了。

读者一定会注意到，在增加的十二至十七世纪的俄国古代文学作品中，几乎每个世纪都有一两篇"代表作"，但十三世纪的较多；因为这个世纪的文学，正如著名文学史家Д. С. Лихачев的一篇论文的篇名所显示的，是"俄罗斯历史上悲剧世纪的文学"(«Литература трагического века в истории России»)。为此，我们从该世纪著名神职人士（他先是"基辅山洞修道院的修士大司祭"，后为弗拉基米尔城主教）谢拉皮昂的仅"存世"的五篇"布道文"（或"布道宣讲"——"Проповедь"，"Проповедное слово"）中选用两篇。这些"布道文"具有"宗教—时政"的性质，对教区教民起着"启示—训诫"作用。此外，也正如我国著名英国文学史家、北京大学西语（英语）系教授杨周翰先生所说："……我们习惯于把有定型的文类（genre），称为文学，如小说、戏剧、诗歌……"；"文学的概念不应过于狭隘，布道文如果确实能够在'立意'上有所'增华'，也应引进文学的园地"。[①]

编选本书的过程，几年来得到北京大学俄罗斯语言文学系多级的硕士生、博士生等以及他（她）们的导师的帮助（几乎全部电脑打印、复印、网上下载等技术工作都由这些同学完成），他们是：尹旭、王梓、吴石磊、张杰、陶智旭、郝悦如、赵凤枝、欧阳诗怡、汤晨、刘晨、田文娟、宋捷、张兴艺、顾新亚、夏琪等，以及北大外院"学工组"多名同学、曾在北大俄语系听课的校外同学邵青等人、在系办公室工作的车爽爽等同学。我在此向他们表示衷心的感谢。此外，我还要特别感谢为本书多篇文选的某些译文提出中肯意见的著名翻译家顾蕴璞教授和为本书的编排、审校和出版等工作大力相助的几位曾在北京大学俄罗斯语言文学系学习的同学：冯华英博士（现商务印书馆编审）、张冰博士（现北京大学出版社编审）和责编李哲等人。

左少兴
2016 年 4 月 24 日于北京大学承泽园

[①] 杨周翰：《十七世纪英国文学》，北京大学出版社，1985，第 11 页。